男流文學論

남류문학론

—— 번역 저본의 주석은 각주로, 옮긴이 주는 본문 속 괄호로 넣었습니다.

DANRYU BUNGAKURON
by Chizuko Ueno, Chikako Ogura, Taeko Tomioka

Original Japanese edition published by Chikumashobo Ltd.
Korean translation copyright © 2024 by Butterbooks
This Korean edition published by arrangement with Chikumashobo Ltd., Tokyo,
through LENA AGENCY and The English Agency (Japan) Ltd.

男流文学論

최고은 옮김

우에노 지즈코

남류문학론

오구라 지카코

도미오카 다에코

버터북스

요시유키
준노스케

모래 위의 식물군
취우
해 질 녘까지

시마오 도시오

죽음의 가시

다니자키 준이치로

미친 사랑
만

고지마
노부오

포옹가족

무라카미
하루키

노르웨이의 숲

미시마 유키오

교코의 집
가면의 고백
금색

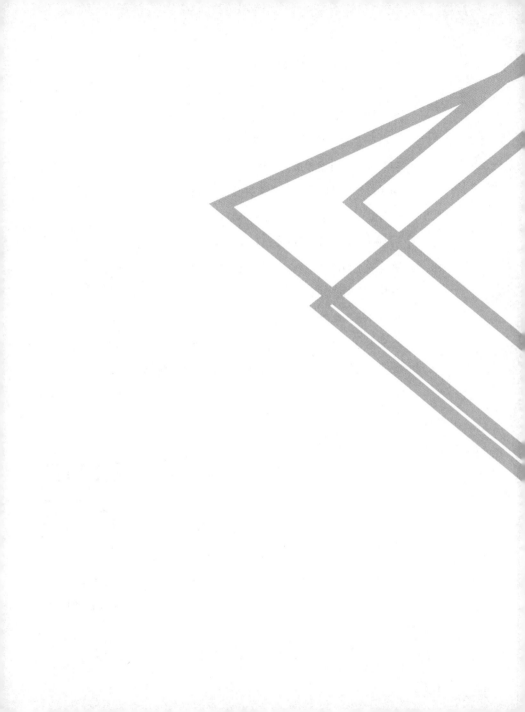

후기

문고판 후기

요시유키
시마오
다니쟈키
고지마
무라카미
미시마

준노스케
도시오
준이치로
노부오
하루키
유키오

요시유키 준노스케
吉行淳之介

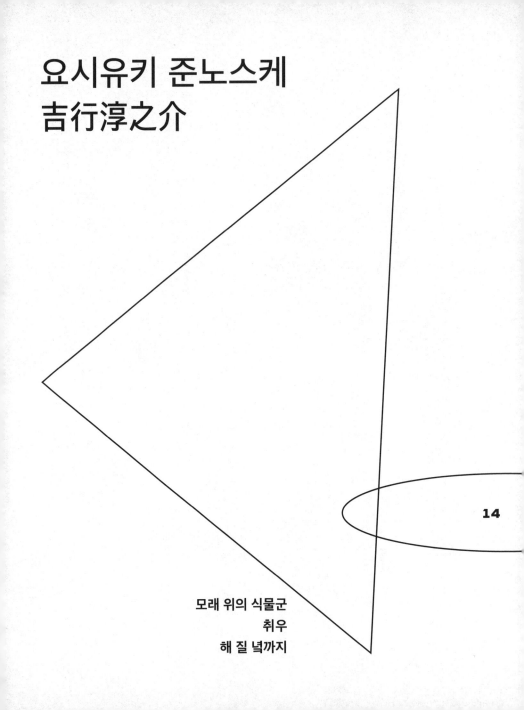

모래 위의 식물군
취우
해 질 녘까지

1924년 일본 오카야마 시에서 신흥예술파 작가 요시유키 에이스케와 미용사 요시유키 아구리의 장남으로 태어났다. 동생인 요시유키 가즈코는 신극 배우로, 요시유키 리에는 시인으로 활동했다.

어려서부터 병약해서 열여섯 살에 장티푸스에 걸렸고, 그사이 아버지 요시유키 에이스케가 세상을 떠났다. 스무 살에 기관지 천식 진단을 받았고, 그 후로도 호흡기 질환에 시달렸다. 도쿄대학교 영문과에 진학했지만, 공습으로 집을 잃고 파트타임 일자리를 전전하며 힘겹게 생계를 이었다. 1947년 대학을 중퇴하고 신태양 출판사에 입사, 6년 동안 대중잡지 기자로 일했다. 젊은 시절에는 시를 썼지만, 산문 〈장미 판매인〉을 발표하며 1949년 데뷔했다. 그 후 소설을 썼고, 〈원색의 거리〉를 비롯한 여러 작품이 수차례 아쿠타가와상 후보에 오른 끝에 1954년 〈취우〉로 아쿠타가와상을 받았다. 이른바 '제3의 신인' 중 한 사람이다. 대표작으로 《어둠 속의 축제》, 《모래 위의 식물군》, 《암실》(다니자키 준이치로상 수상), 《해 질 녘까지》(노마 문예상 수상) 등이 있으며, 에세이, 대담의 명수로도 이름을 떨쳤다. 1996년 사망했다.

요시유키 준노스케

모래 위의 식물군

砂の上の植物群

서른일곱 살의 화장품 방문판매원 '이기 이치로'는 립스틱을 짙게 바르고 세일러복을 입은 여자 고등학생 '아키코'를 우연히 만나, 그날 바로 관계를 가진다. 처녀였던 아키코는 자신에게 '순결'을 논하며 돈을 받고 남자와 관계를 갖는 언니를 용서할 수 없다며 이기에게 언니를 유혹해 "험한 꼴을 당하게 해달라"고 부탁한다. 이기는 아키코가 알려준 바에 가서 그녀의 언니 '교코'를 만나 관계를 갖는데, 교코는 자신을 줄로 묶어 성행위를 해달라는 SM적 요구를 한다.

이 이야기를 주축으로, '아내를 두고 죽어가는 남자가 자신이 죽은 뒤 아내와 관계할 남자를 살해하기 위해 아내를 흉기로 만든다'는 내용의 이기가 푹 빠져 있는 추리소설 구상, 이기의 인생 곳곳에서 나타나는 죽은 아버지의 그림자, 치한으로 붙잡힌 친구, 연회 자리에서 선보이는 숫처녀의 자위행위 등의 에피소드가 더해지며 '성적 퇴폐란 대체 무엇인가'—복수간의 성행위, 오누이의 근친상간 등에 대한 작가의 고찰과 '모래 위

16

의 식물군'이라는 제목의 그림을 비롯한 파울 클레의 작품에 대한 서술이 교차된다.

전라로 묶인 교코의 모습을 동생 아키코에게 보여주고 그 자리에서 동생을 쓰러뜨리는 전개로 교코, 아키코 자매의 이야기는 일단 마무리되지만, 그 후에 교코가 죽은 아버지의 애인의 딸, 즉 자신의 이복동생일지도 모른다는 의문이 제기되며 이기는 근친상간의 공포에 떨기 시작한다. 결국 교코와 혈연관계는 아니라는 사실이 밝혀지지만, 이기는 귓가에 울려 퍼지는 죽은 아버지의 목소리를 느끼고는 그 목소리를 세차게 털어버린다. 1963년 12월 〈분가쿠카이〉에 연재되었다.

17

취우

驟雨

'유희의 영역을 벗어난 관계에 휩쓸리지 않겠다고 단단한 갑옷으로 마음을 무장한' 까닭에 윤락가에 자주 드나드는 청년이 어느 창부娼婦의 단골이 되어가며 차츰 마음이 흔들리는 과정을 그린 단편소설.
1954년 2월 〈분가쿠카이〉에 발표했으며, 1954년 아쿠타가와상을 수상했다.

해 질 녘까지

夕暮まで

'새하얀 웨딩드레스가 입고 싶다'는 이유로 순결을 지키는 스물세 살의 '에모리 스기코'에게 관심을 둔 중년 남자 '사사'. 사사는 그녀에게 접근해 점점 육체를 침범한다. 하지만 스기코는 삽입 성교를 허락하지 않고, 손가락과 혀를 사용하거나 허벅지 사이에 올리브 오일을 떨어뜨린 후 피스톤 운동을 하는 기묘한 관계가 1년 반 동안 계속된다. 그러는 사이 스기코 주변에 젊은 남자의 그림자가 어른거리고, 어느 날 갑자기 사사는 스기코가 이미 처녀가 아니라는 사실을 알아차린다.

그로부터 한동안 연락이 끊겼던 스기코가 젊은 남자와 헤어진 후 다시 사사에게 관계를 요구하지만, 사사는 이미 그에 응할 마음이 없었다.

1976년부터 1978년까지 집필한 다섯 편의 연작 단편과 1965년, 1971년에 쓴 두 편의 단편을 수정 가필하여 1978년에 단행본으로 출간하였다.

19

요시유키 준노스케

참을 수 없는
현실감 부재

도미오카 《모래 위의 식물군》은 딱 '그 시절의 순문학' 같은 느낌
이네요. 오구라 씨는 지금까지 이런 소설은 거의 읽지 않았죠?

오구라 요시유키 작품은 처음 읽었어요.

도미오카 처음 읽은 오구라 씨의 풋풋한 의견부터 듣고 싶네요.

오구라 음, 읽어야 한다는 압박감은 있었는데 못 읽겠더라고
요. 책장이 도무지 안 넘어갔어요.

도미오카 안 읽힌다는 뜻인가요?

오구라 일이니까 읽어야 한다는 생각은 있는데 한 줄도 눈에
안 들어왔어요.

도미오카 안 읽히는 이유는 무엇일까요? 불쾌해서?

오구라 요시유키 준노스케는 1924년생이죠. 우리 아버지와 동
갑이에요.

20

도미오카 아, 그렇군요.

오구라 우리 아버지하고 동년배인 작가의 작품이라 생각하며
읽었더니…

도미오카 더더욱 좀…

오구라 아버지라고 생각하고 읽었더니 짜증이 나더라고요. 1963년에 발표된 작품인데, 우리 아버지는 서른아홉 살에 이렇게 살지 않았는데, 안쓰럽다는 생각이 들었어요. 당시 아버지는 일하느라 바빴고, 그전에는 전쟁에 참전해서 고생은 고생 대로 했는데 이 작가는 이렇게 살았구나, 싶어서요. 이 소설을 발표해 돈도 벌었잖아요. 이런 식으로 사는 건 뭔가 아닌 것 같았어요.

요시유키 준노스케라는 존재 자체가 전형적인 '문단인'이죠. 최근에는 와타나베 준이치 같은 작가가 이어받은 문단인의 라이프스타일… 그러니까 긴자에서 술 마시고, 접대부를 꼬시고, 호텔에서 이런 짓 저런 짓 하고. 그런 게 뭐 어쨌다는 거죠? 이 사람 소설을 읽으려면 그런 라이프스타일에 억지로 고개를 숙여야 하잖아요. 그게 힘들어요. 그런데 아무것도 모르는 우리 아버지는 요시유키 준노스케라고 하면 대단한 작가 선생님인 줄 알 거 아니에요. 그렇지 않다고 알려주고 싶어요. 무엇보다도, 이 주인공은 원래 정시제 고등학교의 교사였다가 여학생과 이상한 소문이 돌아서 그만두고 화장품 방문판매원으로 일하잖아요. 그런 설정부터가 현실성이 없어요. 방문판매원이 여자한테 돈을 그렇게 펑펑 쓴다고요?

도미오카 나도 어색하다고 생각했어요.

우에노 그 부분은 불확실하죠. 정말로 만날 때마다 여자한테

돈을 썼는지. 마지막까지 금전적인 관계였는지 아닌지도 밝혀지지 않았으니까요.[1]

도미오카 그리고 툭하면 바에 출몰하죠. 화장품 방문판매원이 그렇게 한가한가?

오구라 결근도 자주 하죠.

우에노 거기에 처자식도 있고요.

오구라 부인은 일 안 하잖아요. 정원 딸린 집에서 사는데(웃음).

도미오카 어떻게 생활이 가능한지 모르겠어요.

우에노 상속자. 그러니까 아버지의 유산을 물려받은 건 아닐까요?[2]

오구라 팔자 좋네요. 일단 거기서부터 짜증이 확 솟아요.

우에노 하지만 일반적으로는 생활인의 현실감이 없다든지, 생활 감각이 부재한다는 비판은 '간사이 토착 똥 리얼리즘'이라

---

1   첫 관계가 금전과 관련되어 있다는 건 다음 구절에도 나타나 있다.
     '경륜으로 돈을 좀 땄어. 그 돈을 써버리고 싶어.'
     그는 거짓말이라는 걸 알아챌 수 있도록 말했다. 그 말의 함의를 알아
     달라, 같이 호텔에 가주면 약간의 돈을 지불하겠다는 속뜻을 알아달라
     는 투였다.
     하지만 이어지는 구절에서는 교코에게 돈도 충분히 주지 못하는, 그런
     남자가 잘난 척할 수는 없다는 서술이 있을 뿐이고, 후반에는 외상값
     을 여자가 청산했다는 서술도 있다.
2   작중에서 주인공의 아버지는 '모던'한 생활로 알려진 유명 화가로 설
     정되어 있다.

는 소리를 듣죠, 그런 건 문학비평이 아니에요. 주인공이 대체 어떻게 생계를 이어가는가, 그런 비문학적인 물음을 제기하면 안 돼요(웃음).

도미오카 아, 그렇죠(웃음). 하지만 저는 읽으면서…

오구라 정말 의문이었어요. 특정 직업의 직업적 성격과 지나치게 괴리되어 있잖아요. 하지만 그렇게 말하면 문학적이지 못하다는 소리를 듣는 건가요?

우에노 저는 설정 자체는 그다지 거슬리지 않았어요. 우선, 주인공은 작가 요시유키의 분신이 분명해 보여요. 주인공의 생활은 고등유민高等遊民적이고, 방문판매원 느낌은 전혀 없지요. 소설의 초기 설정은 이미 초기 단계에서 파괴됐어요. 주인공이 방문판매원이라는 사실을 전제로 읽는 독자는 없으니까요.

도미오카 그러면 왜 방문판매원으로 설정했을까요?

우에노 그건 요시유키라는 사람의 사적인 생활과 문학 사이의 거리라고 봐야 할까요. 추상화의 정도가 낮다는 거죠. 자신이 아닌 제3자로 주인공을 설정했지만, 사실은 사소설이나 다름없잖아요. 이를테면 주어가 '남자는'이지만, 대부분 '나는'이라는 1인칭으로 읽어도 상관없을 정도로 추상도가 낮아요.

도미오카 즉, 처음부터 독자가 요시유키 준노스케라는 사람이 어떤 인물인지 알 거라고 생각하고 썼다는 건가요?

오구라 소위 '타자성'이 결여된 소설이죠. 나는 작가에게 완전한 타자이고, 작가는 이너서클의 사람들에게만 통용되는…오만불손하군요.

우에노 그건 문단인의 응석일지도 모르겠네요. 그래도 일단 장치는 다양하게 해놓았어요. '남자는'이라는 주어가 이어지다가 갑자기 '나는'이라고 바뀌며 작가가 등장하죠.

도미오카 '여기서 작가가 얼굴을 내밀고 말하는 건' 어쩌고 하는 서술이 두 번이나 나오죠.

우에노 문학적 작법으로 보자면 당시 등장한, 메시지 속에 메타 메시지를 삽입하는 새로운 기법인 셈인데, 여기서 쓰이는 '나는'이라는 1인칭과 '남자는'이라는 3인칭 사이의 차이가 거의 느껴지지 않아요. 한마디로 단순한 사소설이에요, 장치를 해뒀는데도 불구하고. 미야오 도미코의 소설을 예로 들어볼까요? 《나무 소리きのね》라는 소설의 주인공인 미쓰노를 작가인 미야오 도미코와 동일시하는 독자는 아무도 없어요. 소설이란 그런 거잖아요? 하지만 그런 의미에서 요시유키는 일관되게 사소설만 써왔죠. 게다가 본인이 처음부터 그렇게 읽히는 걸 전제로 써놓고 독자에게 아첨하고 있죠.

도미오카 이 작가만 그런 건 아니잖아요.

우에노 그렇죠. 그리고 아쿠타가와상 수상작인 〈취우〉 이후로 이 작가는 나가이 가후의 영향에서 벗어나지 못하고 있어요. 한마디로 말해, 창부에게는 손님이라는 카테고리의 남자와 정부情夫라는 카테고리의 남자가 있죠. 손님은 돈을 내고 하는 남자. 정부는 공짜로 하는 남자. 돈을 내지 않고 창부와 친밀해지는 게 남자에게는 '통通'이나 풍류의 극치죠. 손님에서 정부의 카테고리로 이행하는 이야기, 그런 전통적인 패턴을 답습하고 있어요. 결국은 교코라는 여자가 쾌락을 위해 남자에게 돈을 받지 않게 되었다는 결말이죠.

도미오카 교코가 주인공에게 당신을 좋아한다는 편지 같은 걸 건네는 장면이 있죠.

우에노 돈은 필요 없다는 뜻이죠.

도미오카 '외상값은 내가 냈어요'라는 서술도 있었어요.

우에노 그렇다면, 그 남자는 이제 정부라는 카테고리에 들어간 거죠. 한 남자의 연인이 되고, 다른 남자에게는 돈을 뜯어내는.

성의 구도자, 1960년대에는 가능했을지 모르지만…

25

도미오카 하지만 오구라 씨가 못 읽겠다는 건 이해가 안 가네요. 엄청난 비평 아니에요? 페이지가 안 넘어간다는 건.

요시유키 준노스케

오구라 그래도 서평은 재미있게 읽었어요. 제목만 봐도 웃음이 났죠. '성은 정신의 표현',[3] '다양하고 분방한 '성'의 복권'.[4]

우에노 완전 구도자 대접이군요.

도미오카 바로 그거예요. 이번에 다 같이 이 작품이 발표된 당시의 서평과 비평을 거의 읽어봤는데 재미있었어요. 아무도 뭐라고 하지 않는 게 정말이지 놀랍더라고요.

우에노 문단의 배려라는 걸까요.

도미오카 모르죠. 문단의 배려만으로 그렇게 되는 건지. 역시 이해를 못 한 거 아닐까요?

오구라 1963년(쇼와 38년)에는 관능소설이 아닌 새로운 섹스 소설 같은 건 이것밖에 없었던 걸까요?

도미오카 그 조금 전에 오에 겐자부로의 《성적 인간》이 발표 됐죠.

우에노 전후 성의 탐구자라는 점에서는 오에 겐자부로는 선구적이었죠. 그리고 《태양의 계절》(1955년)을 쓴 이시하라 신타로도 있고요. 딱히 요시유키가 새로웠던 건 아니에요. 성이 20세기 소설의 최대 테마라는 건 헨리 밀러나 노먼 메일러가 이미 증명했고, 서평가들은 어설픈 지식을 동원해 그 문맥 속

26

---

3   모리카와 다쓰야, 〈요시유키 준노스케와 '성' 문학〉, 〈도서신문〉 1964 년 3월 21일.

4   오쿠노 다케오, 〈성 문학의 질적 전환〉, 〈분가쿠카이〉 1963년 9월호.

에서 현대 일본의 성의 구도자로서 '요시유키는 잘하고 있다' 하고 평가했다는 느낌이에요.

도미오카 그러고 보니 〈취우〉가 아쿠타가와상을 수상한 직후에 있었던, 다카미 준과 야기 요시노리와 사타 이네코의 정담 시평[5]에서 이 작가와 주인공의 입장이라는 건 정신적인 접촉, 심적인 접촉을 가급적 피하려는 입장이라고 이야기하죠. 접촉하면 질투도 해야 할 테고 뭔가 무너져 내릴 테니까. 그리하여 창부와 단순히 물적으로, 서로의 마음속에 닿지 않고 사귀는 게 이 작가의 입장이라는 이야기였어요. 하지만 옛날 작가들은 그런 저변의 진창 속에서 살아가는 여자와 진정으로 감정을 공유하기 위해 사귀었어요. 돈을 받고 몸을 파는 여자와, 돈을 매개로 하면서도 돈과 무관한 부분까지 함께하려고 했던 게 그 시절의 작가였죠. 하지만 이 작품은 정반대라는 거예요. '창부를 상대로 한 소설에서 이런 걸 본 적이 없다는 의미에서는 역시 신선함이 있다'는 뜻이죠. 이는 〈취우〉에 대한 평가인데, 이 소설에도 해당되지 않을까요.

27

우에노 전《모래 위의 식물군》을 대학 시절 읽었어요. 주변에 요시유키를 좋아하는 사람이 있었거든요. 읽고 무척 꺼림칙한 경험을 했죠. 그 꺼림칙함의 원인을 제대로 설명할 수 없

---

5   〈군조〉 1954년 10월호. 제89회 〈창작합평〉.

어서 그대로 의문형으로 남겨뒀고요. 이번에 다시 읽어보니 20년의 세월을 실감하게 되더라고요. 가장 먼저 받은 인상은 이랬어요. '이 아저씨는 이 정도 일을 왜 도착倒錯이라 부르면서 비장하게 구는 거지?' 20년 전에는 순문학적 사명이라 생각하고 비장하게 했던 일들일지 모르지만, 20년 사이에 이런 성 산업이 흔해졌잖아요. 성 산업이 확산되는 속도가 어마어마하죠. 지금 시대라면 다나카 야스오(1980년 감각적인 소설 《어쩐지, 크리스털》로 데뷔. 작가 자신도 다양한 미디어에 등장하며 주목받았다-옮긴이)의 세계겠구나, 하고 생각했어요. 하지만 지금 다나카 야스오에게 아쿠타가와상을 주는 사람은 없죠. 에토 준(일본의 저명한 평론가. 문단에 지대한 영향력을 가졌다-옮긴이)이 그토록 절찬했지만 다나카 야스오는 아쿠타가와상을 못 받았죠. 다나카 야스오를 순문학 작가라고 생각하는 사람은 없잖아요.

도미오카 문학을 내세운 연예인이죠.

우에노 풍속사적으로만 접근하고 싶지는 않지만, 돈으로 살 수 있는 섹스가 도처에 널려 있고 몸과 마음이 분리되어 있는 게 당연하다고 생각하는 시대에는 몸과 마음을 일치시키는 시도 자체가 문학적 모험이었죠. 반대로 몸과 마음을 일치시켜야만 하는 성 산업이 등장하면, 이번에는 그걸 분리하는 게 모험이 되겠죠. 오늘날 여성에게 문학적 모험 중 하나는 몸과 마음

28

을 어떻게 분리하느냐는 시도일 거예요. 하지만 이 시기는 무척 어중간한 시기예요. 적선(赤線, 태평양전쟁 이후 반쯤 공인하에 매춘이 이루어지던 지역-옮긴이)이 폐지된 전후니까요. 지금은 몸과 마음을 분리할 수 있는 여자가 얼마든 있잖아요? 이런 상황에서는 요시유키의 이런 탐구가 어딘지 시대착오적으로 느껴지지 않나요?

오구라 오에 겐자부로도 어떤 의미로는 리얼리티가 없지만, 잘 읽히기는 했고 재미도 있었어요. 그런데 이 사람은 뭔가 걸려요. 왜 이렇게 마음에 걸리는 걸까. 치한의 부활을 에로스 혁명인 양 여기는 진지함. 요컨대 단순히 쩨쩨한 보통 사람인데 이걸 써서 엄청난 급진주의를 표방할 수 있다고 생각한 게 너무 어처구니없죠. 이 소설의 어디가 급진적이라는 건지!

우에노 그럼 내 감상과 똑같네요. 이 정도 가지고 왜 이렇게 심각해?

오구라 비슷하죠. 하지만 주관의 문제를 떠나서 오에 겐자부로는 더욱 급진적이었죠?

우에노 그렇게 생각해요.

오구라 한마디로 꺼림칙하달까… 싫어요, 이 주인공이.

도미오카 여기 나오는 남자가?

우에노 남자 입장에서는 페미니스트 오구라 지카코한테 싫다는 소리를 들어서 좋을지도 모르겠군요. "나한테 호감을 품고 다가오는 정상적인 여자도 있다고!" 하면서.

오구라 이 소설에 등장하는 여성들, 교코와 아키코, 특히 교코는 마음과 몸이 일치하지만, 남자는 자기만 분리되어 있다고 멋대로 생각하죠. 그것도 우스꽝스러워요.

도미오카 나는 여기 나오는 교코라는 인물을 잘 이해 못 하겠어요. 장사하는 사람이 이렇게 성적일 수 있을까?

우에노 이상한가요?

도미오카 아닌가요?

우에노 이런 일은 요즘 젊은 여성들 세계에서는 이미 일어나고 있을 것 같다고 생각했어요. 다나카 야스오의 세계나 나리타 아키라가 그리는 텔레크라(텔레폰 클럽)의 세계[6]에서는 여자가, 남자에 대해서는 아랑곳 없이 성적으로만 탐닉하죠.

도미오카 이미 이 소설보다 더 나갔구나.

오구라 다나카 야스오 작품에서도 여자가 마음과 몸을 분리해 육체적 쾌락만을 좇잖아요. 하지만 이 사람은 자기는 그럴 수 있지만 여자는 아니라고 생각하는 거고요.

우에노 교코의 인물상도 끔찍함을 포함해 무척 일면적으로, 요시유키가 바람직하다고 생각하는 인물로 표현되어 있어요. 교코는 요시유키의 투영이죠.

30

---

6   나리타 아키라, 《텔레폰 클럽의 비밀》 1-10, 유다치샤.

오구라 그렇죠. 남자가 창부에게 가지는 환상에는 보편적인 것이 포함되어 있으니까요.

우에노 리얼리티가 없다는 말을 부정할 수는 없죠. 그래도 교코 같은 여자의 끔찍함은, 심리나 관계나 남자를 모두 방치한 채 자기 쾌락의 심연에 빠져드는 여자의 끔찍함이잖아요. 정도의 차이는 있겠지만 나리타 아키라가 그리는 텔레크라의 세계에도 이런 여자는 많아요.

오구라 저는 여기서 여자 홀로 쾌락의 심연에 있다는 생각은 들지 않아요. 요시유키와 우에노 씨가 그렇게 생각하는 건 아닐까요? 요즘 여성이라면 몰라도… 이 시대에 이런 여성이 존재했다고요?

우에노 여성에게 그런 기회가 많아졌는지 아닌지의 차이 아닐까요. 잠재적으로 그런 여성은 어디든 있어요. 기회만 생기면 얼마든 그럴 수 있을 것 같은데.

도미오카 그런 여성도 있었겠죠. 하지만 지금이니 이렇게 말할 수 있는 거고, 이 시대 남자들은 대부분 여성의 그런 면을 모르지 않았을까요?

우에노 이를테면, 교코에게 당신을 좋아한다는 러브레터를 받죠. '저는 이기 씨를 좋아합니다. 늘 어스름한 곳에서 발버둥질하는 느낌이 좋아요. 일전에 당신과 헤어지고 집에 돌아와서는 엄청나게 피를 흘렸어요. 웅크린 채 피를 흘리며 이기 씨

→

요시유키 준노스케

가 좋아, 좋아, 그런 생각을 했죠.' 이 서술 말인데요, '좋아합니다'라는 말을, 그러니까 '아이 러브 유 I love you', 그런 마음을 표현했다고 할 수 있을까요? 저는 전혀 그렇게 생각하지 않아요. 한마디로 '나는 당신과 하는 섹스를 좋아합니다'라는 뜻이죠. '나는 당신과 하는 섹스를 좋아합니다.' 그 정도 말이라면, 요즘 여고생들도 다 할 거예요.

도미오카 요즘은 그렇다지만, 이 사람은 이 소설을 쓸 당시에 몰랐을 거 아니에요.

우에노 그러니까 당시 그의 여성관의 놀라운 통속성이 드러난 거죠. 이렇게 여자를 모르는 남자가 왜…

도미오카 여자를 잘 아는 남자로 통하는 건가?

우에노 이 사람, '여성 심리 전문가'로 통하잖아요!

도미오카 그러니까요. 이상해요.

우에노 말인즉슨, 그걸 간파하지 못할 정도로 주변 남성 비평가들이 여성에 대한 이해가 전무했다는 거죠. 그의 얄팍한 이해를 올려치며 감탄하고, 나도 저렇게 되고 싶다고 칭찬하는 주변인들도 그의 통속적인 여성 몰이해에 속아 넘어갈 정도의, 여자를 모르는 인간들뿐이었던 거예요.

도미오카 음, 당시 비평을 읽으면 그런 생각밖에 안 들죠. 좌우지간 우리 감각하고는 다르다고 느꼈어요. 적어도 저는요.

삭제하며 읽는
불필요한 장치들

도미오카 작품 자체도 오구라 씨가 왜 읽고 싶지 않다고 했는지 알겠어요. 나도 읽느라 꽤 고생했거든요.

오구라 이 사람이 하고 싶은 말을 일단 전제로 두고, 그걸 전부 받아들이지 않으면 페이지를 계속 넘길 수 없는데요, 그거야말로 시대착오적… 아니, 통속적인데 통속적이지 않다는 식으로 썼으니 읽는 데 엄청난 노력이 필요하죠. "알았어, 알았어, 통속적이지 않다고 주장하고 싶은 거지?" 하고요.

우에노 엘리트 의식이 강하죠.

도미오카 나는 더 소박하게, 마지막까지 꼼꼼하게 읽으려고 했지만 꽤 힘들었어요. 딱히 창부가 나오는 이야기라서는 아니고요. 이 짜증스러운 감정을 어떻게 좀 했으면 좋겠는데, 어디서부터 시작해야 할지 모르겠어서 두 분이 도와주셨으면 해요.

우에노 제가 요시유키를 읽은 동기는 주변에 있던 남자들이 푹 빠진 요시유키라는 함정이 대체 무엇이었는지 이해하고 싶다는 마음이 제일 먼저였죠. 게다가 이 함정에서 벗어나지 못하면 그 남자들은 참사람이 될 수 없으니까요(웃음).

33

도미오카 굉장한 발언이네요(웃음).

우에노 참사람이 못 된달까, 정말 답이 없는 인간들이라고 생각했거든요. 그만큼 남자들이 빠지기 쉬운 요시유키라는 함정의 구조를 관찰하고 싶다는 동기가 있었죠.

그럼, 작품론적으로도 이야기해볼까요? 아까 순문학적인 느낌이라고 하셨는데, 조금 더 설명해주시겠어요?

도미오카 이기 이치로라는 남자를 주인공으로 삼아놓고, 갑자기 8장에서 '여기서 작가가 등장해서 말을 보태는 건 좋은 방법이 아닐지도 모른다. 그러나…' 이런 식으로 파울 클레의 그림 '모래 위의 식물군'을 설명하잖아요. 제 생각에 이 장章은 없어도 될 것 같아요.

우에노 필연성이 없다는 말이죠?

도미오카 그보다도, 언어로 만들어진 소설에 가시적이지만 설명 불가능한 그림을 가져와 '이것 같다'라고 하는 건… 그야말로 '게임 끝'이잖아요.

우에노 그렇죠. 소설 작가로서 명백한 패배라고 생각해요.

도미오카 제목을 가져오는 건 괜찮아요. 마지막에 이 제목은 **34** 클레의 그림에서 따온 것이라고 한마디 쓰면 될 일을 왜 굳이 나서서 설명하죠? 클레의 그림을 모르는 사람에게는 '그 그림은 내가 구상했던 작품과 비슷했다. 하지만 나는 그 그림 속에 강렬한 붉은색을 섞으려고 했다. 그 붉은색을 섞는 순간, 그 그림은 어떠한 혼란을 드러낼 것인가'라고 해도 이해 못 하잖아요.

우에노 평범한 독자도 이 시도가 실패했다고 느낄 거예요. 한마디로, 읽은 뒤에 그 부분이 전혀 인상에 남아 있지 않을 테니까요.

도미오카 그냥 건너뛰고 싶죠.

우에노 맞아요.

도미오카 클레의 그림과 같은 뭔가를 언어로 표현해서, 모래 위에서 정말 꿈틀거리는 듯한 식물군의 으스스한 느낌을 주고, 읽다 보면 붉은색이 눈에 어른거리는 소설이라면 모를까. 이 속에 붉은색을 넣었다고 했으면서 아무것도 안 보이는 건 좀 아니잖아요? 그리고 또 34장에서는 '복수의 사람들의 동시 성교에 대해 이 장에서 이야기하려 한다'고 썼는데, 왜 이런 걸 굳이 쓰는지 이해가 안 가요. 게다가 여기에는 자기가 쓴 소설을 인용했죠. 그렇다는 건, 독자가 적어도 자신의 전작을 읽었을 거라는 전제를 깔고 썼다는 거잖아요. 그런 태도가 마음에 걸려요. 픽션이란 건 그런 게 아니잖아요.

우에노 문학적인 기법에 대해 살펴보면, 두 가지 특징이 있어요. 하나는 소설 속에 서술자가 등장한다는 거죠. 주어가 갑자기 작가인 '나'로 바뀌어요. 또 하나의 장치는 이 역시 나가이 가후의 〈묵동기담〉과 같은데, 두 가지 이야기를 동시에 진행하다 서로 뒤섞는 액자식 구성을 취하죠. 역시 가후를 의식한 게 느껴져요. 둘 다 요시유키가 독창적으로 고안한 게 아니라 예전부터 있던 기법이고요.

도미오카 뻔하죠.

우에노 '메타 소설'이라는 기법은 1960년대의 앙티로망(anti-roman, 반소설)이나 누보로망(nouveau roman, 신소설)의 작법을 안이하게 직수입한 느낌이에요. 왜 그랬느냐면, 단순히 기법으로서 신선했을 테고, 원래는 평범한 사람인 요시유키가 배덕적인 소설을 쓰고 있다는 스타일을 보여주고 싶어서. 그래서 주인공과 작가 사이에 거리를 두는 기법을 사용했는데, 그것이 과연 얼마나 효과를 거두었는지는 두 가지 방법으로 알아볼 수 있죠. 그중 하나는 도미오카 씨가 말했듯 메타 소설 부분을 전부 빼고 읽었을 때 어떤가 하는 거예요. 소설의 질적인 변화가 전혀 일어나지 않죠. 어쩌면 거치적거리는 부분이 줄어서 작품이 질적으로 상승할지도 몰라요.

도미오카 이 소설의 경우에는 올라갈 것 같네요.

우에노 그런 경우 그 작법은 문학적으로 실패했다고 봐도 무방하죠. 두 번째는 메타 소설 부분에서 등장한 인칭 전환을 하지 않는 거예요. 전부 같은 인칭으로 읽어도 아무 위화감이 없다면, 역시 실패했다고 간주할 수 있죠. 이렇게 보면 둘 다에서 실패한 거 아닌가요?

36

도미오카 결론은 좀 더 주절주절 말해야 하는 거 아니에요(웃음)? 예를 들면 33장에 '성적 퇴폐란 대체 무엇일까'라는 설명이 있죠? 당시 상황을 생각해보면, 옛날 스타일 작가들은 섹스를 다룰 때 아마 이런 방식과는 조금 거리를 뒀을 거예요. 이를테면, 후나바시 세이치 같은 작가들. 그런 식의 도덕관을 가진 사람들에게 설명하고 싶은 심정은 잘 알겠어요. 이것도 그런 설명이잖아요. 이게 왜 불쾌하냐면, 역시 설명함으로써 정당화하고 있어서예요.

우에노 무엇을 말이죠?

도미오카 본인 입장을요. 소설이란 건 오독誤讀되어도 좋다는 전제를 깔아도 되는데, 정당화하기 위해 일일이 설명하는 거죠. 작가가 등장하는 부분이 그래요.

오구라 이 작가는 사실 소심한 거예요. 파울 클레를 들고나온 것도, 절대적인 예술적 평가를 얻었다고 여겨지는 걸 어디선가 빌리지 않으면 불안해서 견딜 수 없었던 거죠.

도미오카 33장에서도 '나는 정상적인 성욕의 소유자'라는 식으로 말하죠.[7] 정상과 비정상이라는 건 누가 정하는 거냐는 말이

37

---

7   과거 나는 피학적 성욕을 가진 남자와 만난 적이 있다. 초면이었지만 나는 금방 그가 변태성욕자라는 걸 알았다. 나는 정상적인 성욕의 소유자다. 따라서 동성애자가 즉시 동류를 알아보는 것처럼, 특수한 감각으로 동류를 알아본 것이 아니다.

요시유키 준노스케

절로 나오지 않던가요?

오구라 정상적인 성욕의 소유자가 소설을 쓰지 않아도 된다는 뜻인가요?

도미오카 아니죠. 작가가 왜 이런 걸 선언해야 하느냐는 거예요, 소설에서.

우에노 두 분 이야기를 들으니 입장의 차이가 확연히 느껴지네요. 저는 어느 쪽과도 생각이 다르지만요. 작가가 소설에서 자기 정당화를 하는 게 아니냐는 도미오카 씨의 지적은 작가로서의 자세 혹은 윤리의 문제죠. 작가가 그런 치사한 짓을 하면 안 된다는 뜻이잖아요. 그건 도미오카 씨의 작가로서의 윤리고, 그걸 이해 못 하는 건 아닙니다. 한편 오구라 씨가 이런 소설이 싫다는 건 심리학적인 입장에서고요.

오구라 딱히 심리학적인 입장에서 싫다는 건 아닌데요.

우에노 심리주의적 입장이랄까. 결국 성격이 소심하니 자기방어를 위해 이러는 거 아니냐, 하고 심리주의적으로 묻게 되죠. 저는 생각이 달라요. '뭐야, 이런 건 전혀 성적 퇴폐가 아니잖아' 하는 생각이 가장 먼저 들어요.

38

도미오카 성적 퇴폐가 아닌데, 자신이 정상적인 성욕의 소유자라고 일부러 선언하는 건 우습지 않아요?

우에노 그렇죠.

오구라 1963년이라는 시대성이 반영되어 있어서일까요? 그럴

리는 없겠죠?

우에노 지금 보면 시대착오적이고 시대적인 한계를 느낄지도 모르지만, 1963년에는 혁명적인 소설이었거나 실험적인 의욕작이었을 수도 있지 않을까요?

오구라 1963년이라는 시대성을 감안하더라도, 이 작품은 정말 눈곱만큼도 혁명적이지 않아요.

우에노 오구라 씨는 1963년이라는 시대를 잘 모르잖아요(웃음). 그 시절 '성적 퇴폐'가 뭐였는지 아느냐고 물어도 대답 못 하니까요.

오구라 시대 탓을 하며 개인에게 면죄부를 주고 싶지는 않아요.

여성혐오자의
엄청난 거짓말

39

도미오카 소설의 기법적인 문제와 또 하나, 제가 이런 걸 읽고 견딜 수 없는 건, 우에노 씨는 작가가 여자를 너무 모른다는 식으로 말했지만, 애초에… 뭐랄까, 이 작가에게 여성은 다른 종류의 동물이구나 하는 생각이 드는 부분이 있잖아요.

요시유키 준노스케

우에노 맞아요.

도미오카 그러니까 나는 딱히 교코나 아키코라는 인물에게 이입해서 읽지 않았지만, 나 역시 다른 종류의 동물로 취급당하는 '원 오브 뎀one of them'이라는 느낌이 들었어요.

우에노 기본적으로 그런 정서가 있죠.

도미오카 그래서 아무리 잘 썼어도, 여러 가지로 공들인 작품이라도, 그리고 아무리 당시 세상에 대한 반체제적인 감각이 있다 할지라도… 그걸 전부 감안해도 불쾌함이 남아요.

우에노 한마디로 요약하면 그렇겠죠. 어쩔 수 없이 이번에 이 작가의 작품을 몇 편 읽어봤는데, 하나같이 대동소이해요. 정말이지 원 패턴one pattern이에요. 모든 작품에서 공통적으로 느껴지는 기본적인 불쾌함이란… 도미오카 씨가 방금 지적했듯 여자라는 동물을 기본적으로 자신과는 다른 생물, 인간이 아닌 생물로서 그리려는 태도가 확고하게 드러나 있죠.

도미오카 기본적으로 그런 태도예요.

오구라 하지만 그런 식으로 여자를 그리는 게 새로웠나요?

도미오카 새롭지는 않았어요.

40

우에노 그런 의미에서 통속적이에요. 이를테면 '교코를 안고 이대로 사면을 미끄러져 떨어지는 것 같았다'라는 서술이 있어요. 근친상간일지도 모른다는, 금방 진실이 밝혀질 장치를 해놓고, 거기에 더해 자신을 소외시키고 쾌락의 심연에 빠져

드는 여자라는 짐승의 이 무시무시함이란… 이런 식으로 여자라는 종 전체를 발로 차서 어둠 저편으로 쫓아버리죠.

도미오카 곳곳에 그런 정서가 있고, 마지막 결말도 그렇게 진행되죠.

우에노 전부 그렇죠. 놀랍도록 여성혐오적 요소가 강해요. 오쿠모토 다이사부로(프랑스 문학자, 교수-옮긴이)가 아주 명쾌하게 이야기했죠. '요시유키 준노스케의 여성 독자가 많아졌다고 한다. 내 주변에도 그의 작품을 애독하는 여성이 적지 않고, 작가 본인도 여고생에게 편지를 받은 적이 있다고 어느 대담에서 겸연쩍은 듯 말했다. 전혀 예상치 못한 사태는 아니지만, 이는 사냥꾼의 총포 끝에 작은 새가 앉은 경우라고나 할까. 내가 이렇게 느끼는 건, 요시유키 준노스케가 틀림없이 여성혐오 사상의 계보에 위치한 작가라고 생각하기 때문이다. 하지만…' 그러면서 이렇게 덧붙여요. '여성혐오 사상을 가진 자들의 약점이란 도무지 여자에게 무관심해질 수 없다는 점이다.'[8]

41   **도미오카** 이 소설에도 여러 차례 나오는 표현 중 '분노와 비슷한 감정'이라는 게 있죠. 여자와 섹스하고 싶은 욕구를 품고

---

8   오쿠모토 다이사부로, 〈남자의 세계-〈취우〉소론〉, 〈유리이카〉 1981년 11월호.

벤치에 앉았을 때 별안간 '분노와 비슷한 감정'이 솟아올라요. 그걸 받아줄 상대, 교코의 몸에 대해서는 '교코의 몸이 그의 분노를 그대로 받아들여, 고통 대신 환희에 찬 목소리를 내지 르며 이내 마지막으로 하얀 눈물을 떨구었다'라고 서술하죠. 여기서도 걸리는 게 있어요. '하얀 눈물'이라는 건 거짓말이잖 아요. '환희에 차 흘리는 하얀 눈물처럼 보였다. 또한 그의 눈 에는 그 하얀 물방울에 여체의 슬픔이 응축되어 있는 것처럼 비쳤다.' 딱 봐도 거짓 같은 이런 부분 말이에요.

오구라 그건 읽으면서도 황당하던데요. 전 웃었어요.

우에노 '여체의 슬픔'이라니, 그런 어처구니없는 소리를 잘도 하네요.

도미오카 요즘 시대니까 두 분은 이걸 보고 웃겠지만, 나는 웃 기보다는 싸늘하게 식었다고요.

오구라 이런 건 다 같이 돌려보면 웃음밖에 안 나올 표현이에요.

도미오카 다들 이 표현을 거짓말 같다고 생각하는 이유가 뭐겠 어요. 여자라면 누구나 거짓이라는 걸 알죠.

우에노 그건… 그런 여자가 남자가 바라는 여자라는 걸, 남자 독자들이 무의식적으로 생각하고 있어서가 아닐까요?

도미오카 파자마 리본으로 묶어놓고 섹스하는 장면이 있죠. 그 때마다 환희의 교성이 교코의 입에서 나왔다는…

우에노 그건 완전히 거짓처럼 느껴지진 않았어요.

도미오카 그래요?

오구라 오늘 요시유키보다 우에노 씨의 섹슈얼리티가 더 무서운데요(웃음).

우에노 제가 마조히스트라는 말이 아니라요.

도미오카 그리고 또 하나 결정적으로 거짓이라 생각한 건, 여자 둘과 남자 하나가 관계를 맺으면서, 여자 둘을 겹쳐놓고 하는 장면이 나오잖아요. 그게 거짓이라는 게 아니라, 그 설명 뒤에 나오는 표현요. '그 옛날, 얼마만큼의 옛날인지는 모르겠지만, 태양 빛이 내리쬐는 들판 한가운데에서, 인간들은 늘 이러한 형태로 망설임 없이 빛이 나는 듯한 성행위를 하지 않았을까. 남자는 순간 그런 생각에 사로잡혔다.'

오구라 본인은 정말 그렇게 생각했겠죠.

도미오카 그건 모르겠지만, 적어도 비평가는 한마디 해줘야 하는 거 아니에요?

오구라 비평가들도 그렇게 생각했나 보죠.

우에노 성에 대한 지극히 통속적인 이해와 여성관을 당시의 작가와 독자는 공유하고 있었다고 봐야겠죠.

도미오카 요컨대, 야생동물처럼, 아직 인간이 동물적인, 인간이라는 의식을 가지기 이전의 그런 '빛이 나는 듯한' 성행위를 상상하는 거겠죠. 여자 둘과 동시에 관계를 맺는 건 일반적인 상식으로는 성적 퇴폐라고 불릴 수 있겠죠. 하지만 이 작가는

요시유키 준노스케

그런 세상의 윤리 도덕에 대해 반항적인 자세를 취하고 있잖아요. 하지만 태양 빛이 쏟아지는 들판 한가운데에서 암컷 두 마리와 동시에 성교하는 수컷 동물이 어디 있나요? 그건 어디까지나 현대인의 상상의 산물이죠. 그리고 쌍둥이와 동시에 하고 싶다는 것도.[9]

우에노 음… 저는 오히려 지금 도미오카 씨가 말한 부분은 정말 기대에 빗나갔달까. 지금까지 도착이 어쩌고 해놓고는, 결국 밝고 명랑한 섹스 찬가였어? 갑자기 왜 그런 순진한 사탕발림 같은 소리를 하는 건지.

오구라 이 사람은 갑자기 사드 후작이 되었다가, 또 빌헬름 라이히(오스트리아 출신 정신분석학자. 오르가슴을 통해 노이로제에서 치유될 수 있다고 주장했다-옮긴이)가 되었다가 하잖아요.

우에노 맞아요, 이 부분은 정말 뜬금없이 라이히예요. 갑자기 이야기가 확 달라져서 놀랐어요.

---

9   갑자기 하나다가 분노를 쏟아내는 투로 말했다.
     "쌍둥이 자매와 자고 싶어."
     "네?"
     "오른쪽과 왼쪽이 같은 얼굴, 같은 몸이야. 몸을 섞으면 아래도, 위도, 같은 몸이지."
     교코와 아키코 자매를 같은 방으로 데려와 언니를 나체로 결박한 뒤에 동생에게 올라탔을 때 이 말이 이기의 뇌리에 되살아나면서 평소에는 닮은 구석이 없는 자매인데도 황홀경에 빠진 표정이 꼭 닮았다는 사실을 발견하는 전개로 이어진다.

도미오카 이런 소리를 들으면 동물들도 화낼걸요! 시부사와 다쓰히코가 번역한, 피에르 드 망디아르그의 작품 중 〈성 안의 영국인〉이라는, 다수와의 성관계를 그린 소설이 있는데, 그건 어마어마해서 이미 통속을 넘어섰죠.

오구라 하지만 시부사와 다쓰히코도 《모래 위의 식물군》을 칭찬했어요.[10]

우에노 시부사와 다쓰히코는 통속적인 여성혐오자잖아요.

도미오카 그런 대단한 소설을 번역해놓고.

오구라 여성혐오로 단결했죠.

도미오카 맞아요. 미시마 유키오도 그렇죠. '세 시의 간식은 분메이도(CM송 가사. 동일한 모양의 마리오네트가 손에 손을 잡고 단결하여 움직이는 광고로 유명하다-옮긴이).'(웃음)

45   10   이를테면, 《모래 위의 식물군》은, 굳이 말하자면 지금까지 작가에게서 느껴지던, 잡스러운 태도랄까, 그러한 이물질이 사라짐으로써 주제가 하나로 통일되고, 작품의 추상적인 구조가 그대로 성의 구조와 딱 합치되었다. 그럼으로써 작가가 인간 존재의 어두운 부분에 더욱 가까워진 느낌이 든다.
(시부사와 다쓰히코, 〈《모래 위의 식물군》에 묘사된 성〉, 〈미타문학〉 1966년 5월호.)

쾌락에 젖은 신음,
심화되는 여성혐오

오구라 하지만 여성관이랄까, 여기 나오는 여성이 이 남자와 사귀는 동기에 대해서는 우리 셋 중 우에노 씨만 생각이 다르지 않아요? 요컨대 이 시대에도 진보적인 여자가 있었다는…

우에노 진보적인 여자가 아니라, 여자라면 누구든 이런 감각을 잠재적으로 갖고 있을 거라고 생각해요. 두 분은 교코가 돈 때문에 싫은데도 억지로 남자하고 관계를 가진다고 생각하는 거예요?

오구라 교코라는 여자는 엉터리로 만들어낸 여자죠. 이랬으면 좋겠다는 바람을 담아 쓴. 하지만 만일 교코의 모델이 있었다면 그 사람은 돈 때문에 관계를 가졌을 테고, 헤어진 뒤에는 혼자 혀를 날름 내밀었겠죠. 하지만 실재하지 않아요.

도미오카 저도 리얼리티가 없다고 생각해요.

우에노 그럼 단순히 돈 때문에 고통을 견디는 거라고요? 돈 때문이라고 하기에 이 주인공은 돈도 별로 없잖아요.

오구라 그러니까 리얼리티가 없는 거죠.

우에노 리얼리티는 없지만 모델은 있지 않았을까요? 이 작가 소설은 거의 사소설인 것 같은데.

도미오카 재미없는 의견이지만, 만일 매일 다른 남자와 관계를 가져야 하는 직업을 가졌다면, 그 고통보다 더한 고통을 육체적으로 느끼지 않는 이상 그 고통에서 도망칠 수 없기 때문일지도 모른다는 생각이 들어요.

오구라 그럴 수 있죠.

우에노 저는 모르겠네요.

도미오카 그러니까 신체를 결박하거나 하는 소박한 육체적 고통이 차라리 낫고, 그 아픔으로 인해 정신적인 것과 연동되는 섹스의 고통은 사라지는 게 아닐까. 그래서 이 사람은 꼭 피학적 성향 때문이 아니더라도 묶어달라고 하는 거죠.

우에노 도미오카 씨의 말은, 이 여자는 돈 때문에 싫어하는 일을 하는 거고, 기본적으로 피학 성향을 가진 여자는 없다는 거죠?

도미오카 아니, 그런 이야긴 안 했어요.

오구라 돈 때문이라고는 안 했어요. 남자의 기본적인 환상에 자기를 맞추는 게 습성이 된 거죠. 거의 무의식 수준에서.

우에노 잠깐만요. 왜 마조히즘이 여성에게 성적인 쾌락으로 작용하느냐는 조금 더 깊게 파고들어 생각할 문제이지만, 일단은 마조히즘이라는 걸 성적인 쾌감을 얻는 원천으로 삼을 수 있는 여자가 있다고 한번 전제해보죠. 교코가 마조히즘에서 성적인 쾌락을 얻는 여자라면, 마조히스트인 여자는 자기 쾌감에 봉사해줄 남자가 필요하겠죠. 제가 주인공 이기를 보며 느끼는 건, 참으로 여자한테 성실한 남자라는 거예요. 예컨대 교코에게 돈을 주고 그녀의 육체를 탐하는 남자들은 아마 자신의 성욕 문제로 여자의 육체를 이용하는 섹스만 해왔겠죠. 하지만 이기는 그야말로 가려운 데를 긁어주듯 교코가 원하는 걸 해줘요.

도미오카 그러긴 하네요. 묶어달라면 묶어주고.

우에노 결국 자신의 쾌락에 몰두하는 데 조역으로 봉사해준다… 이렇게 좋은 남자는 없다, 이런 심리 아닐까요.

도미오카 그래서 좋아한다고 했다고요?

우에노 그러니까 그건 '나는 당신과 하는 섹스가 좋아요'라는 뜻이라니까요.

도미오카 그런 편지를 썼죠. 그래서 주인공은 그에 감응해 이 여자를 점점 더 좋아하게 되고요.

우에노 그래서 남자 주인공의 여성혐오가 역전되어가죠. 그에게 섹스란 분노를 처리하는 행위예요. 《암실》에서도 그렇고, 분노의 감정이나 누군가에게 짓밟힌 감정을 가질 때마다 그걸 처리하러 윤락가에 간다고 쓰여 있죠. 그걸 읽고 소름이 끼쳤어요. 창부는 감정 쓰레기통이구나… 하고요. 가장 더러운 감정과 성욕을 모두 토해내는, 흡사 변소나 똥통 같은 거죠.

그걸 너무나 잘 드러내는 서술을 아무 반성도 망설임도 없이 쓰고 있어요. 자신의 가장 저열한 욕망의 처리기와도 같은 여자. 그런 관념이 작가 안에 있는 거죠. 그러한 종류의 공격성이 유효성을 잃는 상대가 교코였어요. 한마디로, 남자의 공격성에서조차 쾌락을 찾아내 빨아들이는 여자. 그때 공격은 완전히 무효화되고, 그 공격성은 모래주머니 같은 데로 끝없이 흡수되죠. 이윽고 그 모래주머니에서 쾌락에 젖은 신음이 터져 나오는, 그러한 역전의 과정에서 이번에는 과거에 학대당하는 대상으로서의 여성 이상으로, 더욱 무시무시한 여자의 공포를 그는 느끼기 시작해요. 그럼으로써 그는 여자라는 카테고리 전체를 인간이 아니라 괴물의 영역으로 휙 날려버리죠. 그런 의미에서 이 작품의 여성혐오는 심각해요.

도미오카 그건 그래요.

오구라 마조히스트 여성도 소외당한다는 건가요.

우에노 그러니까 나는 교코라는 여자의 쾌락이 거짓이라고 생각하지 않아요. 하지만 작가는 여자의 쾌락을 인간의 영역을 넘어선 괴물, 일종의 쾌락 몬스터 같은 형태로 그리고 있어요.

오구라 하지만 교코가 진짜 마조히스트라면 이기는 사디스트로서는 2류, 3류가 아닐까요? 이런 커플링은 말이 안 되는데 (웃음).

우에노 그러니까 주인공이 변명처럼 '나는 정상적인 성욕의 소유자다'라고 하잖아요. 그건 '나는 교코 씨의 파트너로 적합하지 않은 남자입니다'라는 고백이나 마찬가지예요(웃음).

오구라 절반은 프로라고 해야 할까… 유흥업에 종사하면서 마조히스트인 여성의 파트너가 되는 사디스트 남성은, 잘은 모르지만 아마도 성관계 전후에 꽤 인간적인 면을 보여주지 않을까요. 이렇게 인간미 없고 여성혐오가 심한 남자와 이런 관계를 맺는다는 설정이 리얼리티가 없어요.

우에노 사디스트와 마조히스트는 호환성이 있죠. 마조히즘을 통해 이 정도의 성적 쾌락을 얻어내는, 그러한 탐구 능력 혹은 탐닉하는 능력을 가진 여자는 입장이 바뀌면 마조히스트 남자에게 사디스트 역할을 수행할 수 있을지도 몰라요. 그때 그녀에게 필요한 건, 가려운 곳을 긁어주는 파트너뿐이죠.

오구라 그럼 교코가 사디스트일 때 이기는 마조히스트 역할을 제대로 수행할 것 같나요?

우에노 만일 마조히스트 남자가 나타나면 그녀는 거기 충분히 대처할 수 있을 테니, 피학 성향이 고정되어 있다거나, 여자란 본래 마조히스트라는 이야기는…

오구라 지금 그 얘기가 아니잖아요.

우에노 그러니까 여자에겐 원래 피학 성향이 있다고 일면적으로 말할 순 없다는 뜻이에요.

오구라 당연하죠. 하지만 그런 교코의 인물상, 즉 우에노 씨가 생각하는 교코의 이미지는 지나치게 과잉된 해석이에요.

우에노 과잉된 해석이라고요?

오구라 네.

우에노 제가 요시유키라는 작가를 과대평가했다는 건가요?

오구라 네.

통속적인 소시민의
사소한 모험

도미오카 우에노 씨, 여기 나온 아버지에 대한 심리는 뭐라고 생각하나요? 아버지에 대한 콤플렉스는 이해가 가요. 이것도 이 작품의 큰 테마 중 하나잖아요.

우에노 내용 분석을 해보면, 여기에도 소설적 장치가 두 가지 등장하죠. 하나는 지금 도미오카 씨가 언급한 아버지의 그늘. 소설 속 소설의 도입부에서 사망한 아버지가 그늘을 드리우고 있다는 형태로 이미 복선을 깔아놨어요.[11] 그러한 의미에

11   그 사실을 떠올릴 때까지는 시간이 걸렸지만, 생각해보니 숨겨진 의미

요시유키 준노스케

서 이 소설을 순문학적으로 평가한다면, 일종의 빌둥스로만
(Bildungsroman, 성장소설. 주인공의 심리적이고 도덕적인 성장
에 초점을 맞춘다-옮긴이) 즉 주인공의 성장 이야기라 할 수 있
죠. 또 하나는 아버지의 그늘에서 벗어나기 위한, 한계 돌파
장치로서의 근친상간.

----- 는 금방 알아챘다.

그것은 죽은 아버지와 그와의 관계였다.

그는 열아홉에 그의 아비가 되었고, 서른넷에 세상을 떠났다.

하지만 죽은 뒤에도 아버지는 그의 인생에서 여전히 주인공이었다. 이
미 육체는 소멸했을 터인데, 종종 그의 인생을 가로막고, 명령을 내렸
으며, 방향을 정하거나 한정했다.

사후 10년이 지나고, 15년이 지나도 사정은 달라지지 않았다. 그가 정
시제 고등학교의 선생을 그만두고 화장품 판매원이 된 건, 아버지가
죽은 지 18년이 지난 뒤의 일이었지만, 그 두 사건에도 그는 자신을 조
종하는 죽은 아버지의 보이지 않는 손을 느꼈다.

그 경우, 죽은 아버지는 그 자체로 흉기가 되어 그를 덮쳤다. 추리소설
의 아이디어 속에 죽은 아버지와의 관계가 응어리처럼 자리하고 있다
는 사실은 부정할 수 없었다.

이것을 계기로 주인공이 고등학교를 그만두게 된 여학생과의 관계도
아버지의 단골 이발소에서 이발한 자신의 모습에 죽은 아버지의 그림
자가 남아 있음을 인정한 것이 원인이었다는 것, 아내와 결혼한 것도
그녀의 소녀 시절에 '저렇게 고운 아이는 여배우 중에도 없지'라는 아
버지의 칭찬이 주문처럼 작동했기 때문이다 등등… 자신의 인생에 아
버지가 얼마나 영향을 끼쳤는지 소설 속에서 반복해서 서술된다.

그리고 후반에 이르러 서두에 등장한 추리소설의 구상과 오버랩되는
형태로, 교코가 배다른 여동생이라면 교코야말로 아버지가 남긴 흉기
가 아닌가, 하고 생각하는 장면에서 그 긴장은 최고조에 달한다.

아들에게 근친상간은 두 종류가 있죠. 부모와의 상간, 형제자매와의 상간. 여기서는 남매니까 아버지의 그늘에서 벗어날 수 있죠. 하지만 이러한 방식은 지극히 고전적이고 신화적인 장치예요. 안이하다고 해도 좋을 정도로. 그러한 의미에서 이 소설에 나오는 장치는 모두 속류 프로이트주의적이죠?

오구라 맞아요, 그거예요.

우에노 오이디푸스 서사예요. 비평가들이 흔히들 부친인 에이스케의 존재가 요시유키에게 영향을 미치고 있다고 하잖아요.[12] 이런 걸 읽노라면 아, 일본에서는 정말 프로이디즘이 맹위를 떨치고 있구나 싶어요. 이 소설에서는 아버지의 그늘도, 근친상간도, 모두 서사 구조에 필연성을 갖지 않으니까요.

도미오카 주인공이 아버지 타령을 하지만 읽는 입장에서는 그다지 절실해 보이지 않죠. 아버지에 대한 콤플렉스를 이렇게 소설의 원인으로 삼는 건 좀 얄팍하지 않나 싶어요.

우에노 이건 신화의 세계로도 못 가요. 오에 겐자부로도 신화적인 세계를 장치로 이용했죠. 현실 비평을 하려면 한없이 인위적인 세계를 만들 수밖에 없는데, 그때 신화적인 세계가 궁

53

12   요시유키 에이스케(1906-1940). 신흥예술파 작가. 《여자 백화점》, 《신종족 노라》, 《새로운 상하이의 프라이빗》 등의 저서가 있다. 그의 문학적 업적은 《요시유키 에이스케 작품집》 전 2권(도주샤, 1977년)에 수록되어 있다.

극의 세계 모델로서 부상하죠. 오에 겐자부로의 경우에는 필연성이 느껴지지만, 요시유키는 아니에요.

오구라 하지만 분명 그런 사람이 한마디 하면 엄청난 영향력을 발휘하잖아요. 요시유키 준노스케는 다양한 성의 구도자이지만, 조금도 '해방'되지 않은 사람이에요. 단순히 '개방'된 거죠. 하지만 이 사람 팬들은 남자겠죠? 업계 관계자나 전공투(1960년대 일본의 대학교 학생운동 조직인 전학공투회의-옮긴이) 출신이 많지 않나요?

우에노 많죠.

도미오카 그리고 동업자들도요.

오구라 그리고 입신출세立身出世를 목표로 삼지 않는, 거기서 이탈했다는 사람들이 이 작가를 띄워주죠. 이 작가의 경우, 내용과 문단의 평가 사이의 괴리가 너무 커요. 제가 이 작품을 읽고 비웃어도 결국 나 혼자만 그런 거고, 세상 남자들은 이걸 진지하게 읽고 있죠. 그 사실이 어깨를 짓눌러서 힘들어요.

우에노 아주 소박한 의문인데, 왜 이런 사람이 문단의 거물일까요? 이해할 수가 없어요. 아쿠타가와상 심사도 하고 대형 문학상 심사위원도 꽤 맡았잖아요.

오구라 하지만 이런 사람이 출세하는 이유는 알 것 같아요. 정치력이라는 건 이런 인격을 가진 사람이 제일 잘 발휘하니까요.

우에노 이런 인격의 사람이 정치력을 잘 발휘한다는 게 무슨 뜻이죠?

오구라 기본적으로 급진성이 없는, 없다기보다… 가질 수 없는 사람이죠. 그리고 여성을 두려워하는 심약한 도련님 같은, 다케시타 노보루(일본의 제74대 내각총리대신-옮긴이) 같은 자기 비하적 태도.

우에노 그래서?

오구라 그러니까 통속적이지만…

우에노 통속적이지만 이러한 성적 탐구라는 키워드를 토대로 다른 남자들에게 콤플렉스를 안겨줄 수 있다?

오구라 그런 콤플렉스가 아니라, 다른 남자는 직접적으로 여자를 경멸하는 자신의 모습에 오히려 찝찝한 마음을 가지게 된다는 콤플렉스요. 평범한 시민생활을 등지고 있다는 점에서는 일단 반反세속적이라는 이미지도 있고요.

우에노 미약한 반세속적 스타일.

도미오카 반세속적으로 보이는 거군요.

오구라 진정한 의미에서 반세속적이면 다들 싫어할 텐데.

우에노 잘 이해가 가지 않는 건, 1963년 당시에 성적 탐닉이라는 게 그렇게 세상을 등지는 행위였나요?

도미오카 아직 이 당시는 그랬죠.

우에노 그래요? 적선의 여운이 남아 있던 시대잖아요. 솔직히 〈묵동기담〉도 어디가 반세속적인지 모르겠던데.

요시유키 준노스케

도미오카 하지만 이 작가의 감각적 토대는 적선이죠.

우에노 그렇다면 어디가 사회의 도덕 윤리에 반한다는 거죠? 적선은 천하공인이었는데.

오구라 그러니까 자신은 생활인으로서는 실격이다. 남자 사회에서 패배감을 느낀다… 이런 감성이죠.

우에노 처자식이 있는데 창부와 관계를 가지는 남자는 너무 흔하지 않아요?

오구라 하지만 계속해서 그런 패배감이 등장하죠.《모래 위의 식물군》에서도 하나다 고타로라는 유명 작가가 나오는데, 그의 동행이라는 이유로 얻어먹고 매춘업소에 같이 가면서도 그때마다 조금씩 상처받잖아요.[13] 자기는 쓰레기 같은 남자라면서.

우에노 하지만 당시의 사회 통념으로 볼 때, 남자가 유흥업에 종사하는 여성과 관계를 가져도 이혼 사유가 되지 않던 시대잖아요. 이를테면 주인공의 아내가 질투한다거나 아내에게

---

13 '기구레의 장례식에 갔던 클럽 있지. 거기나 갈까.' 하나다는 그렇게 말했지만 바로 그때의 상황을 떠올린 듯했다. 하나다 혼자 여자들에게 에워싸였고, 다른 친구들은 찬밥 취급이었다. '아니, 그 가게는 그만두지… 그래, 조금 배가 고프니 오뎅이나 먹으러 갈까. 싸고 맛있는 집이 있어.'
그 마음 씀씀이에 이기는 다시 상처를 받았다. 하나다가 어떻게 행동해도 그때마다 이기는 상처를 받았다. 그것이 현재 하나다 고타로와 자신의 관계인 것이라고 생각했다.

위협을 느낀다는 묘사는 전혀 없죠.

도미오카 전혀 없죠.

우에노 기본적으로는 이른바 섹슈얼 더블 스탠더드[14]를 남자가 당당하게 행사할 수 있었던 시대의 이야기니까, 어디가 반세속적이라는 건지 모르겠네요. 통속 그 자체인데.

오구라 하지만 다들 반세속적이라고 하잖아요. 기본적인 정서가 있고, 다들 거기에 속고 있는 거죠. 그러니까 아마도 나가이 가후가 아니라 요시유키 준노스케가 이런 작품을 쓰기 때문이겠죠. 개인이 가진 속성이 있어요. 이 사람이 평소에 가지고 있는 속성이. 여성혐오자인데 인기가 있다, 그것도 돈을 안 쓰고도.

우에노 정말 돈을 안 쓰는데 인기가 있었을까요?

오구라 결핵으로 입원했을 때도, 병원을 빠져나와 3타석 3안타였다고 자랑했잖아요. 돈을 안 쓰고도 그렇게까지 여자를 낚을 수 있는 남자는 남자들 사이에서 존경받기 마련이죠.

우에노 전통적인 '유곽소설'에서는 돈을 쓰고 풍류를 즐기는 사람이 존경받지 않아요?

57 **오구라** 그런 소설은 이미 존재하잖아요. 이건 달라요. 돈을 안 쓰죠. 가난한 남자예요. 남자들 무리에서는 사회적인 지위도

---

14   The sexual double standard. 성의 이중 기준. 남자에게는 관대하고 여성에게는 엄격한 성도덕을 말한다. 이를테면 '외도는 남자의 본능이지만, 여자는 정절을 지켜야 한다' 등.

없는 데다 남자답지도 않은 남자에게 여자가 잘 붙는 걸 이해하지 못하죠. 그래서 인정받는 거예요. 그러니까 가난해도 지질하지 않죠. 비참한 생활을 하지만 귀공자 같은, 그런 이미지를 연출하는 거죠.

우에노 그러면 〈묵동기담〉하고 똑같잖아요.

오구라 나가이 가후는 없어 보이잖아요. 이 작가는 집안이나 출신 같은 건 별로 내세우지 않아요. '시티 보이city boy'라고요. 반면 나가이 가후는 시티 보이가 아니죠. 일부러 시타마치(서민 동네)에 있고요.

우에노 가후는 시타마치의 시티 보이. 그 역시 원래는 이런 곳에 있을 사람이 아닌 귀한 집안 출신이죠.

오구라 그거랑 다르다니까요.

도미오카 소설 도입부부터 등장하는 게 여고생이잖아요.

우에노 그러니까 일단 선량한 시민처럼 보이기는 해요.

오구라 게다가 아버지 얘기까지 나오니 늘 피해자인 아들로서 나르시시즘과 스토이시즘을 분출하고 있죠. 그런 건 지금까지 없었잖아요.

우에노 오이디푸스 서사와 근친상간이라는 장치가 역시 지나치게 부자연스러워요.

오구라 맞아요, 부자연스럽죠. 하지만 당시 사람들은 거기에 속았어요.

도미오카 그러게요. 이런 장치가 신선하게 보였겠죠.

우에노 그러니까 위장으로서의 프로이트주의가 당시에 이토록 맹위를 떨쳤구나, 하고 숙연해지는 거죠. 그와 동시에 프로이디즘의 장치에 이렇게 위화감을 느끼는 건, 교코와의 관계가 도덕의 침범, 즉 반세속적인 게 아니라 통속 그 자체니까요.

오구라 그렇게 생각하는 사람은 얼마 없어요.

우에노 당시 사회에서는 이 정도는 허용 범위가 아니었을까요. 교코는 평범한 여자가 아니라고 분명히 서술했잖아요. 그렇다면 이런 건 딱히 별일도 아니고, 결혼이 파탄에 이르는 원인도 되지 않죠. 통인(通人, 화류계 사정에 통달한 사람-옮긴이)이란 자신의 일상을 파괴하지 않고 즐기는 사람을 뜻하니까요. 사실, 반세속적이지 않다는 걸 작가도 알고 있었던 것 같아요. 궁극의 반세속성을 표현하기 위해서는 궁극의 터부를 도입해야 한다고 생각한 거 아닐까요? 그게 근친상간의 터부였고요. 왠지 그런 것 같아요.

오구라 하지만 근친상간이라 해도, 진짜 근친상간이었다면, '교코가 친동생이었다면 나는 마음에 정한 바가 있었다'라는 구절이 있잖아요.[15] 만일 친동생이었다면 뭘 하려던 걸까요?

59

---

15   이 사흘 동안, 그는 쓰가미 교코를 제 여동생이라 믿고 있었다. 사흘 내내, 그 어느 순간에도 그는 처참한 결의를 품고 있었다.

우에노 글쎄요.

도미오카 모르겠네요.

우에노 그 결심이 혹시 동반자살이었다면 고전적인 비극이 되죠. 오이디푸스적 서사에서 죽은 아버지의 그림자에 쫓기던 아들이 사실을 모른 채 여동생과 근친상간을 저지르고, 결국 파멸에 이르렀다는 고전적인 서사가 완성되겠네요.

도미오카 그럴 수도 있었지만…

우에노 그러지 않았다는 건… 뭔가 사고 구조를 알 것 같아요. 갑자기 헤겔 얘기를 해서 죄송하지만, 한마디로 인류의 기본이 되는 것이 가족애라고 본다면, 남자는 어떤 여자든 동물 취급을 할 수 있지만 자기 누이만큼은 그럴 수 없어요.

도미오카 그래요?

우에노 인류학적으로 봐도 그래요. 같은 아버지와 어머니를 둔 동기간이니까요. 그러니까 여성혐오자 중에도 아내에게는 함부로 대하면서 여동생을 위해서라면 뭐든 하는 사람이 있죠. 그렇다는 건, 여자 형제만큼은 자기와 다른 카테고리의 존재로 생각할 수 없는 거죠. 자신과 같은 인간이지만 성이 다를 뿐이라는 거예요. 그렇게 생각하면 교코의 위치가 단번에 달라지죠. 실은 동생이 아니었다는 결말을 그림으로써, 이번에는 남자를 소외시키고 자기 쾌락에 몰두하는 동물적인 존재라는 식으로 대상화함으로써, 여자를 다시 여성혐오의 어둠

60

너머로 내쫓는 거예요. 남자는 소외됐으니까 시민생활 속에 머물 수 있는 거고요.

도미오카 그렇군요. 낭떠러지까지 끌려갔지만, 추락한 건 상대뿐이고 자신은 떨어지지 않은 거네요. 자신은 섹스를 통해 그 밑바닥까지 갔지만 다시 제자리로 돌아오는 거고요.

우에노 하지만 밑바닥을 경험한 용감한 남자로서의 무용담은 남겠죠.

오구라 만일 교코가 친동생이라는 걸 알았으면, 그 뒤로 어떻게 전개되었을지는 모르지만… 그런 식으로 썼으면 아마 높은 평가를 받지 못했을 거예요, 분명.

도미오카 그렇겠죠.

오구라 그런 균형 감각은 아주 뛰어난 작가예요.

우에노 그렇다면 이 작품은 소시민 소설이군요.

오구라 맞아요. 평론가인 오쿠노 다케오가 '이 작품은 다양한 성의 양태를 추구하고 있다'라고 하면서 구체적으로 나열한 바 있죠. '입술만 짙게 칠한 세일러복의 여학생, 치한, 가학적인 성적 충동, 여러 사람과의 동시 성교, 동성애, 근친상간 등 지금까지 성적 터부로 여겨졌던 것을 차례차례 범하며 분석해간다.'[16] 이건 거짓말이에요. 이 작가가 추구한 배덕적인 행

---

16   '인물과 문학', 《지쿠마 현대문학대계 62》 해설, 지쿠마쇼보, 1967년.

위를 세어보니 모두 여섯 개였는데, 그중 두 가지는 이 사람에게조차 진정한 터부로 남아 있어요. 바로 근친상간과 동성애죠. 절대로 그 선은 넘을 수 없어요. 자기도 거기까지 가면 뭔가 노이즈가 들린다고 썼잖아요.

우에노 균형감각이 뛰어나다니까요.

도미오카 맞아요. 뭔가 세포가 들끓으면서 튕기는 느낌?

오구라 그런 점을 파악하고, 이 정도에서 자제하는 게 더 잘 팔릴 거라 생각하고 쓴 거라면 차라리 이해가 가요. 하지만 이 작가는 정말 무서워서 안 쓴 거잖아요.

우에노 이 작가의 마지막 터부가 근친상간과 동성애라는 건 잘 알겠어요. 레즈비어니즘은 어찌어찌 객체화해서 구경꾼으로 논할 수 있었지만, 남성의 동성애는 다루지 못했죠.

오구라 자기 자신이 객체가 되는 게 두려운 거죠. 이 작가가 로르샤흐 테스트(Rorschach test, 사고 과정, 감정 상태 등 내면을 탐색하는 심리검사-옮긴이)를 받은 적이 있어요, 바바 레이코에게.[17] 그때 바바에게 '의존성 반동형성'이라는 지적을 받죠. 응석 부리고 싶다, 보호받고 싶다고 생각하며 접근했다가 물어뜯긴 체험의 반복을 통해 여성에 대한 오만함과 혐오 감정

62

---

17   바바 레이코, 요시유키 준노스케, 〈특별기획=요시유키 준노스케의 심리를 분석한다〉, 〈현대사상〉 1978년 10월호.

이 형성되었다고요. 하지만 한편으로는 여성적인 세계에 대한 공감이라고 할까, 동일화 성향도 존재했어요. 아까 이야기한 '의존성 반동형성'이란 그렇게 철저한 것도 아니었을 거라고 지적하고요. 결국 바바에게 '바이섹슈얼일지도 모른다'는 말을 듣는데, 동성애에 대한 이 작가의 공포는 상당히 강한 것 같아요.

우에노 요시유키가 예전에 쓴 에세이에서 게이를 만난 이야기를 하는데, 거기서…

오구라 그 얘기, 소설에도 썼었죠. 관계를 시도했지만 실패했다고. 여자인 줄 알고 만났는데 남창이었다. 그리고 그 남자와는 손님과 남창이라는 형태로 성을 사고파는 관계였지만, 감정적 교류가 있었대요. 역시 남자라도 상대가 남창, 즉 밑바닥 인간이니 감정의 교류는 할 수 있다. 하지만 그는 피부 밖에서 멈췄어요. '이 선을 넘는 건 나에게 도저히 불가능했다'는 걸, 아주 대단한 일처럼 써놓은 소설이 있잖아요(웃음).

도미오카 대단한 일처럼 썼다고요?(웃음)

우에노 그거랑 다른 이야기예요. 게이에게 여성의 나체나, 성관계 장면을 보여주고 그 남자가 정말로 발기하지 않는지를 확인하고 싶었다는 이야기예요.

오구라 아, 그런 것도 있었죠. 그러니까 게이와 근친상간, 그 두 가지만큼은 터부였던 거예요. 그 외에도 중년 남자와 처녀. 남자 손님과 창부. 그리고 남자 하나에 여자 둘. 남자가 치한이고 여자가 피해자. 남자가 가학 성향이고 여자가 피학 성향. 남자가 훔쳐보고 여자가 자위. 《모래 위의 식물군》에는 여섯 가지 패턴이 나오는데… 이런 게 뭐가 성적 퇴폐란 말이에요.

우에노 그러게요.

오구라 평론가들은 고작 이런 걸로 자유분방하게 성을 탐구한다는 식으로 칭찬하지 않았으면 좋겠어요.

도미오카 하지만 당시에 이 정도로 여러 종류를 소설로 쓴 작가가 있었던가요?

오구라 딱히 구도적이지는 않잖아요.

도미오카 그건 그런데, 무대장치랄까, 대도구, 소도구 레벨에서 이만큼 갖춰진 작품이 없었으니 역시 신선해 보였겠죠. 하지만 너무 반세속적으로 보이면 안 되니까 작중에서 계속 양해를 구하는 거 아니에요? '나'가 등장하는 부분은 죄다 변명이잖아요.

우에노 '나는 변태가 아니다'[18]라는 부분도 그렇고요. 이 작가

18 말해두지만 나는 변태가 아니야. 호색한일지는 몰라도 변태는 아니지. 사실 둘의 차이를 정확히는 모르지만, 고상함과 천박함의 차이라기보다는 범주의 차이인 것 같아서 그렇게 말하고 싶은 거지./ 내가 변태가 아니라는 건, 작품의 성적 묘사를 읽어보면 알 것이다.
(요시유키 준노스케, 〈왜 '성'을 그리는가-《모래 위의 식물군》에 대해〉, 〈주간독서인〉 1964년 3월 23일호.)

는 변명 일색이에요.

오구라 작가 자신이 치한의 복권이 어쩌고 하잖아요. 거기에 높은 점수를 주는 평론가도 있어요. 진지하게요.

도미오카 여기 있네요. '정식으로 혼인 관계를 맺은 부부의 정상위 외에는 모두 성적 퇴폐로 간주되던 시대가 저 멀리 지나갔듯, 나는 앞으로 치한의 복권이 이루어지리라 예감한다.'

오구라 그냥 묵묵히 치한 행위를 하면 될 텐데 꼭 변명을 하죠. 마지막에 본인이 이렇게 말하잖아요. 이 작품은 성을 그린 게 아니라 고독감을 그린 거라고.[19]

우에노 아, 그랬죠(웃음).

오구라 그런 정상적인 남자에게 가능한 성적 퇴폐가 성적 해방이겠어요?

우에노 '나는 통속적이다'라고 쓰면 될 일을 말이에요. '정상이다'라고 쓰는 대신에.

도미오카 만일 전부 남자하고 여자를 바꿔놓으면 어떨 것 같아요? 만일 이 시대에 아무개라는 작가가 이 작품에서 여자와

65

19   이 작품은 성을 그려낸 것이라고만은 할 수 없다. 지면의 한계로 갑자기 마무리하는 모양새가 되었지만, 만일 이 작품을 읽고 마음이 움직인 독자가 있다면, 그건 작품 전체에 흐르는 강렬한 고독감(고독이라는 말은 간지러워서 쓰고 싶지 않지만 그럼에도 쓰겠다) 때문이라고 생각한다. 성 문제에 대한 분석은 그다음이라 생각한다. (출처는 주18과 동일).

요시유키 준노스케 →

남자를 전부 바꿔서 쓴다면? 그런 건 아무도 명작으로 쳐주지 않겠죠.

우에노 묵살, 말살, 박살이겠죠(웃음).

작가의 자의식 과잉이 드러나는 〈취우〉

오구라 〈취우〉는 어땠어요?

우에노 〈취우〉는 말 그대로 취우(소나기)처럼 순식간에 지나갔네요(웃음). 가후의 〈묵동기담〉의 패러디라는 걸 알아챌 정도의 교양이 없는 사람은 읽는다 해도 별 재미를 못 느낄 것 같아요. 이 작품으로 아쿠타가와상을 수상했다는 건, 단순히 심사위원들이 패러디 기법을 높이 평가한 덕분 아닐까요. 순문학처럼 좁은 업계에서는 프로의 평가와 아마추어의 평가가 전혀 다르잖아요. 이 작품에 전문가들의 마음을 움직이는 뭔가가 있었던 걸까요.

도미오카 하지만 저는 그렇게 재미있지 않았어요.

우에노 저도요. 〈묵동기담〉의 시대와 비교하면, 유곽이 사회적으로 어중간한 위치가 되어버렸어요. 옛날에는 양지와 음지 사이에 분명한 경계가 있어서 어둠의 세계로 추락한다는 게 가능했지만, 요시유키의 시대에는 그런 걸 하고 싶어도 못 하게 되었죠. 성性이 시민 사회에 완전히 편입되어 경계가 애매해진 시대가 되었어요.

오구라 나는 오히려 어둠이 깊어진 것 같은데요. 애매해진 만큼 더 깊어졌다고 할까.

우에노 아, 그런 의미에서는 나가이 가후의 추락 패턴으로 보는 게 더 이해하기는 쉽네요.

오구라 이 주인공은 창부를 차별하는 말을 해서는 안 된다고 신경을 곤두세우고 있잖아요.[20] 이런 건 옛날에는 없었죠. 상대에게도 인격이 있고 자존심이 있으니 그걸 훼손해서는 안

---

20   이를테면 창부와 마주앉아 주사위 게임에 빠져 있을 때, 밖에서 싸움이 시작된다.

쏟아지는 욕설 속에서 유독 또렷한 여자의 목소리가 울려 퍼졌다. "어차피 난 창녀야!"
이어서 남자의 탁한 목소리가 들렸다. "창녀라고? 창녀는 대체 뭐하는 직업이지?"
"하, 그것도 몰라? 창녀는 말이야." 거기서 여자는 말문이 막힌 듯했다. 그때 그는 자신이 심적으로 절박하다는 걸 깨달았다. 미치코의 얼굴을 똑바로 볼 수 없었다.
이처럼 신경을 쓰는 장면이나, 저도 모르게 "재미있는 여자군, 내 친구들을 소개해줄까?"라고 말한 뒤, 여자가 입을 다무는 걸 보고 숨을 삼키는 장면 등이 있다.

→

요시유키 준노스케

된다, 이런 생각을 할 정도로 나는 순수한 사람이다…. 이런 식으로 쓰는 게 상대에게 더 차별적이지 않을까요?

우에노 그렇죠.

오구라 아주 잔인해요.

우에노 그래서 오히려 가후의 작품을 보면 "아, 그 시대는 계급 사회였구나" 하고 절감하게 돼요. 가후는 창부를 인간으로 여기지 않아도 되는 권리를 가지고 있었지만, 요시유키에게는 그런 권리가 처음부터 없죠.

오구라 그만큼 차별적인 시각이 더욱 심해지겠군요. 여자가 하루라도 빨리 이 바닥을 뜨고 싶다고 하잖아요. '뜨고 싶다'는 건, 하루라도 빨리 당신과 자는 걸 그만두고 싶다는 뜻인데(웃음).

도미오카 아하하하. 그 말을 못 알아듣죠.

오구라 자기는 아닌 줄 아는 거예요.

우에노 놀란 게, 요시유키가 여기서 말하는 '사랑이란 이 세상에서 배려해야 할 상대가 늘어나는 것'이라는 표현. 이 건전함이 의도치 않게 가슴을 울리네요. "사랑이란 이 세상에 자신의 분신을 하나 갖는 일이다. 자기 자신을 배려하는 마음이 두 배가 되는 것이다."

도미오카 음, 너무 순진한데요?

우에노 순진해빠졌다고 할까, 사랑에 대한 관념이 어찌나 건전

68

한지, 심금을 울리더군요.

도미오카 감동받았어요?

우에노 네. 뭔가 이런 구절이 문맥과는 상관없이, 고백처럼 갑자기 훅 들어오는 거예요. "어머, 이렇게 순진한 사람이었구나!" 했죠.

도미오카 본인은 비아냥거리는 거 아니에요? 하지만 결국 그 사랑에서 멀어지고 싶다는 마음도 있는 거잖아요. 그게 신선하다는 양.

우에노 사랑과 육체 사이에는 아무 관계도 없다는 게 공창제의 본질이잖아요.

오구라 그게 확고한 계급제도가 존재하던 전근대의 창부들이 가지고 있던 정신구조이고, 나아가 1985년(쇼와 60년) 이후 여성들의 정신구조죠. 하지만 이 사람은 자기만 근대적인 자아이고, 그것이 전근대 여성의 자아와 충돌해 그녀는 나의 고독과 사랑이 무엇인지 모른다는 식으로 혼자 쇼하는 거잖아요.

우에노 맞아요. 질투도 포함해서.

오구라 그래서 자기가 질투할 때는 이건 사랑이 시작되었기 때문이라고 하죠. 그게 아니라고!

도미오카 나도 이상하다고 생각했어요. 하지만 거의 이렇잖아요.

우에노 창부와 자지 않고 살아온 이야기를 하게 해서 "나는 여자들과 이만큼 감정을 공유해왔다" 하고 가후 스타일로 말하는 거잖아요. 순진하기도 하지. 그런 이야기는 얼마든지 지어 낼 수 있는데 말이에요. 상대가 좋아하는 것 같으면 여자들은 그런 이야기쯤 얼마든지 지어낼 수 있다고요. 예를 들면 이 작 품에 이런 부분이 있죠. 창부에게 다음에 만날 때까지 정조를 지키겠다는 말을 듣고, '손님과 관계를 맺을 때 솟아오르는 쾌 감에서 벗어나기 위해 사랑하는 남자의 얼굴을 뇌리에 떠올 리는 것이리라' 하고 생각하는.[21] 어이가 없죠. "당신만 사랑 할게요. 얼마 전에 오르가슴을 느낄 뻔했지만 당신 얼굴을 떠

---

21   "이런 건 어떻게 생각하세요? 이를테면 내가 당신을 좋아한다고 쳐요. 당신에게 의리를 지켜서 다음에 만날 때까지 정조를 지킬 수 있는지 아닌지 말이에요."

정조를 지킨다는 표현을 금방 이해할 수 없었다. 창부의 경우, 오르가 슴을 느끼지 않겠다는 것 말고는 해석의 여지가 없었기 때문이다.

창부 중에는 입술, 또는 유방을 신성한 영역으로 여겨 정인을 위해 다 른 남자가 닿지 않도록 소중히 지키는 경우도 종종 있다. 하지만 오르 가슴을 피한다는 생각은 해본 적도 없었다. 왜냐하면 창부는 일상적으 로 성행위에 노출되어 있기 때문이다. 그 사실이 맹점으로 작용했다.

(중략) 정절을 지키기 위해서는… 다른 남자 옆에서 쾌감이 솟아오르 면, 그녀는 쾌감이 고조되기 전에 어떻게든 억누르려 한다. 그 순간에 는 반드시 사랑하는 남자의 얼굴이 여자의 뇌리에 떠오를 것이다. 마 치 몸을 지키는 방패처럼, 그녀는 그 남자의 모습을 맞닿은 다른 몸 사 이에 쓱 넣어서 밀려오는 것을 막으려 하고, 자신의 내부에서 솟아오 르는 것을 억누르려 한다. 다른 몸이 쏟아부으려는 쾌락의 양과 사랑 하는 남자의 환영이 한동안 길항하다 끝내 정인의 모습에 균열이 가 고, 이내 사방으로 옅게 흩어진다.

올리며 참았어요." 여자는 이런 거짓말을 아무렇지 않게 할 수 있는데, 그걸 곧이곧대로 믿다니 너무 단순하잖아요? 좋아하는 남자 얼굴을 떠올리면 바로 가버릴 텐데. 애초에 싫어하는 남자와의 섹스를 견디는 방법 중에 제일 일반적인 건 좋아하는 남자와 하고 있다고 생각하고 오르가슴을 느끼는 거 아니에요? 착각도 정도가 있지!

도미오카 반대로, 남자가 그런 상황에서 좋아하는 여자 얼굴을 떠올릴지 생각해보면 알 텐데.

우에노 입장을 역전한다는 발상 자체를 못 할 정도로 남자와 여자를 같은 수준에서 생각하고 있지 않은 거예요. 요시유키와 비교하면 가후는 차라리 낭만이 있었죠.

도미오카 그건 그렇지만, 나는 가후도 역시 좀 별로예요.

우에노 별로인 부분은 별로죠. 예컨대 창부의 정인이라는 카테고리에 들어가면, 그다음에는 본인이 포주 역할까지 나서서 해버리잖아요.

도미오카 맞아요. 《장마 전후》(긴자의 카페에서 일하는 여급 기미에의 자유분방한 생활을 그린 작품-옮긴이)도 그렇고.

우에노 가후는 나름대로 자기 위치를 파악했어요. 요시유키는 그런 게 없어요. 자기 여자가 손님을 받았다고 질투하다니… 얼마나 곱게 자랐기에 이러나 싶어요.

도미오카 도련님이죠.

오구라 읽다 보면 이 작가는 성적으로도, 테크닉적으로도 엄청나게 하수일 것 같다는 생각이 들어요(웃음).

도미오카 아, 이건 좀 세다!(웃음)

오구라 나가이 가후가 더 잘할 것 같아요.

우에노 절대적으로 동감해요.

도미오카 다들 대단하네요. 문학비평을 넘어서 테크닉 비평이라니(웃음).

오구라 이걸 읽은 여성 독자들은 모두 그렇게 말할걸요. 못할 것 같다고.

도미오카 아하하하. 이건 뼈아프네요. 나는 거기까지는 파악 못 했어요.

오구라 여자에게 정신적으로 배려하지 않잖아요.

도미오카 그건 동감해요. 거의 대부분의 작품에서 허세만 부리죠.

오구라 횟수라든지, 시간이라든지. 그런 상식적인 부분에 지나치게 구애받아요.

도미오카 맞아요. 지금 아베 사다(1936년 성관계 도중 내연남을 목 졸라 죽이고 성기를 절단하여 지니고 다닌 여성-옮긴이)의 재판 구술 기록[22]을 떠올렸어요. 이시다라는 남자는 정말 여자에게

22   아베 사다 사건 예심의 대표적인 두 번의 신문(제5회, 제6회)은 각각

다정했다, 뭐든 원하는 대로 해줬다, 그런 다정한 남자는 둘도 없으니 성기를 절단할 정도로 좋아졌다. 그런 얘기를 줄줄 늘어놓거든요.

오구라 잘하니까.

도미오카 그걸 읽으면서 그 남자는 정말 다정한 사람이었구나 생각했거든요. 그에 비하면 이 소설에 등장하는 남자는 정말 여자한테 허세만 부려요. 상대가 일반인이든, 화류계 사람이든 상관없이… 태도가 글러먹었어.

오구라 '미치코는 그와 함께 욕조에 들어가, 그을음으로 더럽혀진 그의 머리카락에 비누를 두 번 묻혀서 꼼꼼하게 씻겨주었다' '기름기를 닦아낸 그의 머리카락은 바깥 공기에 닿아 마르더니, 앞으로 흘러내려서 의외로 소년 같은 앳된 얼굴로 바뀌었다' 하지만 이런 장면은 여자에게 마치 도련님처럼, 엄마가 아이를 돌봐주는 것처럼 보이잖아요. 그런데 침대 속에서의 격차는 어떻게 할 거냐는 거죠. 이 여자는 알고 있는 거죠.

도미오카 그러니까 《해 질 녘까지》에 나오는, 여자가 남자 손을 확 할퀴는 장면이 있잖아요. 그런 데서 드러나는 거죠, 여

73

----- 다네무라 스에히로 엮음 《도쿄 백화인의 권》, 오자와 노부오 엮음 《범죄백화 쇼와편》(모두 지쿠마분코)에 수록되어 있다. 그 밖에 아베 사다의 평전인 아와즈 기요시 외 《아베 사다-쇼와 11년의 여자》(다바타쇼텐, 1967년)이 있으며, 여기에 예심 조서도 인용되어 있다.

요시유키 준노스케

자의 반란이. 그 주인공도 허세를 부리고 있었죠, 전체적으로.

격차 게임:
인형사와 인형

우에노 《해 질 녘까지》 이야기를 해볼까요.

도미오카 문제의 섹스 장면은 어떠셨나요.

우에노 이쪽이 더 소름 끼치던데요. 주인공이 스기코와 사귀는 이유를 이렇게 들잖아요. '처녀의 반응에는 독특한 뭔가가 있지. 그게 재미있어.' '하지만 처녀라고 굳게 믿는 거예요?' '그게, 전부 연기가 아닐까 하고 의심할 때도 있어' '1년도 넘게 사귀어놓고⋯.' '그래. 하지만 반응만 진짜에 가까우면 그걸로 족해.'

즉, 이건 사사라는 '남자'와 스기코라는 '여자'의 관계가 아니라, '중년 남자'와 '처녀'라는 카테고리와 카테고리의 게임이에요. 이 사람은 처녀와 노는 게 아니라 자기가 갖고 있는 처녀라는 관념과 놀고 있는 거예요. 성교의 '스텝업'이 이루어진 후 스기코가 구토라는 반응을 보이잖아요. '허무할 정도였다.

하지만 그러고 나서 스기코는 세면대로 달려가 토했다. 얇은 막 하나가 스기코에게서 벗겨져 나간 것이리라.' 구토로 얇은 막이 하나 벗겨지다니.[23]

도미오카 음, 이 주인공이 정말 처녀를 원하는 걸까요? 처녀라는 카테고리만 선호하는 거겠죠. 진짜 처녀가 오면 겁에 질리지 않을까? 본인이 처녀는 이러저러하다고 생각하는 행동 패턴이 있는데, 스기코가 거기서 벗어나면 당황할 거 아니에요. 본인 환상 속에 머물러주길 바라겠죠.

우에노 마지막에 처녀라는 관념도 붕괴하잖아요.

도미오카 왜 대다수의 남자들이 이런 걸 재미있어하는지 모르겠네요.

오구라 다들 중년이 되면 갑자기 처녀, 처녀… 자기 안의 성적 능력이 점점 사라져가는 걸 충족시키기 위해 상대를 멋대로 천사라 생각하는 거죠. 천사를 성적으로 교육해서 차츰 짐승으로

---

23   스기코가 옷을 전부 벗게 되기까지는 여러 차례 밀실에 들어가기를 반복해야만 했다. 두 달이나 걸린 것이다. 옷을 벗은 뒤로도, 그 몸은 여러 겹의 얇은 막에 에워싸여 있었다. 두 다리를 단단히 모으고 결코 사사의 손가락을 허락하지 않았다.
하지만 그와는 반대로 스기코는 그의 혀를 아주 쉽게 받아들였다. 혀로는 처녀막을 찢을 수 없으니까.
허무할 정도였다. 하지만 그러고 나서 스기코는 화장실로 달려가 구토했다.
얇은 막 한 겹이 스기코에게서 벗겨져 나간 것이리라.

요시유키 준노스케

추락시키면 관계는 끝나는 거고요. 엔트로피의 법칙이죠.

도미오카 그뿐일까요? 중년이 되면 남자는 성적 능력이 확 떨어지니까, 나이도 있고. 성적인 체험을 쌓아온 여성과 관계하면 질 것 같다는 공포심 때문 아니에요? 처녀는 성적으로 아직 성숙되지 않았으니 약하잖아요.

우에노 그게 아니에요.

도미오카 아니라고요?

우에노 체력적으로는 처녀가 우월하죠. 그녀가 저항할 때마다 식어버린다고 썼지만, 전 이 정도로 식어버리는 남자는 처녀를 상대할 자격이 없으니 꺼지라고 말하고 싶네요. 짐승 같은 체력의 젊은 남자라면 지치지 않고 할 수 있을 텐데.

처녀라는 관념과 현실의 처녀가 나타내는 성적 관능에의 탐닉, 그 사이의 낙차가 게임이 되는 거죠. 그러니까 마지막에 그 낙차가 0이 되는 순간, 게임은 끝나요.

여기 가져온 건, 인디애나대학교에서 일본 문학을 연구하는 일본인 연구자, 세키네 에이지의 요시유키 연구(미발표)[24]인데, 이 사람은 한때 요시유키 팬이었다가 죽을힘을 다해 요시유키한테서 졸업했어요.

---

24   Eiji Sekine, The Erotic in the Absense of Sexuality(unpublished). 이후 다음 책이 간행되었다: 세키네 에이지, 《지워진 타자》, 게이소쇼보, 1993년.

오구라 나이가 어떻게 되나요?

우에노 나하고 같은 세대예요. 요시유키 팬에서 벗어나는 그 필사적인 과정을 절절하게 논문에 담았어요. '섹슈얼리티 부재 속의 에로틱한 것'이라는 제목인데, 다니자키 준이치로의 〈갈대 베는 남자〉와 가와바타 야스나리의 《잠자는 미녀》, 요시유키의 《해 질 녘까지》를 비교해 논하고 있죠. 논문에서 세키네는 요시유키가 처녀성에 집착하는 배경에 여체에 대한, 혹은 섹스에 대한 근본적인 착각이 있다. 그것은 여성의 성이란 생식과 불가피하게 관련되어 있다는 것이다.[25] 여성의 성적 쾌락이 그토록 심오한 것은 아이를 낳는 성과 연결되기 때문이다. 남자의 성이 그에 대해 일종의 공격성을 띤다면, 생산성 없는 성, 즉 생식과 연결되지 않는 성을 여성에게 강요하는 거잖아요.

도미오카 모래 위의 식물 같네요.

우에노 그러니까 절대로 삽입하지 않는다. 절대로 삽입하지 않는다는 건, 스기코의 의지인 동시에 사사의 의지이기도 하죠.

77

---

25   인간 세상에서 성행위가 생식을 목적으로 하지 않기 되기까지는 오랜 세월을 필요로 했다고 알려져 있다. 하지만 현재에도 남자의 것은 성기지만, 여자는 생식기라 불리기에 걸맞다고 나는 생각한다. 성행위를 할 때의 쾌락은 여자가 더 강하지만, 그 쾌락이 수상 안내인이 되어 이끄는 곳에는 수태가 기다리고 있다. (요시유키 준노스케,《암실》)

그냥 표면에서만 한없이 노는 거예요. 오히려 여자에게는 결코 궁극의 쾌락을 주지 않죠. 그 속에서 관능의 탐닉만을 극한까지 추구하는 게임을 하는 거예요. 그런데 그 관계는 기본적으로 무척 일방적인 데다 상하관계가 뚜렷해요. 다니자키의 〈갈대 베는 남자〉[26]에서는 노예와 여왕의 관계였죠. 하지만 이건 노예가 여왕을 조종하는 일방향적인 상하관계. 자신이 상위에 있으니 태연하게 여자의 노예가 될 수 있는 관계죠. 그리고 가와바타의 경우에는 왕과 제물祭物의 관계죠. 이 제물은 자기 뜻대로 되는 《잠자는 미녀》[27]로, 스스로는 반응도 커뮤니케이션도 할 수 없는 죽음에 가까운 존재죠. 거의 네크로필리아(necrophilia, 시체애호)의 세계예요. 요시유키의 경우는 인형사와 인형의 관계죠. 그의 유일한 관심은 자신이 부여한 자극에 인형이 어떠한 반응을 보이느냐 하는 거예요. 그 사이에 낙차가 있는 한 그 관심은 식지 않으니 그는 이 관계를 유지할 수 있죠. 하지만 여자는 지극히 성애에 미성숙한 여자로 그려

---

26   다니자키 준이치로, 〈갈대 베는 남자〉. 센바의 명문가에 후처로 들어온 아름다운 '오유'와 서로 감정을 주고받던 남자가, 두 사람의 마음을 알아채고 언니 대신 남자에게 시집온 여동생과 함께, '오유'를 주인으로 모시는 생활을 한다는 이야기. 1932년.

27   가와바타 야스나리, 《잠자는 미녀》. 수면제를 먹고 잠든 젊고 아름다운 여성을 하룻밤 노인의 노리개로 제공하는 가게의 이야기. 단, 삽입은 금지되어 있다. 1960-1961년.

지니, 그녀는 그처럼 관념과 현실의 낙차를 자기 안에서 조종할 수가 없어요. 때문에 여자의 내면에서는 거대한 르상티망(ressentiment, 깊은 적개심이나 앙금 등 부정적인 감정이 오랫동안 쌓인 상태. 특히 강자에 대한 약자의 적대감—옮긴이)이 발생하죠. 하지만 스기코 역시 1978년(쇼와 53년)을 살아가는 여성이에요. 10년 동안 일본 여성은 달라졌어요. 지금 여성들이 스기코의 입장이라면, 무엇보다 처녀성에 이렇게 집착하지 않을 테고, 남자와 함께 관능을 탐닉한 뒤 한껏 즐기고 남자에게 르상티망을 가지지도 않겠죠. 스기코는 그 르상티망을 표현할 방법을 찾지 못했기에 사사의 뺨에 상처를 내요. 결국 이 커플 사이에 있는 건 디스커뮤니케이션Discommunication이에요. 두 사람 사이에 커뮤니케이션이 없다는 게 이러한 일방적인 상하관계를 구축하기 위한 불가피한 조건이죠.

이 논문을 완성하기까지 세키네가 어떤 과정을 거쳤는지 말씀드릴게요. 세키네는 미국인 여성과 결혼해 인디애나에 정착했어요. 미국인 여성은 반드시 반응을 보이는 존재죠. 아내와의 사이에서 다양한 갈등을 겪으며 그는 요시유키에게서 졸업할 수밖에 없는 상황에 처했다고 해요. 사적인 대화를 나누던 중 들은 이야기입니다. 이 논문에는 남성이 아니면 쓸 수 없는 절실함이 있어요. 세키네의 경우는 미국인 여성과의 만남이 일종의 '외압'으로 작용했죠. 말하자면 외압에 의한 남자의 개국開国이죠. 하지만 대부분의 일본 남자는 외압에 의한 개국을 경험하지 않기에 요시유키 같은 섹슈얼리티의 양상, 즉 자신은 다치지 않고 여자의 반응을 마음대로 조종할 수 있는 입장에서 독선적인 자기만족에 젖고 싶다는 욕망을 버리지 못하는 게 아닐까요.

도미오카 하지만 상대가 자기 마음대로 조종할 수 있는 인형이라면, 그 인형사 역시 인간적이고 심오한 쾌락은 얻지 못하는 거 아니에요? 영원히.

우에노 네. 그러니까 아주 허무하고 얄팍하며 황량할 수밖에요. 요시유키 본인도 이미 그렇게 썼어요. 파트너와 아무리 육체적으로 밀착해 있어도 그 파트너는 이미 주인공의 손에서 도망칠 존재로 그려져 있죠. 한마디로 자신이 허무한 황야에 홀로 남겨지리라는 게 처음부터 예정되어 있어요. 상대가 도망치지 않으면 자신은 고독한 황야를 헤맬 수가 없죠.

오구라 하지만 여기에도 인간이란, 여자와 교합하지 않는 한 관계를 가졌다고 할 수가 없다[28]는 말이 나오잖아요. 중년 남자는 여성과의 관계에서 성교가 아닌 형태의 커뮤니케이션을

---

28 교합 상태에 들어가지 않는 한, 아무리 극단적인 성의 형태로 남녀가 살을 맞대도 그 인연은 덧없는 것에 지나지 않는다. 그 관계에서 성가신 상황은 발생하지 않는다. 거기에는 오히려 아무런 미련도 존재하지 않으리라.

모르니까요.

도미오카 맞아요.

오구라 교합이라. 고리타분한 말이네요. 부끄러운 말이기도 하고요. 교합을 하면 다른 남자가 아무리 언어적 수단으로 커뮤니케이션을 해도 단번에 앞질러버릴 수 있다고 생각하는 거죠. 때문에 몸에 새겨넣는 게 가장 강렬하고 어쩌고….

우에노 신앙이죠.

오구라 맞아요, 신앙. 육체의 커뮤니케이션은 어느 정도 고정되어 있잖아요, 정신의 커뮤니케이션이 훨씬 다양하고요. 이 소설을 읽기 전 제임스 볼드윈의 작품을 읽었는데, 그러고 나서 이걸 읽었더니 뭔가 어질어질하더군요. 소설의 스케일이 너무 달라서.

도미오카 그건 그래요. 남자는 여자에게 교합 이외의 커뮤니케이션 방법을 모르죠. 정말 그래요.

오구라 요즘은 여자들도 교합을 최고의 커뮤니케이션이라고 생각하지 않고, '그래, 한번 해줄게'라는 느낌 아닌가요?

81 **우에노** 시대 속에서는 여자나 남자나 같은 시나리오를 공유하고 있으니까요. 일종의 공범이죠.

환호하는 남자들과
이론으로 무장하는 여자들

도미오카 스기코의 반응은 어떻게 생각하세요? 이런 여자가 실재하는지는 모르겠지만, 일단 존재한다 가정하더라도 스기코가 사사와의 관계를 지속한 이유를 모르겠어요. 그런 사람이 과연 있을까요? 중년 남자와 그런 식으로 사귀는 여자가.

오구라 엄청 많을걸요. 게임 공간을 보장해주고, 이제 그만 헤어지고 싶다고 해도 금방 헤어져주잖아요. 뒤탈도 없고. 여성의 경우는 성적 모라토리엄 같은 게 보장되죠.

도미오카 아, 그런가. 처녀성을 유지할 수 있으니까.

우에노 무해한 남자이긴 하죠. 맛있는 음식을 사주고, 평소에 본인이 못 가는 곳에 데려가주고, 차도 있고. 이런 대사가 있잖아요. '나에게 뭔가 재능이 있다면…' 굉장히 현실감 있는 대사죠. 한마디로 성적 가치를 제외하고는 자신이 무능하다고 생각하는 여자의 리얼리티. '스기코는 처녀막만 있으면 어떻게든 된다고 생각하는 듯했다. 여자 혼자 먹고 살 수 있는 재능의 대체품으로서 말이다.'

도미오카 아, 그렇군요. 그럼 처녀막이란 곧…

우에노 재능의 대체품이죠.

오구라 중년 아저씨는 처녀라는 관념을 상대하고 있어요. 여자 친구의 여자도 관념 속의 여자고요. 그러니까 똑같이 뭘 사주는 거죠. 안심할 수 있는, 여자들 사이의 수평적 관계도 보장되니 남자에게는 나쁠 게 없죠.

우에노 이런 부분은 어때요? 사사의 얼굴을 할퀴거나 갑자기 부인에게 전화하겠다는 말을 꺼내는 부분요.

오구라 스기코가 한 말인가요?

우에노 네. '부인에게 전화할 거예요. 점심 열두 시쯤에.' / '…전화해서 뭐라고 할 건데?' / '사사 씨 댁이죠? 말씀 좀 전해주세요, 라고 할 거예요.' / '무슨 말을…' / '에모리 스기코가 죽었어요.' 이건 뭐죠?

오구라 하라다 야스코의 《만가》(홋카이도를 배경으로, 장애를 가진 주인공 레이코와 유부남인 가쓰라기, 그 부인의 관계를 그린 작품-옮긴이)가 떠오르네요.

도미오카 아하하.

오구라 스기코는 불가해한 소녀상을 훌륭히 연기하고 있는 거예요. 복수의 의미를 담아서.

도미오카 불가해한 소녀.

오구라 우스운 이야기죠.

도미오카 이해 못 할 말이네요.

83

요시유키 준노스케

우에노 감정과 육체의 낙차를 사사는 게임으로 즐기고 있었죠. 스기코는 아마 성애에 미숙하고 남자와의 게임에 익숙하지 않으니 그렇게 딱 잘라 생각할 수 없었던 거죠. 그래서 그에 대한 르상티망을 가질 수밖에 없었을 거예요.

도미오카 그런가요?

우에노 에스파냐 속담에 여자가 남자에게 복수할 때 '스물다섯 까지는 자신을 죽이고, 스물다섯이 지나면 상대를 죽인다'는 말이 있는데, 에모리 스기코가 죽었다는 말인즉슨 '스물다섯 까지는 자신을 죽이는' 쪽이죠. 일종의 복수예요.

도미오카 이런 작품을 읽으면, 긍정적 의미로서의 문학적 독毒이 아니라, 인간을 역사적 시간에서 자폐시켜 다른 생물의 세계로 타락시키는 죄악 같은 게 느껴져요.

우에노 이 경우에는 인간이라기보다 여자라고 해야겠죠. 한마디로 여자를 인간의 카테고리에서 내쫓고, 그걸 보강하는 역할을 하고 있잖아요. 요시유키의 에세이 《봄 여름 가을 겨울 여자는 무섭다》[29]도 똑같은 패턴이에요. 여자라는 건 이토록 알 수 없는 생물이고, 이런 동물에게 선거권을 부여하면 무슨 짓을 저지를지 모른다는 여성혐오의 반복이죠. 그걸 남자들

---

29   요시유키 준노스케, 《나쁜 짓은 아무것도 안 했지만 봄 여름 가을 겨울 여자는 무섭다》, 고분샤, 1989년

은 환호하며 읽겠죠.

도미오카 여자는 무섭다. 그런 문구는 이제 웃기지도 않고, 그 저 시대착오적으로 들릴 뿐인데… 하지만 이 작가뿐 아니라 지금까지 나온 다양한 소설이 모두 그에 가담하고 있잖아요.

우에노 그렇죠. 그러니까 남자의 내면에 원래부터 숨어 있지만 대놓고 긍정하기는 좀 꺼림칙한, 통속적인 여성관… 이를테면 여자란 무시무시한 괴물 같은 존재다. 이런 착각에 "아, 역시 그랬구나" 하고 안심시켜주는 역할이에요.

도미오카 남자만 그러면 모르는데, 여자도 그렇게 되죠. 그게 힘들어요.

우에노 맞아요. 여자 독자도 요시유키의 작품을 읽고 "아, 우리는 이런 생물이구나" 하고 생각하게 되죠.

오구라 젊은 여자들이요?

도미오카 지금은 아닐지도 모르지만, 적어도 이 시대까지는…

우에노 하지만 여자가 그걸 읽고 아, 우리는 이렇구나, 하는 심리는 조금 더 굴절되어 있지 않나요? 단순히 상대의 덫에 걸려서 순진하게 속아 넘어가는 게 아니라, 상대를 휘두르기 위해 그 덫에 일부러 걸려주는, 그런 계산이 여자의 머리 한구석에 있잖아요. 그러니까 아, 그렇구나, 여자는 그렇구나, 하고 남자의 착각대로 움직여주는, 그런 매뉴얼을 제공해주는 거예요, 이런 소설은.

85

요시유키 준노스케

체제 옹호로 이어지는
왜소한 자아

오구라 이런 기회가 아니면 문예비평 같은 건 안 읽는데, 이번에 읽어보니 대부분 허튼소리더군요. 하지만 반대로 상식적인 사람도 없지는 않다는 걸 알게 됐어요.

지금 '제3의 신인'들은 체제 옹호의 언론인이나 다름없잖아요. 그 사람들이 왜 이렇게 되어버렸느냐, 제3의 신인의 태도를 생각하면 역시 필연성이 있다는 걸, 이번에 우에다 미요지의 글을 읽고 알았어요.[30]

---

30   제3의 신인의 특징, 일상적, 감각적이며 스케일이 작다. 그 작품들의 친숙함이란 거꾸로 말하면 문제성을 띠지 않고, 외부를 향해 열려 있지 않다고 할 수 있으리라. 그리고 이 특징은 그 전방에 묵직한 전후파 문학을 둠으로써 처음으로 의미를 가진다.

나는 제3의 신인이 이러한 자각을 가지고 있었다고 말하는 게 아니다. 그들은 각각의 소질을 키우는 데 자신의 문학을 걸어왔을 뿐이다. 하지만 그 결과로서, 실감을 존중하는 것에 의한 자기 확립은, 그야말로 체제 내부의 보수 안정화와 궤를 같이한다. 내가 제3의 신인을 하나로 묶으며 그들의 비정치성을 들 때, 나는 그들이 결국 체제 내부의 인간이며, 체제의 비판자나 반항자가 아니라는 사실을 염두에 두고 있다. 제3의 신인 세대에서 사소설이 변질된 것도 전쟁 이전의 사소설 작가가 가지고 있던, 비판과 반항 정신이 그들에게서는 실종되었

86

태평양전쟁이 끝난 직후, 진보주의 사상을 일제히 제창한 지식인들이 있잖아요. '제3의 신인'들은 그런 흐름에 따라갈 수가 없어서 탈이데올로기를 표방했고, 그런 면이 새롭게 받아들여졌죠. 그 시대에 성적인 퇴폐, 데카당스 같은 개념이 문학성으로 높이 평가받은 건 알겠어요. 하지만 어느샌가 전쟁 이전의 사소설, 우노 고지(고요하면서도 몽환적인 분위기의 사소설을 썼다-옮긴이) 같은 사람이 갖고 있던 체제에 대한 비판성 같은 건 점점 사라지고, 결국 호언장담하는 놈들은 싫다, 운동권은 싫다, 우리의 시정감각, 즉 소시민적 감각, 일상 감각을 소중히 하고 싶다… 하는 쪽으로 수렴하죠. 그 왜소한 자아를 가진 중류 시민, 즉 자신들이 사회를 떠받치고 있다는 식으로, 결국 현 체제를 옹호하는 쪽으로 변질되었잖아요. 그리고 소위 말하는 전후사상이란 걸 뒤에서 저격하게 되었고요.

우에노 한마디로 일본판 미니멀리스트들이네요.

오구라 전시에 장교였던 사람의 글과 병졸이었던 사람의 글이 다르잖아요. 장교였던 사람은 전쟁 체험에서 벗어나기 힘들어하고, 자신의 가해자성이라는 것에 계속해서 가책을 느끼다 오히려 강경파가 되어 죽어간 전우들은 개죽음을 당한 게

----- 기 때문이다.
(우에다 미요지, 〈'30년 작가'의 자기 확립-제3의 신인의 해체〉, 〈군조〉 1967년 2월호.)

아니라는 식으로 쓰기 시작하죠. 반면, 병졸이었거나 결핵처럼 지병이 있어 징집되지 않은 사람들은 전쟁 책임이라는 것을 실감하지 못하죠. 그래서 우익도 싫고, 좌익도 싫어해요. 그게 진정한 작가라는 양 말하지만, 어느새…

도미오카 체제의 대변자가 되고 마는군요….

男流文学論

요시유카
치먀오
다니쟈키
고지마
무라카미
미시마

준노스케
토시오
준이치로
노부오
하루키
유키오

시마오 도시오
島尾敏雄

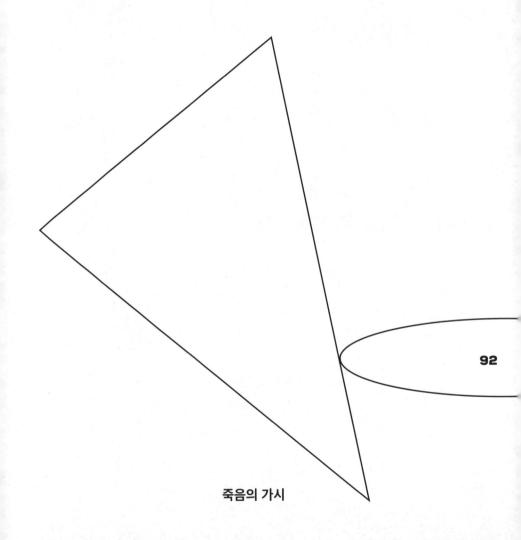

죽음의 가시

1917년(다이쇼 6년) 일본 요코하마에서 태어났다. 아버지는 비단을 수출하는 상인이었다. 1934년, 규슈대학교 문과를 조기 졸업하고 해군 예비역으로 지원했다. 훈련을 받은 뒤 약 50척 규모 특공대의 지휘관으로 적의 함정에 돌격하는 임무를 맡아 아마미 군도 가케로마 섬에 부임, 그곳에서 대기한다. 이때 섬 아가씨 오히라 미호와 만나 사랑에 빠진다. 1945년 8월 13일, 드디어 출동 명령이 떨어졌지만 출발 명령을 받지 못한 채 같은 해 8월 15일 패전을 맞이한다. 이듬해 미호와 결혼했다. 〈외딴섬의 꿈〉, 〈꿈속의 일상〉이 수록된 단편집 《단독 여행자》(1948)로 주목받았고, 〈출고도(出孤島)기〉로 제1회 전후문학상을 수상했다. 1954년부터 아내 미호의 신경증(정신장애)이 발병했고, 이듬해 10월에 아내가 퇴원하자 함께 처가가 있는 아마미로 이주했다. 1956년, 가톨릭 세례를 받는다. 이때 투병하는 아내에 대해 쓴 '병처(病妻)' 연작으로 더욱 널리 알려지게 되었다. 1978년, 십수 년에 걸쳐 집필한 《죽음의 가시》로 요미우리 문학상, 일본문학대상을 수상했다. 그 밖에 특공대 체험을 그린 〈출발은 끝내 오지 않고〉 등의 작품, 초현실적인 작법을 선보인 〈오니하게〉, 일기체로 쓴 〈날의 흐름〉(다니자키 준이치로상 수상) 등이 있다. 1986년 사망했다.

시마오 도시오

죽음의 가시

死の棘

늘 남편의 건강을 먼저 돌보며, 남편이 밖으로만 돌아도 아이들을 건사하고 인내하던 아내가 어느 날 갑자기 변한다. '책상과 바닥과 벽에 피처럼 튀긴 잉크. 그 속에 너저분하게 버려진 내 일기장. …그리고 아내 앞에 꼼짝도 못 하고 선 나에게 어디까지 계속될지 모를 심문의 날들이 시작됐다.'

남편의 '외도'를 알고 내면의 무언가가 터져버린 아내의 비정상적이리만큼 자세한 질문들. 첫 심문은 사흘 밤낮 동안 계속됐다. 그 뒤로도 일상의 사소한 일을 계기로, 아내는 무엇에 씐 사람처럼 집요한 질문을 시작한다. "하나 궁금한 게 있어요. 물어봐도 될까요?"

견디지 못한 남편은 아내가 심문을 시작하면 미친 척하거나 자살 소동을 벌이고, 가정은 더욱더 황폐해진다. 그러던 중 우편함에 내연녀의 협박 편지가 날아들고, 두려움에 빠진 가족은 거리를 헤매며 친척 집을 전전한다. 그러는 동안에도 아내의 발작은 계속되고, 결국 남편은 주변의 권유로 아내를 입원시키지만 결국 별다른 차도 없이 퇴원하고 만다. 생계도 궁핍해진 가족은 집을 팔고 셋집으로 옮기지만, 내연녀가 쳐들어와 몸싸움이 벌어지고 경찰 신세까지 지게 된다, 그 일을 계기로 또다시 거처를 옮기고, 결국 아이들을 친척 집에 맡겨둔 채 남편이 부인을 따라 함께 병원에 들어가는 것으로 소설은 끝난다.

1954년부터 1955년까지, 채 1년이 못 되는 기간 동안 시마오 부부에게 일어난 실제 상황을 바탕으로 쓰인 사소설이며, 1960년부터 1976년까지 16여 년에 걸쳐 한 장章씩, 단편으로 잡지에 발표되었다. 다른 단편과 함께 단행본으로 출간되기도 했지만, 1977년 지금의 형태로 출판되었다. 이듬해인 1978년 요미우리 문학상과 일본문학대상을 수상했다.

오늘날 《죽음의 가시》라고 하면 일반적으로 1977년에 출간된 단행본을 가리키지만, 《죽음의 가시》의 시기 전후에 부인인 미호와의 관계를 다룬, 이른바 '병처 연작' 단편이 그 밖에도 다수 존재한다.

95

고대의 무녀인가,
근대의 여성인가

도미오카 우에노 씨, 읽어보니 어땠어요?

우에노 요시모토 다카아키(시인이자 평론가, 진보 사상가. 작가 요시모토 바나나의 아버지이기도 하다-옮긴이)의 글이 계기가 되어 시마오 도시오 작품을 처음 접했었는데, 당시만 해도 20대 초반이었거든요. 그때는 나쓰메 소세키의 《한눈팔기》를 읽었을 때처럼 무슨 말인지 거의 이해하지 못했는데, 20년이 지나 읽어보니 역시 이해하는 방식이 달라진 걸 알겠더군요.

도미오카 그렇겠죠. 그때처럼 이해하지 못했다면 그것도 큰일이죠. 어땠어요?

우에노 전에는 거의 이해하지 못했던 일들을 이해했죠(웃음). 그리고 역시 요시모토 다카아키의 남도론南島論[1]에 휘둘리게 되더라고요. 다른 비평가들이 그랬듯, 미호를 고대 섬의 주술

---

1   요시모토 다카아키는 남도南島에 대한 관심을 다양한 형태로 표출했다. 지쿠마총서 344 《시마오 도시오》(지쿠마쇼보, 1990년)에 실린, 요시모토의 시마오에 관한 모든 작가론, 작품론, 서평, 에세이, 추천문, 추도문, 대담 등에서 이를 확인할 수 있다.

사랄까, 신화적인 존재로 놓고 근대적 자아와 고대 무녀의 만남이라는 식으로 해석하기.

도미오카 다들 거의 그 패턴이죠.

우에노 이른바 '원 패턴'이죠. 요시모토 다카아키의 도식도 그 패턴으로 쓰였고, 저도 처음에는 그 도식이 머리에 들어 있어서 흡사 프로크루스테스의 침대[2] 이야기처럼 요시모토의 렌즈를 통해서만 이해했어요.

도미오카 오기 전에 잠깐 이야기했는데, 난 미호가 아니라 마야예요. 부모의 갈등 속에서 괴로워하는.

우에노 버려진 아이.

도미오카 맞아요. 난 일종의 언어장애잖아요.

우에노 그것도 유창한(웃음).

도미오카 아니, 그렇게 보이겠지만, 실제로는, 시를 쓰기 시작한 건 결국 그런 걸 극복하고 싶었던 마음 때문이 아닐까요? 언어에 집착하는 건. 아무튼 그래서 역시 그 입장에서 생각하게 돼요. 딸에게 심인성 언어장애가 있었다면서요.

우에노 과정에서 자녀를 희생시킨 거죠.

도미오카 작품만 놓고 보면 아이를 위해 부부가 희생한 부분이

---

2 나그네를 자기 침대에 눕히고 침대보다 키가 작으면 늘려서 죽이고 침대보다 크면 남는 신체를 잘라냈다는, 그리스 신화 속 인물의 이야기. 기준을 정해놓고 생각을 맞추려는 태도를 뜻한다.

시마오 도시오

없어요.

우에노 어떤 의미로는 자식을 버린 거죠.

도미오카 같이 살긴 하지만.

우에노 심리적으로 '자식보다 부모가 소중하다'고 생각해버린 것이죠.

도미오카 그래서 전, 이런 걸 읽으면 반드시 자식 입장에서 생각하게 되곤 해요.

그리고 또 하나. 다양한 비평을 읽었지만 우에노 씨 말대로 정형화된 시각이 들여다보이는 게 너무 많은데, 정말 그런지는 모르겠어요. 고대의 무녀 운운하는 것도 그렇지만, 또 하나, 남자의 외도로 여자의 광기가 생겨나는 패턴으로 다들 보고 있죠. 그런 흔해빠진 도식을 집요하게 추구한 끝에 탄생한 게 《죽음의 가시》라는 관점이 있잖아요. 하지만 한편으로는 '과연 남자의 외도나 연애 때문에 이 사람의 광기가 표출된 것일까, 아니지 않나?' 하는 생각이 들어요. 그건 말 그대로 계기에 불과하고, 물집을 살짝 건드리면 고름이 나오듯, 거기까지 고름이 차 있던 건 아닐 것 같아요. 미호가 남편인 시마오 도시오의 일기를 본 게 광기의 계기[3]라는 게 사실이라면, 그 사건

98

---

3   《죽음의 가시》서두(제1장 '이탈')는 다음과 같은 장면으로 시작된다. 발밑에서부터 전율이 올라왔다. 싱크대에는 식기가 방치되어 있고, 끝내 그날이 왔다고 생각하니 몸도 마음도 허공에 매달린 느낌이었다.

은 단순히 바늘 역할을 했을 뿐이고 정말로 곪아 있던 건 그게
아닐 것 같아요.

우에노 그럼 뭔데요?

- - - - -   현관에서 이어진 다다미 2조 방에서 6조 방을 지나 서재에 우두커니
멈춰선 내 눈에 비친 건 생생한 사건 현장과 다를 바 없었다. 책상과
바닥과 벽에 피처럼 튄 잉크. <u>그 속에 너저분하게 버려진 내 일기장.</u>
…전날까지의, 사흘도 지나지 않아 외박하고 온 남편에게 애원하던 여
자의 흔적은 이제 어디서도 찾아볼 수 없었다. 그리고 아내 앞에 꼼짝
도 못 하고 선 나에게 어디까지 계속될지 모를 심문의 날들이 시작됐
다. (밑줄은 편집부)

《죽음의 가시》보다 앞서 발표된 미호의 수기 《착란의 영혼에서 되살
아나》(〈부인공론〉 1959년 2월호)에 따르면, 그간의 사정은 다음과 같
다. 남편은 이미 집에 거의 들르지 않았지만, 부인은 생일날에는 돌아
오겠거니 하고 생일상을 차린다. 하지만 남편은 오지 않았고, 부인은
아이들을 재운 뒤 철로에 뛰어들어 자살하려 하지만 뜻을 이루지 못하
고 집으로 돌아온다.

생일을 축하하며 정성껏 차린 도미 요리가 하얀 식탁보에 덮여 차갑게
식어가는 모습에 한층 가슴이 아려서, 서러운 나머지 남편의 방으로
들어갔습니다. 남편 방에는 청소할 때 말고는 들어가지 않았고 청소할
때에도 신성한 영역을 침범하는 듯한 죄책감에 휩싸여 책상 위 물건도
건드리지 않았는데, 우연히 고타쓰 위에 펼쳐져 있던 일기에 적혀 있
던 글자들에 눈이 갔어요. 별 생각 없이 그 문장들을 읽는 순간, 강력
한 일격이 온몸을 꿰뚫는 걸 느꼈죠. 타는 듯한 충동이었어요. 하지만
곧이어 정반대의, 온몸이 덜덜 떨리며 서 있지도 못할 정도의 오한에
휩싸여, 저는 갑자기 네 발로 기며 '워오, 워오' 하고 사자처럼 무시무
시한 소리를 내며 방 안을 돌아다녔습니다. 인간이 극한에 달하면 동
물이 되는 걸까요. 그때 저의 인간으로서의 지혜와 의식은 사라졌고,
착란이 시작됐습니다.

99

→

시마오 도시오

도미오카 그걸 생각해보려고 했어요, 읽으면서. 한 가지 떠오르는 건 작은 섬의 폐쇄된 생활이에요. 아내인 미호가 자란 가케로마 섬은 정말이지 작은 섬이에요. 게다가 친정아버지는 결혼할 때 양식 진주를 큰 봉투에 담아주는 든든한 아버지이고요. 그런 부모 밑에서 듬뿍 사랑받고, 덤으로 자연 속에서 모두의 애정을 받으면서 자랐죠. 그런 소녀가 특공대 대장인 시마오 도시오와 만나 비일상적인 관계를 맺어요. 하지만 고베로 가자 하녀를 부리는 이른바 보통 가족이 있고, 남쪽 섬에서 온 시골 처녀 취급을 받는 거예요. 그때부터 이 사람은 하녀의 눈치를 보고, 시어머니의 눈치를 보고, 시누이 눈치도 보면서 점점 작아져요. 그런 생활을 계속하다 도쿄로 거처를 옮기고는 겨우 가족끼리 살 수 있어서 마음을 놓았어요. 그때까지 엄청나게 압박받았을 테니까요. 게다가 조화를 만드는 부업까지 했잖아요. 봉투에 가득 담긴 진주를 들고 시집온 사람이 조화를 수백 송이 만들어야 100엔을 버는 부업까지 하게 됐다는 건… 경제적으로도 엄청나게 쪼들렸단 뜻 아닐까요?[4]

100

4   이때의 일도 미호의 수기에 자세히 묘사되어 있다.
     우리는 그 사람이 있는 고베에서 결혼했습니다. 기후나 환경, 말씨, 풍습이 다른 본토에서 저는 시댁 식구들의 싸늘한 시선에 주눅이 들고, 하인들의 눈치까지 보며 남편의 그늘에서 움츠려 있었습니다. 일상은 그야말로 가시방석이었습니다. 그때 제 마음에 위로가 되어준 건, 아무도 내 마음속까지 들어올 수는 없다는 생각이었습니다. 내 마음은

우에노 도미오카 씨 이야기도 요시모토의 남도론과 딱히 다르지 않은 것 같은데요?

도미오카 그래요? 순서대로 이야기해야 할 것 같아서 처음부터 말했는데…

우에노 고대의 완벽한 생활 속에 있던 여자를 근대 사회로 데려왔다. 그 과정에서 생긴 갈등이 그녀의 내면에 차오른 고름이었다?

도미오카 아뇨, 그것뿐이었다면 이야기는 더 간단하겠죠. 하지만 그것도 하나의 원인이긴 했을 거예요. 요컨대 지금까지 여자들이 공통적으로 겪어왔던 일들이 그녀 안에 집약되어 있는 것 같아요.

우에노 '지금까지 여자들이'에서, 그 '지금'은 대체 뭘 말하는 건가요? 이걸 남도론처럼 해석하는 건 잘못 짚은 거예요. 폐쇄적인 섬에서 자랐네, 고대의 감각이 어쩌네…

- - - - -

인간이 평생 한 사람을 이토록 깊게, 가슴 깊은 곳에서 격렬하게 사랑할 수 있다는 행복으로 가득 차, 그 사랑의 감동이 현세의 모든 일을 삼켜버리고, 그 마법의 힘으로 어떠한 고통도 환희로 바꿀 수 있었습니다. 정기적인 수입이 없어서 저는 고향을 떠날 때 봉투에 가득 담아왔고 몸에도 지니고 있던, 아버지와 둘이서 양식한 진주를 보석상에 팔았지만 곧 그것도 동나서 옷가지를 비롯해 갖고 있던 물건을 거의 팔았습니다. 생활은 궁핍했지만 저는 늘 '진주가 많아'라며 웃었습니다.

남편이 집에 없을 때는 손끝에 피가 나도록 조화를 만드는 부업을 하며 남편을 기다렸습니다.

시마오 도시오

도미오카 고대의 감각이 뭔데요?

우에노 예를 들자면, 비교정신의학에서 말하는 문화접촉에 의한 정신장애와 무척 흡사하죠. 치료하려면 원래 있던 환경으로 다시 돌려보내는 수밖에 없다.

도미오카 실제로 돌아갔잖아요.

우에노 미호의 병이 정말 그런 거였을까요. 한마디로 이건 고대와 근대의 조우잖아요. 여자가 고대를 상징하고 남자가 근대를 상징하는. 하지만 저는 더욱 보편적인 여자의 이야기로 읽고 싶어요.

도미오카 아, 그렇군요. 하지만 미호는 섬으로, 자기 친정으로 돌아가잖아요. 돌아갔는데 살던 집은 전부 무너져 남의 손에 넘어갔죠. 가족묘에서 '아, 모두 사라졌구나'라고 생각하죠. 그리고 "나루세(당시의 거처)로 돌아온 뒤로 거짓말처럼 발작이 멎었습니다"라고 직접 썼어요.[5] 이건 상징적이죠. 그러니까 떠난 순간부터 줄곧 패트리, 다시 말해 자신의 원점, 고향으로 돌아가고 싶었던 거예요. 하지만 실제로 돌아와 사라진 고향을 보니 뭔가가 빠져나가서 그 뒤로 건강해졌어요. 그걸 읽고 납득이 갔죠.

우에노 미호를 그런 특수한 존재로 볼 것인지…

102

5 　시마오 미호, 《죽음의 가시》를 떠나〉, 〈부인공론〉 1961년 5월호.

도미오카 우리 주변에서 흔히 만날 수 있는 아주머니로 볼 것인지…

우에노 저는 평범한 남녀의 이야기라고 생각해요. 왜냐하면, 부인인 미호는 원래 학교 선생님이었죠?

도미오카 초등학교 선생님요. 당시에 도쿄에서 여학교를 나온 사람은 아마 섬에서는 극소수였을 거예요.

우에노 근대적인 교육을 받은 여성이고, 섬으로 수입하는 대리인 역할도 했잖아요. 이른바 지방 인텔리죠.

도미오카 《스물네 개의 눈동자》를 쓴 작가 쓰보이 사카에도 비슷한 경우였죠. 쇼토지마에서.

우에노 주재하는 경찰이나 학교 선생님이야말로 대표적인 지방 인텔리죠. 게다가 남자를 사랑할 운명인 여자 앞에 홀연히 마레비토(일본 민속학자 오리구치 시노부가 제창한 개념으로, 이계에서 찾아오는 영적인 존재-옮긴이) 같은 존재가 나타났다면 '우먼 후 러브즈 투 머치Woman who loves too much'라는 흔해빠진 이야기로 수렴해요. 너무나 전형적인 구도죠. 이를테면, 미호가 남편에게 "내가 당신을 사랑한 것처럼 당신은 날 사랑한 적 있나요?" 하고 묻잖아요. 이건 여자들이 남자를 추궁할 때 흔히 쓰는 말이죠.

도미오카 음, 나도 그런 말을 했던가(웃음)? 일괄적으로 그렇게 여자들이라고 하시면…

우에노 고대의 사랑이라기보다 근대적인 사랑의 수렁에서 벗어나지 못하는 여자의 이야기죠. 사랑의 호혜성을 처음부터 기대할 수 없는 남자와 여자의 관계에서, 사랑한 만큼 보답받지 못하는 사랑의 비대칭성 속에 던져진 여자의 부조리한 이야기. 아무리 평범한 여자라도 누구나 공유하는 경험이겠죠.

도미오카 그렇다면 왜 이 사람만 미쳐버린 건데요?

우에노 시마오 도시오라는 공범이 있었으니까요. 시마오 도시오가 그녀를 광기로 이끈 공범이에요.

도미오카 그건 그런데…

우에노 시마오 도시오가 없었다면 미호도 광기에 빠지지 않았을 거예요.

도미오카 그렇죠. 하지만 그건 시마오가 소설가이기 때문인가요?

오구라 그보다는 성격의 문제가 아닐까요?

도미오카 시마오가 아주 특수한 체험을 했던 사람이긴 한데, 그것이 꼭 성격의 문제일까요?

오구라 성격 문제도 있고, 두 사람이 처음 만났을 때의 상황 문제 아닐까요? 대일본제국 군인, 거기다 사관이라는 금박까지 붙은 남자와 본토에서 학교를 나온 초등학교 교사, 그러니까 역시 금박이 붙은 여자가 만난 거예요. 덤으로 내일 출격할지도 모르는, 말 그대로 이번 생에서의 이별을 앞둔 상황이었

104

죠.[6] 군인, 즉 남자로서 궁극의 자기실현이라 할 수 있는 '대의를 위해 싸우는' 역할과 눈앞의 죽음이라는 두 가지 콘셉트가 합쳐졌지만, 그건 어디까지나 상황에 따른 요인일 뿐 시마오 도시오 개인에 속하는 요인은 아니에요. 애초에 이 사람은 직

6 시마오 도시오, 미호 부부의 연애는 '전설적'이라 해도 과언이 아니리라. 촌장의 외동딸로 태어나 마을에서 유일하게 '가나(공주)'라 불리며 자란 아내 미호는 섬에 주둔하던 특공대 대장인 시마오와 사랑에 빠진다. 섬 주민들은 이 젊은 대장을 굳게 믿었고, 시마오 부대가 출격하면 도민 모두 집단 자결할 준비도 해놓았었다. 그리고 1945년 8월 14일에 출동하라는 명령이 떨어진다.

북문에 와 있어요.
따라갈 수는 없을까요.
얼굴을 보여줘요.
얼굴을 보여줘요.
제발 얼굴을 보여줘요.
절대로 흉한 꼴은 보이지 않을 테니.

수의를 걸친 그녀는 그전에 시마오를 보고 싶다는 일념으로 해변의 길을 하염없이 달린다. 팔다리를 상처투성이로 만들며 얻은 짧은 만남이 끝나자, 그녀는 모래밭에 정좌하고 마지막 순간을 기다린다.

나는 신요震洋가 출격하기를 기다리며 모래밭에 정좌하고 앞바다를 응시하고 있었습니다. …그때는 바다로 튀어나온 바위 제일 끝에 서서 발목을 단단히 묶고, 단검으로 목을 찌른 뒤 바다에 몸을 던질 각오였습니다.

하지만 끝내 최종 출격 지시는 내려지지 않은 채로 섬은 14일 아침을 맞이했다.
(시마오 미호, 〈그날 밤〉, 《해변의 삶과 죽음》, 주오분코, 1987에서 인용. 이 밖에도 전쟁 중 두 사람이 주고받은 편지가 시마오 도시오의 초기 작품집 《유년기》에 수록되어 있다.)

시마오 도시오

업군인이 아니잖아요. 본인도 제대로 이해하지 못한 사이에 그런 금박이 붙은 역할을 맡아버린 겁니다. 하지만 이런 설정에서 연애를 한 미호는 개인과 상황을 구별할 수 없죠. 전쟁이 끝난 뒤 남자는 평범한 남자로 돌아왔어요. 하지만 한번 물꼬가 트인 여자의 감정은 계속 흘러가요. 전쟁은 끝났는데, 혼자 계속 전쟁 속에 사는 거예요, 미호는. 시마오 도시오는 내심 이상화된 자기상을 깨뜨리려 하지 않았고요. 그런 극한의 상황에서 벗어났을 때에도 연애가 가능한가, 하는 물음에 대해 시마오 도시오는 답을 알고 있었을 겁니다. 우에노 씨가 말한 근대의, 흔해빠진 연애 구도를 시마오는 알고 있었지만, 그럼에도 그 허무한 구도를 환상의 액자처럼 미호에게 보여줬던 거죠. 그런 확실치 않은 상태에서도 태연할 수 있는 성격인 거죠. 여자에게 가장 잔혹한 성격이고요.

죽지 못하는 남자의 애매함과 성실함

도미오카 저도 우울증으로 오랫동안 힘들었던 경험이 있어서 저래서는 낮지 않을 텐데⋯ 생각하며 읽었어요.

우에노 저래서는?

도미오카 남편이 그런 식으로 행동하면 나을 병도 안 낫죠.

오구라 그건 그래요. 낫지 말라고 남편이 일부러 저러나 했어요.

도미오카 그래서 미호의 입장에서 읽을 수밖에 없었어요. 예를 들면 '여자의 사진도 아내에게 숨긴 게 네다섯 장은 된다.' '사실대로 털어놓으면 될 것을 전부 내놨다. 들키면 분명히 잔소리를 들을 텐데 굳이 왜 숨기겠냐고 둘러댄다.' '하지만 짚이는 데가 있어 남편을 추궁하는 아내는 마치 학문을 탐구하듯 평온하고 조급해하지 않는다. ⋯기진맥진한 나는 애초부터 그렇게 애써 숨길 필요도 없는 사진을 숨겨놓은 곳이 갑자기 떠올랐다는 양, 어색하게 폭로한다' 같은 구절이나, 편지를 보내지 않았다면 그냥 안 보냈다고 말하면 될 일을 '사실 잡지를 보냈다'라고 하질 않나. 이런 사소한 일들이 하나둘 벌어지고, 조금씩 쌓여가는 거죠.

우에노 그걸 성의라고 불러야 할까요?

오구라 아니죠.

도미오카 나도 아니라고 생각해요. 그래서 이걸 읽으며 점점 화가 나는 거예요.

오구라 정말 기만적인 남자죠.

우에노 하지만 절대로 편지는 보내지 않았다는 말도, 속마음과 대조해보면 사실 거짓말이었던 거잖아요.

도미오카 하지만 그건 아까 우에노 씨가 말한 근대성의 어두운 부분이에요.

오구라 맞아요.

도미오카 절대적이라는 건 있을 수 없다든지, 너무 논리적으로 생각하는 거예요. 하지만 거짓말이라는 걸 알면서도, 거짓말을 하지 않으면 미호는 마음을 놓지 않죠. 하지만 이 사람은 그런 거짓말을 하는 게 싫은 거예요. 그 한계에 달한 근대성의 족쇄 같은 게 점점 그녀를 중증으로 몰아가는 게 눈에 보이죠. 그래서 읽으면서 너무 불쾌했어요.

우에노 그게 공범 관계예요.

도미오카 그렇겠죠.

우에노 완전한 정직함이나 완전한 명석함 같은 100퍼센트의 정직함을 요구한 건 미호잖아요.

도미오카 하지만 실제로 그녀가 괴로워하는 걸 봤잖아요. 상대가 괴로워하는 모습을 직접 보면 보통은 차라리 거짓말을 해서라도 조금이라도 편하게 해주려 하죠. 그런데 그러지 않아요. 본인 마음 편한 게 더 중요하니까.

108

우에노 하지만 그때 시마오는 미호와 같은 지평에 있잖아요. '감응정신병'이라는 것도 있고요.

도미오카 아니, 그건 아닐 거예요.

우에노 일종의 술 게임 같은 거죠. 둘 중 멀쩡한 쪽이 먼저 취한 쪽을 돌봐주어야 한다. 그게 싫으면 자기가 더 취해버리면 된다. 이 부부가 발작에서 깨어나는 모양새는 그런 식이에요. 그의 우울이 점점 깊어지고 죽기 일보 직전까지 가면 미호가 갑자기 제정신으로 돌아와 '여보, 죽지 마요'[7]라고 하는.

도미오카 하지만 그건 정말 죽으려고 한 게 아니잖아요.

---

7   공포에 빠진 나는 저도 모르게 '우와!' 하고 큰 소리로 외쳤다. 미친 척을 하면 아내의 발작도 멎지 않을까, 마음 한구석에 그런 생각을 했다. 하지만 한번 미친 척 소리를 지르자, 곧이어 아우성이 목을 타고 솟아올라서 나는 다시 사자처럼 울부짖었다. …아내의 얼굴을 힐끗 보자 불안에 휩싸여 있었다. 더 괴롭히고 싶어서 다시 한번 큰 소리를 지르며 강 상류를 향해 냅다 달리자, 아내도 덩달아 뛰기 시작했다. …돌아보자 아내는 창백한 얼굴로 구르듯 달려왔다. 나는 다시 힘을 주어 머리를 휘날리며 달려갔다. 그 행동으로 아내는 내가 무슨 짓을 하려는지 깨달은 것 같았다. 아내는 외쳤다.
'여보, 가지 마요. 그쪽으로 가지 마요!'
'이대로 달리다 직진하는 열차와 부딪치면' (중략) 멀리서 들리는 것처럼, 아내의 목소리는 불안하고 서글펐다.
'누가 좀 말려주세요. 저 사람을 붙잡아주세요.'
(중략) 주택가를 빠져나와 철로의 상하행선이 모두 보이는 곳으로 나왔다. 새로 생긴 방수로와 교차하는 곳의 철교 공사 때문에 땅은 파헤쳐져 있었지만 공사 현장에는 사람이 없었다. 재빨리 둘러보았지만 열차가 오는 기척은 없었다. 안도감과 허탈함에 휩싸여 선로 옆에 쌓아놓은 자갈 더미에 걸려 넘어지듯 쓰러졌다. 아내는 뜻밖에도 바로 뒤에 있었는데, 함께 쓰러지며 나를 꼭 붙잡았다.(중략)
'여보, 부탁이에요, 죽지 말아요, 내가 다 잘못했어요, 이제 당신한테 아무 말도 안 할게요.'

시마오 도시오 ⟶

오구라 쇼하는 거죠.

도미오카 말릴 사람이 있으니 죽겠다고 하는 거예요. 쇼하는 건 남편이죠.

우에노 그러니까 술 게임을 하면 더 취한 사람을 돌봐줘야 하잖아요. 시마오의 취한 정도가 미호를 정신 차리게 만드는 거예요.

도미오카 맞아요. 그 순간에는요. 시마오가 목매달겠다 어쩐다 난리를 칠 때 미호가 '여보, 죽지 마요' 하고 도와주죠. 하지만 도왔기 때문에, 아내는 그 소모한 기력을 회복하기 위해 또다시 수렁에 빠져야 한다는 걸 시마오는 몰라요.

우에노 그렇죠. 하지만 그 끝에 하나의 선택지로서 동반자살은 왜 등장하지 않는 걸까요?

도미오카 그러게요.

오구라 죽지 못하는 남자니까.

우에노 명쾌하네요.

도미오카 정말 죽으려는 생각은 없으니까요. 얇은 줄을 들고 죽을 곳을 찾겠다고… 그런 어린애 같은 장면에서 웃어버렸어요, 어이가 없어서.

110

우에노 그럼 아내도 남편도 딱히 죽을 생각은 없는 거잖아요.

오구라 그렇죠.

도미오카 둘 다 없어요. 그러니까 첫 계기는 소설을 위해서겠죠.

시마오 도시오가 전쟁의 비일상을 체험한 뒤 갑자기 일상으로 복귀할 때, 생生의 세계로 끌어당길 힘으로서 공범의 광기 같은 게 필요했죠. 이건 소설로 쓸 수 있겠다고 생각한 게 아닐까요, 소설가니까. 분명 처음에는 즐겼을 거예요.

우에노 그렇겠죠. 그렇게 되면 부부의 에로티시즘 게임이라 보아도 되지 않을까요? 둘 다 무의식적으로는 그런 상황을 즐기고 있었다.

도미오카 그렇죠.

오구라 즐긴 건 아니죠. 소설로 쓸 수 있겠다고 생각한 것도 아니고요. 그냥 어떻게든 죽지는 못하는, 죽고 싶지 않은 거고요. 사회적으로 일을 더 크게 만들고 싶지 않은 거예요. 평범한 남자의 자기 보신이죠.

도미오카 그런가요.

오구라 지금의 상태를 지속시킬 수밖에 없는 거예요. 지금이 괴롭긴 하지만 그걸 해결하기 위한 아무런 액션도 취하지 않고, 아니 취하지 못하고.

도미오카 상황을 해결하려는 액션을 취하지 않죠! 읽으면서 놀랐어요. 정말 믿음직하지 못한 사람이에요. 이런 상황에서는 적절하게 이런 사람에게 도움을 요청하는, 그런 센스가 있었다면 일이 이렇게까지 되지 않았을 텐데 왜 그러지 않았는지 모르겠어요.

우에노 적절한 센스란 구체적으로 어떤 건가요?

도미오카 이를테면 '그 여자(상대 여성)가 올까 봐 무서워'라고 미호가 말하는 장면이 있죠. 우편함에 이상한 편지가 들어 있고요. 그럴 때 같이 무서워하면 안 되죠. 의연한 태도로 냉정하게 대처해야죠. 그리고 냉정하게 대처할 수 있는 사람에게 처리를 부탁하면 되고요.

그리고 원고를 부탁하러 갈 때도 아이를 어디다 맡기면 되잖아요. '처자식을 줄줄이 매달고 일하러 가는 남자가 세상천지 어디에 있단 말인가'라고 말하며, 식구들을 다 데리고 가서 상태를 악화시키죠. 왜 믿을 만한 사람에게 식구들을 부탁하고 혼자 가지 않는 건지. 혼자 가서 돈을 벌어오면 되잖아요. 먹을 걸 두고 문을 잠그고 나가면 되는 거 아니에요? 굳이 식구들을 다 끌고 가지 않아도.

오구라 그런 건 잔인한 일이라 못 한다고 여기는 거죠.

도미오카 데려가는 게 더 잔인해요.

오구라 그러니까요. 이 남자는 애매한 것을 참고 견디는 게 성실한 태도라 생각해요.

112

도미오카 이제 알겠네. 그 애매함을 나는 못 견디는 거였네요.

오구라 그 애매함이란, 세상에서는 일종의 성실함으로 받아들여지지만, 남편의 성실, 불성실함과 상관없이 아내의 병은 최종적으로 본인 스스로 치유할 수밖에 없어요. 그런데 이 남편은 전혀 협조하지 않아요.

도미오카 그렇죠.

오구라 오히려 방해하고 있죠.

도미오카 맞아요. 방해하고 있어요.

오구라 사기라고 해도 좋아요(웃음). 그 상황에서 성실함에 대한 강박을 스스로 깨고 세상의 비난을 감수할 각오가 없는 거예요.

도미오카 맞아요. 그러니까 그런 경우에는 일단 부인을 고향으로 돌려보내고, 아이들을 위해 도우미라도 고용해서 일시적으로 떨어뜨려놓으면 되잖아요. 그런 단호한 처치를 전혀 하지 않고 매사에 애매한 태도를 보이죠.

우에노 그런 의미에서 이 사람은 무척 유아적이에요.

오구라 아니, 여성적이죠(웃음). 지금 이 순간 아내의 물음에 성실하게 대답해야 한다고 생각하고, 속내를 드러내 증상을 더 악화시키고요.

도미오카 그 순간만 면피하려는 거예요.

오구라 대증요법처럼 진통제를 먹여서 약물 중독으로 만드는 식이죠.

도미오카 바로 그거예요. 근본적인 해결책이랄까, 긴 안목으로 상황에 대처하지 않아요.

113

시마오 도시오

병의 왕복기로 읽는
《죽음의 가시》

우에노 이렇게 생각할 수는 없을까요? 광기에 대한 가해성에 둘 다 똑같이 책임이 있었는지, 아니면 둘 중 한 사람이 더 많은 책임을 져야 하는지 생각해보면, 시마오 도시오 쪽에 미호의 광기를 만들어내는 더 큰 가해성이랄까, 책임이 있는 것 같아요. 외도 문제와는 별개로요. 한마디로 이 《죽음의 가시》를 미호라는 아픈 아내의 광기에의 왕복기往還記로 볼 게 아니라, 그전에 시마오 자신이 병들어 있었다고 생각해야 하지 않을까요. 병에 걸린 건 시마오고 이걸 시마오 도시오의 병의 왕복기라 본다면, 그는 병을 왕복하기 위해 함께할 사람이 꼭 필요했어요. 그 사람이 미호였다고 생각하면 어떨까요?

도미오카 음, 그렇게 생각하면 일종의 도피행이네요.

우에노 그렇죠.

도미오카 유사 동반자살이라고 할까, 실제로 죽지는 않지만, 같이 도망칠 상대가 필요했던 걸까요. 혼자는 무서우니까.

우에노 자기 인생을 좌우할, 어찌할 수 없는 상황을 만드는 전쟁이라는 압도적인 타자와 일상 속에서는 이런 말이 안 통하

114

는 폭력적인 타자. 이 둘뿐이니 어느 쪽이든 같이 말려들 사람이 필요하죠. 혼자서는 미칠 수 없으니.

비평을 좀 읽어봤는데, 다나카 미요코[8]의 평론이 제일 흥미로 웠어요. '시마오 도시오가 아내의 광기를 필요로 했다'는 식으로 썼거든요. 오카니와 노보루도 비슷한 말을 했고요. '그렇다고는 해도 남편이 광기라 해도 좋을 정도로 집착하는 건 분명하다. 그것은 질문을 당하는 형식을 빌려 남편이 묻고 있는 역전 구도의 반영이기도 하리라. …바꿔 말하면 아내는, 자신을 명석하고 집요하게 추궁해줄 존재를 원하는 남편이 조형한 환상의 상像이라 해도 좋다.'[9]

미호의 발병 직전에 시마오 도시오가 어떤 상황이었는지 생각해보면, 특공대에서 살아 돌아온 사람으로서 내면에 균열을 품은 채 그대로 망가지려 하는, 그런 자신을 주체할 수 없었던 거겠죠. 쇠약해지고 낯빛도 달라진 모습을 본 미호는 이대로 두면 남편이 자살할지도 모른다고 생각했던 거고요.

도미오카 그래서 영양사 학교에 가서…(웃음). 그렇게 적혀 있었죠? 남편을 위해 아이를 업고 영양사 학교에 가서 연구에

---

8   다나카 미요코, 〈쓸쓸한 영혼-시마오 도시오 시론〉, 〈분가쿠카이〉 1978년 4월호.

9   오카니와 노보루, 《《죽음의 가시》론〉, 〈스바루〉 1978년 4월호.

힘써서, 영양 균형을 맞춘 식사를…[10]

우에노 결코 소박한 고대인의 발상이 아니에요. 지극히 근대적이고 총명한 발상이죠. 교육이라는 걸 받아버린 여자의 불행한 발상이죠.

도미오카 우에노 씨도 영양사 학교에 가고 싶지는 않죠? 저도 그래요. 고대인인가 봐(웃음).

우에노 다나카의 설명은 이래요. 미호의 논리는 자신이 광기에 빠지는 게 죽음에 가까워지는 남편을 붙잡아두기 위한 하나의 자기희생적 수단이었다.

도미오카 글쎄요…

우에노 다나카와 오카니와는 같은 이야기를 남자의 논리와 여자의 논리, 양쪽에서 보여주고 있어요. 다나카는 '…하지만 발광하기 이전의 아내에게 [나]는 뭔가 부족한 감정을 느끼고 있었다.'…아무리 사소한 파문이라도 환영하고 싶다(단편소

---

10   저는 안색이 좋지 않은 남편의 건강을 지키기 위해 스가모에 있는 영양대학에 입학했습니다. 아들의 손을 잡고, 딸을 등에 바투 업고 매일 먼 길을 오갔습니다. (주3의 수기)
《죽음의 가시》에는 미호가 남편에게 매달려 울며 다음과 같은 말을 하는 장면도 있다.
    이 팔도, 이 다리도, 모두 내가 먹여서 만들었어. 내가 영양에 신경 쓰지 않으면 당신은 진작 죽었다고요. 아무한테도 넘겨주지 않을 거야. 넘겨주지 않을 거야. 넘겨주지 않을 거야.

설 〈집 안〉)'는 심경이었다. 한마디로 [나]는 자신의 가정에 뭔가 범상치 않은 이변이 일어나기를 비밀스레 바라고 있었다. 때문에 스스로도 의식하지 못하는 사이에 그 씨를 뿌리고, 남몰래 키웠다고 할 수 있지 않을까. 그리고 그는 바라 마지않던 수확의 날을 맞이한다. 어느 날 드디어 아내가 광기의 발작을 일으킨 것이다.' 때문에 '남편 정신의 위기적 상황을 아내는 암묵적으로 눈치챘고, 그걸 구제하기 위해 스스로 미쳤다고 해도 무리는 아니리라. …/ 스스로 광기에 빠지면서까지 남편을 집에 묶어놓으려 한 것은, 그야말로 남편의 위기를 감지한 아내의 무의식적인 비상 수단이었던 게 아닐까.'

도미오카 남편을 죽음의 구렁텅이에서 구해내기 위해.

우에노 그렇죠. 아내의 광기라는 극한 상황을 남편이 남몰래 바라고 있었다는 거죠. 오카니와의 지적에 따르면, 아내의 발작에 남편 역시 같은 광기와 발작으로 응하고 있죠. 예를 들면 아내의 질문에 대해 자기 얼굴을…

도미오카 때렸죠. 종국에는 목에 밧줄을 걸거나 벨트를 감았고요.[11]

117

---

11   예를 들면:

이야기가 꼬이면, 나는 짜증스레 낮에 있던 행위를 떠올리고 말없이 일어나 머리로 장지문을 들이받았다. 새로 바른 장지가 찢어져 흩날렸지만, 나는 만족하지 못하고 6조 방으로 가서 서랍장에 돌진했다. 하

우에노 그는 '이따금 아내에게 대항하기 위한 남편의 행위에서는 피학성이 부각된다'고 표현하고 있어요. 남편의 병증은 자기 자신을 상처입히려 하는 의지로 일관하고 있어요. 오카니와는 이것을 자해행위라 말하죠. 자해라 해도 좋고, 자벌自罰이라 해도 상관없어요. '이 기묘한 고양이 오히려 정체성의 획득을 반영하는 게 아닐까.'

도미오카 그 도취감에 대해선 시마오 도시오도 써놨잖아요.[12]

지만 이번에는 어찌된 영문인지 아내가 말리러 오지 않는다. 절벽에서 밀쳐진 것처럼 쓸쓸해지지만, 그렇다고 그만두는 것도 영 모양 빠지는 일이라 함성을 지르며 두세 번 돌진하자, 두피가 부어오르며 피가 배어났다.

나는 일과처럼 말없이 일어나, 지금까지 몇 번이고 그랬던 것처럼 목매다는 시늉을 한다. 아내가 나를 탓하는 기색이 보일라치면 바로 그렇게 하지 않고는 견딜 수 없었고, 아내는 또다시 나를 말리려 들었다. '신이치, 빨리 와보렴! 빨리, 빨리, 아버지가 또 죽으려고 해!'라고 외치며 수건이나 밧줄을 목에 감고 잡아당기려는 내 팔에 둘이 함께 매달렸다. 나 역시 반항하느라 아내와 옥신각신하게 된다. 반복되는 실랑이에 지치면 더 위험한 가죽 밴드나 코드로 시도하고, 목이 한층 조여들며 점점 시야가 흐릿해진다.

이 밖에도 비슷한 장면이 다수 있다.

118

12   예를 들면:

이대로는 수습이 되지 않아서 뛰어들 생각으로 강을 보자, 흐름이 느린 얕은 강바닥에는 검은 진흙이 층을 이루며 깔려 있었는데, 뛰어들면 허리께까지 그 속에 빠져들 것 같았다. …빨리 뛰어들라는 강렬한 유혹을 이기지 못하고 강가로 다가갔다. 쾌감이 온몸에 퍼지는 게 마치 누가 대나무 주걱으로 등을 긁어주는 것 같았다.

우에노 시마오 도시오는 미호와 상관없이 자신의 내재적인 논리 내부에서 자해 또는 자벌할 필요가 있던 거예요. 그로 인해 자신을 벌하는 타자라고 할까, 자신이 상처입힌 타자가 불가결해지죠. 자신이 상처를 준 피해자이자 자신을 힐난하는 가해자이기도 한 타자의 존재를 억지로라도 만들어내야 했어요. 그렇게 만들어낸 게 바로 미호고요. 그 둘이 서로 상대를 몰아붙이며 하나의 시나리오를 함께 연기한 게 아닐까요. 때문에 미호는 시마오가 없었다면 이 지경까지 오지는 않았을 거예요.

도미오카 다른 사람이라면 그러지 않았을지도 모르죠. 하지만 그건 소설을 쓰기 위해서인가요? 《죽음의 가시》 마지막에도 이런 말이 나오죠. '문학과 생활은 별개의 것일까, 하고 물어도 납득할 만한 대답을 할 수가 없었다.' 여기서 미호가 묻고 있는 거잖아요. 하지만 한편으로 시마오 도시오가 공범이 되어 미호의 광기를 만들어냈듯 그녀 역시 의식적이지는 않더라도 그가 소설을 쓰는 데 자신의 광기가 필요하다고 생각한

119

----- 또는,

> 고이와의 집에서 광기에 휩싸여 몇 번인가 줄로 목을 죄었을 때 느꼈던 황홀한 상태가 나를 유혹한다. 진실로 죽음의 경계를 넘을 때에는 더욱 강렬한 도취감에 빠져들지도 모른다고 생각했다.

이 같은 표현들을 찾아볼 수 있다.

것 같지는 않나요?

우에노 그 생각도 해봤어요. 미시마 유키오가 '이 주인공은 어쩌면 파우스트의 끝없는 탐구욕과 메피스토펠레스의 냉혹한 객관성을 겸비한 존재가 아닐까?'라고 썼죠.[13] 시마오 도시오의 경험과 표현을 분리해서 생각할 수 있을까요? 다시 말해 그 같은 경험을 하고도 소설로 쓰지 않는 시마오 도시오를 상상할 수 있을까요? 혹은 그와 반대로 시마오 도시오의 표현이 그의 경험을 만들어냈다고 생각할 수밖에 없을까… 둘 중 어느 쪽일지 궁금하더군요. 표현을 위해서, 란 종속적인 사고가 아니라, 표현에 의해 경험이 만들어지는 경우도 있지 않을까요.

---

13   미시마 유키오, 〈악마적인 것의 힘〉, 〈분가쿠카이〉 1962년 12월호.
미시마는 아내의 발병에 대한 《죽음의 가시》의 주인공의 대응이 아무리 봐도 실제적이지 않다는 것에 의문을 제기하며(미시마는 이것을 '속물적 의문'이라 부른다) 다음과 같은 질문을 던진다:
> 하지만 인간에게는 부조리한 행동을 부추기는 악마적인 힘이 작용할 때가 있다. 작가는 늘 이 악마적인 힘에서 창작 충동을 얻는다. 하지만 작가가 느끼는 악마적인 힘의 작용이란 '소설을 쓰고 싶다'나 '소설을 쓰기 위해서'란 지극히 직업적인 의욕은 아닐 것이다. 나도 이 주인공이 설마 소설을 창작하고 추구하기 위해 아내의 병원에 함께 들어갔으리라고는 생각하지 않는다. 여기서 생각할 수 있는 건 '사랑'이지만, 사랑이 이토록 섬세하게 사물을 바라보며, 이토록 꼼꼼하게 기술할 수 있을까? 시집 《지에코초》처럼 광인을 시의 세계로 끌어들이는 거라면 이해가 가지만, 이건 소설이다.

표현과
체험 사이

도미오카 저도 궁금해져서 소설과 비소설, 즉 《죽음의 가시》와 시마오 미호가 쓴 글을 같이 읽어봤어요. 글쓴이가 어떤 식으로 창작했는지를 중심으로 봤죠. 그랬더니 역시 상당히 작위적인 감이 있더라고요. 자기 체험뿐이고 상대의 체험을 거의 쓰지 않았어요. 소설로서 그 점이 불만이었죠.

오구라 어떤 체험이 누락되었나요?

도미오카 미호가 병원에 가서 무슨 질문을 들었는지 같은 거요. 공범자의 체험은 배제하고 자기 체험만 승화시켰더라고요.

우에노 비평 중에 몹시 극찬한 게 있었어요. '이 소설은 시마오 도시오가 아내를 치료하기 위해, 말하자면 구제救濟의 기원을 담아 집필한 작품이다. 이 소설의 특수성은 미호의 시점을 처음부터 소설에 도입해서 썼다는 점에 있다.' 즉 혼자 쓴 게 아니라고 극찬한 거죠.

도미오카 공저라는 개념으로요.

우에노 저는 그렇게 생각 안 해요. 《죽음의 가시》는 시마오 도시오가 혼자서 쓴 소설이에요. 이걸 사소설이라 불러야 할지

고민했을 때, 이를테면 '나는'이라는 주어를 모두 '그는'이라고 바꾸면 이 소설이 대체 어떻게 될까 생각해봤거든요. 시마오는 '최대한 기계적으로, 눈에 보이는 모든 걸 정확히 반영하려고 했다'고 썼죠.[14] 주어를 '그는'이라는 식으로 쓰는 소설과 '나는'이라고 쓰는 소설의 근본적인 차이라면, 서술자가 내부에 있느냐 외부에 있느냐 하는 거겠죠. 만일 서술자가 외부에 있다면, 서술자는 '그'와도 미호와도 같은 거리를 유지해야만 하죠. 하지만 미호는 애매모호한 타자로 그려져서, 아무리 읽어도 미호의 내면은 알 수 없어요.

도미오카 맞아요. 나도 그 점이 불만이었어요.

우에노 거꾸로 말하면 서술자의 한계와 성실함을 나타내고 있기도 하죠. 한마디로 작가가 서술자로서 '그'의 밖으로 나가지 않았어요. 때문에 미호는 늘 모호한 타자로만 나타나고요. 자기 눈, 즉 화자의 눈에 늘 정확히 비친 것을 재현할 때, 그건

---

14   나는 그저 기계처럼 기술하고 싶다고 생각한 모양이다. 광대하고 끝없는 전체를 총체적으로 글로 표현할 능력이 자신에게 없다는 걸 알았을 때, 내가 할 수 있는 건 과정의 사소한 기록, 그리고 그것을 최대한 충실하게 기술하는 것이었다. 전체에 눈을 돌리는 건 그만두자고 결심한 것이다. 내 눈앞을 지나치는 것을 순간적으로 포착해 기록하는 것이다. 의미를 부여하려 하지 않고 투명하게 바라볼 것. 투명하게 바라보면 외부와 내부의 구분이 사라져서, 신기하게도 내 현실을 살찌게 해주었다. (시마오 도시오, 〈나는 왜 소설을 쓰는가〉)

'그'의 눈이 아니라 '나'의 눈에 비친 것이라는 사실이 무척 명확하게 드러나죠. 자기 눈으로 본 것밖에 쓸 수 없다는 건 분명해요. 둘이 썼다는 식으로 말한 논자도 있지만[15] 그건 잘못 짚은 거고 이건 한 사람의 눈으로 쓰인 지극히 성실한 사소설이에요. 하지만 그 경우, 과거의 여러 사소설과 결정적으로 다른 점은 1인칭인 '나'의 눈앞에 나타나는 타인이 거부할 수 없는 '타자'의 얼굴을 하고 있다는 점이에요. 종래의 일본 사소설에는 거의 없던 타입이죠? 일본의 사소설에는 '타자'가 없어요. 하지만 시마오의 이 작품에는 있죠. 그게 그의 작품을 특이하게 만들었어요.

도미오카 그런가요?

우에노 소설을 쓰지 않는 시마오 도시오를 생각해보죠. 〈주부의 벗〉의 르포 기사에 그 같은 내용의 부부애 미담이 실려 있어요. '《죽음의 가시》 속 사랑—광기를 넘어 살아가는 숙명의

---

15   오가와 구니오와의 대담을 읽고 안 사실이지만, 시마오는 결혼하고부터 원고의 정서를 부인에게 맡겼는데, 놀랍게도 〈병원기〉 연작 후반부터 《죽음의 가시》에 이르기까지의 작품군도 부인의 요청으로 정서를 맡겼다고 한다. 그 과정에서 그가 부인의 신경을 자극하지 않도록 표현을 억제하자 부인은 더욱 똑바로 쓰라고 조언했고, 그렇게 수정한 적도 종종 있었다고 한다. 그러한 의미에서 이러한 창작 과정은, 자기를 응시함으로써 치유와 영혼을 달래기 위한, 부부의 공동 작업이라고도 할 수 있다. (하리우 이치로, 《죽음의 가시》의 생활자와 표현자〉, 〈가이에〉 1978년 12월 임시증간호.)

작가'라는 제목으로.[16]

도미오카 그래요?

우에노 개인의 삶의 역사를 기록하는 르포 작가라면 이렇게 써도 상관없을지 모르지만… 시마오는 창작을 멈추지 않았어요.

편집부 하지만 생활과 문학 중 무엇을 택할 거냐고 묻는다면 생활을 택하겠다는 구절이 있었습니다. 미호가 문학을 버리라고 한다면, 결국 생활을 택할 거라고.[17]

도미오카 맞아요. 한마디로 미호는 결국 남편한테 일이냐 나냐, 둘 중 하나를 고르라고 늘 말하고 있는 거예요. 그렇지만 현실에서는 《죽음의 가시》를 정서하면서 점점 병세가 나아지고 마음이 안정됐죠.[18] 그리고 그 작품이 상을 받자 남편이 인정받았다고 기뻐하고요. 모순적이죠. 한쪽에서는 남편에게

---

16   〈《죽음의 가시》 속 사랑-광기를 넘어 살아가는 숙명의 작가〉, 〈주부의
      벗〉 1961년 5월호.
17   만일 아내가 계속 소설가처럼 하찮은 짓은 때려치우라고 말했다면 관
      뒀을 겁니다.
      (시마오 도시오, 오가와 구니오, 《꿈과 현실-6일간의 대화》, 지쿠마쇼
      보, 1976년의 대화.)
18   내 투병기는 아내가 그것을 읽음으로써 그녀가 병에서 벗어나는 데 어
      떠한 힘으로 작용했습니다. 결과적으로 그렇게 된 거지만, 그 사실에
      놀랐으며, 또한 작품의 한계를 느낌과 동시에 글쓰기를 그만두지 않고
      계속할 힘이 되어준 거죠. (시마오 도시오가 니와 마사미쓰에게 보낸
      답장, 1960년.)

일이 먼저냐 내가 먼저냐 추궁하면서 일을 버리라고 했잖아
요. 바라던 대로 남편에게 사랑받고 싶었다면 시마오 도시오
는 소설을 쓰지 못했을 거예요.

우에노 실제로 소설을 못 쓰는 상태에 빠지기도 했고요.

도미오카 하지만 못 쓰는 상황을 소설로 쓰고, 본인은 정서하
고 상도 탔잖아요. 모순 아닌가요?

우에노 그건 결과죠. 그걸 바라고 그런 생활을 했던 건 아니잖
아요. 광기 한가운데에서 본인이 남편에게 소설의 소재를 제
공하고 있다고 생각하지는 않았을 텐데.

도미오카 그건 그런데, 남편에게 일에 도움이 될 테니 영화를
보러 가라든지 하는 장면들이 꽤 나와요. 날 사랑한다면 일 같
은 건 하지 말라고 하면서도, 일에 도움이 되는 얘기도 하잖아
요. 미호는 머리 한구석에서 이건 소설을 위한 일이 될지도 모
른다고 생각하는 게 아닐까요. 하지만 미묘한 점도 있어요. 우
에노 씨는 평범한 여성의 이야기라고 했지만, 좀 다른 구석도
있는 것 같아요.

우에노 지금 도미오카 씨의 이야기를 정리하면…

도미오카 내 두서없는 얘기를 정리해줘요.

우에노 몇 가지 논점을 찾을 수 있어요. 우선, 광기를 치유하는
데 이 소설이 한 역할을 고려하면, 이 과정은 예컨대 로널드

랭이 《분열된 자기》[19]에서 그린 환자의 치유 과정과 유사해요. 랭은 《분열된 자기》에서 그 사람이 가진 정체성에 대한 질문을 일단 극한까지 밀고 나가도록 둬요. 일단 끝까지 가도록 하고 그 분석 과정에서 의사가 광기를 심화시키도록 돕죠. 끝까지 가서 다시 돌아오지 못하는, 인격 붕괴에 이르는 환자도 나와요. 하지만 일단 끝까지 가보지 않으면 돌아올 수 없으니. 끝까지 갔을 때 비로소 나란 무엇인가, 하는 질문에 대한 답을 환자는 얻게 되죠. 그건 끝없는 자기분석 여행이고, 정신과 의사는 그 여행을 돕고요. 미호에게 《죽음의 가시》를 정서하는 행위는, 현미경으로 자신의 환부를 들여다보는 작업이나 마찬가지예요. 그걸 10년 동안이나 끊임없이 수행함으로써, 이른바 상징 과정에서 치유 여행을 마친 거죠. 상징 과정에서 병을 다시 경험함으로써 비로소 귀신들림에서 벗어날 수 있는 거고요. 그걸 남편의 협조를 받으며 했다는 건 일종의 미담이죠. 하지만 실제로 정신과 의사들도 말하듯 그런 자기분석, 치유의 여행이란 환자 본인이 해낼 수밖에 없는 작업이에요. 이렇게 생각하면 왜 미호가 《죽음의 가시》를 쓰지 않았느냐란 물음이 남죠. 진정한 병자는 미호가 아니라 시마오 도시오였다.

126

19   로널드 랭, 사카모토 겐지, 시가 하루히코 외 옮김, 《분열된 자기》, 미스즈쇼보, 1971년.

이게 제 가설이에요. 《죽음의 가시》를 미호가 쓸 수도 있지 않았을까요?

도미오카 맞아요. 왜 안 썼을까요. 화자가 남자라는 건, 미호는 결국 쓰이는 쪽이 된 거잖아요. 이 사람은 병이 나았어요. 나았지만, 자기 얘기가 소설로 쓰였으니 그로 인해 또다시 크게 상처받지 않았을까요. 이렇게 생각하는 게 이상한가요? 미호가 작가였다면 쓰지 않았을 부분이 분명 있었을 거예요. 그걸 써버렸으니 상처받지 않았을까요?

우에노 정신분석 전문가인 오구라 씨 앞에서 이렇게 얘기하는 것도 좀 주제넘지만, 정신분석 과정이란 자기 안의 수치와 죄의식을 상징 속에서 객체화해나가는 작업이잖아요. 그 작업을 시마오 도시오가 대신했고요. 미호가 그걸 받아들였다고 생각할 수는 없을까요?

도미오카 그래서 상처받지 않았다고요? 남편이 객체화해줬으니까?

우에노 그렇게까지 자기상을 정확하게 받아들이고, 체면이나 사회규범에 따른 수치심을 가지지 않을 정도로 과도하게 각성되어 있는 의식 상태를 일반적으로 광기라 부르죠(웃음). 그러니까 이 사람에게는 사회규범에 따른 수치의 감각은 존재하지 않던 게 아닐까요?

도미오카 하지만 만일 병이 낫고, 치유된 뒤에 읽으면… 선생님은 어떻게 생각하시죠?

오구라 그만 놀리세요(웃음). 미호는 전혀 상처받지 않은 것 같아요. 직접 쓴 글을 읽어봐도 그렇고. 도미오카 씨는 모순적이라고 했지만, 아마 무척 단단한 사람일 거예요.

도미오카 딱히 상처받지 않았다고요?

오구라 상처받지 않았고, 아까 우에노 씨가 광기 속에서도 의식이 있었다고 했는데, 저도 그렇게 생각해요. 진짜 광기는 아니에요. 진정한 분열증도 아니고.

우에노 전문가가 보기에는 그런가요?

오구라 분열증은 아니에요.

우에노 분열증이 아니군요.

오구라 제 생각에는요. 자신이 소설의 소재를 제공하고 있다는 의식이 있었는지는 모르겠지만, 그렇다 하더라도 딱히 상관없다는 마음이죠. 그러니까 제일 처음에 나왔던 근대적 자아와 원초적 자아의 대립 같은 단순한 도식으로는 이해할 수 없을 거예요. 미호 속에도 근대성이 있잖아요. 하지만 동시에 다카무라 지에코(시인 다카무라 고타로의 아내. 정신분열증에 걸린 아내를 간호하는 과정이 담긴 시집 《지에코초》로 알려졌다-옮긴이)와 달리 뻔뻔함 같은 게 강하게 느껴져요.

128

도미오카 뻔뻔함이라뇨?

오구라 그걸 원초적 자아라고 부를 수도 있겠죠. 때문에 공범이라고 할까… 소설로 쓰인 사람은 약자일지 모르지만, 이걸 쓰게 함으로써 시마오 도시오를 먹어치운 듯한 느낌마저 들어요.

도미오카 그건 그래요.

오구라 가해자와 피해자가 서로 꼬리를 물고 있는 뱀 같아요.

우에노 '뻔뻔한 여자'라, 새로운 가설이 등장했군요(웃음). 그건 미호의 성격 때문인가요?

오구라 그런 이유도 있을 테죠.

우에노 근대적인 성애 속에서 남녀의 사랑의 교환은 근원적인 비대칭성을 띠죠. 그 비대칭성이 부차적으로 나타난 게 아닐까 싶은데. 여자의 뻔뻔함은 남자의 내면을 지배하고 싶다는 엄청난 욕구잖아요. 하지만 그건 여자를 그저 사랑을 주는 존재로 자리매김했을 때부터, 근대적인 성애 속에 처음부터 내포되어 있던 거예요. 때문에 아까 도미오카 씨가 말한 모순이라는 것도, 실은 모순이 아니라 근대적인 성애에 처음부터 내포되어 있던 장치이고, 이 사람은 아주 솔직하게 그에 충실하게 살아온 것뿐이라 말할 수도 있죠. 예를 들면 남편을 위해 헌신하는 아내. 남편과 대등해지려는 시도조차 하지 않는 여자. 남편이 사회적인 성공을 거두고 예술을 위해 인생을 바치도록 그늘에서 내조하는 희생적인 아내…. 그것이 그녀의, 사랑을 주는 여자로서의 아이덴티티를 공급하죠. 그러니 기다

129

리는 것도 사랑인 거고요. 밖으로 나도는 남편을 배웅하는 것도 사랑이고. 남편이 예술에 헌신한다고 생각하는 한, 모든 걸 견딜 수 있는 거죠.[20]

도미오카 그렇다면 아이는 뭐죠? 이 사람들에게 아이는 어떤 존재이기에 이런 취급을 받는 걸까요.

우에노 광기는 무시무시한 자기중심성을 뜻하니, 아이는 내 알 바 아닌 거죠. 하지만 심해지기 전에는 아이가 병에 걸리거나 다치지 않을지 걱정하는 미호의 공포심이 분명히 묘사되어 있어요.

도미오카 그런 묘사는 있죠. 하지만 광기가 심화되면 아이는 안중에도 없어지는 거구나.

우에노 네. 그리고 병원에 있는 동안에도 마야의 상태가 안 좋아졌다는 얘기를 듣고 스스로도 주체할 수 없을 정도로 아이가 보고 싶어서 철조망이 달린 담을 넘어서 탈출했죠.[21] 그 주

130

---

20   앞서 제시된 아내 미호의 수기에는 다음과 같은 문장도 있다.
         이런 밤이 계속되었지만 저는 조금도 외롭지도, 서글프지도 않았습니다. 남편은 예술에 홀려 있었고, 그런 남편과 함께 예술에 인생을 바치는 게 아내의 의무라면 기꺼이 그렇게 하리라. 그것은 오히려 아내의 영예라는 생각조차 들었습니다. 남편이 밖에서 어떤 생활을 하든 그것은 예술의 여신에게 봉사하는 것이며, 그 고행을 견딤으로써 남편은 훌륭한 예술 작품을 이 세상에 남길 수 있을 거라고 나 자신을 타이르면서 더욱더 남편을 사랑하는 데 몰입했습니다.

21   남편과 둘이서 병원에 입원했던 동안의 일. 요컨대 《죽음의 가시》 최

체할 수 없는 감정이 아이에 대한 애착인 거고요.

도미오카 음…

우에노 아이를 완전히 버리기까지, 그러는 동안에도 망설임은 있어요. 일단 가정이 망가진 뒤로, 아버지로서 아이를 향한 시마오 도시오의 불안이 그렇죠. 〈마야와 함께〉[22] 같은 작품을 보면 눈물겹잖아요.

도미오카 버리고 싶지 않았단 말인가요?

우에노 그야 그렇겠죠. 하지만 도저히 상황이 여의치 않았던 거고요. 아이보다 부모가 중요하다는 말도 있잖아요.

도미오카 그렇게 생각하면 시마오 도시오도 미친 거 아니에요?

우에노 그렇죠, 광기예요.

도미오카 그럼 다른 글들에서는 왜 부인만 미쳤었다는 식으로 말하는 걸까요. 다른 여자와 남편의 연애가 아내의 광기를 불러일으켰다, 궁극의 사소설이라는 선전 문구도 그렇고. 왜 남편의 광기는 그리지 않는 걸까요.

131

종장 이후의 일로, 미호의 수기에 기록되어 있다.

22   심인성 언어장애 증상을 보이는 딸 마야에 대해 쓴 단편소설. 1962년.

시마오 도시오 →

문체의 힘과
이형의 타자

우에노 애초에 아내의 광기도 조금 관대하게 생각해보면, 외도를 들킨 남편에게 아내라면 누구나 보일 법한 히스테리와 별반 다를 게 없잖아요. 그걸 집요하게 반복하는 정도의 차이는 있겠지만.

도미오카 하지만, 현실이 소설에 묘사된 것보다 정도가 심했을 수도 있겠지만, 저는 어쩌면 현실은 그만큼 집요하지 않았을지 모른다고 생각했어요.

우에노 그럴 수도 있죠.

도미오카 이건 문장의 힘으로 꾸며낸 이야기잖아요. 문체도 한몫 거들어서, 마치 반복, 반복, 반복한 것처럼 느껴지는 거죠. 불필요한 부분은 생략했고요. 이런 식의 글은, 처음에는 그렇지 않더라도, 일단 리듬에 말려들게 되면 점차 반복이 심해지는 것 같은 착각에 빠지게 되거든요. 실은 현실에서 그 정도는 아니었을지도 모른다고 생각했어요. 이 문체에 속고 있다는 느낌은 없었나요?

우에노 지금까지 깨닫지 못했던 부분이네요.

오구라 그러게요.

도미오카 상당히 의식해서 쓴 문체예요. 사람을 말려들게 하죠.

우에노 소설에서 발작이라고 표현한 행위, 그러니까 잉크병을 던지거나 유리창을 두들기는 것쯤은 부부싸움을 할 때 일상적으로 벌어지는 일 아닌가요?

도미오카 그건 그렇죠. 이 사람은 남자 작가치고는 일상적인, 가정적인 디테일을 꽤 묘사한 편이잖아요.

우에노 남자 작가치고는…

도미오카 뭘 던졌다든지, 어떤 각도로 던졌다든지. 부부싸움의 디테일을, 그때 창밖이 어땠다, 이런 디테일까지 세세하게 묘사하고 있어요. 질리지도 않고. 그런 반복에 독자가 말려드는 게 아닐까 하는 생각이 드는데, 어떤가요?

우에노 아, 그렇구나! 그렇게 생각하면 문체가 편집증적인 것도 있고, 그런 착란적인 사태에 대한 편집증도 광기라 할 수 있을 테니, 역시 시마오 도시오도 광기에 빠졌던 거네요.

도미오카 문체가 말이죠. 그리고 보통 사람이었다면 한자로 쓸 부분을 일부러 풀어서 히라가나로 쓴 부분이 꽤 있잖아요. 그러다 곳곳에서는 한자를 쓰기도 하고. 문장을 읽어보니 의도한 것 같더라고요. 감정에 취해 질척하게 썼다거나 수식이 많다는 뜻은 아니에요. 하지만 작위적이죠. 이렇게 쓰지 않고 시마오 도시오의 다른 소설처럼 더 산문적으로 썼다면, 독자가 이렇게 말려들지도 않았을 거예요.

우에노 그럼 역시 '문체의 힘'이네요!

오구라 소설에 쓴 일들이 전부 사실일 수도 있지 않을까요?

도미오카 그렇다면 현실은 더 참혹했겠죠. 그러니까 어찌 되었든 문장으로 감정의 완급을 조절하고 있는 거예요. 문장으로 속이고 있다고 봐도 되겠죠. 그러지 않으면 소설이 아니죠, 이건 일반인의 수기가 아니니까.

우에노 하지만 속인다기보다는, 지금 이야기를 들으면 문체 자체가 광적이라는 말이죠?

도미오카 아니, 문체가 광적이라는 게 아니라, 광적으로 쓰려고 의도했다는 뜻이에요. 이런 내용을 표현하기에 걸맞은 문체를 말이죠. 같은 작가라도 테마에 따라 문체가 바뀌는 건 당연하잖아요.

우에노 광적, 편집증적이라 해도 좋겠죠. 발작 속에 있는 디테일에의 편집증이 그대로 반영되어 편집증적인 문체가 완성되었다는 거죠?

도미오카 그런 부분도 있겠죠.

134

우에노 역시 이 광기는 미호의 광기가 아니라 시마오 도시오의 광기네요.

도미오카 미호는 광기라기보다는 '여자'라는 병이었고요.

우에노 오쿠노 다케오는 이렇게 썼어요. '시마오 도시오는 평생 두 번 결정적인 극한 상황을 체험했다.'²³ 하나는 《죽음의 가시》의 아홉 달 동안이고, 또 하나는 특공대 대장으로 가케로마 섬에서 보낸 1년여의 시간이죠.

도미오카 〈출발은 끝내 오지 않고〉(시마오 도시오의 자전소설. 출격 명령을 기다리던 특공대 대장이 출발하지 못한 채 전쟁이 종결된다-옮긴이).

우에노 '제각각 주관적으로 극한의 상황을 체험한 작가는 많겠지만, 누가 봐도 결정적인 극한 상황을 두 번이나 체험한 이는 거의 없다. 그러한 의미에서 시마오 도시오는 문학의 여신에게 더없이 사랑받았으며, 시험당했던 게 아닐까'라고요. 오쿠노 다케오는 왜 이렇게 단순할까요(웃음).

도미오카 공감한 거죠.

우에노 시마오 도시오 본인이 극한 상황을 불러왔다는 생각밖에 안 들어요. 다른 사소설 작가들과 달리 이 사람은 주인공 앞에 현전하는 등장인물을 거부할 수 없는 타자, 즉 어디서 무엇이 어떠한 의지로 날아올지 전혀 예측할 수 없는 절대적인 타자로서 그리고 있다는 점에서는 역시 압도적이라 생각해요. 아까도 말했지만, 이 문장 속에서 작가인 '나'가 절대적인

---

23   오쿠노 다케오, 《《죽음의 가시》-극한의 상황과 지속의 문학〉, 〈군조〉 1977년 1월호.

'신의 눈'을 가지지 않았다는 건 미호의 발언이 그의 창작이 아니라 그녀의 발언을 재현한 것으로 볼 수 있으며, 따라서 작가인 '나'도 그녀 내면의 논리를 이해하지 못하도록 그려져 있어요. '나'의 너머에 한없이 미지의 존재로서 타자가 존재한다는 단절된 느낌이 있죠.

도미오카 그 단절된 부분을 표현해줬으면 생각하는 건, 근대주의적인 발상일까요.

우에노 어떤 사람의 내면이든 묘사할 수 있다고 생각하는 건 근대 소설가의 오만이죠.

도미오카 그런가요.

우에노 나는 시마오 도시오가 타자를, 그토록 이해 불가능한 <u>으스스한</u> 존재로 그려낸 것은 일본 근대문학의 큰 성취라고 생각해요. 지금까지의 사소설에 타자 같은 건 없었잖아요. 아마 요시모토 다카아키가 시마오 도시오에게 이렇게까지 빠진 것도 여자가 타자의 모습으로 현전하는 걸 처음 목격했기 때문이 아닐까요. 어찌 되었든, 자기의 이해도 통제도 벗어난 절대적인 타자랄까, 극한 상황을 그 자신이 원했기에 스스로 불러온 거겠죠. 전시에 가케로마 섬에서는, 요시모토의 말을 빌리자면 '공동환상'과 같은 형태로 행한 거고요. 하지만 여기서는 이 극한의 상황을 자유의지로 선택해 '대환상'을 위해 죽었어요. 〈출발은 끝내 오지 않고〉에서도 나왔지만, 특공대는 보트의 방향을 고정한 뒤 100퍼센트 충돌할 것이 예상되는 지점, 그러니까 적함에서 수백 피트 떨어진 곳에서는 도망쳐도 좋다는 지시를 받았어요. 하지만 시마오는 절대로 보트에서 내리지 않을 것이다, 자살 특공대로 내 육신도 함께 돌격할 것이다, 하는 집착을 끝까지 버리지 않았고요. 그 집착에는 스스로의 선택이 있었다고 오에 겐자부로는 해석하죠.[24] 스스로 선택한 거예요, 극한 상황 속으로 돌진하는 걸. 부부 생활에서도 마찬가지예요. 아내와의 관계에서도 스스로 선택했어요.

---

24   우리 승무원들은 그러한 전투장 뒤에서, 침착하게 돌격의 100미터 전방에서 침로를 절호의 사각射角에 유지한 채 키를 고정하고 바다에 몸을 던져도 좋다고 했다. 만일 그런 게 가능하다면.
지금은 이상하다 생각하지만, 목표 직전에서 배를 이탈하는 냉정한 행동은 나에게는 불가능한 것 같았기에, 차라리 자살 보트와 함께 적의 배에 돌진하겠다, 그밖에 다른 길은 나에게 허락되지 않았다고 굳게 믿고 있었다.
그런 사정으로 인해 그 당시의 1년은 늘 육탄 공격만 생각했다.
나는 이렇게도 단적으로 자살 보트에 의한 극한 상황을 제시하는 구절에, 주도면밀하게 자유의 계기가 감춰져 있다는 것에 주목하고 싶다. '나'는 자살 보트를 타고 죽음으로 나아가는, 유일한 미래로 통하는 구멍 앞에 자리한 인간이다. 게다가 그렇게 남도의 여름을, 죽음을 기다리는 다수의 '집단 자살자'들의 책임을 짊어진 대장조차도 그러하다. 우리는 그가 자살 공격 말고는 남겨진 길이 없다고 스스로를 몰아붙임으로써 그 유일한 길 앞에 자리하고 있다는 걸 은밀히 알게 된 것이다. 그것이 설령 탈출의 기술적인 어려움에서 비롯되었다 해도, 분명 자유로운 결의라 할 수 있지 않은가?
(오에 겐자부로, 〈시마오 도시오, '타락'에 대해〉, 〈군조〉 1972년 9월호.)

시마오 도시오

'대환상'의 극한 상황에서 도망치지 않는다. 그리고 스스로 돌진하는 선택을 한 겁니다.

도미오카 거기서도 특공대네요.

우에노 그러니까 이 사람은 자기와 함께할 타자가 꼭 필요했던 거예요. 미호에게도 불행이죠. 그런 의미에서 미호는 특별한 영능력자 같은 게 아니라, 그저 '우먼 후 러브즈 투 머치'를 연기한, 어디에나 있는 여자예요.

도미오카 어디에나 있다지만 시마오 도시오에게 '간택'을 받아야죠. 우에노 씨는 간택받지 못할 것 같은데요(웃음).

우에노 저는 고대성이나 무녀성 같은 건 진작에 상실했으니까요(웃음).

도미오카 난 30년 전이었으면 또 몰라요.

우에노 저도 20년 전이었으면(웃음).

도미오카 그러니까 상대에 따라 다르죠.

우에노 그건 그러네요. 하지만 당시에 이런 여성은 흔했잖아요.

도미오카 당시에는 말이죠.

근대 성애의
이중구속

우에노 제 경우도, 20년 전까지는 "아, 어쩌면 나도 이렇게 고대적으로 남자를 사랑해본 적이 한 번쯤 있었을지도 몰라" 하고 생각했을지도요.

도미오카 있었겠죠, 분명히(웃음).

우에노 뭔가 노스텔지어를 느껴요. 하지만 여성의 고대성이라는 건 근대적인 성애의 비대칭성을 여자가 견뎌내기 위한 함정이었고요. 한때는 그걸 내면화했던 시기도 있었죠. 어느샌가 사라졌지만요.

도미오카 여자들이요?

우에노 여자 쪽에서요. 그러니까 미호의 이런 상황에 대해 여성이 어떻게 느끼냐 하면… 만일 이 소설이 고민 상담이라고 가정해볼게요. 현대의 상담자라면 어떤 조언을 할까요? 가장 명쾌하고 근대주의적인 대답은 '빨리 헤어져'겠죠. 한마디로 요즘 여자들은 남자와 헤어져도 살아갈 수 있어요. 헤어져도 살아갈 수 있을 정도로, 사랑이 전부는 아닌 존재가 된 거죠.

도미오카 그것도 그렇고, 사랑이라는 게 결국 그 정도라는 걸

139

인식한 거죠.

우에노 그건 어떤 의미에서는 사랑이 남성화되었다고 봐도 되겠네요.

도미오카 그렇죠.

우에노 제 인생을 돌아봐도, 지난 10년 동안 성애의 영역은 고대에서 시작해 탈근대를 거쳤어요.

도미오카 엄청난 속도로 말이죠.

우에노 정말로요.

도미오카 개체 발생은 계통 발생을 반복한다는 거죠, 그것도 단 10년 만에.

우에노 그래서 '아, 이런 일도 있었지' 하고 노스텔지어를 느꼈어요.

도미오카 이 부부는 헤어지지 못했죠. 미호가 헤어지라는 말을 들어도 헤어지지 못하니까…

우에노 시마오 도시오가 도망치지 않는다는 선택을 하는 것도, 이 비대칭적인 성애 관계 속에서는 절대적으로 남자가 가해자일 수밖에 없고, 여자가 피해자가 되는 게 사랑을 주는 존재이기 위한 유일한 방법이에요. 가해자라는 존재를 잃으면 여자는 자신을 잃는 거죠. 그걸 시마오 도시오는 알고 있었어요. 이 사람에게 다른 남자보다 성실한 면이 있다면, 남자 역시 '그만 헤어져'라는 선택지가 있었음에도 택하지 않았다는 거

140

예요. 여자 역시 '그만 헤어져'라는 선택지가 있었지만… 두 사람 다 택하지 않았죠.

편집부 《죽음의 가시》비평 중에는 아내를 절대적인 존재, 신의 심판으로 해석하는 평론가도 상당히 많은데, 그런 평에 대해서는 어떻게 생각하시나요? 지금 이야기 흐름으로 보자면, 아내를 절대적인 존재로 생각하지는 않으신 거죠?

오구라 그렇죠.

우에노 또다시 신화적인 도식을 꺼내는 것 같지만, 아프리카의 마녀 고발에서 종종 이런 경우를 볼 수 있어요. 이를테면 일부다처제에서, 남편의 소유물로서 완전히 종속적인 입장이던 아내가 남편이 두 번째, 세 번째 아내를 맞이할 때 일종의 히스테리 발작을 보여요. 발작을 일으키면 마녀 취급을 당하고, 마녀 취급을 당하면 특별 대접을 받죠. 성난 신을 달래기 위해 모두 제물을 가져오고, 발작 기간 중에는 아내의 말에 무조건 복종하죠.

도미오카 인간의 지혜네요.

우에노 그동안은 입장이 역전되어 남편 위에 군림하죠. 그전까지는 남편이 곧 아내의 신이었잖아요. 그런데 아내가 미치면 관계가 역전된다는 건, 그 광기 속에서조차 남자와 여자의 비대칭성이 음화로 나타나고 있다는 뜻이죠. 딱히 그 여자에게 노로(오키나와의 무녀-옮긴이)처럼 특수한 영능력이 있다거나

시마오 도시오 →

한 게 아니라요.

도미오카 미호의 경우를 영능력자라고 보는 건 너무 억지스러워요.

우에노 그런 식으로 미호를 특수한 존재로 만드는 거죠. 그리고 너무 사랑하는 여자라고 할까, 이런 식으로 사랑할 숙명을 가진 여자. 이걸 고대적이라고 한다면, 어쩌면 요시모토 다카아키 같은 사람들은 여성적인 것은 고대적인 거라고 말할지도 모르겠네요. 여자가 가진 '고대성', 즉 성애의 비대칭성은 여자가 사랑을 위해 지고지순하게 순교함으로써 유지되고 있었지만, 남자는 사랑을 위해 순교할 생각은 눈곱만큼도 없어요. 때문에 여자들에게 가장 평범한 물음인 '내가 당신을 사랑하듯 당신은 나를 사랑한 적이 있나요?', 누구나 던지는 그 평범한 물음을 미호도 던진 것뿐이죠. 이 물음에 대답할 수 있는 남자는 없어요. 근대의 성애란 애초부터 그런 식으로 짜여 있으니까.

오구라 이 사람은 처음에 게이오 병원에 입원했다가 나중에 이치카와의 고노다이 병원으로 옮기잖아요. 고노다이 병원에서는 가토 마사아키 박사에게 진료를 받았다고 해요. 저는 대학 시절 그 선생님에게 정신의학을 배웠어요. 그래서 문학작품 속 인물로만 볼 수가 없더라고요. 그 선생님의 환자로 보였죠. 게이오 병원과 고노다이 병원 모두 병을 내인內因적인 것으로만 보지 않고, 관계의 병이라는 식으로, 인간관계의 문맥 속에서 해석하고 있어요. 아내를 이런 곳에서 통원 치료를 받게 하거나 입원시키는 남자의 기만을 오히려 견딜 수가 없더라고요.

이 사람은 자기 부인을 하나도 몰라요. 이해하지 못하고 이해할 생각도 없죠. 하지만 하는 짓은 죄다 너무나도 이해하고 싶다는 식이에요. 그래서 부인은 이중구속, 즉 둘로 분열된 상황에 처해 있는 거죠.

미호의 병이 왜 나았느냐면, '결국 남편은 나를 이해하지 못한다, 남편은 나에게 타자일 뿐이다'라는 사실을 깨달았기 때문이에요. 고향에 내려갔더니 집이 사라진, 근본이 뿌리째 뽑혀나간 체험과 시간적으로는 비슷하죠. 즉 혼자라는 걸 깨달은 거예요.

도미오카 남편을 포기한 거군요.

오구라 맞아요. 포기했을 때 비로소 나았죠. 그러니까 단념하지 않았으면 이런 소설은 못 썼을 거예요. 계속 병에 걸려 있었겠죠. 그런 의미에서는 나중에 이 소설을 보고 부인이 상처 입는 게 아닐까, 그런 걱정은 전혀 할 필요가 없죠. 남편을 완전히 포기한 거예요.

도미오카 그렇군요.

우에노 무엇과 무엇의 이중구속이죠?

오구라 아내를 이해해줄 생각도 없으면서, 데려가는 병원도 우쓰노미야 병원처럼 평이 안 좋은 곳이 아니라 게이오 병원이죠. 그리고 아내에게 추궁받자 정직한 대답처럼 보이는 거짓말을 하고요. 한마디로 가장 자신을 사랑하는 줄 알았던 남편이 실은 가장 완벽한 타자였던 거예요. 오른손을 맞잡으며 왼손에는 비수를 들고 있다고나 할까. 어느 쪽이든 태도를 명확히 하면 병도 빨리 나을 텐데요.

도미오카 이해했어요.

오구라 미호는 그런 상황에서 벗어난 거죠.

우에노 하지만 오른손을 맞잡으며 왼손으로 뺨을 때리는 이 이중구속의 상황은 근대 섹슈얼리티에서 흔히 볼 수 있는 구도 아닌가요?

오구라 하지만 만일 미호가 그런 의미에서 정말 근대 여성이었다면, 처음부터 남편에게 집착하지 않았겠죠.

도미오카 금방 간파했겠죠.

애인과 아내:
진보된 근대성과 뒤처진 근대성

편집부 하지만 근대의 로맨틱 이데올로기를 이렇게까지 진심으로 믿을 수 있었던 건, 역시 이 인물의 특수성이라 봐야 하지 않을까요? 아까 이야기로는 그걸 고대성이라고…

우에노 그건 단순한 시골 근성 아닌가요? 도시적이었다면 고지마 노부오의 《포옹가족》에 나오는 부인이죠.

오구라 지방성.

도미오카 후진성後進性이라고 하면 안 돼요?

오구라 돼요.

우에노 근대 속의 후진성이죠.

도미오카 창피해하는 부분이 없어요. 쑥스러워하지도, 감추지도 않죠.

145 **우에노** 자신이 믿는 관념이 100퍼센트 참이라 생각하는 시골 근성이죠.

이 소설을 읽으면서 18, 19세기 영국이나 미국의 연애소설이 떠올랐어요. 남자의 실체를 전혀 모르는 채 자신의 망상 속에서 연애소설을 써온 브론테 자매 같은 사람들도 있잖아요. 남자에게 애착을 갖는 방식이나, 혹은 신체적 에로스가 결여된 관념적인 사랑을 위해 순교하거나, 그 과정에서 자기 파탄을 맞이하는 요소 같은 거요. 《죽음의 가시》는 18, 19세기의 로망스와 유사해요. 그런 의미에서 후진적이죠.

하지만 고전적 근대예요. 고대적인 게 아니라. 테리 이글턴이 비평 〈클러리사의 겁탈〉[25]에서 언급한, 18세기 소설 《클러리사 할로》에 등장하는 클러리사(부유하고 통제적인 가족에게서 벗어나려다 비열한 남자에게 유혹되어 비극적인 운명을 맞이하는 인물–옮긴이)의 행동과도 비슷해요.

도미오카 정말 비슷하네요. 새뮤얼 리처드슨의 클러리사와.

우에노 고전적 근대의 사랑을 함께 연출하려면, 이런 지옥에 떨어지는 수밖에 없지 않을까요. 〈클러리사의 겁탈〉에서 이글턴은 사랑은 강간일 수밖에 없다, 사랑을 받아들이려면 굴욕을 견디는 수밖에 없다는 이중구속의 상황을 그리고 있어요. 그러한 상황은 어떠한 근대적인 섹슈얼리티에서도 평범한 서사로 존재하고, 여자가 그것을 고발할 때 이를 정면으로 직시하려는 남자는 적죠. 오쿠노 다케오는 '장편 《죽음의 가시》는 모든 남성의 영혼을 얼어붙게 만들고, 우리 부부는 꽤

146

---

25   테리 이글턴, 오하시 요우이치 역, 《클러리사의 겁탈-에크리튀르, 섹
      슈얼리티, 계급투쟁》, 이와나미쇼텐, 1987년. '클러리사'는 18세기 영
      국 작가 새뮤얼 리처드슨의 소설 《클러리사》의 주인공이다.

찮은지 불안에 떨게 한다'[26]고 썼고, 다른 글에서는 미시마 유키오의 문장까지 인용하며, '이건 어느 가정에서나 일어날 수 있는 일이다, 나아가 만일 내 처가 이런 상황에 처하면 나는 어떻게 할까'[27]라고 했죠.

도미오카 다들 결론이 거기로 가네요. 이건 지옥이라며 한탄하죠.

---

26   오쿠노 다케오, 〈현대 라이브러리, 서평〉, 〈주간현대〉 1977년 11월 3
      일호.

27   무엇보다 압권은 널리 평가받고 있는 《죽음의 가시》를 포함한 병든 아
      내에 대한 기록 1천 장이다. 읽을수록 빠져드는 그 비통한 기록에서 단
      순한 문학적 감명 이상의 무시무시한 박력이 느껴졌다. 그야말로 평범
      과는 거리가 먼 세계 같지만, 그럼에도 현실적인 지옥이라는 점이 독
      자의 가슴을 먹먹하게 한다. 아픈 아내가 제시하는 굳건한 질투의 논
      리는, 평범한 우리네 아낙들의 논리와 별반 다르지 않고, 같은 평면상
      에서 보다 적극적으로 표출된 것에 지나지 않는다는 공포를 독자에게
      줄곧 주입한다. (〈악마적인 것의 힘〉, 〈분가쿠카이〉 1962년 12월호.)
      위의 평은 미시마 유키오의 감상인데, 그는 시마오 도시오의 《죽음의
      가시》를 비롯한 일련의 병처기病妻記가 주는 공포는 비정상적인 지옥
      처럼 보이지만, 동시에 세상의 수많은 가정과 동일선상에서 일어나는
      일이라고 쓰고 있다. 요컨대 이러한 사태가 일어날 가능성이 모든 가
      정에 존재한다는 것이다. 아니, 어느 가정에서나 이미 일어났으며, 매
      일 반복되는 일상과 질적으로 다를 게 없다. 우리가 가정─부부나 부
      자 관계─에 품은 막연한 위화감을 파헤쳐 극한까지 확장한다면 《죽
      음의 가시》에 등장하는 무시무시한 지옥이 펼쳐진다는 사실에 독자는
      전율하는 것이다. (오쿠노 다케오, 〈'가정'의 붕괴와 문학적 의미〉, 〈분
      가쿠카이〉 1963년 4월호)

우에노 대부분의 남자는 그 현장에서 도망칠걸요.

도미오카 맞아요. 그러니 시마오 도시오가 너무 저자세다, 아내를 절대시한다는 평이 쏟아지는 거죠. 이 아내는 왜 이렇게 제멋대로냐며 성내는 사람도 있고요. 하지만 시마오는 아내를 절대시하지 않아요.

오구라 오히려 우습게 보고 있죠.

편집부 말씀대로 미호가 무슨 생각을 하는지 이해하거나 거기에 맞추려는 자세는 전혀 찾아볼 수 없죠. 오히려 어디까지나 자기 세계에 머물러 있어요. 그런 시각에서 보면 꿈의 문학이고요. 《꿈속의 일상夢の中での日常》 같은 게 시마오 도시오의 초기 작풍이고 《죽음의 가시》에서는 작풍의 변화가 느껴진다는 식으로 이야기되지만, 그게 아니라 이 모든 게 시마오 도시오의 꿈이라는 식으로 비평하는 평론가[28]도 있는데, 그에 대해서는 어떻게 생각하시나요?

우에노 미호도 시마오 도시오가 창조한 캐릭터에 불과하다고 한 평론가가 있었죠. 하지만 그게 아니라, 역시 시마오 도시오

---

28 이소가이 히데오, 〈시마오 도시오-《죽음의 가시》〉, 〈국문학 해석과 교재 연구〉 1969년 2월호. 이를 비롯해 시미즈 도루(〈주오코론〉 1977년 2월호), 세리자와 슌스케(〈가이에〉 1978년 12월 임시증간호), 시게마쓰 야스오(〈국문학 해석과 교재 연구〉 1973년 10월호) 등에서도 《죽음의 가시》를, 그때까지 시마오가 취했던 '꿈의 수법'과 관련지어 해석하고 있다.

는 이런 이해할 수 없는 타자의 부조리한 행동과 직면한 살얼음판 같은 상황을 마음 한구석에서 간절히 기다렸고, 즐기고 있었을 거예요. 그렇기 때문에 그는 에로스적 현장을 떠나지 못한 거죠.

편집부 그런 몽롱한 상황에서, 일종의 고통을 즐기며 꾸는 꿈이라는 거죠?

우에노 이런 식으로 스스로 부조리를 초래하는 여자들도 많아요. 나도 그런 경험이 있고.

그때까지는 가정이 일상이고 외부가 비일상이었죠. 그래서 비일상을 찾아 밖에서 여자를 만들기도 했는데, 미호의 광기를 계기로 가정이 비일상이 되어버린 거예요. 가정이 전쟁터가 된 거예요. 더할 나위 없는 행복이죠.

편집부 그렇다면 시마오 도시오와 내연 관계에 있던 여성에 대해서도 이야기해보면 어떨까요? 처음에 내연녀와 아내 중 내연녀를 선택할 수도 있었는데, 소설에서는 내연녀를 택하는 선택지가 아예 존재하지 않아요. 10년이었던가요, 그만큼 오래 함께한 여자라면 애증 섞인 관계였을 텐데, 아주 깔끔하게 내쳐졌다는 건… 대체 어떻게 해석해야 할까요?

우에노 그렇게 오래 관계를 맺었는데도 이토록 담백하다니, 도회적인 근대적 자아를 가진 여자예요. 일상에서 남자와의 관계에 무게중심을 두지 않을 수 있는 존재였던 거예요. 무척 냉정한 사람이에요.

도미오카 미호가요?

우에노 내연녀가요. 미호에게 폭행을 당하면서 '당신은 두 여자가 죽는 걸 그냥 보고 있을 셈이야'라고 외치잖아요. 실화인지 아닌지는 모르겠지만, 실제로 이런 말을 했다면 무척 냉정한 사람이라 봐야겠죠.

편집부 미호가 쓴 글[29]에도 이 이야기가 나오는 걸 보면 아마도 실화일 테죠.

우에노 폭행을 당하는 여자가 '내가 죽는 걸 그냥 보고 있을 셈이야'라고 자기중심적으로 외치지 않고 '두 여자가 죽는 걸 그냥 보고 있을 셈이야'라고 말해요. 남자가 여자 둘을 동시에 버리는 상황이라는 걸 꿰뚫어 본 건 이 사람뿐이죠. 그걸 일거에 드러내는 한마디를 내뱉을 수 있는 사람인 만큼 냉정하기 그지없죠. 만일 시마오 도시오가 어떻게든 자기 광기의 밑바닥까지 함께 내려갈 길동무를 원했던 거라면, 이 여자는 걸맞는 파트너가 아니라는 사실을 오랜 시간 함께하며 확실히 알았겠죠.

150

도미오카 여자가 그런 길동무를 거부하고 도망친 게 아니고요?

29   시마오 미호, 《《죽음의 가시》를 떠나》(주5)

우에노 왜 갑자기 나타난 걸까요? 협박 편지까지 보내고.[30]

도미오카 편지 이야기는 실화일까요?

오구라 시마오 도시오가 썼을 수도 있죠(웃음). 부부를 더욱 극적인 상황으로 몰고 가는 강박적인 협박 편지[31]일 수도.

도미오카 그건 생각도 못 했네요(웃음). 하지만 그 편지, 좀 이상하지 않았어요? 과연 그렇게까지 할까요? 부인을 내쫓고 자신을 부인으로 삼는다고 했으면서 약속을 지키지 않았다는 식으로 말했잖아요.

우에노 그것도 헤어지고 나서 한참 뒤에.

30　먼저 '미호를 언제 내쫓을 거냐 결판을 내러 가겠다'는 내용의 전보가 배달됐고, 그로부터 집을 비울 때마다 우편함에 다음과 같은 내용의 편지가 들어 있었다.

　　'비겁자, 내일 반드시 결판을 낸다, 기다려라.'

　　'매일 도망치는 거냐, 비겁자, 두고 보자.'

　　'비겁한 겁쟁이, 도망만 치는 거냐, 자기 행동에 책임을 져라, 끝까지 싸우겠다, 각오해라.'

　　'소송을 해서라도 미호를 내쫓겠다, 결혼하겠다는 약속을 지켜라, 사랑하는 아내가.'

31　굳이 극단적인 관점을 취하자면, 광인에게 비난받는 자벌自罰의 제의를 위해서는, 내연녀의 편지를 거짓으로 만들어내서라도 가정의 지옥을 더욱더 악화시켜, 지옥을 견딤으로써 행복의 실마리를 잡고 싶다는 잠재적인 욕망의 냄새를 나는 이 소설에서 맡고 만다. 그것은 '강요된 고통'과 '스스로 바라는 고통'이 미묘하게 일치되어, '강요된 고통'을 받아들이는 것이 자기 확인으로 통하는 세계. 나에게는 그렇게 보인다.
　　(이소다 고이치, 〈대장의 속죄〉, 〈가이에〉 1978년 12월 임시증간호.)

도미오카 좀 이상해요. 뜬금없기도 하고요. 그렇게 냉정한 사람이 그런 구질구질한 협박장을 보낼까요?

우에노 거꾸로 생각해보면, 그렇게 구질구질하게 구는 사람이, 폭행을 당하면서 그런 냉정한 말을 내뱉을 수 있을까요?

도미오카 역시 흥미롭지 않나요? 여자 둘이 육탄전을 벌이는 걸 보면.

우에노 글쎄요, 그 폭행 장면은 《죽음의 가시》에서는 아내가 시켜서 마지못해 폭행에 가담한 것처럼 묘사됐지만, 미호의 글에서는 남편은 팔짱을 끼고 수수방관하고 있었다는 식으로 묘사됐죠.[32] 어느 쪽이 진실일지….

---

32   "거짓말, 거짓말. 도시오, 붙잡아. 놓치면 안 돼."
      나는 출구를 막아서듯 일어나서 여자를 붙잡았지만, 우리 둘 사이에 감촉이 교차하며 힘이 들어가지 않았다. 엉성하게 붙잡으면 여자를 놓아주려는 것처럼 보일까 봐 꽉 붙잡았더니 그 모습이 아내를 더욱 자극한 모양이었다.
      "도시오, 정말 날 사랑해?"
      아내가 불쑥 물었을 때, 불길한 예감이 번개처럼 스치고 지나갔다.
      "사랑해."
      그렇게 대답하자 "그 여자는? 사랑해? 안 사랑해?" 하고 캐물었다.
      여자의 눈동자를 보며 낮은 목소리로 "안 사랑해"라고 간신히 대답했다.
      "그럼 내 눈앞에서 그 여자를 때려. 증명해봐."
      아내는 그렇게 말했다. 시험은 겹겹이 쳐진 덫이었다. 뭐라고 대답해도 아내의 답은 같을 것이라 생각하니 도망갈 길은 점점 좁아졌다. 나는 마음을 곧게 먹고 여자의 뺨을 때렸다. 살갗 아래로 피가 쏠리는 게 보였다.

도미오카 수수방관하고 있었다에 한 표(웃음).

"S씨, 도와주세요. 왜 가만히 보고만 있죠?"

여자가 그렇게 말했지만 나는 대답할 수 없었다.

"당신이 이렇게 만든 거예요. 똑똑히 봐줘요. 두 여자가 죽는 걸 그냥 보고 있을 셈이야?"

이어서 나온 말에 아내는 미친 사람처럼 난폭하게 거듭 여자의 머리를 바닥에 내리쳤다.

"살려줘요!"

다시 비명을 지른 여자는 두 다리에 힘을 주고 몸을 돌리며 반격에 나섰다. 젖혀진 치마 사이로 드러난 하얀 속옷과 낯익은 다리가 내 눈에 비쳤다.

"도시오, 이 여자 다리 꼭 붙들고 있어. 손이 굳어서 안 움직여. 당신, 설마 이 여자 편을 들려는 건 아니지?"

아내의 말에 여자를 붙들었지만 죄책감이 들었다. 하지만 여자를 놓으면 아내의 뜻을 거스르는 것이 된다. 주저하면서도 마지못해 여자의 두 다리를 짓누르듯 붙잡았다. (《죽음의 가시》에서)

이 장면은 미호의 수기(주5)에서는 다음과 같이 묘사된다:

여자는 갑자기 겁을 먹었는지 나를 밀치고 밖으로 도망쳤습니다. 나는 달려들어 여자를 붙잡았고, 우리는 바닥에 함께 쓰러졌습니다. 흙투성이가 되어 머리채를 붙잡고 옷을 찢으며 몸싸움을 벌였습니다. 나는 상대를 쓰러뜨리고 얼굴을 흙바닥에 짓누르며 이 여자를 정말 죽일까 생각했습니다. 남편과 관계를 가졌다는 이유도 있었지만, 이날까지 네다섯 달 동안 우리는 이 여자에게 지독한 협박을 당했습니다. 그 편지 때문에 신경이 곤두서 정신이 이상해졌습니다. 남편은 '미호, 그만해, 그냥 쫓아내버려'라고 했고, 그 여자는 '시마오 씨! 살려줘요! 살려줘요! 당신은 두 여자가 죽는 걸 그냥 보고 있을 셈이야?'라고 외쳤지만, 남편은 팔짱을 낀 채 보고만 있었습니다.

시마오 도시오

사랑의 순교인가,
이해타산인가

우에노 이 자리에 《여자의 목-역광의 지에코초》에서 다카무라 지에코를 논한 구로사와 아리코[33]가 있었다면 뭐라고 했을까, 계속 그런 생각이 들더군요. 미시마 유키오가 미호의 병에 대해 쓴 뒤에 '지에코초처럼'이라면서 갑자기 《지에코초》 이야기를 꺼내죠.[34] 그의 사고가 거기로 이어진 거예요. 지에코를 고대적이라고 부르는 사람은 아무도 없잖아요. 하지만 결국 남녀의 공범 관계랄까, 공연公演에 의해 한 여자가 광기로 내몰리는 과정을 거친다는 점에서는 그다지 큰 차이는 없는 것 같아요.

오구라 《지에코초》는 근대라는 키워드로 해석할 수 있죠. 《죽음의 가시》는 해석할 수 없다고 구로사와가 얘기했어요.

우에노 그렇게 다른가요?

오구라 다르죠. 그렇기 때문에 남도론 같은… 아, 예전에 요시

---

33   구로사와 아리코, 《여자의 목-역광의 지에코초》, 도메스 출판, 1985년.
34   주13의 인용문 참조.

모토 다카아키가 오키나와를 찾아 남도론 강연을 했어요. 반응은 좋지 않았다고 신문에 기사도 났죠. 청중은 위화감을 느꼈고요. 다들 뭔가 이상하다, 수군거리며 돌아갔죠. 하지만 뭐가 불만인지 오키나와 사람들은 언어화할 수 없었다고(웃음).

우에노 요시모토 다카아키에게 느끼는 위화감이란, 남쪽 섬이라는 그의 환상을 강요하는 데 대한 반발일까요?

오구라 그 감정이 제일 강하겠죠. 페미니스트 집회에 참가한 자칭 남자 페미니스트가 흔히 말하는, '여자는 남자와 달리 생명을 낳는 성이니, 여성이 힘을 가지면 전쟁을 막을 수 있습니다' 같은 선동을 듣고, 여자들 눈이 점이 되어버린 일이 생각나더라고요(웃음).

우에노 그건 어디까지나 실재하지 않는 판타지죠. 그런 의미에서는 미호에 대해서도 같은 판타지를 가지고 있고요.

오구라 완전 같죠. 하지만 이 사람의 경우 아마미의 섬이잖아요. 오키나와하고는 다르죠. 아마미는 오키나와보다 훨씬 일찍 일본에 반환됐어요. 그러니까 아마미 사람들이 가진 민족적인 프라이드는 오키나와 사람들이 가진, 일본에 대한 반골 정체성과는 다르고요.

도미오카 다른 논리로군요.

오구라 사쓰마에 복속된 역사가 있었죠. 아마미가 오키나와만큼 일본 본토에 결연한 태도를 보이지 않는 건, 미호가 남자를 대하는 태도와 흡사해요. 미호에 대해 구로사와는 하나의 논리로 설명할 수 없는 사람이라 말했죠. 먼저, 미호의 내면에 있는 어중간한 근대성이 문제예요. 근대를 내면화했으면서도 전근대라고 할까, 반근대를 요구받으면 그걸 수행해요. 양면성이 있죠. 아마미 사람들은 일본이냐 아마미냐, 그런 절박한 선택을 강요받지 않죠. 하지만 오키나와 사람들은 그런 상황에 처해 있고요. 류큐라는 독립된 왕국이었으니까요. 본토의 군인에 대한 반감도 있죠. 하지만 아마미와 미호에게는 그게 없어요. 어린 시절, 미호는 아버지와 둘이서 저녁을 먹잖아요. 어머니는 식사 시중을 들고요.[35] 한마디로 미호는 남자아이로 키워진 거예요.

우에노 아버지를 버리고 남편에게 가는 건 근대 로맨스의 전형적인 구도죠. 한마디로 아버지를 버리고 아버지의 대리인을 찾는 것.

오구라 미호는 '아버지만 곁에 있으면 무슨 일이 생겨도 괜찮을 거다'라고 믿고 있었죠. '결혼하고 나서는 아버지가 주던

156

---

35   밤의 장막이 섬을 에워싸고 마을에 불빛이 하나둘 켜지기 시작할 즈음, 나도 램프의 불빛을 받으며 따스한 김이 피어오르는 저녁상에 아버지와 마주앉았습니다. 저녁에 물을 뜨러 다녀오는 길에 본 나그네 가족 이야기를 하자, 식사 시중을 들기 위해 앉아 있던 어머니는 바로 일어나 나갔습니다. (시마오 미호, 《해변의 삶과 죽음》, 주고분코, 1987년. 단행본 초판은 소주샤, 1974년.

안도감을 남편에게서 느꼈습니다'라고 썼고요.[36] 아버지와 자신을 동일시하는 부분이 미호의 내면에 존재하는 거예요. 남편의 비호를 받으며, 남편이 주는 안도감을 맛보고 싶다는 게 아니라, 어딘가에 출구가 보이지 않는 직접적인 욕망이 존재하는 거죠.

도미오카 이해가 가네요. 남편에게 순종한다는 사회 관습적인 규범이 어딘가에 새겨져 있지만, 실은 남편과 같은 입장이라고 생각하는 거네요. 남자로 키워진 여자니까요. 어떤 의미에서는 남편보다 자신이 우위에 있다고 생각하는 게 아닐까요?

우에노 근대의 섹슈얼리티는 그런 게 아닐까요. 복종하고 헌신하는 아내가 됨으로써 남자를 내면에서 지배한다는 게 여자의 전략이잖아요. 한없이 기다리는 여자, 헌신하는 여자를 수행하면서 그 사람은 내가 없으면 아무것도 못 하는 사람이라고 당당하게 말하는 것.

도미오카 하지만 미호의 경우에는 그런 식으로 만들어진 게 아니라, 더 근원적인 면에서 자신이 아주 지위가 높은 사람이라는 의식이 있는 게 아닐까요?

오구라 맞아요. 남자의 내면을 지배하네 어쩌네 하는 삐뚤어진 자존심이 아닌 뭔가가 느껴져요. 외면을 지배하려는 직접적

---

36   시마오 미호, 〈만남〉, 〈현점〉 1983년 가을호.

인 욕망이.

우에노 출신과 상관이 있을까요?

도미오카 촌장의 딸이니까 왕녀죠.

우에노 하지만 남자는 특공대 대장이었잖아요. 신의 신부라고 해야 하지 않을까요?

도미오카 그러니까 섬에서 연애했을 때는 대등한 입장이었죠.

우에노 이 사람은 만일 시마오가 대장이 아니라 일개 병졸이었다면 연애하지 않았을지도 몰라요.

오구라 당연히 안 하죠.

도미오카 안 하겠죠. 섬의 여자 중에서는 자기가 제일 높은 신분이고, 상대방도 제일 높은 계급이었잖아요. 그러니까 연애가 성립됐죠.

우에노 마레비토와 지역에서 가장 신분이 높은 여성의 결합이로군요. 미호는 자기에게 걸맞은 남자를 골랐어요.

도미오카 계급은 대장이라 해도 상대는 외지인이잖아요. 하지만 자기는 태어났을 때부터 제일 높은 신분의 여자고요. 그렇다면 자신이 대장보다 위라고 생각했을 거예요, 분명히. 그런 의식이 어딘가에 있었을 거고요.

우에노 왕녀 메데이아가 그랬던 것처럼 고향과 아버지를 버리고 맨몸으로 남자를 따라가죠. 그리고 근대적인 가정을 꾸리고, '우리'를 위한 일이라며 아쉬움 없이 진주를 팔아요. '우리'

158

를 위한 일이니 부업을 하다 손을 베여도 아프지 않고요. 그렇게 살아온 거죠. 근대의 사랑이란 그런 거잖아요. 여자에게 자신을 버리게 하고, 그것에 살아가는 보람을 느끼게 하기 위한 것. 하지만 남편에게 다른 여자가 생기자 내가 없어도 이 사람은 살 수 있구나, 하는 사실을 깨닫게 된 이상 용서할 수 없는 배신이죠.

오구라 그런 종류의 질투예요? 그런 삼각관계의 질투는 아닌 것 같은데요.

우에노 삼각관계가 아니라, 철저하게 내면을 지배하려 했던 남자가 자신이 전혀 모르는 공간을 갖고 있었다는 것에 대한 분노죠. 자신과 성애의 게임을 하고 있던 상대가 부당하게도 제멋대로 그 게임에서 반쯤 손 놓고 있었다는 사실에 대한 분노.

도미오카 아니, 그거하고는 좀 다른 것 같아요.

오구라 다르죠. 불륜 상대와 관계를 맺었을 때, 상대 여성이 어떤 반응을 보였는지를 꼬치꼬치 캐묻잖아요.[37] 〈부인공론〉에

37   "당신, 그 여자를 만족시켜줬어?"
      아내는 고개를 숙이고 말했다. 오늘 아침 일을 떠올리고 불길한 예감에 몸을 떨었다.
      "말해봐, 만족시켜줬어? 난 하나도 만족 못 했는데."
      "…."
      "어땠는지 말해보라고."
      "난 잘 모르겠어."

시마오 도시오

서였나요, 그때까지 자신은 남편과의 관계에서 쾌락을 얻은 적이 없었다. 그게 올바른 사랑이라 생각했다고 했죠.[38] 이 사

----- 나는 당장이라도 도망치고 싶은 충동을 억누르며 간신히 말했다.

"거짓말쟁이! 방금 거짓말 안 하겠다고 맹세했잖아. 이거 보라고, 거짓 말쟁이!"

(중략)

"당신, 나랑 할 때는 내가 어떤지 알고 있었잖아. 그런데 그 여자랑 했을 때 모른다는 게 말이 돼?"

"정말 몰랐다니까."

"또 시치미를 떼네. 그럼 다른 여자랑 할 때는 어땠어? 당신은 난잡한 남자니까 여자가 한둘이 아니잖아."

(중략)

"대답을 들을 때까지 용서 안 해."

"미호, 그건 개인적인 일이잖아. 그리고 나는 그렇게 냉정한 사람이 아냐."

"거짓말, 왜 나한테만 말 못 하는데? 당신 이상한 책도 많이 갖고 있었 잖아. 그 책 다 어디 갔어? 누구랑 그런 책을 읽으며 연구했어? 나하고 는 못 해? 내가 모를 줄 알아? 당신은 내 몸이 싫은 거야. 그래서 난 당 신을 못 믿는 거고. 숨기지 말고 사실대로 말하라고."

그 밖에도 노골적인 표현은 아니지만, '차례로 의혹이 솟아오르면 나를 추궁해서 과거의, 눈앞이 캄캄해질 정도의 야릇한 행위를 일일이 내 입 으로 듣지 않고는 견디지 못했다. 그리고 여느때처럼 또다시 소란이 시 작된다. 내 행위를 다시 한번 내 입으로 자세히 말하게 하고, 하나씩 확 인한 뒤, 그런 행위를 하는 사람이 나를 사랑할 수 있을 리가 없다, 처음 으로 돌아와 다시 처음부터 시작하는 건 전과 다름없었지만…'와 같이 미호의 질문이 성적인 부분에 집중되었음을 알려주는 구절이 있다.

160

38   영혼이 신에게 받은 것이라면, 육체 또한 신에게 받은 것이라는 사실 을 나는 깨닫지 못했던 것입니다. 영적으로는 남편을 더없이 사랑했지 만, 육체로는 남편을 사랑한 적이 단 한 번도 없었습니다. 육체의 사랑

람의 내면에는 '올바른'이라는 관념이 존재하는 거예요. 군인인 노기 마레스케의 부인 시즈코와 비슷한 구석이 있죠. 남성 평론가들의 '고대 vs 근대'라는 도식은 잘못됐지만, 미호에게 완전한 근대적 자아가 있었느냐고 묻는다면, 저는 회의적이에요. 더욱 복잡하고 편협한 뭔가가 있어요. 이 사람은 그걸 정당화하고 있고요. 뭐라고 설명해야 할지 모르겠는데, '메시아 콤플렉스'일지도 모르겠네요.

도미오카 그게 뭔가요?

오구라 예컨대, 자살에 실패한 사람이 자살방지협회 회장이 되는 경우 같은 거죠. 자신이 과거에 겪었던 실패를 다른 사람이 겪지 않도록 하는 데에서 삶의 보람을 느끼는 거예요. 중매 서는 데 열심인 아주머니들이 대개 그래요. 대부분 불행한 결혼 생활을 보내고 있죠.

도미오카 아하, 그런 뜻이군요.

우에노 흥미롭네요. 미호에게 시마오 도시오가 자기보다 타락한 영혼이고, 그걸 구해줘야 한다는 오만이 있었을지도 몰라요.

161

----- 은 성스러운 영적 사랑을 더럽히는 것이라고 생각해 그것을 혐오했습니다. 이 때문에 남편에게 큰 죄를 짓게 한 내 죄를 어떻게 씻을 수 있을까요. 이 세상에 특별한 사람은 존재할 리 없고, 남편 역시 일개 남자일 뿐이라는 사실을 알았을 때, 저는 일찍이 없던 정신적 고통의 지옥에 떨어져야만 했습니다. (시마오 미호, 출처는 주3과 동일)

도미오카 있었을 거예요.

우에노 또 똑같은 말을 해서 죄송하지만, 그게 바로 근대적 성애의 패러독스죠. 종속되어야 할 여자가, 내가 이 남자의 구원자다, 내가 없으면 이 사람은 참된 인간이 될 수 없다고 생각하고 마니까요.

오구라 그런 생각 속에 타산이 존재하죠.

우에노 잇속을 따지는 거죠.

오구라 미호는 그러한 타산이 존재한다는 걸 스스로는 인정하지 않아요.

우에노 타산이라고 인정하면, 여자의 인생에 기반한 리얼리즘이나 속물성이 되어버리니까요. 그걸 인정하지 않으면 순교자가 될 수 있죠, 사랑의 순교자.

오구라 아, 그렇구나. 내가 시마오 도시오였다면 미호에게 이렇게 말할 거예요. '자, 당신도 사실대로 털어놔'라고.

도미오카 아하!

오구라 '남편이 예술을 위해 밖으로 나돌 때, 가정을 지키고 부업을 하면서 영혼이 고귀하네 어쩌네 했던 건 모두 거짓말이지?' 그렇게 말하고 싶네요.

우에노 간사이 사람답네요.

오구라 그러니까 '우리 둘 다 타락했잖아. 혼자 성인군자인 척하지 마'.

우에노 그럼 가상 대화를 나눠볼까요?(웃음). (목소리를 바꿔서) '하지만 나는 아무에게도 마음을 주지 않았어요. 내 몸과 마음은 순결하다고요.'

도미오카 뭔가 신난 것 같은데요?

오구라 '그럼 왜 순결한 몸과 마음을 다른 사람이 아니라 나에게 바치려 한 거지?'

우에노 '당신을 사랑했으니까.'

오구라 '거짓말. 내가 대장이었기 때문이겠지.'

도미오카 정곡을 찔렀네.

오구라 '내가 모를 줄 알아?'

우에노 '당신은 내 사랑을 받을 자격이 있는 고귀한 사람이었어요.'

오구라 '거짓말.'

도미오카 맞아!

오구라 '외부 세계에 대한 동경과 군대의 계급 때문이겠지.'

우에노 아니죠, 그게 아니라 '그건 너의 나르시시즘이겠지'라고 해야 하지 않아요?

편집부 그러면 '당신한테는 나르시시즘이 없었어요?'라는 대답이 돌아올 것 같은데요.

오구라 '없는 건 아니지만, 마지막에는 귀찮아했잖아'라고 대답해야죠(웃음). 8월 13일 밤에 미호는 하얀 기모노를 입었잖아요,³⁹ 드라마처럼.

도미오카 그건 좀 촌스러웠어요.

오구라 그렇게 입고 만나러 갔더니 대장은 귀찮다는 듯, 괜찮

39 1945년 8월 13일, 시마오 부대의 출격 소식을 들은 미호는 마지막으로 시마오 대장을 만난 뒤 자결할 결심을 하고 수의를 갖춰 입었다. (인용은 시마오 미호, 〈그날 밤〉, 주6)

방으로 돌아온 나는 경대 옆 촛대에 불을 붙인 뒤, 하얗게 분칠을 하고 입술연지를 진하게 발랐습니다. 연지가 잘 스며들도록 입술을 비비며 거울을 보았습니다. 거울 속 나는 은촛대의 광택을 받아 마치 웃는 것처럼 보였습니다. 불현듯 이 젊음이 서러워져서, 두 눈에서 떨어진 눈물이 뺨을 타고 흘러내렸습니다.

창고로 가서 미리 준비해둔 수의를 붉은 상자에서 천천히 꺼냈습니다. '서두르지 않으면 못 만날 거야.'

마음은 조급했지만 어찌된 영문인지 나는 평소보다 더 느긋한 동작으로 하나씩 확인하듯 손을 움직였습니다.

새하얀 속옷과 주반, 그리고 세상을 떠난 어머니가 직접 뽑은 실로 짠 새하얀 기모노를 걸치고, 그 위에 어머니의 유품인 상복을 입었습니다. (중략)

마을 사람들도 모두 자결할 때가 됐다는 걸 알았습니다. 나는 아버지를 위해 속옷과 상복과 함께 센다이히라로 만든 하카마를 뜯어서 다쓰케 하카마(활동하기 편하도록 바짓단에 각반을 단 바지-옮긴이)로 다시 만든 상복을 상자에 넣고, 그 위에 단도와 죽은 어머니의 머리카락과 손톱이 든 작은 주머니를 올려둔 뒤, 급하게 편지 한 장을 써서 눈에 띄도록 아버지의 서안書案 위에 펼쳐놓았습니다.

아버지, 미호가 안 보인다고 찾지 마세요.
하늘에 계신 어머니 곁으로 먼저 가서, 오시기를 기다리고 있겠습니다.
먼저 떠나는 불효를 용서해주세요.
_미호

164

으니까 돌아가라고 하잖아요. 그렇게까지 나오면 남자도 창피하죠. 뿌듯하다기보다는, 그 시점에서 이미 부담스러웠을 거예요. 너무 막 대하잖아요.

도미오카 남자들은 그렇게 느끼겠죠.

우에노 '하지만 난 모든 걸 버리고 당신 하나 믿고 고베까지…'[40]

오구라 '내가 따라오라고 했어?'(웃음) '난 8월 15일에 그 드라마는 끝났다고 생각했다고. 속편이라도 찍겠다는 거야?'

우에노 '당신이 오라고 했으니까 간 거잖아요.'

오구라 '그렇게 말한 적 없는데? 나는 이제 대장도 아니야.'

우에노 '하지만 당신만이 내 삶의 희망이었어요.'

오구라 '그건 당신 사정이고'(웃음) '난 이제 평범한 사람이라고.'

우에노 '나의 시마오 대장을 돌려줘요.'[41]

---

40 그 소란 속에서 일찍이 그가 타고 출격할 예정이었던 특공정을 타고, 폭풍우 치는 밤, 나는 어머니가 돌아가신 뒤 홀로 남은 늙은 아버지를 두고 집을 떠났습니다. 그리고 이웃 섬이 보이면, 거기서 징검다리 건너듯 남쪽 섬들을 따라 태풍과 굶주림에 떨며 북상한 끝에 간신히 본토에 상륙해 그의 본가가 있는 고베에서 우리는 결혼했습니다.
(주3의 수기)

41 시마오 도시오의 《흐르는 날들》(주코분코, 1989년. 단행본은 1976년 출간)에도 부인 미호가 '시마오 대장이 보고 싶다'고 중얼거렸다는 에피소드가 있다.

도미오카 맞아요. 시마오 대장을 찾고 있죠.

오구라 '잘 들어, 이제 시마오 대장은 없어. 없다는 걸 우리 둘 다 인정하자고.'

우에노 그렇게 나오는군요. 하지만 이어서 '시마오 대장은 어디 있죠? 내가 사랑한 시마오 대장은 어디 있냐고요?'라는 말이 나올 거예요.

오구라 '이제 대장 놀이는 그만두자고'

도미오카 이제는 없죠. 8월 15일에 죽었으니까.

오구라 '진작 막이 내렸다고.'

6월 21일

'시마오 대장이 보고 싶어' 감정에 젖어 말하는 아내를 보면 왠지 기분이 이상해진다. 시마오 대장은 대체 누구였던가. 과거의 시마오 대장과 지금의 나는 마치 다른 사람 같다. '다음 생이 있다면' 아내는 말을 이었다. '또 당신하고 부부가 될 거야.' 명쾌한 아내의 의지에 나는 압도된다. '당신은?' 그 물음에 곧바로 대답할 수 없었다.

166

6월 22일

시마오 대장과 당신은 다른 사람이야. 아내는 단호하게 말했다. 쓸쓸함에 휩싸여, 시마오 대장이라는 젊은이에게 나는 질투심을 느꼈다. 저녁을 먹은 뒤에 잠깐 졸다가 깼을 때, 아내가 무척 다정하게 보였다.

《죽음의 가시》는
포스트 《무희》다

편집부 미호가 밀항해서 고베까지 따라오잖아요. 그건 정말 독단적인 행동이었을까요?

오구라 그렇겠죠.

도미오카 설령 약속했다 하더라도, 시마오 도시오는 설마 진짜로 올 줄은 몰랐을 거예요.

오구라 여기서 생각나는 건 모리 오가이의 《무희》(도이칠란트에서 유학 중이던 청년이 베를린에서 무희 엘리스를 만나 가까워지지만, 결국 엘리스를 버리고 일본으로 귀국한다-옮긴이)예요.

편집부 그럼 이 소설은 뒤따라온 엘리스와 결혼해버린 남자의 이야기인 걸까요?

오구라 네.

도미오카 그렇죠.

우에노 포스트 《무희》.

오구라 직위를 잃고, 소설을 쓰는 걸 생업으로 삼을 수밖에 없어진 모리 오가이. 하지만 엘리스처럼 주변 사람들이 미호를 쫓아버리지는 않았어. 장래성이 없는 모리 오가이. 남자에게 대일본제국과 일본국은 너무나도 다르죠. 일본국은 남자의 뒤를 봐주지 않으니까요. 둘이서 지지고 볶는 수밖에…. 아무 보호도 받지 못하는 시대의 시작을 보여주는 소설이에요.

우에노 시마오처럼 일상을 살아가지 못하는 남자가 할 수 있는 가장 옳은 선택은 결혼하거나 자식을 낳지 않는 거겠죠.

오구라 맞아요. 하지만 심약한 성격 탓에 결정을 내리지 못했고요. 정말 우유부단한 남자죠. 그런 점도 좋게 말하면 성실하다 할 수 있겠죠. 모리 오가이는 한 편의 비극을 썼지만, 이 소설은 쓸데없이 긴 희비극일 뿐이에요. 대다수 남자들의 인생도 그런 우스꽝스러운 성실함으로 빚어져 있겠지만요.

도미오카 일부러 쫓아온 사람을 쫓아내지 못했죠. 하지만 사실은 쫓아냈어야 했을지도 몰라요.

우에노 그랬으면 과거는 서로의 기억 속에 봉인되고, 아름다운 결정을 안고 살아갔을 텐데요

도미오카 고향에서 살았으면 미호는 행복했을 거예요. 약혼자도 있었잖아요. 《죽음의 가시》 마지막 부분에 나오죠. 그 약혼자를 만나게 해달라는 대사가. 결국 그녀를 단념시키지 못한 시마오 도시오 잘못이에요.

168

우에노 아까 오구라 씨가 명쾌하게 해설해주셨죠. 미호가 남편에 대한 기대를 단념한 순간 치유됐다는 이야기에 동의해요. 한마디로 자기를 있게 해준 남자에 대한 의존성을 뿌리부터

잘라버렸을 때에만 병은 치유될 수 있어요. 만일 남자가 비겁하게 도망쳤거나 자살했다면 이 사람은 억척스러운 아주머니가 되어 아이 둘을 제대로 키워냈을지도 몰라요.

오구라 명랑한 모자가정이 될 수 있었을지도요(웃음).

도미오카 안타깝네요, 하필이면 이상한 남자에게 걸려서(웃음).

우에노 지금 그 발언, 좋았어요.

도미오카 아까 우에노 씨와 오구라 씨의 가상 대화도 재미있었어요.

우에노 '나의 시마오 대장을 돌려줘요.'

오구라 '그런 거 이제 없어.'(웃음)

우에노 그걸 깨달았을 때 병이 낫죠.

169

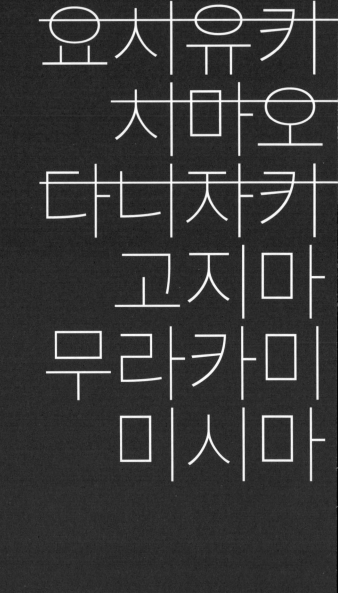

요시유키
치마오
타니자키
고지마
무라카미
미시마

준노스케
토시오
준이치로
노부오
하루키
유키오

다니자키 준이치로
谷崎潤一郎

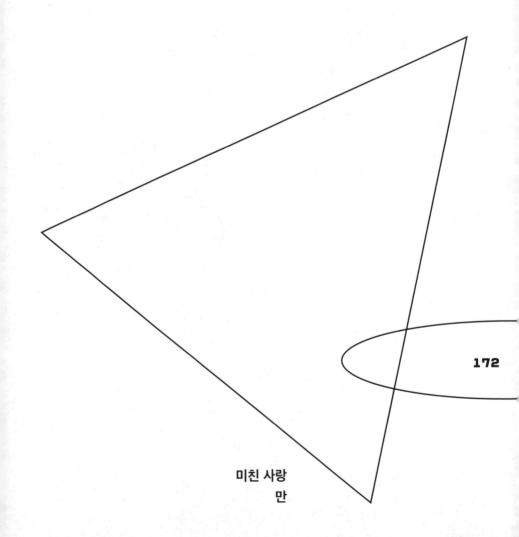

미친 사랑
만

1886년(메이지 19년) 도쿄 니혼바시에서 태어났다. 가세가 기울어 여러 차례 학업을 중단할 상황에 처했지만, 그의 재능을 알아본 주변의 도움으로 도쿄제국대학(현재의 도쿄대학) 국문과에 입학하였다. 하지만 자연주의가 성행하던 당시 문단에서 이렇다 할 인정을 받지 못해 극심한 노이로제에 빠진 데다 1910년 수업료까지 체납되어 퇴학 권고를 받았다. 하지만 이듬해인 1911년, 작가 나가이 가후가 〈미타문학〉에서 《문신》을 비롯한 여러 작품을 극찬하며 문단에서 지위를 얻었다. 특히 간토대지진을 계기로 간사이 지방으로 이주한 뒤, 《미친 사랑》, 《만》 등 화제작을 연달아 발표했다. 《여뀌 먹는 벌레》가 출간된 다음 해인 1930년, 첫 아내 지요를 친구인 사토 하루오에게 양보한다는 편지를 발표해 세간을 놀라게 했다. 1931년 도미코와 재혼하지만 3년 만에 이혼하고 1935년 《갈대 베는 남자》, 《슌킨 이야기》의 여자 주인공의 모델이기도 한 마쓰코와 재혼한다. 마쓰코는 평생 다니자키의 창작욕을 자극했으며, 그녀의 자매들 역시 제2차 세계대전 중 집필한 대작 《세설》 속 세 자매의 모델로 알려져 있다. 그 뒤로도 《겐지 이야기》의 현대어역 작업에 나서고 《열쇠》, 《미친 노인의 일기》를 발표하는 등 창작열은 식을 줄 몰랐다. 반세기 이상 문학 활동에 매진한 끝에 1965년 여든을 일기로 세상을 떠났다.

173

다니자키 준이치로

미친 사랑

痴人の愛

'군자'라 불릴 정도로 근면성실한 회사원인 주인공 '가와이 조지'는 카페 여급인 열다섯 살 '나오미'의 서구적인 외모와 활발한 성격에 이끌려 그녀를 맡아 기르게 된다.

성장하면서 점점 아름다워지는 나오미를 아내로 삼은 조지는 영어와 음악 등 교양을 배우게 한 뒤 '훌륭한 숙녀'로 키우려 한다. 하지만 나오미는 요염함을 더해가는 육체와는 반대로 고집 세고 향락적인 성격을 드러낸다. 특히 댄스 레슨을 다니기 시작한 즈음부터 나오미를 찾아 젊은 남자들이 드나들기 시작한다. 처음에는 조지도 시끌벅적한 게 좋다는 나오미의 말에 넘어갔지만, 여름에 가마쿠라에 머물던 중 예정보다 일찍 귀가한 그가 목격한 것은 망토 아래 실오라기 하나 걸치지 않은 채 남자들에게 에워싸인 나오미의 모습이었다. 이 일을 계기로 많은 남자들의 공유물이 된 나오미의 그간의 행실이 드러난다. 하지만 조지는 여전히 그녀를 버리지 못하고 다시는 그러지 않겠다는 약속을 받아낸 뒤 회사를 쉬면서까지 감시를 강화할 뿐이었다. 또다시 밀회 현장을 목격하고 만 조지는 나오미를 쫓아내지만, 그 직후부터 그녀를 갈망하기 시작한다. 간신히 조지에게 돌아온 나오미는 전보다 더욱 아름다워져, 서양인들의 창부와도 같은 존재가 되어 있었다. 그녀는 조지에게 돌아오겠다며, 대신 절대적인 자유와 사치스러운 생활을 보장해달라고 요구한다.

소설은 조지가 독자를 향해 이야기하는 형식으로 쓰였으며, 조지가 나오미의 말이 되어 비위를 맞추는 장면 등이 화제를 불러일으켰다. 〈오사카아사히신문〉, 〈여성〉에 연재되었고 1925년에 단행본으로 출간되었다.

175

卍

변호사 남편을 둔 젊은 부인 '소노코'는 일본화 학교에서 만난 직물가게 딸 '미쓰코'의 아름다움에 매료되어, 그 얼굴을 모델로 한 관음상을 그린 일로 소문이 난다. 하지만 이 일을 계기로 두 사람은 더욱 친밀해져 남편의 의심을 살 정도가 된다. 그러던 어느 날, 미쓰코에게서 전화가 걸려온다. 여관에서 속옷을 포함한 모든 옷가지를 도둑맞았으니 여자 옷과 남자 옷을 한 벌씩 가지고 와달라는 것이었다. 즉, 미쓰코에게는 전부터 남자 애인이 있었다. 그 남자, '와타누키'는 미남이지만 속이 검은 남자로, 소노코에게 미쓰코를 두고 공정한 경쟁을 하겠다는 서약서를 쓰게 하고 피로 지장까지 찍게 한다. 그 사실이 미쓰코에게 알려지자, 미쓰코는 소노코에게 사실 와타누키는 성불구자이며, 학교에서 소문이 난 일이나 여관에서 벌어진 일은 사실 미쓰코와 와타누키의 계략이었다고 이야기한다. 소노코는 남편에게 이 일을 털어놓으려 하지만, 와타누키가 선수를 쳐서 남편을 찾아가 서약서를 보여주며 소노코와

176

미쓰코의 관계를 폭로한다. 그 일로 추궁당한 소노코는 남편을 놀려주려고 미쓰코와 함께 가짜 자살 계획을 꾸미지만, 그녀가 정신을 잃은 사이 남편이 미쓰코와 관계를 가진다. 그로부터 부부는 서로 의심하기 시작하고, 또 부부 사이를 의심하는 미쓰코가 밤마다 과다한 수면제를 먹이는 통에 날로 야위어간다. 그런 나날 속에서 지금까지 있었던 모든 일이 갑자기 가십 잡지에 폭로되고, 궁지에 몰린 세 사람은 음독자살을 꾀한다.

그중 홀로 살아남은 소노코가 작가에게 모든 사정을 털어놓는 형식으로 쓰였으며, 모두 간사이 방언을 쓰는 1인칭 여성 화자의 시점으로 전개된다. 1928-1930년 〈가이조〉에 연재되었다.

다니자키 준이치로

문체의
불쾌함에 대하여

우에노 《미친 사랑》부터 시작할까요?

도미오카 어느 쪽이든 상관없어요.

우에노 《만》은 좀 힘들었거든요. 체질에 안 맞아서.

도미오카 그래요? 왜일까.

오구라 오사카 사투리라?

우에노 꼭 그런 건 아니고요.

도미오카 어떤 점에서요? 궁금하네, 우에노 씨의 《만》론이. 체질에 안 맞는다는 소리를 들으니 더 듣고 싶어요.

우에노 오늘은 간사이 사람인 두 분만 믿을게요. 저는 가짜 간사이 사람이니까(웃음).

도미오카 간사이에 관해 이야기하자면, 작가 고노 다에코가 《만》의 간사이 방언이 어색하다고 지적한 일이 있죠.《다니자키 문학과 긍정의 욕망》[1]이라는 책에서요. 《만》의 첫 문장은 좀 어색하지 않았어요?

178

---

1   고노 다에코, 《다니자키 문학과 긍정의 욕망》, 분게이슌주, 1976년.

오구라 뭔가 이상하죠?

도미오카 오구라 씨도 느꼈군요. 나도 어색하다고 생각했는데, 고노처럼 어디가 이상한지 지적하지는 못하겠더라고요. 고노는 정확하게 지적했잖아요. 예컨대, 가장 첫 부분. '오늘은 이야기를 들려드리기 위해 찾아뵈었는데, 일하시는 데 방해한 건 아닐지 모르겠네요?'

뭔가 이상한 중년 아주머니가 하는 말 같지 않아요?

오구라 예순 넘은 아주머니인 줄 알았어요.

도미오카 어딘지 아줌마스럽죠? 고노 다에코는 이를 두고 '과거 다니자키의 유모로 일했고, 오랫동안 그 집안에 있다가 수년 전 늦은 나이에 장인인가 누군가의 후처로 들어갔다는 여성의 말투이다'라고 쓰고 있어요. 저도 동감하고요. '첫 부분부터 이래서야⋯' 하고 일종의 클레임을 걸고 있는 거죠.

고노가 고쳐 쓴 서두는 이렇죠. '선생님, 오늘은 이야기를 좀 하고 싶어서 왔는데, 바쁘신데 방해가 되지는 않을까요?' 이게 더 젊은 여성 같죠. '하지만 저 때문에 귀한 시간이 엉망이 되어버려서 민폐가 되진 않았으려나요? 정말 괜찮으십니까?' 라는 말도 '선생님의 귀한 시간을 빼앗아 죄송한데⋯ 정말 괜찮으세요?' 고친 쪽이 낫지 않아요?

오구라 음⋯

도미오카 고쳐도 안 고쳐도 상관없나요? 방언이 좀 어색하지

179

않았어요?

아무튼 그 방언이 어색한 이유는, 부립 전문학교 출신 젊은 여성[2]이었기 때문이에요. 요컨대 이런 내용이라면 경험이 아주 풍부한 사람이 아니면 뉘앙스를 살리기가 어렵죠. 뭐, 다니자키의 의도를 고려하면, 주인공이 한신칸(일본의 효고현 동북부에 위치한, 현청 소재지이기도 한 고베와 오사카 사이의 지역-옮긴이)에 사는 교양 있는 부인이니, 교양 있는 여자전문학교 학생에게 맡겼겠지요. 그 결과 사투리가 영 이상해졌고요. 고노는 조목조목 예를 들어 수정하고 있어서, 저라면 이토록 꼼꼼하게는 못 할 거라고 감탄했어요.

우에노 교양이 있으면 그런 말을 하고 싶기도 하겠죠.

도미오카 교양이라기보다는, 자신의 모어母語니까. 이상하다는 생각이 들 법도 하죠. 딱히 잘난 척하려는 건 아닐 거예요.

우에노 《만》의 문장은 소탈하죠, 격식은 좀 떨어진다는 느낌이 들어요.

도미오카 좀 어색하죠. 역시 고노가 수정한 버전이 자연스러워

2   다케치 유키코와 에다 하루에. 처음에는 졸업한 뒤 바로 다니자키의 비서가 된 다케치가 이 작업을 도왔지만, 그녀가 결혼해 가정이 생긴 뒤로 에다 하루에가 맡았다. 두 사람 다 다니자키의 집에서 거주했으며, 에다 하루에(후에 다카기로 개명)는 지요 부인과 이혼 조정 중이었던 이 시기(1929년 3월-1930년 8월)의 일을 저서 《다니자키 가의 추억》(고소샤, 1977년)에서 회상하고 있다.

요. 우에노 씨, 그래서 《만》은 별로였던 거예요?

우에노 그래서 생리적으로 안 맞았어요. 엉망진창이야(웃음).

도미오카 말투가요?

우에노 말투랄까… 서술이 집요한데 또 어떤 부분은 애매모호하게 넘어가서 이도 저도 아닌 느낌에다 찝찝한 결말까지요.

도미오카 오구라 씨도 별로였어요?

오구라 《만》이요?

도미오카 네.

오구라 우에노 씨만큼 체질에 안 맞지는 않았어요. 요시유키 준노스케보다는 재밌게 읽었어요. 의외로 맞더라고요(웃음).

도미오카 하하하. 읽히긴 잘 읽히죠.

우에노 《만》은 읽는 데 시간이 걸렸지만, 《미친 사랑》은 금방 읽었어요. 어쩌면 서술의 템포에 독서의 템포가 자연스레 맞춰진 건지도 몰라요. 보통 근대문학은 묵독으로 읽잖아요. 묵독이란…

도미오카 훑으며 읽을 수 있으니 빠르게 읽히죠.

181 우에노 그런데 《만》은 구어체 템포에 말려들어 페이스가 떨어져요.

도미오카 아, 우에노 씨는 '근대 독자'로구나!

우에노 완벽히요.

도미오카 귀로는 못 읽고 눈으로만 읽는 거군요.

오구라 전 소리 내어 읽었어요.

우에노 그래서 구어체 템포에 말려들어 짜증이 나더라고요.

오구라 누가 봤으면 이상한 여자라고 생각했을 거예요(웃음).

우에노 시간이 제법 걸렸죠?

오구라 걸리긴 했는데, 딱히 힘들진 않았어요. 내용은 불쾌했지만…. 대체 뭐지, 하고.

도미오카 두 분 다 내용의 불쾌함을 지적하네요. 나는 두 작품다, 우에노 씨 말처럼 읽는 데 시간이 걸리거나 하지는 않았어요.

《미친 사랑》은 다이쇼 시대(1912-1926)말에 쓰인 작품인데, 당시 사회를 배경으로 하죠. 이른바 서양물이 들었달까, 여급女給이 '모던걸 패션'의 선두 주자이던 시대잖아요. 때문에 시대성을 염두에 두고 논하는 사람들도 많지만, 그 틀에서 벗어나지금도 유효한 풍자라고 생각해요. 마조히즘이나 변형된 섹슈얼리티로만 보지 말고 풍자소설로 다룬다면, 그러니까 서양에 대해 저자세로 비굴하게 아양 떨며 살아가는…

우에노 네. 이를테면, '서양'에 '미국'을 대입하면 이 마조히즘은 전후 미-일 관계와 오버랩되죠.

다니자키 준이치로는
정말로 성을 그리는가

편집부 그럼《미친 사랑》이야기부터 시작할까요?

우에노《미친 사랑》은 알기 쉬운 풍자소설이죠. 설정부터 단순하잖아요. 요시유키의《해 질 녘까지》가 이른바 '해질녘족'을 만들어낸 것처럼, 당시의 풍속을 단순하게 포착하고 있어요. 도식적인 설정이죠.

도미오카 하긴, 쉽게 독해할 수 있죠.

우에노 두 작품 다 읽은 뒤에 드는 생각은, 다니자키는 절대 전통적인 작가가 아니라는 거예요. 문체나 의장意匠에는 전통적인 요소가 반영되어 있을지 모르나, 탐구하는 주제나 설정된 도식 자체는 '성性의 탐구'라는 20세기 문학의 범주에 들어가죠. 성이라는 게 이토록 그로테스크한 형태로, 인생의 모든 것을 지배하듯 표현되는 건 20세기 문학의 숙명이에요. 그러니까 일본의 헨리 밀러라고 해도 과언은 아닐 거예요. 무척 근대적인 주제를 다루는 사람이라는 느낌이 들어요.

도미오카 저도 그렇게 느꼈어요.

우에노 게다가 근대적인 성이라는 주제 중에서도 작품 속에 전

183

형적으로 표현된 게, 간단히 말해 '영靈과 육肉의 분리'죠. 하타 고헤이가 '겐지에 대한 다니자키의 비평이다'라고 했는데,[3] 육체와 정신의 일치를 목표로 이상의 여자로 키워내려던 조지의 무라사키노우에(《겐지 이야기》의 주인공 히카루 겐지에게 가장 사랑받은 여인. 결혼 전 이름은 와카무라사키-옮긴이)인 나오미가 육체적으로는 완벽해졌지만 영적으로는 타락했다는 줄거리죠. 영과 육의 분리라는 발상 자체는 전혀 왕조적이지도, 고전적이지도 않아요. 근대적인 성의 주제예요. 완벽한 20세기 사람이에요.

---

3   《미친 사랑》은 다니자키가 간사이로 거처를 옮긴 뒤 처음 발표한 명작이다. 그야말로 '회심의' 명작이라 할 만하다. 이것을 과거 다니자키 문학의 탐미적, 악마적, 서양 심취적 경향의 총결산으로 파악하는 견해에도 동의한다. 하지만 이후의 뛰어난 여러 작품의 직접적인 선구가되었다고 단언하는 논자는 의외로 적으며, 쇼와 2년의 《여뀌 먹는 벌레》를 그러한 작품으로 치는 이가 많다. 하지만 나는 《겐지 이야기》의 영향을 《세설》에서 찾으며 쇼와의 《겐지 이야기》처럼 부르는 것은 타당치 않다고 생각하는 것만큼이나, 실은 이 《미친 사랑》이야말로 다니자키가 《겐지 이야기》를 처음으로 의식적으로 통절하게 '비평'한 작품이라 생각하는 까닭에, 다니자키의 성숙 개념은 모두 이 작품에서 비롯된다고 본다. 조지와 나오미의 관계는 노골적인 겐지와 와카무라사키의 관계의 희화적, 역설적 전개이며, 1965년 《미운 입》에서 찾아볼 수 있는 다니자키의 히카루 겐지에 대한 '반감'에도, 흥미로운 조응을 이 두 작품에서 읽어낼 수 있다.

(하타 고헤이, '다니자키 준이치로론', 《다니자키 준이치로》, 지쿠마쇼보 331, 1989년. 초판: 평론집 《꽃과 바람》, 지쿠마쇼보, 1972년.)

도미오카 〈마이 페어 레이디〉(하층 계급 여인을 우아한 귀부인으로 만들려던 주인공이 결국 그녀와 사랑에 빠진다. 원작은 조지 버나드 쇼의 희곡 〈피그말리온〉-옮긴이)죠.

우에노 〈마이 페어 레이디〉는 〈마이 페어 레이디〉였지만, 고전적으로 이상화된 여성에게는 육체와 정신의 일치라는 게 있죠. 왕조문학의 테마에는 '영육 분리' 같은 건 없어요. 하지만 다니자키의 경우, 영육 분리라는 말을 쓰진 않았지만, 정신적으로는 존경할 수 없는 여자에게 육체적으로 굴복한다는, 말하자면 정신과 육체의 분리라는 주제 자체가 엄청나게 근대적이죠. 게다가 성적인 테마가 인생의 다른 주제들을 능가한다는 이 그로테스크함 역시 20세기적이고요.

도미오카 지금 우에노 씨가 다니자키가 성이라는 테마를 그리려 한 근대 작가라는 식으로 말했는데, 저는 과연 다니자키가 인생의 성을 그리려 했는지 의문이 들었어요.

우에노 왜요? 왜 그런 식으로 생각했죠?

도미오카 예를 들면 《만》은 성불구자인 남자와, 동성애 관계에 있는 여자들의 이야기잖아요. 그리고 《미친 사랑》의 나오미와 조지는… 젊은 여성, 열다섯 살 차이니까 만으로 치면 열네 살인 어린 여자애를 일단은 하녀나 청소부로 부리려고 데려왔으니 남자는 여자에게 어디까지나 고용주 입장이죠. 대등한 애정이 아니에요. 결혼 생각도 살짝 들긴 했겠지만, 보살

185

핀달까, 고리타분한 표현을 쓰자면 첩을 들인다는 생각도 머릿속 한구석에는 있죠. 꽃봉오리 같은 귀여운 여자아이를 잘 키워 조금씩 아름다워지는 모습을 보고 싶은… 그런 감정들이 복잡하게 섞여 있을 테지만, 결국은 '사람을 부린다'는 감각이 있는 거죠.

우에노 '첩살이'라는 말이 있잖아요. 첩도 역시 사용인인 셈이에요.

도미오카 그렇죠.

우에노 하지만 상대를 사용인으로 다루는 성性도 있는 거겠죠. 그걸 가지고 성을 그려내지 못했다고 할 수는 없어요. 대등한 성을 그리지 않아도 성은 성이잖아요. 근대소설에서는 대등한 성애 같은 건 거의 나오지 않으니까요.

도미오카 그렇게까지 말하지는 않았어요. 하지만 여성의 성을 그리는 경우, 무척 전형적인 느낌이잖아요.

우에노 그렇죠. 성을 그려내지 못했다는 건 그런 뜻인가요?

도미오카 네.

우에노 그렇다 해도 작가의 시점이 어설플 뿐, 성을 그려내지 못한 건 아니지 않나요? 혹은 성을 그리는 방식이 일면적이라든지.

도미오카 일면적이라는 것도 아니에요. 뭐라고 해야 좋을까…. 그리지 못했다기보다… 끝까지 그리지 못했다고 할까요.

186

우에노 하지만 성이 주제라는 걸 부정하는 건 아니죠?

도미오카 다니자키는 정말 성을 주제로 삼으려던 걸까요?

우에노 다니자키는 다른 작품에서도 인생의 다양한 주제, 이를테면 돈이나 성공, 부자 관계, 가족 같은 다양한 주제 속에서 성이라는 주제가 다른 모든 인생의 과제를 능가하는 독립적 요인으로 존재하고, 다른 모든 요인에 영향을 준다는 걸 테마로 삼잖아요. 《열쇠》[4]나 《미친 노인의 일기》[5]도 마찬가지이고요. 성이라는 주제가 그로테스크에 큰 비중을 차지하고 있다는 것에는 변함이 없죠.

도미오카 이를테면 나오미와 미쓰코. 나오미는 변두리 여급 출신이니 옛날로 따지면 매춘부로 팔리는 계급의 여성이죠. 하지만 미쓰코는 교양을 갖췄고 좋은 학교를 나온 여유 있는 부

---

4   남편의 일기를 훔쳐보는 아내, 아내의 일기를 훔쳐보는 남편이라는 일종의 거울 구도로, 56세 남편이 45세 아내의 성감을 높이고 본인의 성적 흥분을 위해 젊은 남자를 붙이고, 그것을 받아들인 아내가 남편을 의식적으로 도발해 혈압이 오르도록 유도하고 끝내 죽음에 이르게 하는 과정을 그린 작품. 1956년.

5   성불구이지만 성에 관한 관념만은 무한히 확장하는 77세 노인의 성적 욕망, 특히 젊은 며느리의 다리에 대한 집착을 주축으로 그려낸 작품. 주인공의 일기를 중심으로 구성되어 있으며, 사후 백골로 땅에 묻혀서도 며느리가 밟을 때마다 '아얏, 아얏' '더 밟아줘'라고 울부짖는 자신을 상상하고, 야쿠시지의 불족석처럼 며느리의 발 모양을 돌에 새겨 그 묘비 아래에 잠들고 싶다고 꿈꾼다. 1961-1962년.

→

다니자키 준이치로

인이라는 설정이에요. 그런 여성의 성을 테마로 삼았는데, 그건 '여성의 성'이라기보다는 '카테고리로서의 성'으로 썼다는 느낌이죠.

우에노 도미오카 씨, 문호 다니자키에게 엄청난 평가를 내리시네요(웃음). 성을 테마로 삼았으면서 성을 제대로 그리지 못한 어설픈 작가라니!

도미오카 어설프다곤 안 했어요. 사람들의 평가에 비해, 내가 더 알고 싶은 부분은 그려지지 않은 것 같아서 그렇게 말한 거예요.

오구라 저도 그렇게 생각했어요. 다니자키 하면 마조히즘, 페티시즘, 레즈비어니즘이라는 정설 같은 게 있잖아요. 특히 이번에 거론하는 이 두 작품에는 세 가지 요소가 들어 있고요. 그걸 기대하고 읽었는데 별것 없었죠.

도미오카 발표 당시였다면 《미친 사랑》에 나오듯 남자가 말처럼 네 발로 기거나 하찮은 취급을 받으면서도 상대에게 속절없이 빠져드는 모습이 풍속적으로 드물었을지 모르고, 그런 걸 신기하게 여겼을지도 몰라요, 남성의 욕망으로서는. 하지만 요즘은 아니잖아요. 그런 의미에서 풍속적인 면이 엄청나게 풍화된 셈이죠. 거꾸로 말하면, 어떤 부분에서는 지금도 풍자가 살아 있지만, 풍속으로서의 디테일은 사라져버렸어요.

188

카테고리로서의 여자,
애완동물로서의 사랑

우에노 저는 미시마 유키오가 왜 그렇게 다니자키 준이치로에게 애착을 가졌는지 모르겠어요. 미시마와 다니자키, 이토록 다른 두 작가가… 생리적으로도 아마 맞지 않았을 텐데, 미시마는 거의 맹우盟友라 해도 좋을 만큼 다니자키에게 빠졌고, 자신과 같은 장르에 속하는 작가로 그를 평가하고 있죠.[6] 하지만 지금 이야기를 듣고 생각한 건, 두 작가의 소설 모두 '카테고리로서의 여자'밖에 나오지 않는다는 거예요. 양쪽 다 카테고리예요. 그러니까 미시마가 그랬던 것처럼 이런 인물, 이런

---

6   나는 소설이라는 것을 쓰기로 결심한 뒤로 27년 동안 늘 다니자키 씨의 작품과 함께 살아왔으며, 그와 동시대인이라는 사실이 자랑스러웠다. 소년 시절 첫 독서는, 적어도 문학 작품을 선택하는 행위는 결코 우연에 의한 것이라 할 수 없다. 자신의 미래를 제 손으로 움켜쥔 것이다. 그렇게 선택한 작품이 오스카 와일드와 다니자키 준이치로였다. (미시마 유키오, '다니자키 준이치로 씨를 추모하며', 〈마이니치 신문〉 1965년 7월 31일.

그 밖에도 미시마 유키오는 여러 자리에서 다니자키 준이치로에 대한 존경심을 드러냈으며, 다니자키가 타계했을 때 '다니자키조 시대의 종언'(〈선데이 마이니치〉 1965년 8월 15일)이라 평한 일화는 유명하다.

189

→

다니자키 준이치로

상황, 이런 관계라는 설정을 해두면, 이번에는 등장인물끼리 알레고리컬하게 우의寓意적인 운동을 시작해 도달할 수밖에 없는 결말을 향해 가죠. 때문에 예상 밖의 전개란 있을 수 없어요. 등장인물들이 관계에 의해 서로 변용되는 과정도 없고요. 완벽하게 알레고리컬하게 이야기가 진행되고 끝나요. 그러한 점은 미시마도 다니자키도 비슷했던 것 아닐까요? 그런 의미에서 관계를 제대로 그려내지 못했다든지, 인간을 그려내지 못했다는 비판은 할 수 있죠.

오구라 그런 비판이 아니라요.

우에노 아닌가요?

오구라 여성의 성도 그려내지 못했지만, 이 사람은 과연 자기 자신에 대해서는 아는 걸까… 남자의 성은 그려낼 수 있는 걸까? 그것도 아닌 것 같단 말이죠.

우에노 이를테면 페티시즘이라는 관념이나 마조히즘이라는 관념을 이런 설정 속에서 그려내면 그것도 알레고리(우화)의 일종이죠.

오구라 관념으로서의 페티시즘도 저는 전혀 느끼지 못했지만요.

190

우에노 하지만 그걸 상징화하는 몇몇 사건이 있었잖아요.

도미오카 아까 우에노 씨가 영과 육의 분리라는 식으로 말씀하셨죠. 나오미의 경우는 그게 처음에는 미분화된 것처럼 보였어요. 여자인지 아닌지 알 수 없을 만큼 어릴 적부터 시작되어서, 미분화된 존재가 점점 분화되는 거잖아요. 하지만 그런 얘기 이런 설정 없이도 얼마든지 나온 얘기라 평범하다고 생각했어요.

우에노 통속적이죠. 영적으로 훨씬 열등한 생물에 육욕으로 매혹된다는, 여자에 대한 애증 섞인 감정, 낭만주의적 여성관의 가장 전형적인 예죠. 안 읽어도 스토리를 알 것 같은, 상투적인 전개와 결말이에요.

도미오카 그렇죠.

우에노 그걸 훌륭하게 육체화했다고 할까, 문장화했다는 공적은 인정하지만, 관념의 알레고리에 불과하죠.

오구라 하지만 지금 우에노 씨는 안 읽어도 스토리를 알 것 같다고 했지만, 저는 《만》의 결말에 깜짝 놀랐어요.

우에노 《만》은 이해가 안 가더군요.

오구라 이게 말이 되냐고 생각했죠(웃음). 용케도 이런 결말을 생각했구나 싶었어요.

우에노 《미친 사랑》은 단순했죠. 와타나베 준이치의 《화신》과 똑같아요(웃음).

오구라 하지만 《만》은 이해할 수 없고요.

우에노 《만》은 전혀 모르겠어요. 아까 카테고리로서의 여자만 그려져 있다고 했는데, 《열쇠》가 가장 전형적이었죠. 아내의 일기 부분이, 여자가 쓴 문장이라고 하기에는 너무 부자연스러워요. 이토 세이가 작가인 '나'가 너무 드러나 있다고 비판했는데,[7] 이를테면 이런 구절. '일면 저는 정숙하고 순종한 아내로서의 대가로, 저의 한없이 왕성한 음욕을 채워주는 보상을 받았습니다.' 어떤 여자가 일기에 이런 글을 쓰죠? '극도의 음란과 극도의 수치심이 한 마음에 함께 자리한 나였다'라니.

도미오카 안 쓰죠.

우에노 제3자적인, 우의적으로 설정된 카테고리로서의 여자를 그리는데, 3인칭으로 '극도의 음란과 극도의 수치심이 함께 자리한 여자'라고 쓸 수는 있겠지만, 그런 서술을 여자가 1인칭으로 '그런 나'라고 할까요? 그런 의미에서는 '하지만 나는 고지식한 부모님께 여자라는 건 어떠한 경우에도 수동적이어야 한다, 남자에게 먼저 능동적으로 다가가서는 안 된다는 식의 가르침을 받아왔다'. 이것도 3인칭으로 쓸지언정 1인칭으로는 안 쓰겠죠. 자신의 '수동성'을 이렇게까지 자각하는 여자는 능동적인 여자니까(웃음). 그리고 음란! 음란이라

---

7   남자는 56세의 대학교수이고, 45세의 아내는 전통적인 교양을 익혔을 것으로 추정되는 여성이다. 그러한 부부가 쓰는 일기인데, 문장이 이래도 되는가? 전체적인 인상으로서는 남성의 가타카나 문체는 자연스럽지만, 여성의 문체는 조금 어색하다. 주인공보다 작가가 전면에 등장해 썼다는 느낌이 강하다.
     (이토 세이, '《열쇠》에 대해', 〈주오코론〉 1957년 1월호.)

는 말이 여러 차례 등장하는데, 제3자에게 음란하다는 소리를 듣는 것과 스스로 음란하다고 자각하는 것 사이에는 상당한 괴리가 있어요. 이건 여자의 1인칭 독백으로서는 무척 부자연스러워요. 여자를 카테고리로만 본 남자가 쓴 여자의 1인칭이라는 느낌이 노골적으로 묻어나죠.

도미오카 《만》에서도 그런 느낌을 강하게 받았어요. 남편이 있는 소노코가 미쓰코라는 여성에게 끌리게 된 건, 하얀 옷을 걸치고 관음보살의 자세로 서 있는 모습을 보고서였어요. 사실적이지 않죠, 안 그래요? '여자들은 이렇게 사랑에 빠지는 게 아닐까' 하고 남자가 상상한 여자끼리의 성적 긴장감이죠. 뭔가 작위적이에요. 하지만 그 점을 제대로 그려내지 못하면, 나중의 복잡한 재미가 반감되죠.

우에노 《만》은 레즈비언에 관한 부분을 일부러 모호하게 다뤘다고 해석할 수는 없을까요?

도미오카 아, 노골적으로 묘사하지 않고요?

우에노 네. 숨기고 감추는 건 다니자키의 서술 전략 중 하나예요.

도미오카 하지만 카테고리가 아니라, 조금 더 생생하게 보려고 했다면, 설령 묘사가 사실적이지 않더라도 작위적이지는 않았을 거예요. 섹스를 다룬 소설이 전부 사실적으로 성행위를 묘사하는 건 아니니까요.

우에노 하지만 직접적인 섹스 장면이 문제라면, 《열쇠》에도 섹

스 장면은 하나도 안 나와요. 다니자키에게는 일종의 윤리적
코드가 있는데…

도미오카 사회적인 합의죠.

우에노 이를테면 《미친 사랑》에서, '그리고 저와 나오미는 거
품투성이가 되었습니다'라는 표현. 귀엽지 않아요? 그것만으
로 섹스를 암시하잖아요. 실제 성행위 장면은 하나도 안 나와
요. '거품투성이가 되었습니다'라니 귀엽죠.

다른 작품에서도 노골적으로 쓰진 않았어요. 이를테면 《열
쇠》에서는 '실제의 정조를 더럽히는 행위를 제외한 방법이라
면, 모든 일을 했습니다'[8]라는 표현으로 섹스를 암시하고 있
어요. 《만》에서도 '관음보살처럼 아름다운 모습을 계속 바라
보아도 질리지 않는다'까지는 썼지만, 그 이상은 쓰지 않았죠.
독자는 그 서술만으로도 이해할 수 있어요. 와타누키는 성불
구자로 설정되어 있기는 하지만, 여관에 들어앉아 남자와 밥
을 먹거나 이야기만 하지는 않았을 텐데, 뭘 하고 있었을까 상

---

8   원문은 다음과 같다.   **194**
        …지금까지 나는 마지막 일선을 넘지 않았다. 이렇게 말하면 남편은
        믿을까. 하지만 믿든, 믿지 않든 그것이 사실이다. 애초에 '마지막 일
        선'이라는 건 좁은 의미로 해석한 최후의 선이며, 그것을 범하지 않는
        한 무엇이든 할 수 있다 해도 과언이 아닐 것이다. …그래서 나는 정조
        의 형식만은 지키며 그 외의 방법은 무엇이든 해도 좋다고 생각하는
        것이다. 구체적으로 무엇이냐고 물으면 곤란하지만…

상하겠죠. 실제로 삽입은 못하더라도 갖가지 일들을 했으리라는 건 독자도 당연히 짐작하죠. 글로 쓰인 일만 했다고 생각하는 사람이 있을까요.

도미오카 음….

오구라 하지만 윤리 코드를 벗어나니 쓰지 못하죠.

우에노 윤리 코드인지, 그의 모호하게 하기 전략인지. 일본 문학에서 잠자리 장면의 디테일이 나타나기 시작한 건 전후부터였죠?

도미오카 전후부터 그랬죠.

우에노 그건 큰 사건이에요. 전쟁 전에는 고작해야 '거품투성이가 되었습니다'가 한계였죠.[9] 《만》에서도 설정과 문체를 보면 실제로 쓰지 않아도 상상이 가는 부분이 있잖아요. 무슨 일이 있었던 게 틀림없다는 식으로.

도미오카 또 하나, 현실의 작가가 부인인 마쓰코에게 그렇게

9　《미친 사랑》은 1924년(다이쇼 13년) 3월 20일부터 〈오사카아사히신문〉에 연재되었지만, '신문사의 사정에 의해' 6월 14일 87회로 중단된다. 연재 중단은 '미풍양속을 해칠 우려'가 있다는 이유였는데, 검열 당국의 세 번에 걸친 권고와 일부 독자의 반발과 항의 투서에 신문사가 굴복했기 때문이라고 한다. 이 소설을 '회심의 작품'이라 여겼던 다니자키는 큰 낭패를 보았고, 매체를 바꾸어 연재를 계속하겠다고 발표했다. 그 후, 같은 해 11월부터 이듬해 7월까지 잡지 〈여성〉으로 무대를 옮겨 연재했고, 완결했다.

다니자키 준이치로

했듯 소설 속 남자들도 여자에게 무릎을 꿇잖아요. 평범한 말로 하면 숭배이지만…. 그 이유가 뭘까요? 부자는 싸우지 않는다는 말이 있어요. 부자들은 '너 가난하지?' 하는 소리를 들어도 전혀 화가 나지 않죠. 하지만 가난한 사람은 가난하다는 말을 들으면 화를 내요. 마찬가지로, 남성이란 원래 높은 위치에 있으니 무릎 정도는 꿇어도 상관없는 거예요. 처음부터 무거운 핸디캡이 있으니, 남자가 위에서 내려오지 않으면 여자와 대등해질 수 없어요. 근대인인 만큼 대등하게 사랑하고 싶은 막연한 욕망이 한편에 있어요. 이를테면 《미친 사랑》에서 일본적인 옛 풍습, 시어머니나 며느리 같은 관계를 맺는 게 싫다는 서술이 나왔잖아요.[10] 그걸로 스스로 높은 위치에서 내려왔다고 생각하지만 여전히 높죠. 하지만 표면적으로는 무

---

10   저는 상식적인 인간이고, 튀는 행동은 싫어하는 편이며, 그럴 엄두도 내지 못했지만, 희한하게도 결혼에 대해서는 상당히 진보적이라고 할까, 신식 의견을 갖고 있었습니다. '결혼'이라 하면 세상 사람들은 대단한 일인 양 격식을 갖춰 딱딱하게 말하는 경향이 있습니다. …결혼을 할 것이면 간단하고 자유로운 형식으로 하고 싶다고 생각했습니다. 한마디로 저와 나오미는 소소한 소꿉놀이를 하는 것입니다. '가정을 가진다'는 성가신 의미가 아니라, 태평한 심플 라이프를 보낸다. 그것이 저의 바람이었습니다. 실제로 요즘 일본의 '가정'은 옷장이네, 화로네, 방석이네 하는 물건들이 있어야 할 곳에 반드시 있어야 했으며, 남편과 아내와 하녀의 일들이 모두 분리되어 있거나, 이웃, 친척들과의 교제도 성가셨기 때문에…

196

룹을 꿇어 보이는, 그 관계의 낙차가 도드라진다고 생각하는데, 어떠세요?

우에노 《미친 사랑》이 전형적인데, 기실 인간에 대한 애정이 아니라 애완동물에 대한 애정이죠.

도미오카 맞아요. 다른 작품도 그렇고요. 그 얘기를 하는 평론가가 거의 없어요.

우에노 남성 평론가들의 경우, 말을 안 했다기보다는 내심 부끄럽게 생각하는 게 아닐까요.

이 책의 해설을 노구치 다케히코가 썼는데요.[11]

도미오카 아, 그래요? 안 읽었어요.

우에노 '저를 바보라 생각하는 분은 마음껏 절 비웃어주시길'이라는 조지의 마지막 말에 대해 노구치 다케히코는 이렇게 분석해요. "'나오미는 올해로 스물셋이고 저는 서른여섯입니다'라는 마지막 문장은 얼마나 꼴사나운지. 작가는 바보라 생각하면 웃으라고 말한다. 하지만 아마 남성 독자들은 웃다가도 도중에 얼굴이 굳어질 것이다." 얼굴이 굳는다는 건, 내심 부끄러워하는 마음이 누구에게나 있기 때문일 것이고, 그 공감의 축이란 거의 대부분의 남자들이 가지고 있는 게 아닐까

---

11   노구치 다케히코, '《미친 사랑》에 대해', 신초분코판 《미친 사랑》 해설, 1975년 2월.

요. 그러니 아무도 지적하지 않는 거죠.

도미오카 그런가요. 너무 잘 아는 사실이니까.

우에노 너무 잘 아는 사실이니 굳이 말할 것도 없다는 거죠.

도미오카 하지만 말할 것도 없는 사실이라고 말을 안 하면 안 되죠.

우에노 한마디로 여자를 인간으로 보지 않는다. 그들에게 섹스란 인간과 인간 사이에 성립하는 게 아닌 거예요.

도미오카 그렇겠죠.

우에노 전혀 다른 생물이에요. 전혀 다른 생물이니 무릎 꿇을 수 있죠.

도미오카 저도 그렇게 생각했어요.

편집부 다니자키가 부인 마쓰코에게 보낸 편지에 '그대를 생각하면 끝없는 창작력이 샘솟습니다/ 하지만 오해는 마십시오, 예술을 위한 그대가 아니라, 그대를 위한 예술입니다. …만일 그대와 예술이 양립하지 않는다면 저는 기꺼이 예술을 버리겠습니다'[12]라는 구절이 있어요. 하지만 마쓰코가 임신했을 때 꼭 낳고 싶다고 했고 주오코론샤 출판사 사장에게 도움을 청할 정도로 절박했는데도 다니자키는 아이를 낳으면 자신의

198

---

12 다니자키가 당시 네즈의 부인이었던 마쓰코에게 보낸 편지. 1932년 9월 2일.

이미지가 훼손된다며 억지로 낙태를 권했어요.[13] 결국 상대를

13   이 사정은 다니자키 준이치로의 《설후암야화》 1963년-1964년에 다
음과 같이 자세히 기록되어 있다:

내가 M에게 임신 중절 이야기를 했을 때, 그녀는 슬픈 표정을 지었다.
그리고 내 아이를 세상에 남기고 싶다고 말했다. 그녀의 마음속에 잠
들어 있던 모성애가 눈을 떠, 나라는 인간을 새삼 제 남편으로 인정했
고, 타협하여 가정생활을 꾸리고 싶어진 것이다. 하지만 그렇게 되면
지금까지와 같은 예술적인 가정은 무너지고, 내 창작열은 사그라들어
아무것도 쓰지 못할지 모른다고 나는 거듭 그녀를 설득했다. 고민하던
M은 어느 날 나에게 말도 하지 않고 주오코론샤의 전 사장 시마나카
유사쿠의 집을 찾아가 속내를 털어놓았다. 그녀는 그때까지 시마나카
씨를 만나본 적도 없었다. 소개도 없이 시마나카 씨의, 그것도 자택의
문을 두드린 것은 돌발적인 행동을 해본 적 없는 그녀로서는 엄청난
고심 끝에 내린 결단인 것이다.
'오늘 고이시카와의 시마나카 씨 댁을 찾아갔어요. 말도 없이 멋대로
찾아가서 실례인 줄은 알지만.'
집으로 돌아와 그렇게 말하는 걸 듣고 나는 숨을 삼켰다.
'시마나카는 뭐라고 하던가?'
'다니자키 선생은 '아이를 낳는 건 싫다'고 하겠죠. 분명 그러실 겁니
다. 저는 선생의 예술제일주의를 이해합니다. 하지만 낳고 싶다는 부
인의 심정도 이해합니다. 부인은 당연히 그러시겠죠. 그러니까 상관하
지 말고 사십시오. 뒷일은 제가 책임지지요, 그렇게 말하며 저에게 용
기를 주셨습니다'라고 했다는 것이다.
시마나카 씨의 의견을 듣고도 역시 마음을 고쳐먹을 생각이 들지 않았
다. 늘 그녀에게 순종적으로 살아온 나였지만, 그때만큼은 거세게 반
대했다. 결국 그녀가 내 말을 받아들여 아시야의 모 병원에서 수술을
받기로 한 건, 배 속 아이에 대한 사랑보다 나와 내 예술에 대한 사랑
이 더욱 깊었기 때문이라 생각한다.
M은 오랫동안 중절의 슬픔을 잊지 못했다. 종종 그때 낳았더라면, 하
고 생각하는 것 같았다. 또래 아이를 보면 눈물을 흘렸다. 그녀의 눈가

199

다니자키 준이치로

인간이라 생각하지 않는 거죠.

도미오카 이 작가는 여자는 아이를 낳으면 더 이상 여자가 아
니라 어머니라고 본 거죠. 자신이 추구하는 '여성'의 궁극적인
아름다움이 무너지니 절대 못 낳게 한 거예요.

다니자키에게 현실과 소설은 그다지 괴리되어 있지 않아요.
그런데도 전혀 사소설 작가처럼 보이지 않죠.

우에노 표현력의 문제겠죠.

타인이 욕망하는 것에
끌리는 법

우에노 부인인 마쓰코와의 에피소드에서도 알 수 있지만, '여
자라는 카테고리 안에 얌전히 있으라'는 소리예요.

- - - - - 에 느닷없이 이유를 알 수 없는 눈물이 맺히고는 해서, 나는 놀랐다.
늘 그 눈을 피했다. 그녀의 눈에 눈물이 맺히면, 황급히 시선을 돌렸
다… 그녀의 가슴에는 씻을 수 없는 상처를 남겼을지도 모르지만, 지
금 돌이켜봐도 M과 아이를 낳지 않은 걸 조금도 후회하지 않는다. 후
회하기는커녕, 세월이 지날수록 낳지 않기를 정말 잘했다고, 낳았다면
정말 큰일이었을 것이라고 생각한다.

도미오카 그렇죠. 다니자키가 마쓰코에게 보낸 첫 편지가 대단하거든요, '주인님, 주인님' 하고.

우에노 받는 사람 입장에서는 불쾌할 것 같은데요.

도미오카 우에노 씨는 불쾌할 거라고 했지만, 마쓰코는 공범이되어 상대의 왕성한 욕망을 처리해줄 수 있는 천재적인 재능을 가진 사람이었죠. 그렇지 않은 사람은 첫 부인인 지요처럼 버려지거나 두 번째 부인처럼 이혼당했을 테니.[14]

---

14   다니자키의 첫 부인인 지요와 사토 하루오의 연애는 무척 유명하며, 몇 년 동안 삼각관계를 지속한 끝에 1930년, 지요가 사토 하루오와 결혼한다는 내용의, 세 명의 서명이 들어간 편지를 지인들에게 보내 세상을 놀라게 했다.

> 삼가 아룁니다. 무더운 날이 이어지고 있습니다만 귀댁은 번창하는 것 같아 축하의 말씀을 드립니다. 이렇게 편지를 드린 건, 저희 세 사람이 합의한 끝에 지요는 준이치로와 헤어지고 하루오와 결혼하게 되었고, 딸 아유코는 어머니와 함께하게 되어서입니다. 말할 것도 없이 저희 관계는 지금까지와 다를 바 없으니, 그 점을 이해해주십사 하고, 앞으로도 좋은 관계를 이어나갔으면 합니다. 조만간 적당한 중매인을 세워 결혼 피로연을 열겠지만 일단 이 편지로 소식을 알려드립니다.
> _다니자키 준이치로, 지요, 사토 하루오

> 소생은 당분간 여행을 떠나는 바, 부재 중 집은 하루오 일가에게 맡기기로 했습니다.
> _다니자키 준이치로

다니자키 준이치로는 이듬해인 1931년 후루카와 도미코와 결혼하지만 이 결혼은 오래 지속되지 못하고 1933년 별거에 들어가 1934년에 정식으로 이혼했다.

우에노 역시 남의 걸 빼앗지 않으면 직성이 풀리지 않는 거예요. 다시 말해 남이 가치 있다고 인정한 것만 욕망하는 거죠. 다니자키가 무척 20세기적, 근대적인 사람이라고 생각한 건 바로 그 때문이에요. 《만》에서 다루는 건, 제목卍에서도 드러나듯 네 사람의 스와핑이에요. 남자 둘과 여자 둘의 얽히고설킨 관계죠. 《열쇠》역시 삼각관계잖아요. 다른 남자의 질투를 이용해 자신의 성욕을 자극하는 남편. 《미친 노인의 일기》에서도 며느리가 대상이죠. 《미친 사랑》도 자기 연인을 굳이 다른 남자들이 보기에도 매혹적인 존재로 키워내려는 속내가 있죠. 여기서 찾을 수 있는 건, 모두 메나주 아 트루아Ménage à trois 즉 삼각관계예요. 자신과 관계된 누군가가 제3자에 의해 갈망의 대상이 되는 거죠. 사토 하루오에게 양보한 첫 부인도 그렇고, 원래 남의 부인이었던 마쓰코[15]와의 관계를 봐도 짐작할 수 있듯 이 사람은 둘 사이에서는 타인의 가치를 발견해낼 수 없는

15　다니자키가 마쓰코를 처음 만났을 때 그녀는 오사카의 부호 네즈 세이타로의 부인이었다. 다니자키는 그녀를 깊이 동경했고 몇 년이 지난 뒤에야 마음을 고백하게 되었다. 하지만 당시 다니자키는 두 번째 부인 도미코와 결혼한 지 얼마 되지 않았고, 도미코에게 마쓰코와의 관계를 털어놓고 합의 끝에 이혼한다. (다니자키 마쓰코, '의송암의 꿈') 다니자키의 이혼이 성립한 뒤에도 세이타로의 묵인하에 몇 년간 서로 왕래하며 교제하다가 마쓰코 부인이 호적을 정리한 후 1935년 식을 올린다. 마쓰코가 법적으로도 다니자키 부인이 된 것은 1939년, 다니자키와 첫 아내 지요 사이에서 태어난 딸 아유코가 결혼했을 때였다.

사람이에요. 한마디로 20세기 사람이죠. 프랑스의 평론가 르네 지라르가 말한 '욕망의 삼각형'이 그렇죠. 자기 욕망이 향하는 대상의 가치를 보증해주는 건 자기가 아닌 제3자예요. 타인이 원하는 걸 더욱더 갈망하게 되는 법이죠.

도미오카 관객이 필요한 거군요.

우에노 맞아요. 때문에 자신이 숭배하는 대상을 남이 더욱 욕망하지 않는 이상, 자신의 욕망은 자극되지 않는 거죠.

도미오카 병이네요.

우에노 병이라면 20세기를 살아가는 사람의 병이겠죠.

도미오카 20세기의 병.

우에노 그러니 다니자키는 20세기 작가 그 자체죠. 타인의 욕망이 없으면 그 자신도 욕망하지 못하니까요.

도미오카 사생활부터 문학적인 설정까지 전부 그렇죠. 때문에 네즈의 부인이었던 마쓰코를 마님이라 부르고, 준이치로라는 이름은 인텔리처럼 보이니까 준이치라고 부르라고 하죠.[16] 이

16 마님께 청이 있습니다만, 오늘부터 저를 하인으로 삼아주신 증표로/ 마님께서 새로이 하인에 걸맞은 이름을 지어주셨으면 합니다. '준이치(潤一)'라는 이름은 하인답지 않으니 '준이치(順一)'나 '준키치(順吉)'는 어떠십니까. 순종하며 맡은 바 소임을 다할 것을 잊지 않기 위해 '순(順)'을 넣는 게 어떨까요. '潤'이 들어가는 이름이 소설가로서 알려져 있어 어쩔 수 없이 그 이름을 쓰는 걸 용서해주십시오, / 마님과 아가씨들께서는 새로운 이름을 써주시면 감사하겠습니다, 부디 고려해주십시오…

→

다니자키 준이치로

상해요.

우에노 소름 끼치죠. 장난하냐고 묻고 싶어요.

도미오카 평범한 여자라면 말이죠.

우에노 여기서도 구로사와 아리코의 《여자의 목-역광의 지에코초》를 떠올렸어요. 다카무라 지에코도 기꺼이 공범이 되어 고타로가 숭배하는 대상이 되었죠. 공범이 없으면 시나리오를 연기할 수 없는 법. 여자도 공범 역할을 수행할 능력을 갖고 있던 거죠. 하지만 구로사와의 탁월한 표현을 빌리자면, 고타로는 아내 지에코를 띄워준 후 '사다리를 치워버렸어요'. 사다리가 없으니 지에코는 지상으로 돌아오지 못하고 광기에 빠져들었죠. 그렇게까지 궁지에 몰리면, 상대를 파괴하든 자기 자신을 파괴하든 둘 중 하나예요. 지에코는 자신을 궁지로 몰았어요. 그런 의미에서 지에코 역시 함께 로맨틱 러브 이데올로기를 연기한 배우였죠. 마쓰코가 지에코 같은 비극적인 파국을 맞이하지 않은 건, 그녀가 '근대적 자아'의 소유자가 아니었기 때문이에요.

도미오카 지에코는 표현자니까요. 하지만 마쓰코 역시 교양을 갖춘 여성이었고, 다니자키 준이치로가 세상을 떠난 뒤 글도

204

----- (두 번째 결혼생활 중이던 다니자키가 네즈의 부인이었던 마쓰코에게 보낸 편지)

많이 썼어요. 하지만 뭔가를 표현하지 않으면 살아갈 수 없는 사람은 아니었을 거예요.

우에노 때문에 카테고리로서의 여성을 연기함으로써 자신의 생활을 표현으로 바꾼 거죠.

도미오카 그렇겠죠.

오구라 저는 지에코와 달리 마쓰코가 미치지 않은 건, 지에코가 고타로와 만나기 전 〈세이토〉(1911년에 창간되어 1916년 폐간된 여성 문예지─옮긴이) 같은 데 참여해서 어설프게 페미니즘을 접했기 때문이라고 생각해요. 한편 마쓰코는, 이를테면 문화센터에 강의를 들으러 가더라도 '여성의 삶'이 아니라 '아트 플라워'에 관심을 갖는 중산층 부인이죠. 거기에 '당신이 집안일에 찌드는 거 싫어, 낮에는 마음대로 외출해, 집에 틀어박혀 있으면 안 돼'라고 하는 남편이 있죠. 그러니 자기들에겐 문제가 없지만, '세상에는 가부장적인 남자가 너무 많은 것 같아요, 저도 그런 건 잘못됐다고 생각해요'라는 말을 할 수 있는 여자죠. 그런 여자들도 또 하나의 근대적 여성이 아닐까요?

우에노 카테고리 속에 들어가 적응할 수 있는 여성이겠죠. 모계 가족을 이끄는 여성은, 이 가족 안에서 자신이란 존재는 계속해서 이어지는 하나의 부품이라는 마인드를 갖고 있어서 자기주장이나 자기실현은 감히 상상조차 못 해요. 제가 아는 사람 중에 엄청난 땅 부자 집안의 딸이 있어요. 그 사람은 가

다니자키 준이치로

문의 후계자로서의 운명을 처음부터 감수하고 있고, 문제시조차 하지 않죠. 고작 사랑 때문에 선조 대대로 물려받은 산이라는 엄청난 재산을 포기할 이유가 없는 거예요.

오구라 부인인 마쓰코 역시 개인으로서의 다니자키를 사랑한 게 아니라, 남자라는 카테고리로만 본 거예요. 개인에게는 전혀 관심이 없죠.

도미오카 예술가로서의 카테고리?

오구라 예술가가 아니라 남편이죠. 집 안에서는 누구나 똑같다고 생각했겠죠. 가정에서는 완전히 따로 생활하는 부부였을 거예요. 남편은 서재에 틀어박히고 부인은 동생들과 꽃구경을 가거나 기모노를 고르거나.

도미오카 집에 여자가 많았죠.

오구라 맞아요. 그래서 원만하게 굴러간 거죠. 반면 지에코는 꽃구경을 가거나 기모노를 함께 고를 동생을 후쿠시마의 친정에서 부르지 않았잖아요.

우에노 그렇다면 여기에 있는 건, 남자라는 카테고리와 여자라는 카테고리 사이의, 카테고리와 카테고리의 관계에 지나지 않는 거네요.

도미오카 그렇죠.

여자는 어떻게
페미니스트가 되는가

오구라 그런데 우에노 씨, 정말 자기를 마님이라 부르는 편지를 받으면 기분 나쁠 것 같아요?

우에노 당연히 화가 나죠. 나는 카테고리로서의 여자가 아니니까.

오구라 그럼 본인에게 걸맞은 러브레터가 있다는 신념을 갖고 있는 건가요?

우에노 뭐가 좋은지는 모르겠지만 뭐가 싫은지는 아니까요.

오구라 그런가요? 저는 딱히 그런 러브레터를 받아도 기분 나쁘지 않을 것 같아요.

우에노 정말요?

오구라 네. 어차피 다 그런 거잖아요.

우에노 믿을 수가 없네, 오구라 씨가 그렇게까지 세상에 절망한 줄은 몰랐어요.

오구라 이미 그런 생활을 하는 여자들도 많잖아요. 그런 여자들을 보며 페미니스트들은 마음 한구석에서 저쪽이 더 현명했네, 하고 생각하지 않나요? 아닌 게 아니라, 간사이에는 고

다니자키 준이치로

난여자대학교나 고베여자대학교를 나와 우아하게 사는 사람들이 있잖아요, 친구들 중에도. 그런 사람을 보면 멋지게 타락했다는 생각이 들어요.

우에노 맞아요.

오구라 그럴 때 '저렇게 살지 못하는 나는 왜 이 모양일까' 하는 생각은 안 드나요?

우에노 팔자 좋게 산다는 데까지는 동의해요. 하지만 부럽다고요? 난 안 부러워요.

오구라 그 부분이 좀 미묘하고 복잡한데 말이죠. 상대는 배교자 같은 거죠. 후미에(밟는 그림. 예수 또는 성모의 그림을 밟고 지나가게 함으로써 가톨릭 신자를 색출하는 도구로 썼다-옮긴이)를 밟았잖아요. 나도 밟기만 하면 죽지는 않을 텐데. 하지만 저 여자들은 나보다 훨씬 절망의 밑바닥을 들여다보고 있다고 생각하고 싶은 마음.

도미오카 절망의 밑바닥 같은 거 안 들여다봐요.

우에노 오구라 씨는 솔직하게 '생각하고 싶은 마음'이라고 했잖아요.

도미오카 그런 거 안 보니까 마음 놓아요.

오구라 정말요? 나만 들여다보는 건가? 그럼 화만 나는데.

우에노 화를 내면 되죠.

도미오카 우리만 본다고는 안 했어요. 그런 사람들 중에도 절망하는 사람이 있겠죠. 하지만 대부분은 안 해요.

오구라 그럼 마쓰코는 어땠을까요? 절망하지 않았을까요?

도미오카 않았을 것 같은데요.

오구라 본인이 세상을 떠난 뒤에도 내가 어려움 없이 살아갈 수 있도록 준비해준 것에 감사할 뿐이라든가, 성묘는 거르지 않는다든가… 그런 내용의 글[17]을 썼잖아요. 난 솔직히 거짓말이라고 생각해요. 진심이 아닐 거예요. 살아 있는 동안은 귀찮은 남편이었지만, 이제 죽었으니 내 세상이다! 어느 쪽이든 인생은 나처럼 사는 게 현명한 거다, 뭘 그렇게 발끈하냐, 멍청하긴… 인생이란 어차피 이런 거다, 무슨 소리를 하는 거냐? 글에서 그런 콤플렉스가 느껴져요. 그런 사람은 아무리 화려하게 치장해도 어딘가에서 그늘이 드러나죠.

우에노 그건 쌓일 대로 쌓인 르상티망이겠죠. 마쓰코는 다니자키에게 엄청난 르상티망을 느끼고 있었을 거라 생각해요. 임신 중절하도록 강요한 일이라든지…

209

17   다니자키 마쓰코, '의송암의 꿈', 《현대일본문학대계30 다니자키 준이치로(1)》, 지쿠마쇼보, 1969년. 해당 글은 1966년에 쓰였다.
본인이 세상을 떠난 뒤, 내 생활까지 생각해준 남편이었다. 나는 지금 무엇으로 그의 넋을 달랠 수 있을까. 아침저녁으로 영정에 불공 올리기를 게을리하지 않지만, 그것만으로는 부족하다. 30년 전의 편지를 다시 읽으며, 순사殉死야말로 내가 택해야 할 길이었다고 한탄한다. 이 질긴 목숨이 원망스럽다.

오구라 이미 아이를 낳은 사람들은요? 난 그런 여자들에게도 느끼는데.

우에노 아이를 낳든 낳지 않든, 여자들은 반드시 르상티망을 갖고 있어요. 그걸 '그늘'이라고 하는 건 오구라 씨 자유지만, 조금 과대평가하는 거 아니에요?

도미오카 다음 꽃구경 때 어떤 기모노를 입을지 고민하다 보면 사라질걸요.

우에노 허용할 수 있는 정도의 르상티망이죠. 지금 생활과 맞바꿀 생각은 절대로 없을 정도의.

오구라 우에노 씨의 표현을 빌리자면 '목줄 달린 자유'죠. 목줄이 달려 있지만, 목줄에 주목하는 사람과 자유에 주목하는 사람, 두 종류의 사람이 있어요.

우에노 그 목줄이 허용할 수 있는 범위인 거예요. 그 사람들에게는. 하지만 그렇게 밝고 명랑한 주부가 세상에 어디 있나요. 부인인 마쓰코만 해도 '남편은 죽을 때까지 나에게 부부가 으레 그러하듯 속을 털어놓은 적이 없었습니다, 그게 내내 마음의 응어리처럼 남았습니다'[18]라고 썼죠. 하지만 보통 생활과

210

---

18 천벌을 받을 소리일지도 모르지만, 저도 여자입니다. 평범한 부부로 지낼 수 있기를 간절히 바랍니다. 하지만 지극히 자연스럽게 부부다운 분위기를 꾸며낼 수 있게 되었지만, 《설후암야화》에 적힌 대로, 부부 사이에는 어떠한 벽이 있었습니다. 여자로서 마지막까지 그것만이 아

감정을 저울에 올려놓고, 그러니까 참아야겠다고 생각하는 경우는 없어요. 얻은 것은 얻은 거고, 마음에 쌓인 울분은 울분이죠. 그건 어떤 여자든 느끼고 있을 거예요.

오구라 어떤 여자든 살면서 일정량의 르상티망을 느낀다고요?

우에노 아니, 일정량이라는 말은 안 했어요. 르상티망의 양상이 주부와는 달라요. 저한테도 르상티망이 없는 건 아니지만, 이건 내가 멋대로 가진 르상티망이라는 자각이 있으니 남에게 원인을 전가하진 않죠.

오구라 그 사람들도 그럴 거예요. 그런 인생을 받아들인 거잖아요. 이 시대에 직업여성이 될 수도 있었지만, 그런 손해 보는 짓은 안 한다고.

우에노 이 시대 주부에게 그런 선택의 자유가 있었을까요? 그저 주어진 것을 묵묵히 받아들였을 뿐 선택한 건 아니죠. 하지만 실제로 살아보니 여러모로 난관이 많았을 거예요. 남자란 생물은 제멋대로인 데다 색만 밝힌다고 생각하며, 그 르상티망을 쌓으며 살아온 거겠죠.

오구라 대부분의 주부들이 실제로 그렇겠지만, 그쪽이 저보다 똑똑하게 살고 있다고 생각해요. 그쪽이 틀렸고 이쪽이 옳다는 단순한 이항 대립적인 의미로 한 말은 아니에요.

211

----- 쉬울 따름입니다. (출처는 주17과 같음)

우에노 카테고리에 들어갈 수 있는 여자라면 그럴 수 있겠죠.

오구라 나도 들어갈 수 있도록 자랐으면 얼마나 좋았을까요.

우에노 그건 그렇죠.

오구라 왜 이렇게 되어버렸는지.

우에노 공감해요. 부모님은 절 여자로서 사회화시키는 데 실패했어요.

도미오카 부모님을 원망하나요?

우에노 원망 안 해요.

오구라 여성이 온실 속에서 싹을 틔운 구근이라면, 페미니스트가 되는 사람은 모든 영양소가 완벽하게 주어진 구근이라고 생각해요. 그러니까 쑥쑥 자라서 온실 천장을 뚫고(웃음)….

도미오카 성장률도 좋고요.

오구라 그러니까 가정이든 학교든, 왜 그렇게 윤택한 토양에서 영양분을 쑥쑥 준 거냐, 원망하는 마음이 들죠. 어딘가 결핍되어 있었더라면 나도 남들처럼 평범하게 자랐을 텐데.

도미오카 온실 속에서 살 수 있었을 텐데.

우에노 저는 제가 언더소셜라이즈드 퍼스널리티(undersocialized personality, 과소사회화된 인격)이라고 생각해요. 제대로 사회화되지 않은 거예요. 이유가 뭘까 생각해보니 부모가 훈육할 때 빼먹은 게 한 가지 있었어요. 참는 법을 안 가르쳤죠. 여자에게 불가결한 참고 견디는 훈련을 시키지 않은 거예요.

212

오구라 제 경우는 져주는 법. 둥글게 져주는 법을 배우지 않았어요.

우에노 그렇죠? 도미오카 씨도 그렇지 않아요?

도미오카 나는 아니에요. 나는 져주는 법을 배웠어요(웃음). 참는 견디는 법도 배웠죠. 다에코랍니다(참는다는 뜻의 다에루耐える와 자신의 이름이 비슷한 것을 이용한 언어유희-옮긴이)!

우에노 그래서 '유리 천장'[19]을 몰랐죠. 참고 견디는 걸 배우지 못했으니까요. 여자이기 위해 필요불가결한 훈련인데 말이에요! 우리 부모는 그걸 안 가르쳐줬어.

도미오카 아마 딸이 하나라서? 오히려 너는 여자니까 아무것도 참지 않아도 된단다, 하면서 마이너스를 극단적으로 플러스로 키워주지 않았나요?

우에노 맞아요. 그러니까 애완동물이죠. 애완동물은 참지 않아도 되니까요. 아들에게는 참고 견디는 법을 가르쳤으면서 딸한테는 가르치지 않은 거죠.

도미오카 보통은 반대인데 말이죠.

213 **오구라** 전 경우가 달라요. 애완동물이 아니라, 그저 한결같이 다른 애들한테 지면 안 된다고 배웠죠. 그거 아니라고, 성별에 따른 훈육을 제대로 받았다면 저도 지금쯤 이런 사람들하고

---

19   여자가 어느 수준 이상 출세하지 못하도록 막는 보이지 않는 벽.

여기 있지 않고 마쓰코처럼 꽃구경을 가거나 기모노나 고르고 있을 텐데(웃음).

풍자로서의
《미친 사랑》

오구라 부인인 마쓰코도 그렇고, 소설 속의 미쓰코도 나오미도 모두 비슷한 부류예요. 평범한 여자들이 익혀야 할 걸 익히지 못했으니까요. 다니자키는 그런 여자만 사랑할 수 있어요. 소위 규방 규수는 아니죠.

우에노 죄다 카테고리로서의 여자 아닌가요? 마쓰코 부인은 다니자키가 그토록 숭배한 대상이었는데, 인간적인 역량이나 독특한 개성이 전혀 느껴지지 않아요. 그녀는 다니자키가 만들어낸 환영 속에서 빛을 발할 뿐인 벌거벗은 임금님 같은 존재였죠. 자문자답하며 괴로워하고 고뇌한 끝에… 다른 선택지도 있지만 이 길이 이득이라 생각하고 계산적으로 판단한 결과는 아니죠.

오구라 그럴까요? 하지만 나오미도 조지가 회사에 있는 동안 계속 집에 있는 건 지루하다고 했잖아요. 그때 이런 생활은 관두고 예전처럼 여급으로 돌아간다는 선택지도 머릿속을 스쳤지만, 이 생활이 이득이라 생각했으니 다른 선택지는 모두 지운 거예요.

우에노 나오미의 경우는 분명히 하층계급 출신 여성으로 설정했어요. 날마다 일해야 하는 생활에서 간신히 도망쳐 나온 사정이 있죠.

오구라 이 작품에는 평범한 계층의 사람이 나오지 않아요. 하층 아니면 상류층. 한마디로 남편이나 연인 앞에서 그 사람이 원하는 최고의 여성을 연기하는 게 곧 인생이라고 생각하는, 그 밖의 선택지는 처음부터 염두에 없는 여자들…. 중류계급이지만 계급상승에 대한 욕망을 가졌거나 자기실현이라는 말에 속아 넘어가는 여자들은 나오지 않죠.

우에노 전쟁 전의 일본은 그랬죠. 상류와 하류뿐 중간이 없었어요. 일할 수밖에 없는 여자와 일하지 않아도 되는 여자. 선택의 여지가 없었죠.

215 **도미오카** 조지가 남편이나 아내, 하녀로 역할을 나누는 결혼생활은 싫다고 분명히 말하고 있잖아요.[20] 여자가 일하지 않아도 된다는 건, 요컨대 집안일을 하지 않아도 된다는 뜻이죠.

20　주10 참조.

다니자키 준이치로

예전에는 도시 근교 농촌에서 올라온 사람들이 하녀가 되었으니까요. 그러니까 하녀 아니면 마님이죠.

우에노 아내가 아니에요. 이 사람은 여자를 자신과 완전히 다른 카테고리에 속하는 생물로 사랑하는 거니까, 위 아니면 아래로밖에 대하지 못하는 거예요. 그러니 하녀 아니면 마님밖에 없는 거예요.

도미오카 맞아요.

오구라 하녀를 사랑하는 건, 하녀를 해당 신분에서 해방시키는 일이죠.

도미오카 그리고 또 하나, '공부해서 훌륭한 사람이 될 거예요'라는 말이 자주 나오잖아요. 흥미롭지 않아요? 공부해서 멋진 여자가 되어 훌륭해지겠다니. 남자에게 사랑받을 가치가 있는 동물로 승격하기 위해서는 공부해서 훌륭해진다는, 노력한다는 도식이 있는 거잖아요. 《미친 사랑》 속에. 여러 번 나오는 말이죠.

우에노 '남 보기 부끄럽지 않은'[21]이란 키워드가 뜻하는 건 역

216

---

21 당시 나는 그녀의 비위를 맞추려고, 좋아하는 일이라면 뭐든지 하게 해줬지만, 한편으로는 그녀가 충분한 교육을 받도록 했으며, 훌륭한 여성, 멋진 여성으로 키워내겠다는 처음 뜻은 변함없었습니다. 이 '훌륭'하다거나 '멋진'이라는 말뜻을 곱씹어보면, 스스로도 명확하지 않았지만, 요컨대 지극히 단순한 사고였습니다. '어디에 내놔도 부끄럽지 않은, 근대적인 신여성'이라는 막연한 개념만 머릿속에 있었습니다.

시 자기가 아닌 제3자가 보증한다는 거죠. 신인류라 불리는 요즘 아이들하고 마찬가지예요. 데리고 다니면 어깨가 으쓱해지는 여자를 고르고 싶은 거죠.

도미오카 '남 보기 부끄럽지 않은'. 그리고 또 하나, '서양인 앞에 내놔도 부끄럽지 않은'이라는 구절도 여러 번 나오죠. 회사 동료에게 멋진 부인이다, 아름다운 부인이다, 라는 말을 듣고 싶다. 그게 바로 '남'이죠. 하지만 서양인에게 보인다는 건 흥미롭네요.

우에노 불평등조약이죠. 요컨대 서양이 공식적인 '남'인 거예요.

도미오카 서양이 그중 제일 위에 있어요. 서양에 보이기 위해 나오미는 평생 열심히 영어를 배우고 음악도 공부해야 하죠. 전통 음악이 아니라 오페라 같은 서양음악을 열심히 공부해야 하는 거예요.

우에노 여러 의미로 20세기적이랄까, 근대적이라고 생각했어요. 나오미가 메리 픽포드(미국의 연인으로 불린 영화배우−옮긴이)를 닮았기 때문에 사랑하는, 가치를 매기는 특유의 방식이라든지. 요컨대 오리지널이 있고, 본인은 그 복제품으로서 가치 있다는 거죠. 카피 문화의 정점이에요.

도미오카 맞아요. 그리고 또 하나, 영어를 공부할 때 조지는 문법에 집착하며 나오미가 be동사를 쓰지 않고 아이 고잉, 유 고잉이라고 말하는 걸 영 탐탁지 않아하며 열심히 가르치지만,

결국 나오미가 훨씬 영어를 더 잘하게 되는 것도 요즘 시대에 통하는 풍자죠.

오구라 처음에 풍자소설로 읽으면 재미있다고 하셨잖아요. 저는 이 조지라는 사람에 대한 작가의 거리 두기라고 할까, 상대화의 정도가 잘 가늠이 안 되더라고요. 조지를 풍자하는 건가요?

도미오카 아뇨. 조지를 풍자하는 게 아니라, 조지가 나오미에게 갖는 기대, 그리고 조지가 입에 달고 사는 '서양처럼'이라는 말이 나타내는 서양에 대한 열등감에 대한 풍자죠. 이걸 풍자로 읽을 수 있다는 얘기는 아무도 안 했지만, 저는 그렇게 읽으면 그나마 재미있지 않을까 생각했어요.

편집부 지금 오구라 씨는 조지를 희화화한 존재로 그려낸 작가도 비웃을 작정인지, 아니면 조지란 인물 속에 작가가 어느 정도 무자각적으로 드러나고 있는 건지 물으신 것 같습니다.

우에노 오구라 씨는 후자예요?

오구라 네. 뭔가 슬쩍 다니자키의 진심 같은 걸 엿본 것 같아서요.

우에노 예를 들면?

오구라 아까 나온 영어 공부 장면 같은 것도, 남자의 학습 방식과 여자의 학습 방식이 다르잖아요. 남자는 문법이나 영작, 여성은 독해라는 식으로 이야기하는데, 작가가 정말 그렇게 생각하는 거 아닐까요?

도미오카 정말 그렇게 생각하겠죠. 하지만 남자의 그런 학습 방법에 대해 조금 빈정거리는 것처럼 읽히기도 하는데요. 지나친 해석일까요?

우에노 결과적으로 본인은 주눅이 들어 원래 있던 영어 능력을 전혀 발휘하지 못했는데, 나오미는 외국인들 사이에 섞여서 아무 고생도 하지 않고 떠드는 것으로 그려낸 방식 자체에 자기비평성이 내재되어 있죠. 그리고 승부에서도 처음에는 져줬지만, 무서운 기백이라는 게 있어서 어느샌가 나오미가 더 강해졌잖아요.[22] 아마 어딘가에 실감에 기반한 경험이 있을 테지만, 그중에도 어떠한 종류의 자기비평이 있을 거라고 생각해요.

오구라 그렇게 생각하고 읽으면 좀 나아 보이긴 하네요.

도미오카 페티시즘 같은 건 선입견을 가지고 읽으면 재미가 없죠.

---

22   사람과 사람 사이의 승패는 이지로만 결정되는 것이 아니고, '기합'의 문제라는 것이 있습니다. 바꿔 말하면 동물적 전기電気죠. 하물며 내기의 경우는 더욱더 그러하여서, 나오미는 나와 결전을 벌이면 처음부터 제 기를 꺾어놓고 엄청난 기세로 덤비기에 저는 조금씩 압도당하다가 제대로 서지도 못하게 됩니다.

→

다니자키 준이치로

다니자키의 애욕은
무섭지 않다

편집부 아까 나온 '남 앞에 내놔도 부끄럽지 않은 여자'에 관해서 이야기하자면, 《미친 사랑》 마지막 부분에서 이른바 나오미가 입에 담을 수 없는 별명으로 불린다는 표현을 찾을 수 있어요. 아마 '공중변소' 같은 말이었을 텐데… 그걸 생각하면 남이 욕망하는 것을 욕망한다는 전제가, 어쩌면 그 한마디로 파괴됐을지도 모르겠네요. 한마디로, 아무리 아름답다 해도 창부나 공중변소라는 이야기가 나오면 소유의 가치는 사라지죠. 하지만 그런 종류의 환멸이 전혀 나타나지 않는 건 어째서일까요?

우에노 어느샌가 논점을 바꿔치기한 거 아닐까요? 일본인 남자들을 전부 버리고 서양인 남자만 상대하는 양공주니까 용서할 수 있었겠죠.

220

도미오카 맞아요, 서양이라면 용서할 수 있죠.

우에노 서양을 상대하는 창부라면 갈망을 가질 수 있죠.

도미오카 그렇죠. '서양!' 서양은 괜찮은 거예요. 서양은 암행어사 마패 같은 거예요. 이걸 봐라, 하고 마패를 내미는 격이죠.

우에노 양공주는 특권계급이에요. 결말에서 그런 식으로 도망친 거 아닌가요?

편집부 계속 이렇게 살면 경제적으로 파탄을 맞이해 진창에 빠졌을 텐데, 때마침 부모가 죽어 막대한 유산을 받았죠. 마지막에는 유산으로 먹고살 거란 분위기를 풍겼고요. 그렇게 되면 결국 그로테스크한 성이 모든 것을 파괴한다고 했지만, 완전한 파괴에는 이르지 않은 거죠. 여기서 멈출 거라면, 그냥 사고방식만 좀 바꾸면 되니까 생활도 전혀 망가지지 않은 거 아냐? 하는 생각이 드는데요.

우에노 여기서 나타난 성性에 그로테스크한 부분은 하나도 없어요. 아까 말한 그로테스크라는 말은 성이 그로테스크할 정도의 크기로 다른 모든 생활 영역을 뒤덮는다는 뜻으로 썼던 거고요. 성 자체는 딱히 그로테스크할 게 없죠.《열쇠》도 그렇고《미친 사랑》도 그래요. 이 주인공은 하루 종일 섹스만 생각하는 것처럼 보이죠?

도미오카 의외로 일도 하잖아요.

221 **우에노** 일도 손에 잡히지 않는다는 서술이 있잖아요. 일이 손에 안 잡혀서 회사를 그만뒀다고.

도미오카 한때는 그랬지만 그렇게 심각한 정도는 아니에요.《만》의 남편도 그렇죠. 1년 내내 부인을 여기저기 끌고 다니잖아요. 변호사니까 중산층이죠. 그러니까 작위적으로 별문제 없이 이야기가 진행돼요. 그런 부분이 통속적이라면 통속적이죠.

우에노 하지만 생활을 그린다고 소설이 되는 건 아니니까요.

도미오카 그건 그렇지만, 수많은 다니자키론 중에서, 노마 히로시는 일본의 문학자들이 이키 내지는 스이(粹, 에도시대 서민의 미의식을 나타내는 개념-옮긴이)라는 측면에서만 남녀의 성을 그려왔다고 지적해요.[23]

우에노 뚜렷하게 드러나죠. 이런 남자들에게 성은 타자와의 관계를 의미하지 않아요.

도미오카 맞아요. 미학으로 승화되어, 이키나 스이라는 측면에서는 그려낼 수 있죠. 하지만 인간의 관계론으로서 그리지는 못하는 거예요.

우에노 그렇죠. 관계로 성립되지 않아요.

도미오카 역시 그 부분에 재미를 느끼지 못하는 것 같아요. 관

---

23   이 이키도粹道라는 말은 오늘날의 문학에서는 이미 찾아볼 수 없으며, 이것이 일본문학 속에 그대로 살아 있다고 할 수도 없을 것이다. 하지만 나는 그것이 마치 서유기의 우마왕처럼, 여러 차례 목이 잘리고도 그 머리를 다른 형태로 유지하며 되살아나는 게 아닌가 싶다. 그러한 까닭에 이 점을 충분히 고려하지 않으면, 일본문학에 있어서의 성이라는 문제를 생각할 때 잘못된 사고를 도출하게 되는 건 아닐까. 그것을 하나씩 따라가면, 결국 이키도에 이르게 되는데도, 마치 거기에 더없이 자유롭고 해방된 성이 있는 것처럼 착각하는 것이다.
(노마 히로시, '일본 문학에서의 이키의 문제', 〈사상〉 1956년 9월호.)

계 속에서 인간을 그려내는 재미가 있었으면 좋았을 텐데요. 그러기 전에 《미친 사랑》의 결말 부분처럼 편의주의적으로 마무리되거나, 《만》처럼 죽어버리죠. 그런 걸 보면 고운 기모노 옷자락이 슬쩍 스치고 지나간 느낌이에요. 그걸 찢어버려야 보이는 것도 있지 않을까… 좀 아쉬운 마음이 들죠.

우에노 관계나 관계의 상대가 된 여자는 제대로 그려져 있지 않았지만, 아까 오구라 씨 말대로 남자의 리얼리티는, 예를 들면 성이라는 관념에 농락당하는 남자의 모습은 잘 표현되어 있는 것 같아요. 하지만 《열쇠》의 희화화된 결말을 보면, 농락당한다 해도 자신이 만들어낸 관념에 농락당하는 것뿐이죠.

도미오카 관념소설로 봐야 할까요.

우에노 마스터베이션을 너무 하다가 죽어버린 원숭이(웃음). 그런 느낌이죠.

도미오카 그만큼 손에 잡히는 감각을 문장에 담아낼 수 있는 사람인 거죠. 얄팍한 게 아니라 풍성함이라고 할까, 깊이가 있어요. 그런데 여자가 나오는 순간 모두 카테고리적 인물이 되어버려요. 안타까워요, 더 알고 싶은데.

우에노 여자가 카테고리에서 벗어난 순간 다니자키의 세계는 무너지니까요.

도미오카 그렇겠죠. 하지만 어디 그런 작가가 다니자키 준이치로뿐일까요.

우에노 요시유키 준노스케도 그렇죠.

도미오카 나가이 가후의 작품에 등장하는 여성도, 눈앞에 나타날 것 같은 실재감이 느껴지면서도 바람이 불면 금방 사라질 것처럼 덧없는 느낌이 들죠. 남자들은 그런 게 좋은가?

우에노 그 반대는 어떨까요? 남자를 완전히 카테고리로 환원시켜서 데리고 논다면 재미있을까요? 예를 들면 스모 선수를 좋아하는 여자가 있어요. 그 여자는 대학 교수인데, 인텔리 남자를 혐오하고 스모 선수를 사랑해요. 말수가 적고 그저 거대한 육체만 존재하며 생각을 안 하는 점이 좋다는 거죠. '하아 하아하아…' '지금 기술은?' '무아지경이었습니다' 같은…. 일일이 기술을 생각하면 못 이겨요. 생각하기 전에 결판이 나는 게 스모죠. 그러니 생각하기 전에 섹스가 끝난 느낌?

도미오카 수고하셨습니다!(웃음)

우에노 스모 선수는 사고와 정신의 존재를 느낄 수 없는, 육체로만 환원된 덩치 큰 남자 이미지잖아요.

도미오카 스모 선수는 경기할 때는 요코즈나(프로 스모 리그 '오즈모'의 선수 중 가장 높은 지위-옮긴이)이지만 경기를 마치면 평범한 뚱땡이라고 한 누군가의 말이 떠오르네요.

224

우에노 그리고 용모, 체형, 인격 모두 덩치 큰 아기를 연상시키죠. 그런 메타포가 실현된 존재예요. 대학 교수는 그런 걸 좋아해요. 남자를 카테고리로 환원시키고 상대도 거기에 맞춰

주는데, 말도 없고 스스로 카테고리를 부수지 않는 남자라면, 그건 그거대로 재미있을 것 같아요.

오구라 앞으로는 그런 결혼이 늘어가겠죠. 딱히 스모 선수가 아니더라도.

도미오카 저 역시 소설을 읽으며 화이트칼라 회사원이 아닌 육체노동자에게 성적인 매력을 느껴요. 진정한 지성이란 성적인 매력이기도 하다고 생각하지만요. 그런데 왜 '인텔리' 남성은 성적 매력이 없죠?

우에노 지금 그런 어리석은 질문을 하시는 건가요?(웃음)

오구라 지성 자체가 남자의 내면에 있는 '여성'을 억압하니까요.

도미오카 맞아요. 남자들도 그런 식으로 생각할지도 모르겠네요.

오구라 그러니까 인부 복장에 페티시즘을 느끼는 여성도 있잖아요. 여자가 멋대로 남자라는 관념을 만들어서, 그 유형에 개인을 끼워맞추면 에로틱해지는 거죠. 그러니까 다니자키의 작품이 지나치게 관념적이라고 하는 건 딱히 비판이 아니에요. 관념적이면 어때요? 재미있으면 됐지.

우에노 에로티시즘이 어디에 있냐면, 카테고리와 카테고리 사이에서 성립하는 관계를 세련되게 다듬어온 문화의 정수를 에로티시즘이라고 부르죠.

오구라 맞아요, 전적으로 동의해요.

도미오카 뭔가 이야기가 어려워졌네요. 하지만 그건 남자의 환

225

다니자키 준이치로

상이 세련되게 다듬어온 문화잖아요.

우에노 그런 관점에서 보면 다니자키의 작품은 잘 쓰였어요. 거기에 어설프게 개인이나 자아를 넣는 순간 에로티시즘은 손상되니까요.

도미오카 아, 그렇구나.

오구라 그러니까 이 작가가 1년 내내 섹스에 대해 생각했다는 말은, 침대 속 사정이나 '하우 투 섹스How to sex'가 아니라, 평생 '여자'란 기호의 가장 세련된 내용에 대해 생각했다는 뜻이에요.

도미오카 그 기호를 가장 세련되게 만드는 건 무엇인가? 바로 그것을 원한 거죠.

오구라 에로티시즘이란 여자가 '여자'가 됨으로써 '여자'가 되지 못한 여자의 의식 부분을 죽여버리는 거예요. '여자'에게 요구되는 건 의식의 죽음뿐이에요. 거기에 살아 움직이는 현실의 여자는 없어요. 그러니 최고의 관념소설이 되는 거죠. 미시마 유키오의 작품도 마찬가지고요. 왜 그러면 안 되는 거죠?

도미오카 오구라 씨가 무슨 말을 하는지는 알아요. 잘 알지만, 그것만으로는 성에 안 찬다고요.

우에노 내가 쓰고 싶은 소설은 그런 게 아니다, 도미오카 씨는 그렇게 말하고 싶은 거죠?

도미오카 그렇게까지 대놓고 말하진 않았어요. 우에노 씨는 정말 노골적이라니까.

우에노 아까부터 노골적인 소리만 했으면서. 이제 와서 뭘 겁내는 거죠? 성을 제대로 그리지 않았네, 그렇게 노골적인 소리를 해놓고.

도미오카 음, 뭐라고 해야 할까.

편집부 안전하기 때문이 아닐까요? 뭔가 위험한 듯하지만 기묘한 안전함이 있죠.

오구라 아, 그런 뜻이에요? 이해했어요.

도미오카 하나도 안 무서워요.

편집부 네, 사토 하루오가 다니자키 준이치로는 궁극적으로는 갈등을 피하는 작가라고 했죠.[24] 여자 앞에 무릎 꿇고 마조히

---

24 위악자 준이치로는 이단을 자칭하지만 작품을 봐도, 인물을 봐도 이단의 경향은 거의 찾아볼 수 없다… 모든 사람이 빠질 수 있는 심정적 우울의 에고이즘과 외면적 불구속의 소극적 파탄을, 솔직한 준이치로는 너무나도 자책한 결과 이에 대해 더욱 깊게 생각하기를 피했다. 그리고 성급히 몽롱하게 스스로 시인할 수 없는 일을 자포자기하여 자신을 이단이라 칭하는 귀신의 가면을 쓰게 된 것은 아닐까. / …그 이전에 그의 마음속 신과 악마가 격렬하게 대립한 것이 아니고서야 너무나도 쉽게, 건성으로 '어차피 나는 악한이네'라며 순순히 항복하고 자리에 주저앉을 수는 없을 것이다. 만일 그렇다면 그가 자신의 결점을 독특하고 중대한 부덕이라 오인할 정도의 선인이라는 사실과, 또한 사상적으로는 끈기가 없고 촌스러운 걸 싫어하는 에도 토박이 기질이 있다는 점을 증명하는 것이 아니겠는가.
나는 준이치로가 다른 작가들이 말하기 꺼려하는 심리를 적발하는 모

즘 운운하지만 본인이 상정한 선 바깥으로는 한 발짝도 나가지 않는다고요.

다니자키 준이치로는 여성을 두려워하지 않는 것 같습니다. 요시유키 준노스케는 마음 한구석에서 두려워하기 때문에 여성혐오자라고 지난번에 이야기가 나왔었죠, 예를 들면《모래 위의 식물군》에서 고통을 주고 또 주어도 쾌락으로 환원해버리는 여성에 대한 두려움이라든가 불쾌함에 대해서요. 이처럼 자신의 기대가 배반당하는 것에 대한 혐오와 두려움이 다니자키 준이치로의 여성에게서는 보이지 않아요.

우에노 맞아요. 상황만 보면《모래 위의 식물군》과 비슷해요. 《열쇠》도 그렇죠. 점점 강도를 더해가는 여성의 음욕 속으로 스러지는 남자를 희화화하다가 결국은 죽이잖아요, 고혈압으로. 혈압이 오르도록 꾸민 거죠.

편집부 하지만 다니자키의 경우 그걸 쾌락이라 말해버림으로써 요시유키 준노스케와는 반대로 남자 쪽이 승기를 잡는 것이죠.[25]

228

----- 습은 본 적이 있지만, 그 밖에 복잡한 심리의 묘를 그리거나 설파하는 것은 본 적이 없다. …그리고 심리의 묘란 오히려 해결되지 않는 마음의 움직임에서 비롯되는 재미이다. 심리 묘사가 적은 작가는 회의적이지도, 내면적이지도 않고 자신에게 집착하는 습관이 적은 사람이리라. (사토 하루오, '준이치로. 인물과 예술', 〈가이조〉 1927년 3월호.)

25   다니자키만큼 패자라는 말에 얽힌 일본적인 센티멘털리즘이나 습기

우에노 마초이즘의 양상으로 보면 요시유키 쪽이 구질구질하죠. 다니자키는 기쁘게 멸망을 받아들일 정도로 마초이즘이 강한 거고요.

오구라 전적으로 동의해요.

우에노 에도적인 성애 문화가 어디에 도달하느냐, 애욕 속에서 스러지는 게 스이의 극치잖아요. 여자가 아니라 자신의 관념에 의해 스스로 스러지는 거니까요. 그러니 마스터베이션을 과도하게 하다가 죽는 수컷 원숭이가 느끼는 희열과도 통하죠.

도미오카 그럼 이 작가에게 여성이란 뭘까요?

우에노 마스터베이션의 도구죠. 쾌락 장치. 거대한 구멍이 뚫린 어둠으로 존재하는 거예요.

도미오카 거대한!(웃음)

----- 와 무관한 사람은 없다. 패배라는 것이 그의 관능의 태양이었기에, 《문신》에서는 여자의 등에 새겨진 문신이 아침 햇살을 받아 반짝이는 것에 무릎 꿇었을 때부터, 그의 행복한 패배의 독창성이 시작되었다. 그때 그는 예술가라는 사실, 특히 일본에서 예술가로 살아가는 것의 비밀을 푸는 열쇠를 발견했다 해도 좋다. 속세와의 싸움, 정치와의 싸움, 예술 이외의 모든 것들과의 싸움에, 관능의 싸움에서의 패배의 비밀스러운 승리를 끼워 맞춰 부연함으로써 그는 역설적으로도 절대로 패배하지 않는 예술가가 되었다. (미시마 유키오, '다니자키 문학의 세계', 〈아사히신문〉 1965년 7월 31일)

→

다니자키 준이치로

마조히즘적 인격,
반증으로서의 승리

편집부 《만》은 어떻게 읽으셨어요? 처음에 《만》의 결말에 대해 언급하셨는데, 어떤 느낌을 받으셨는지 궁금해요.

우에노 결말부에서 갑자기 전개가 빨라졌죠.

도미오카 급작스러운 결말이랄까.

오구라 데굴데굴 언덕길을 굴러 내려오듯.

우에노 설명도 없이.

오구라 기승전전.

우에노 미쓰코라는 인물이 죽었다고 해서, 레즈비언 동반자살인 줄 알았어요. 그런데 다시 살아나서 이야기가 계속되니 이게 뭔가 싶었죠. 전반에는 세세한 디테일을 꼼꼼하게 서술하더니, 후반에 들어서자 정신없이 급하게 결말로 돌입하죠.[26]

230

26   때문에 준이치로의 가장 자연스러운 문체를 알고 싶으면, 《오사이와 미노스케》의 결말이나 《십오야 이야기》의 결말을 50페이지씩 들여다 보면 된다. …일단 긴장이 풀어지면 가장 중요한 섬세함이 요구되는 클라이맥스에서도 그는 자신의 의무를 잊고 야성으로 돌아가 건성인 필치로 태연하게 결말을 지어 명작을 망쳐버린다. 급하게 썼다 해도 결코 난해하거나 난잡하지는 않지만, 대신 엄청나게 거칠게 결말을 짓

오구라 쓰기 귀찮았던 걸까요. 조울증 때문에.

도미오카 하지만 《만》에서 그려진 여성 간의 성관계와 동성애를 쓰고 싶다는 생각은 어디서 온 걸까요? 왜 여성 간의 관계를 이토록 집요하게 그린 거죠? 진정 여자들의 애정을 그리고 싶었던 걸까요? 왠지 아닐 것 같다는 의심이 들어요.

오구라 남성 작가는 레즈비언에 집착하잖아요.

도미오카 하지만 이 경우 너무 또렷하게, 전면적으로 그리고 있잖아요.

우에노 좀 설정이 부자연스러운 부분도 있지만, 만일 삼각관계가 테마라면, 남자-여자-남자가 아니라 여자-여자-남자의 구도로 그려내고 싶다는 일종의 사고실험적 발상도 있었겠죠. 예를 들면 미쓰코의 나르시시즘을 이런 식으로 표현하잖아요. '이성에게 숭배받는 것보다 동성에게 숭배받을 때 가장 우쭐해진다. 남자가 여자를 보고 아름답다고 생각하는 건 당연지사지만, 여자가 여자를 유혹할 수 있다고 생각하면 내 아름다움이 그 정도인가 싶어서 기쁘기 그지없다.' 동성에게 숭배받는 게 여자로서의 가치를 드높인다는, 일종의 페티시즘이 있었던 게 아닐까요. 게다가 남자-여자-남자라면 남자 둘은 함께할 수 없지만, 여자-여자-남자라면 서로 경쟁 관계가 아

231

----- 는다. (사토 하루오, 출처는 주24와 같음)

다니자키 준이치로 →

닌, 대상을 숭배하는 마음을 공유하는 '공범적 삼각관계'가 성립하니까요. 삼각관계란 어느 항이 없으면 절대로 성립하지 않는 필연성을 내포하고 있잖아요.

도미오카 삼각관계의 극치를 그려내는 데 여성의 동성애가 꼭 필요했던 것이로군요.

우에노 그렇게 추측할 수 있죠. 남자-여자-남자였다면 반드시 하나의 항을 배제해야 하지만, 여자-여자-남자라면 삼각형이 공존할 수 있죠.

오구라 하지만, 남자-여자-남자라 해도 남자가 호모라면 성립하잖아요.

우에노 그렇죠. 하지만 다니자키에게는 호모라는 관념이 없었어요. 그에게는 남자를 숭배하는 성향이 없었죠.

오구라 역시, 요시유키처럼 호모포비아(Homophobia, 동성애 공포-옮긴이)예요. 여자는 타자, 즉 객체니까 무슨 짓을 해도 상관없지만, 남자가 그런 짓을 하면 내면의 윤리 구조, 즉 퓨즈가 나가버리는 거죠(웃음).

도미오카 호모라는 생각만 해도 나가버리다니!

우에노 남자 둘이, 꼭 호모가 아니더라도, 형제애를 가진 남자끼리 여자를 사이에 두고 이등변삼각형 구도를 형성하는 건 프랑스 감독 프랑수아 트뤼포의 영화 〈쥘과 짐〉에서도 찾아볼 수 있어요. 하지만 다니자키는 아마 호모라는 생각은 하지도 못했을 거예요.

오구라 최고의 에로스를 체현하기 위해서는 《미친 사랑》에서
그랬듯 어모럴(amoral, 도덕성이 없는, 비도덕적인)한 인격이
필요하죠. 다니자키는 남자의 어모럴은 용납하지 못하는 것
같아요.

우에노 하지만 이 작가는 여러 차례 자신이 어쩌면 페도필리
아, 즉 소아성애일지도 모른다고 말하고 있어요.

오구라 이 소설에서요?

우에노 연구서에 다니자키 본인이 그렇게 말했다고 쓰여 있던
데요. 이 사람의 성애란 자기보다 아래인 존재에 대한, 애완동
물에 대한 사랑이에요. 소년과 여자. 절대적으로 낙차가 존재
하는 사랑. 때문에 페도필리아까지는 성립해도 호모는 성립
할 수 없죠.

도미오카 남자 대 남자는 성립하지 않는다?

오구라 임모럴(immoral, 도덕 관념이 존재하지만 타락한 상태)은
인정해도 어모럴은 두려운 거구나.

우에노 사랑이 자신과 같은 인격을 가진 사람과의 관계에서 성
립하는 것이라 생각하지 않은 게 아닐까요.

오구라 《미친 사랑》에서 그랬던 것처럼 이 소설이 마조히즘을
그린다는 스테레오타입의 분석이 오래도록 존재했는데, 막상
읽어보니 전혀 찾아볼 수 없었어요. 외도하는 부인을 둔 남자

233

다니자키 준이치로

가 나오긴 하지만, 마조히즘이라뇨? 요컨대 여기서 나타나는 건 '성적 마조히즘'이 아니라 '마조히즘적 인격'이에요. 이 둘은 전혀 다릅니다. 그러니까 지금 '남자 대 남자'처럼 대등하게 인간적 관계를 맺지 못하는 건 이 작가 내면에 마조히즘적 인격의 원인이 되는 무력감이랄까, 열등감이 과도하게 존재하는데, 그걸 보이지 않게 하기 위해 만들어진 것 같아요. 물론 요시유키처럼 잘 보이지는 않지만요.

편집부 《만》에 레즈비어니즘이 등장하는 이유에 대해서는 아까 우에노 씨가 말씀하신 이유 말고도, 삽입의 문제도 관련되어 있다고 보입니다. 다니자키는 섹슈얼리티를 그리면서도, 삽입에 관한 이야기는 거의 하지 않았어요. 물론 구체적인 섹스 장면이 없어서일지도 모르지만, 이를테면 《미친 노인의 일기》에서는 다리에 대한 집착이 강조되어 있어요. 《만》에서도 처음에는 여자 둘과 성불구자인 남자의 관계로 시작해 모두가 삽입 불가능한 존재죠. 그러다 결국 삽입할 수 있는 유일한 남자인 남편이 등장하는 부분은 아주 쉽게 생략되고요. 그렇게 생각하면, 삽입하지 않는 애정 같은 것을 고집스레 쓰고 싶었던 게 아닌가 싶기도 합니다.

234

우에노 《만》 마지막 부분에서 미쓰코가 소노코의 남편과 실제로 관계를 가졌을 때, '미쓰코 씨는 진짜 남자를 처음으로 알게 된 것'이라고 하는 건, 삽입을 노골적으로 의미하고 있지 않나요? 그리고 《열쇠》에서도 남편이 망상의 도움을 받아 아내를 몽롱한 상태에서 범할 때, 아내가 남편의 것에는 느끼지 못하던 충실감, 일찍이 느끼지 못했던 충실감이 솟아오르며, 자신의 질에서 그런 감각을 느꼈다는 식으로 서술하고 있죠. 남편의 물건이 그 정도였으면 좋았을 거라 말하잖아요.

편집부 하지만 왠지 삽입을 별로 좋아하지 않는 사람 같다는 생각이 들어요. 왜 처음 등장하는 남성 인물을 성불구자로 설정해야만 했는지, 조금 더 생각해봐야 할 것 같습니다.

오구라 남자는 전희 단계에서 아무리 여자에게 서비스하더라도 마지막에는 삽입을 통해 지배욕을 채움으로써 본전을 뽑을 수 있으니까. 한마디로, 궁극적으로 본전을 뽑지 못하는 섹스를 하는 남자는 완벽히 마조히스트죠.

우에노 아하하. 명쾌한 정의네요.

오구라 거기에 노멀한 남녀의 섹스 이상의 에로티시즘을 찾는 건 당연하죠. 그건 여자와 여자도 마찬가지고요.

도미오카 그렇군요.

편집부 그렇다고 해서 와타누키에게서 최상의 에로티시즘을 찾고 있냐고 하면, 《만》에는 그렇게 쓰여 있지 않죠.

우에노 《만》은 네 가지 구성 요소니까 남자 둘에 여자 둘이지만, 두 종류의 삼각형이 다른 버전으로 반복되고 있죠. 처음 삼각형에서는 미쓰코를 사이에 두고 소노코와 와타누키가 의 형제를 맺죠. 그런 관계가 유지될 수 있는 하나의 근거는, 남자가 여자를 범하지 않기 때문이에요. 이성애가 결정적인 승리를 점할 수 없는 장치가 마련되어 있죠. 때문에 다음 삼각형에 소노코의 남편이 말려들어 남편과 미쓰코 사이에 이성애가 성립하자 이번에는 여주인공이 의심에 번민하죠. 요컨대 자기 남편이 미쓰코와 실제로 관계를 가졌어요. 그렇게 되면 '미쓰코 씨는 처음으로 진짜 남자를 알게 되었다'라는 서술처럼, 자기 남편 쪽으로 가버리는 게 아닐까. 여성간의 사랑, 그 숭고함은 이성애 앞에서는 한 줌 거리도 안 되는 게 아닐까. 그렇게 되면 성불구자인 와타누키와의 관계에서 유지되고 있던 균형이 깨지죠. 한마디로 주인공 소노코는 이성애 신화를 내면화하고 있기 때문에 동반자살할 수 없는 거예요. 같은 의혹을 미쓰코도 품고 있고, 절망적일 정도로 독기 어린 노력이 수면제에 나타나 있죠. 미쓰코는 두 사람 다 잠든 걸 확인하고 나서가 아니면 집에 못 가요. 서로가 서로를 견제하는 이 상태는 결국 파국을 향해 끌려갑니다. 이성애가 불완전한 첫 번째 삼각형은 지속될 수 있지만, 두 번째 삼각형은 지속될 수 없으니까요. 그런 이유로 삼각관계의 버전을 두 가지로 설정한 거라 생각해요.

도미오카 와타누키가 평범한 남자였다면 처음부터 의혹이 필요하니까요.

오구라 성관계뿐일까요. 혼인신고를 한 부부와 혼인신고를 할 수 없는 여자. 그러니까 가족제도와도 관련이 있지 않을까요? 호칭을 바꾸는 장면도 있잖아요. '여보'나 '소노코'라고 부르지 않고, 아무개 씨, 아무개 씨, 하고 서로 부르게 하는.

우에노 그건 아니죠. 작중에서 법적 부부인 소노코가 살아남은 이유로, 동성의 사랑보다 이성의 사랑이 강해서 자기 혼자 방해물이 되는 게 아닐까 하는 의혹 때문에 수치스럽지만 혼자 살아남는 길을 택했다는 식으로 서술하고 있죠. 이성의 사랑과 동성의 사랑이 균형을 맞추려면 엄청난 긴장감이 필요해요. 첫 번째 삼각형에서는 와타누키가 성불구자라는 사실에 의지해 그 긴장감이 간신히 유지되지만, 두 번째 삼각형에서 성관계가 시작되자 깨져버린 거예요.

오구라 하지만 소노코 자신이 이미 미쓰코 이전에 이성애와 동성애를 양립시킨 인물이죠? 남편이 있고, 그녀 안에서는 저울 한쪽에 올려두고 있었다…

우에노 여기서는 소노코가 삼각형의 중심이 아니니까요. 어디까지나 미쓰코가 중심이죠.

오구라 만일 여자 셋이었다면 언제까지나 계속되는 거군요, 안 죽고.

우에노 그럴지도 모르죠.

오구라 그편이 더 우울한 싸움 같은데요.

우에노 등장인물들이 다들 음험하게 의심에 사로잡혀 있어서 읽으면 기분이 나빠지는 소설이에요. 와타누키처럼 음험한 남자와 밀고 당기다 보면 성격 또한 점점 음험해지는 게 아닐까, 주인공도 그렇게 말하고요.[27] 그건 《미친 노인의 일기》에도 나와요. 의심 많은 데다 성격이 나쁘고 음험해서 세세하게 신경 쓸 구석이 많은 사람과 사귀는 동안 애초에 올곧은 사람도 그렇게 되어버리는 현상이 다니자키의 작품에 자주 등장하는데, 분명 그의 경험담일 거예요. 다니자키 본인이 주변 사람들을 그렇게 만들지 않았을까요. 이 사람, 속이 검은 계략적인 사람이잖아요.

오구라 그러니까, 다니자키가 와타누키라고요?

우에노 그렇죠. 《열쇠》에서도 아내는 남편이 읽을 것을 전제하

---

27 그야 뭐, 자신이 얼마나 숭배받는지 시험해보고 그걸 즐기는 심리가 전부터 미쓰코 씨에게 있기는 했지만, 그토록 극단적으로 히스테리를 부리듯 말을 꺼낸 데에는 뭔가 다른 이유가 있는 게 틀림없죠. 아마 와타누키에게 감화된 게 아닌가 싶은데… 옛이야기에 종종 사령이나 생령에 씐 사람이 나오잖아요. 미쓰코 씨는 꼭 와타누키의 원념에 씐 것처럼 날로 거칠어져서, 온몸의 털이 바짝 서는 느낌이 들었죠. 미쓰코 씨만 그런 게 아니라, 비상식적인 구석이라고는 하나도 없는 건전한 남편까지, 어느샌가 혼이 뒤바뀐 것처럼 여자처럼 비아냥거리기도 하고, 멋대로 상상해 추궁하지를 않나, 창백한 얼굴로 소름 끼치는 미소를 지으며 미쓰코 씨의 비위를 맞췄어요. 그때의 말투나 표정, 음험하고 비겁한 태도를 가만히 관찰해보면, 목소리부터 눈빛까지 와타누키를 그대로 옮겨놓은 것 같았습니다.

238

고 일기를 쓰는데, 남편은 읽지 않았다고 주장해요. 이 이중, 삼중 구조의 복잡함이라는 게 바로 다니자키의 성격을 나타내는데, 이 같은 계략에 넘어가 농락당하는 사람이 있고, 그 사람이 자기와의 관계 속에서 점점 음험한 성격의 소유자가 되어간다는 건 본인의 실제 체험에 가까울 거예요. 미쓰코도 원래는 그런 사람이 아니었는데 와타누키의 음험한 성격 때문에 의심 많고 계략적인 성격이 되어버렸다고 적혀 있죠.

편집부 아까 오구라 씨가 말씀하신, 열등감에서 비롯된 마조히즘적 인격인가요?

오구라 이 사람은 남자와 여자를 서양 대 일본, 혹은 도쿄 대 오사카의 메타포로 그리고 있어요. 남자이며 도쿄 출신인 자신은 그 반대편에 서서 여성을 숭배하고 간사이 지방으로 이주하죠. 이 사람은 자신의 자아를 남성적인, 우뚝 선 것으로 만들지 못했어요. 만들지 못했다기보다, 만들고 싶지 않았달까. 끈적끈적 녹아내린 것이야말로 궁극적으로는 일본적인 것이며, 그걸로 서양에 이길 수 있다고. 요컨대 일본인은 서양에 대해 콤플렉스를 가지고 있다고 하면서도, 결국 나오미가 조지를 완전히 통제했듯 우리가 이기게 되어 있다! 하는 느낌. 그런 식으로 독해하면 요시유키와는 전혀 다른 재미가 느껴지죠.

도미오카 제가 다소 풍자적이라고 했던 것도 같은 의미에서였어요. 그렇게 읽었을 때 다른 재미를 느낄 수 있지만, 마조히즘이나 페티시즘 같은 걸 기대하고 다시 읽으면 맥이 빠진달까, 재미가 없죠. 관념소설로서는 재미있지만 역시 에로스라는 관념을 정확하게 소설로 만들어냈으니까요.

윤리의식이 결여된 세계의 성애

도미오카 그런 의미에서 다니자키 준이치로의 소설은 아직 낡았다고 할 수 없죠? 아우라는 퇴색되지 않았으니.

우에노 다니자키의 작품이 풍화되지 않았다면, 그 이유로 두 가지를 들 수 있을 겁니다. 첫째, 로망주의적인 여성관의 고전 도식을 훌륭하게 정석대로 그려냈다는 점. 우리가 아직 로망주의적인 여성관의 틀에서 벗어나지 못했다는 게 문제죠. 또 하나는 다니자키의 세계에 서구적인 윤리관이 전혀 없다는 점에서, 일본의 통속성에 호소하는 측면이 있다는 것. 성애의 늪에 선악은 없으니까요.

도미오카 그럴지도 모르겠네요. 극작가 '하세가와 신'의 연극이 시대를 초월해 퇴색되지 않는 것과 흡사한 측면이 있어요.

우에노 재미있는 건, 성이라는 주제를 다룰 때, 유럽적인 시추에이션에서는 초월적인 것과의 사이에 반드시 심리적인 갈등이 발생한다, 한마디로 죄책감이나 자아의 분열이 생길 법도 한데, 여기서 갈등은 자아 속에서가 아니라 자아 밖에서만 발생한다는 거예요. 거기에 내면적인 윤리의식이 전혀 개입하지 않는 것이 상당히 일본적이라고 생각하거든요. 윤리의식이 전혀 개입하지 않는 곳에 미련이나 연모가 존재한다면 남자는 이렇게 되어버리는 게 아닐까. 나오미가 구마타니와 다른 두 남자를 데려와 장막 안에서 넷이 함께 자는 장면이 있었 잖아요. 그녀가 다른 남자들을 도발하는데 조지는 아무런 저항도 하지 못하고 그 속에서 하룻밤을 보내요. 윤리가 없는, 그저 집착만이 존재하는 세상의 모습을, 그 진흙탕 같은 관계의 양상을 잘 묘사했다고 생각했어요. 윤리의식이 없는 애욕의 세계라는 느낌이죠. 윤리의식이 있으면 반드시 내면의 갈등이 발생해요. 이 작품에는 외면적인 갈등은 있어도 내면의 갈등은 없어요. 그래서 심리 소설이 될 수 없죠, 내면의 드라마가 결여되어 있으니까. 그런데 왜 뛰어나다고 평가하는가? 《미친 사랑》은 심리소설이 아니고, 심리소설이 아니라서 뛰어난 거예요. 외면적인 것만 썼거든요. 나오미가 어떻게 했다, 그걸 보고 나는 어떻게 했다, 하는 식으로요.

241

다니자키 준이치로

도미오카 이 소설만 그런 건 아니잖아요.

우에노 네. 만일 초월성이라는 게 존재한다면, 리얼리티와 리얼리티를 초월한 것들 사이에서 대화가 시작되죠. 하지만 여기에는 그러한 심리극이 없어요.

도미오카 그런 의미에서는 전통적이죠.

우에노 맞아요. 일본이죠. 이런 게 일본이에요! 초월성의 결여, 어모럴한 세계. 이러한 진흙탕적 리얼리티에 대한 묘사는 뛰어나요. 《만》에서 찾아볼 수 있는 것도 이른바 심리극적 의미의 갈등은 아니죠. 제3자에 대한 의심은 존재하지만 자기 내면의 갈등은 없고, 이 기묘한 상황에 주인공들을 몰아넣은 건 오로지 체면이에요. 체면이라는 건 흥미롭죠. 미쓰코가 와타누키와의 관계를 공공연히 드러내지 못하니까요.

도미오카 체면이라는 건, 당시의 가족제도가 너무나도 견고했기 때문에?

우에노 넓은 의미로는 가족제도겠지만, 예를 들자면 《만》의 경우 미쓰코는 미혼 여성이잖아요. 그리고 소노코와 남편의 경우 아내를 잘 단속하지 못한 남편이 되죠. 그런 입장이 아니었다면 딱히 무슨 짓을 해도 상관없죠. 알려지지만 않으면 무슨 짓을 해도 상관없다는 건 너무나도 일본적이죠. 내면적인 윤리가 없고 체면에 대한 배려만 있으니까요.

242

〈연애와 색정〉[28]이라는 다니자키의 에세이가 있는데, 거기서 감탄한 구절이 있어요. '사람들은 《겐지 이야기》 이하 고전 소설에 나타나는 부인의 성격이 모두 비슷해서 개성이 없다는 점을 비판하지만, 옛날 남자들은 부인의 개성을 사랑한 게 아니며, 특정한 여성의 외모적, 육체적인 아름다움에 끌린 것도 아니다. 달이 항상 같은 달이듯 그들에게는 '여성'도 영원히 유일한 '여성'이었기 때문이겠지.' 한마디로 카테고리로서의 총체적인 여성이죠. '그들은 어둠 속에서 희미한 목소리를 듣고, 비단옷의 내음을 맡으며, 머리카락을 쓸고, 고운 살결을 더듬으며, 날이 밝으면 어딘가로 사라져버릴 그러한 것을 여자라고 생각했던 것이리라.' 이 말에 공감해요. 여자를 개체로 식별할 필요가 없는 거죠.

도미오카 식별하지도 못하잖아요.

우에노 카테고리로서의 여자에 한 여자가 녹아드는 거죠. 그 사람의 살결이나 순간의 육체성이 있을 뿐이고.

도미오카 애초에 이 사람은 음영을 좋아하잖아요.

우에노 커튼 너머에 어둠이 있고, 그 커튼 곳곳에 구멍이 뚫려 있죠. 거기 달라붙어서 열심히 성기를 넣고 있는 이미지랄까요. 그 어둠 속에는 카테고리로서의 여자가 녹아 있고, 어떤

---

28   다니자키 준이치로, 〈연애와 색정〉, 1931년.

여자든 별다른 차이는 없죠. 저마다 잔향이 조금 다를 뿐. 그런 느낌 아닌가요? 어둠을 안고 있는…

도미오카 하지만 그런 감각은 정도의 차이만 있을 뿐, 이 시대 이전 사람들은 모두 갖고 있지 않았나요?

우에노 그렇겠죠.

도미오카 오히려 이 사람은 그걸 의식했기에 이런 소설을 쓸 수 있었겠죠.

男流文学論

요시유키
치마오
타니자키
고지마
무라카미
미시마

준노스케
토시오
준이치로
노부오
하루키
유키오

고지마 노부오
小島信夫

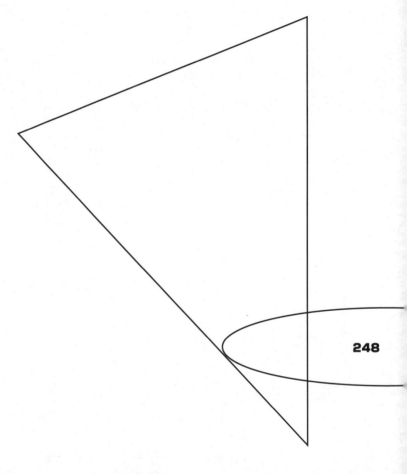

포옹가족

1915년 기후현에서 태어났다. 도쿄제국대학 문학부 영문과를 졸업하고 이듬해에 징집되어 중국 동북부 지방으로 파병되었다. 약 5년 동안 군 생활을 한 후 제대해 교사가 되었다. 1952년에 발표한 《소총》이 아쿠타가와상 후보에 오른 후 여러 차례 후보에 오른 끝에 1955년 《아메리칸 스쿨》로 아쿠타가와상을 수상했다. '제3의 신인'으로 불리는 작가 중 한 명이다. 1957년부터 1년간 록펠러 재단의 초빙을 받아 미국에서 체류했다. 1961년 아내가 유방암 진단을 받았고, 결국 폐로 전이되어 1963년 아내를 잃고 이듬해 재혼했다. 이 같은 사정을 소재로 1965년에 발표한 《포옹가족》으로 문단에서의 지위를 공고히 다졌다. 이듬해 제1회 다니자키 준이치로상을 수상했다. 그 후, 1968년부터 연재한 《헤어질 이유》가 장장 13년에 걸쳐 1981년에 완결(노마문예상 수상)되었는데, '종래의 평가 기준으로는 가늠할 수 없는 소설'이라며 평론가들을 놀라게 했다. 1981년 《나의 작가편력》(1-3)으로 일본문학대상을 수상했으며, 단행본 《미노》도 발표했다. 이때 작가의 나이 예순여섯 살이었다. 1985년, 30년간 몸담았던 메이지대학 교수직을 정년퇴직했다. 여든이 넘어서까지 왕성하게 활동했으며, 2006년 10월 26일 향년 91세에 폐렴으로 사망했다. 40여 편의 소설과 2편의 희곡, 18편의 수필 및 평론집을 펴냈다. 사망 후 그의 업적을 기리는 '고지마 노부오 문학상'이 제정되었다.

고지마 노부오

포옹가족

抱擁家族

'미와 슌스케는 언제나처럼 생각했다. 가정부 미치요가 오고 부터 이 집이 더러워졌다고.'

대학 강사이자 번역가인 주인공 '미와 슌스케'는 가정부 '미치요'에게 그때까지 종종 집에 묵었던 미국인 청년 '조지'와 아내 '도키코'가 불륜을 저지르고 있다는 이야기를 듣는다. 슌스케는 아내와 조지를 추궁하려 하지만, 오히려 아내에게 반격당하고, 청년에게는 '책임? 누구에게 책임을 느끼라는 겁니까? 나는 부모님과 내 나라에 대해서만 책임을 느낍니다'라는 대답을 듣는다. 슌스케는 '고 백 홈 양키Go back home Yankee'라고 내뱉을 뿐이었다.

미치요를 해고하고 집을 다시 지어야 한다고 생각한 슌스케는 새 가정부를 들이고 오다큐 노선에 세련된 집을 짓는 데 몰두한다. 하지만 얼마 지나지 않아 도키코가 유방암 진단을 받는다. 하지만 검사며 수술도 슌스케와는 상관없이 어느새 진행되었다. 그는 퇴원한 아내를 방과 방이 분리되어 있고 커다란 거실이 있으며 냉난방이 완비되고 꽃으로 둘러싸인 유리 집에서 맞이한다. 하지만 이내 화장실과 부엌에서 생각지도 못한 소음이 발생하고 물이 새는 등 새집은 가족을 힘들게 한 다. 한편 장남은 젊은 가정부와 관계를 맺고, 도키코는 암이 재발해 입원과 수술을 반복하게 된다.

그러던 중 조지를 새집에 초대해 식사를 하고, 슌스케는 치료 를 위해 남성 호르몬을 투약한 탓에 수염이 짙어진 도키코와 병상에서 섹스를 하지만, 그때 아내는 이제껏 보지 못했던 반 응을 보인다. 이내 도키코의 증상이 악화되고, 병원에서 전화 가 걸려온 지 10분 만에 홀로 세상을 떠난다.

도키코가 세상을 떠난 뒤, 슌스케는 다시 미치요를 가정부로 고용한다. 친구인 야마기시를 집에 들이고 나중에는 장남의 친구까지 들이지만 해체되기 시작한 가족의 붕괴를 막을 수 는 없었다. 슌스케는 입원 중이던 도키코에게 잠옷을 사준 백 화점 직원과 아내를 돌봐준 간호사에게 분별없이 치근대며 스스로도 영문을 알 수 없는 유혹의 말을 내뱉는다. 장녀는 아 버지의 재혼에 반대했지만, 슌스케는 가족회의를 열어 재혼 에 대한 동의를 얻고, 여기저기 연락해 소개를 부탁하고 선도 본다. 하지만 자기 집 사정만 중요시하는 슌스케의 태도는 주 변의 빈축을 사고 만다. 선을 본 상대에게 거절당한 날 밤, 슌 스케가 숨 쉬기 괴로워서 눈을 뜨자 침대 옆에 미치요가 잠옷

차림으로 서 있었다. 거절의 뜻을 밝히는 슌스케에게 미치요
는 장남이 가출했다고 알린다.

1961년 봄, 장편 《언젠가 다시 미소를》이라는 제목으로 집필
되었으나(이해에 아내 기요가 유방암 수술을 받고, 고지마는 새집
을 짓기 시작한다) 미완으로 방치되었다. 아내의 죽음과 재혼
을 겪고 4년 뒤인 1965년 7월 잡지 〈군조〉에 게재되었다. 이듬
해 제1회 다니자키 준이치로상을 수상한다.

'미국'이라는
기호 없이

우에노 《포옹가족》은 에토 준의 《성숙과 상실-'어머니'의 붕괴》를 빼놓고 말할 수 없죠. 저는 에토 준의 《성숙과 상실》을 통해 고지마 노부오를 읽었어요. 가와모토 사부로의 호평이 없었다면 무라카미 하루키가 그만큼 유명해질 수 없었을 거라 생각하는 것처럼, 에토가 이토록 호평하지 않았다면 고지마 노부오의 《포옹가족》 역시 전후 문학사상의 금자탑이 되지 못했을지 몰라요. 처음에 《성숙과 상실》을 읽었을 때는 정말이지 눈물 없이 페이지를 넘길 수 없었어요.

도미오카 그 정도예요?

오구라 대체 그 눈물의 의미는 뭔가요?

우에노 그 글을 쓰지 않을 수 없었던 에토의 절실함이 뼈저리게 전해지거든요.

253

도미오카 이 작품의 중요한 테마 중 하나는 미국이죠. 또 하나는 가족이고. 그리고 별로 쓰고 싶지 않은 단어지만 간통. 역시 이 소설에서 미국은 중요한 문제예요. 그렇지 않나요?

우에노 《아메리칸 스쿨》 같은 고지마 노부오의 과거 작품에는 들어맞겠지만, 이 작품에서는 부부관계의 보편성이 조금 더 존재하는 것 같은데요.

도미오카 혹시 이 작품에서 불륜 상대가 평범한 일본인 월급쟁이라면 어땠을까요? 분위기가 전혀 달라지지 않을까요?

우에노 작품의 배경을 1980년대로 옮겨서 TV 프로그램에 나올 것 같은 오다큐 노선에 자리한 세련된 주택에 사는 '긴쓰마'[1]로 설정한다 해도 부부와 가족, 간통이라는 문제에 대해서는 같은 상황이 성립하죠. 미국이라는 요소를 제외하더라도요.

도미오카 지금이라면 그렇겠죠. 하지만 이 작품이 발표된 1960년대에 아내의 불륜 상대가 미국인이 아니라 일본인이었다면?

우에노 당시 스무 살이었어서 거기까지는 생각 못 했네요.

도미오카 아하하하.

우에노 그리고 또 하나는, 제 성장 과정에는 점령 체험이나 그 잔재가 없었어요. 호쿠리쿠의 소도시에는 기지나 미군, GI 같

---

1   1983년부터 1985년까지 TBS에서 3부까지 방영된 인기 드라마 〈금요일의 아내들에게〉의 등장인물. 네 여성을 중심으로, 각각의 '불륜' 스토리를 그려내 엄청난 인기를 얻었다. 파티오(안뜰)가 있는 집으로 대표되는 라이프 스타일에 대한 동경과 함께, 여성 시청자들 사이에서 일약 '불륜붐'을 일으켰다. 긴쓰마는 한때 외도하는 기혼 여성의 대명사로 통했다.

은 게 없었거든요. 저에겐 '기브 미 추잉껌!' 하고 외쳤던 유년기의 체험이 없어요. 무라카미 류는 저와 같은 세대이지만 그의 성장과정에는 미군 기지의 그늘이 짙게 드리워 있죠. 저는 그게 없어요.

도미오카 미국에 대한 체험에는 세대차도 있지만, 개인차도 분명히 있죠. 하지만 저 역시 조지의 존재에 충격받았어요.

우에노 어떤 충격요? 미국에게 범해지는 일본이라는?

도미오카 뭐라고 해야 좋을까요. 일본 여성이 미국 남자에게, 이 경우 강간은 아니지만, 이 남자 주인공처럼 '당한다'고 해야 하나. 일본만 그런 건 아니지만, 어떤 싸움이든 전쟁에 진 쪽이 여자를 빼앗기니까.

우에노 하지만 이건 여성이 합의하에 받아들인 거잖아요.

도미오카 그건 알지만, 어딘지 강간 같은 느낌이 들어요.

우에노 패전에 대해서도, 일본이라는 나라가 진 게 아니라 일본 남자가 졌다는 식으로 생각할 수 있죠. 그런 식으로 생각할 수는 없나요? 《성숙과 상실》에서도 여자는 정조가 없어서 강한 쪽에 붙는다고 썼죠. 강한 쪽, 아름다운 쪽, 동경의 대상인 근대를 자신의 태내에 들인다고 말해요. '하지만 그렇더라도 도키코가 이토록 '근대'에 홀리지 않았더라면, 제 손으로 조지라는 '근대'를 '집'에 들이고, 자신의 태내에까지 '끌어들이려' 했을 리 없다. 그것은 '근대'를 제 안에 소유하고 싶다는 욕구

255

고지마 노부오

의 표현이며, 다르게 보면 결코 '근대'에 도달할 수 없는 자신을 처벌하는 제의라 해도 좋으리라.'

도미오카 그렇게 단순한 논리는 아닐 것 같은데.

우에노 전후에 GI에게 붙어 팡팡(점령기 일본에서 미군을 상대로 성매매를 했던 여성들을 부르는 말-옮긴이)으로 살았던 사람이나, 애인이 되었던 사람이나, 경우에 따라 전쟁 신부가 되었던 사람들은 전쟁에 진 일본 남자를 버리고, 이른바 남자의 싸움에서 승리한 강한 남자에게로 돌아선 거라고 해석할 수 있죠. 여자는 국가에 귀속되지 않아요. 그 전쟁은 일본 남자와 미국 남자의 전쟁이었을 뿐이다. 그렇게 생각할 수는 없나요?

도미오카 음, '생각할 수는 없나요?'라고 묻는다면, 아니라고 대답할 수밖에 없겠네요.

우에노 야마다 에이미가 등장했을 때 어떻게 읽으셨어요? 미국 남자에게 당하는 일본 여자?

도미오카 그렇게 생각하진 않았어요. 하지만 야마다 에이미의 결혼식이나 가족사진이 잡지 〈클레어〉에 실렸잖아요.[2] 그걸 보고 시대가 바뀌었다는 생각에 뭔가 감개무량해졌어요. 몇 번이나 봤죠.

우에노 감개무량해진 이유는 무엇인가요?

---

2   〈클레어〉 1990년 6월호.

도미오카 결혼 상대가 요코타 기지에 근무하는 사람이었죠. 결혼식을 미국에서 했는데, 상대 가족들이 '웰컴 투 마이 패밀리'라고 말했대요. 사진 속 야마다와 가족들은 무척 즐거워 보였어요. 게다가 야마다 에이미는 자기표현을 할 수 있도록 교육받은 여성이잖아요.

우에노 그 사진을 보고, 분명 전쟁 신부도 이런 식으로 '웰컴 투 마이 패밀리'라는 말을 들었겠구나, 그런 생각은 들지 않았나요?

도미오카 아뇨. 배척당한 사람도 많으니까요. 에나리 쓰네오의 《신부의 미국》[3]을 봐요. 그리고 케이트 밀렛[4]이 일본인과 결혼했죠. 그전에 일본에 2, 3년 살기도 했고요. 그때 그러더군요. 일본 남자들이 자기한테는 잘난 척하지 않는다고. 그 이유는, 일본인에게 백인 남자가 서열 1위고 백인 여자는 2위니까요. 미국에서도 그 1, 2위는 바뀌지 않고, 3위가 흑인 남자, 4위가 흑인 여자죠. 일본에서는 일본 남자가 3위고, 일본 여자는 4위죠. 일본 여자가 불쌍하대요. 내가 감개무량해진 건, 그런

257

3   에나리 쓰네오, 《신부의 미국》, 고단샤분코, 1984년. 단행본 초판: 고단샤, 1981년 출간.

4   케이트 밀렛. 미국 여성해방운동의 선구자. 1970년에 출간된 저서 《성정치학》은 헨리 밀러, D.H. 로런스, 노먼 메일러 등의 저작을 분석해 섹스의 영역에서 남성 지배와 여성 차별의 구도가 어떻게 반복적으로 그려지는지를 밝혀내 여성해방운동의 성전이라 불렸다.

옛 풍경이 어른거렸기 때문 아닐까요.

전에 미국인 남자 지인이 일본에 왔을 때 지방 미술관에 데려간 적이 있어요. 그 사람과 둘이서 걷는데 무척 긴장되더라고요.

우에노 주변의 시선 때문에?

도미오카 20년도 더 된 옛날 일인데, 그 사람은 거구의 남자였어요. 시골 전철에 탔을 때 아저씨들이 '저렇게 큰 남자가 좋은가' 하고 수군거리는 소리를 들었거든요.

우에노 그건 성기가 크다는 소리겠죠?

도미오카 당연하죠. 물론 나한테 들으라고 한 소리였고요.

오구라 그런 소리 들어도 아무 생각 안 드는데.

도미오카 안 든다고요?

오구라 뭐라고 수군거려도 우리 세대 여자들은 아무 생각도 안 들걸요.

도미오카 음, 패전 체험이라기보다, 오큐파이드 재팬(Occupied Japan, 점령하 일본)의 풍경을 모르면 그럴지도 몰라요. 중학교 때 영어 교과서에 'Occupied Japan'이라고 인쇄되어 있던 걸 기억하거든요. 오구라 씨는 조지가 일본인이었다면 분위기가 달라졌을 거라 생각해요?

258

오구라 아뇨, 별로 달라질 건 없을 것 같은데요.

우에노 저도 그래요.

도미오카 나는 고지마 노부오가 작가로서 생각하는 바가 있어서 내연남을 미국인으로 설정했을 거라 생각해요.[5] 거꾸로 말하면, 미국인이 아니었다면 과연 이 소설을 썼을지가 의문이에요.

우에노 1960년대라는 배경과 고지마 노부오의 백그라운드를 생각하면 미국인이어야 할 필연성이 있을지 모르죠. 그렇게 생각하면 이 작품은 근대적인 것이 미국적인 것과 동의어였던 시대의 산물이고요. 하지만 1960년대 고도성장기 이후로 근대적인 것과 미국적인 것은 괴리되기 시작했어요.

오구라 나는 1960년대 이전을 몰라서, 잘 모르겠어요.

우에노 나는 괴리됐다고 생각해요.

도미오카 그건 아니죠. 그렇게 말할 수 있는 정도까지는 아니에요.

우에노 1960년 이전과 이후는 상당히 분위기가 다르지 않나요?

도미오카 1960년대 후반에는요. 1960년대 초반에는 '점령의 느낌'이 남아 있었어요. 진주군의 나라로 간다는 분위기였거든

259

---

5   고지마 노부오가 쓴 〈포옹가족〉 노트'에 다음과 같은 구절이 있다.
     미국인을 데려오는 건 방해가 되지 않는가. 현대 문제, 우리 문화의 내
     용으로 보아 오히려 필요하다. 순스케가 집을 짓는 방식은 외국풍 집
     과도 관련되어 있다. 우리의 윤리적 토대 부재와도 관련성을 가지게
     하면 된다.

요, 그러니까 1965년에 처음 미국에 갔을 때는요.

우에노 무라카미 류까지는 그랬겠죠. 기지 문학이니까. 하지만 이 책에서 미국이란 요소를 빼도 읽는 데 문제는 없잖아요.

도미오카 미국이란 요소가 있어야 소설이란 느낌이 들죠. 이 조지라는 남자가 미국인이라 내쫓을 수 없는 거예요. 미국이 집에 들어오는 거라니까요.

우에노 이제는 이게 일본인 남자라도 다를 게 없어요. 아내의 혼외정사를 무시할 수는 없는 일이잖아요.

도미오카 아내의 성관계라는 건 하나의 상징이죠. 실은 자기 전부가 미국에 짓밟히는 거잖아요. 그 느낌을 난 알아요.

우에노 '미국'을 '근대'나 '현대'로 바꾸면 뜻이 안 통하나요?

도미오카 '미국'과 '근대'가 동의어라는 건 좀 아닌 것 같아요.

우에노 저는 이 소설과 도미오카 다에코 씨의 〈파도치는 땅〉[6]을 같은 맥락에서 읽었어요. 〈파도치는 땅〉에는 미국이 등장하지 않죠. 하지만 개발이나 근대가 등장하고요. 그렇다면 미국이라는 키워드가 없어도 성립한다고 할 수 있지 않나요?

도미오카 하지만 이 소설의 경우 미국을 제외하면 문학적 깊이가 사라져요. 아니, 미국이라는 요소 없이는 성립되지 않는 소

260

6   도미오카 다에코, 〈파도치는 땅〉, 《파도치는 땅, 추구駒狗》, 고단샤분게이분코, 1988년. 단행본 초판: 고단샤, 1983년 출간.

설이라 해도 과언이 아니죠. 나는 조지라는 미국인의 모습이 눈에 선해요.

우에노 조지라는 인물에게서 리얼리티를 느끼나요?

도미오카 느껴요.

우에노 저는 모르겠던데요. 교양 없는 미국인 남자의 이미지죠. 가정부 미치요가 '애송이'라고 부르는 게 딱 맞는. 슌스케가 일본의 지식인이라면, 그에 견줄 수 없을 정도로 무지하고 교양 없는 젊은 미국인이잖아요.

도미오카 맞아요. 그런 리얼리티가 느껴져요.

우에노 하지만 조지는 그리 자세히 묘사되지 않았어요.

도미오카 세세한 묘사는 없지만 눈에 선하지 않아요?

우에노 묘사는 없어도 리얼리티가 느껴질 정도로 '미국인'이라는 기호가 당시의 일본인에게 공유되었던 게 아닐까요? 그렇다면 실체라기보다 기호에 가까운 거고요.

도미오카 어느 정도 기호화되긴 했지만, 조지는 단순한 스테레오타입이 아니에요.

261 **우에노** 그 기호를 공유할 수 없는 사람에게는 리얼리티가 없어요. 어떤 애송이인지 감이 안 잡히죠. 리얼리티를 느낀 건 나중에 남편과 대결하는 장면뿐이었어요.

도미오카 '책임? 누구에게 책임을 느끼라는 겁니까? 나는 부모님과 내 나라에 대해서만 책임을 느낍니다' 하는 장면 말이죠? 리얼리티가 느껴졌어요.

우에노 실화가 아닐까 생각했어요. 조지의 그 대답은 작가의 상상력이 빚어낼 수 있는 범위를 넘어섰어요.

도미오카 사실이라 해도, 그 말을 작품에 넣은 건 작가의 비평 정신이죠.

우에노 동의해요. 조지의 그 대답에는 날것의 존재감이 있고, 그렇기에 다른 문화와의 대결이라는 느낌이 아주 생생하게 느껴졌어요. 실제로 들은 게 아니라면 쓸 수 없다고 생각했죠.

도미오카 국가나 책임 같은 건 원래 인텔리가 내뱉을 법한 단어인데, 거꾸로 '애송이'의 입에서 나오는 걸 들으니 깜짝 놀라게 되죠. 미국인 '애송이' 또래 젊은 일본 남자와의 대화였다면 그 대사는 나오지 않았을 거예요. 그래서 리얼리티가 느껴졌어요.

우에노 '부끄러운 줄 알라'고 하면 '왜 부끄러워해야 하죠?'라는 대답이 돌아오죠. 완전한 디스커뮤니케이션이에요. 날것의 이질성이란, 직면하지 않는 이상 알 수 없죠.

오구라 그럴까요? 그 정도는 상상력으로 쓸 수 있을 것 같은데.

262

도미오카 생생하긴 한데, 그 말들을 즉각 사실과 관련지을 수는 없을 것 같아요.

우에노 그 장면은 리얼리티가 넘쳤죠. 거기서 처음으로 조지라는 사람이 모습을 드러냈어요. 그전에는 얼굴조차 보이지 않

았잖아요. 백인인지 흑인인지도 알 수 없을 정도로 존재감이
없었죠.

도미오카 아니, 백인이고 뺨도 솜털도 핑크색이에요. 금발이고
천진난만한 이미지이지만 유부녀와 관계를 갖고, 남편이 따
지고 들면 '나는 내 나라에 대해서는 책임을 느끼지만'이라는
소리를 태연하게 하는 미국인이죠. 소위 '정론'을 내뱉지만,
그건 '공포의 정론'이에요. 도키코도 '당신은 외국 문학 전문
가니까 이럴 때는 냉정해야 해'라고 하면서 '공포의 정론'파가
되어가죠. 한마디로 여자는 패배한 남자보다 한발 먼저 '미국'
이 되어 있어요.

에토 준과
《성숙과 상실》

263

우에노 작품과 비평은 시대의 산물이니, 그 시대의 리얼리티에
발붙이고 있거나 어느 한 부분을 도려내 반영하고 있다면 뛰
어난 작품이라 평가받을 수 있겠죠. 그런 의미에서도 에토의

《성숙과 상실》[7]은 1960년대 일본이 낳은 문예비평의 최고 걸작이라 생각해요. 오늘을 살아가는 우리가 포스트《성숙과 상실》을 생산하지 못하는 건, 전적으로 우리 책임이죠.

오구라 아까 눈물 없이는 읽을 수 없는 글이라고 했죠, 그 눈물의 의미가 무엇인가요? 도미오카 씨의 충격은 이해가 가요. 아마 우리 어머니가 야마다 에이미의 뉴스를 봤을 때 느낀 충격과 같은 맥락이겠죠.

도미오카 맞아요, 내가 특별한 게 아니라고요.

오구라 저는 도미오카 씨에게 충격을 받았어요. 야마다 에이미의 사진을 보고 충격을 받았다고요? 우리 엄마랑 똑같잖아요. 작가 선생님께서(웃음).

도미오카 당연하죠. 다를 게 뭐가 있어요(웃음).

오구라 아무튼, 우에노 씨의 눈물은 뭔데요?

우에노 제가 당시의 에토처럼 발달심리학자인 에릭 에릭슨의 저서를 읽고 있었던 것도 관계있는데, 다시 읽었을 때 느낀 건, 역시 '어머니의 붕괴'라는 말이에요. 여자가 무너졌다는 인식이 드러나죠.

264

도미오카 그 이야기를 했군요.

---

7   에토 준, 《성숙과 상실-'어머니'의 붕괴》, 고단샤분게이분코, 1993년.
     단행본 초판: 가와데쇼보신샤, 1967년 출간.

우에노 네. 이제 되돌아갈 수 없는 곳까지 와버렸다고.

오구라 누구에게?

우에노 모든 일본인에게

도미오카 일본인에게, 어머니가 붕괴했다고.

우에노 이 사람, 페미니즘 이전에 이런 소리를 했구나, 하고 눈에 들어온 구절들이 좀 있었어요. 이를테면 '근대의 산업사회는 여자에게 자기혐오를 강제시켰다'.[8] 이건 뭘 좀 알고 하는 소리예요. 당시에는 별생각 없었지만. '모성의 자기파괴'[9]라는

---

8   이 경쟁심의 근저에 감추어져 있는 건 남자가 되고 싶다는 도키코의 욕구다. 그녀는 남자처럼 '집'을 떠나, 남자처럼 '출발'하고 싶은 것이다. 그것은 바꿔 말하면 여자인 자신에 대한 자기혐오에 다름 아니다. 나는 전에 도키코에게 '어머니'가 된다는 것은 노인으로 변모하는 것을 의미한다고 했다. 즉 그녀에게 '어머니'이자 '여자'라는 사실은 혐오의 대상이다.

(6)

이것이 '근대'가 일본 여성에게 심은 가장 뿌리 깊은 감정이라 한다면, 문제를 지나치게 일반화하는 것일지도 모르겠다. 어떤 의미에서 여자임을 혐오하는 감정은 근대 산업사회를 살아가는 모든 여성에게 보편적인 감정이라 할 수 있다.

(에토 준, 《성숙과 상실》)

9   하지만 만일 '어머니'로 여겨지는 이가 스스로 '자연'을 부정하고, 그와 동시에 속죄와 수확의 사이클이 지탱하는 생활의 리듬을 끊는다면, 그것은 그야말로 모성의 자기파괴에 다름 아니다. 그리고 '어머니'가 이 자기파괴 속에서 '행복'의 환영을 찾으려 할 때, 공범을 강요당하는 '아이' 속에는 무엇으로도 씻어낼 수 없는 죄책감과 불안이 쌓일 수밖에 없다.

고지마 노부오

말도 나오고요.

도미오카 그건 《포옹가족》에서 촉발된 담론 아닐까요?

우에노 적어도 '근대산업사회를 살아가는 여성의 자기혐오'나 '모성의 자기파괴' 같은 직접적인 개념어를 고지마 노부오는 쓰지 않죠.

도미오카 그렇죠. 오히려 아내가 죽고 그녀를 대신할 주부를 찾겠다며 허둥대는 모습이 우스꽝스러웠어요.

우에노 그 장면을 포함해 돌이킬 수 없는 실책을 어떻게든 만회하려 하는 철없는 가장, 즉 슌스케적 존재에 대해 에토는 형언할 수 없는 절절한 공감을 느꼈을 거예요. 그렇게 말하지는 않았지만, 에토가 '미와 슌스케는 나 자신이다'라고 생각하고 있는 게 느껴지죠. '보바리 부인은 나다'라고 했던 플로베르처럼.

도미오카 그래서 평론을 썼겠죠.

오구라 우에노 씨도 《성숙과 상실》 읽었을 때, '에토 준은 나다'

----- 여성적인 농경사회를 휩쓴 이 '출발'이 현실 여성에게 가장 큰 영향을 끼친 것도 당연하다. 만일 여자이고 '어머니'이기에 '방치된' 것이라면, 자기 안의 '자연'='어머니'는 자기 손으로 파괴해야 한다. 게다가 산업화의 속도가 빠르면 빠를수록, 여성의 자기파괴는 철저하게 이루어져야 한다. '방치된' 불안이 심각한 것이라면, 그것을 극복할 수단은 한발 앞서 자기파괴하는 것밖에 없기 때문이다. 전후, 특히 쇼와 30년대에 모성의 자기파괴가 일반화된 것은 아마 지금까지 논한 심리의 메커니즘 때문일 것이다.
(에토 준, 《성숙과 상실》)

266

라고 생각했어요?

우에노 그 꼴사나운 모습도 포함해, 고지마 노부오의 소설에 대한 에토의 절절한 공감에 감명받은 거예요. 나는 남자를 동정하는 여자니까요. 에토는 아주 절묘하게 표현하고 있죠. 이건 난해한 소설이 아니다. 아주 쉬운 소설이라고. 애매함을 명석하게 포착해낸 소설이라고요.

도미오카 그런 구절이 있었죠.

우에노 고지마 노부오가 이토록 명석하게 포착한 애매함을, 혼다 슈고나 다른 비평가들은 읽어내지도, 이해하지도 못했어요.

도미오카 그렇게까지 이해하기 전에, 지극히 평범하고 세속적인 도덕에 반감이 들어서 깊이 읽을 수 없었겠죠.

우에노 맞아요. 애매함에 대한 고지마 노부오의 명석함에 에토 준의 명석함이 더해졌죠. 그러고 나서 우리는 이제 되돌아갈 수 없는 곳까지 와버렸다고 시대를 향해 선언하고요. 에토 준의 그 명석함에 감동했어요.

도미오카 그런 에토 준을 비판한 가토 노리히로의 《미국의 그림자》[10]는 어떻게 읽었어요?

우에노 가토 노리히로가 비판하는 건 《성숙과 상실》이 아니라, 언론인으로서 변절해버린 에토겠죠. 나중에 에토 준의 변모

---

10   가토 노리히로, 《미국의 그림자》, 가와데쇼보신샤, 1985년.

한 모습을 보고, 그의 삶에 미국이 얼마나 짙은 그림자를 드리우고 있는지 실감했어요. 《미국의 그림자》란 제목은 참 잘 지었죠. 에토가 이 책까지만 쓰고 죽었으면 참 좋았을 텐데 (웃음). 그랬으면 계속 존경했겠죠. 정말로요. 《밤의 홍차》[11] 까지는 읽었는데, 그 후의 에토 준은 안 읽어도 된다고 분명히 말할 수 있어요. 《일족재회》[12]에서 분명히 달라졌어요. 그때 일본 지식인의 처참한 변화에 비참한 기분을 맛봤죠. 가토 노리히로는 그에 대해 이렇게 썼고요. '만일 한편에 확고한 일본적 자연, 내셔널리즘의 원천이라 할 수 있는 것에 대한 믿음이 있었다면, 그는 '의회민주주의 옹호'를 주장하는 근대주의자로서 존재할 수 있었을 것이다. 다른 한편으로 일본의 '근대'가 확고하게 존재한다는 판단을 가졌다면, 그는 《일족재회》를 계속 써 내려가며, 보수주의자의 한 사람, 상실되어가는 것을 애석해하는 인물로서 존재할 수 있었을 터다.'

하지만 실제로 에토는 이 두 선택지 중 어느 쪽도 택하지 않고 비참한 선택을 했고, 그 비참한 선택이 오늘날의 혼란의 원천이 되었어요. 꼴사나운 시대를 충실하게 반영했다고 할 수도

268

있겠지만, 가토 노리히로는 아무튼 에토를 애도하는 마음을

---

11   에토 준, 《밤의 홍차》, 호우요샤, 1972년.

12   에토 준, 《일족재회》, 고단샤분게이분코, 1988년. 단행본 초판: 고단
       샤, 1973년 출간.

갖고 있었던 거죠.

제 경우는, 《일족재회》에서 에토의 변절을 발견했을 때부터 제 안에서 그는 없는 사람이 됐어요. 아주 명확하게. 그 후로 안 읽었어요. 하지만 에토 준이라는 사람은 1960년대의 이 책으로 기억되어야 할 사람이에요.

도미오카 오구라 씨는 알겠어요? 우에노 씨가 왜 울었는지.

오구라 아니, 아뇨. 아직 말 안 했잖아요. 우에노 씨는 자신의 젠더를 중성화시켰기 때문에 울 수 있었던 거 아닌가요? 본인도 어머니란 역할을 강요받는 성이라는 전제가 처음부터 결여되어 있는 게 신기하네요. 어머니의 붕괴라는 콘셉트가 왜 여자인 우에노 씨를 눈물짓게 하는 거죠?

우에노 '어머니의 붕괴'라는 건 남자가 본 '어머니의 상실'이니 단순히 팔자 좋은 소리라 느껴지죠. 하지만 그 안에는 어머니로서 운명 지워졌던 여성 자신의 선택이 포함되어 있어요. '어머니'를 만드는 것이 남자와 여자의 이른바 공범적 행위라면, '어머니'를 파괴하는 것도 공범적 행위죠. 때문에 남자가 '어머니'를 상실할 때, 동시에 여자는 자기 손으로 '어머니'를 파괴하는 거예요. 도키코에게는 '어머니'가 되는 데 실패한 여자의 역사적인 애매함, 미숙함이 있어요. 에토는 그 점을 정확히 지적하고 있고요.

오구라 뭔가 읽으면서 계속 위화감이 들었는데요. 붕괴한다는 건 그전에 어머니라는 존재가 분명히 존재했다는 걸 전제로 하고 있잖아요. 어디에 있었나요? 일본이 농경사회였던 시대에? 전근대에 어머니가 존재했다는 건가요?

우에노 '어머니'가 어디에 있었느냐. 담론 속에 있었겠죠. 이데올로기 속에.

오구라 그 담론도 근대에 생겨난 거잖아요?

우에노 그건 그렇죠. 아까 도미오카 씨가 감개무량했다는 일화처럼, 역사는 10년, 20년 단위로 무섭게 달라지죠. 예를 들어 혼다 슈고가 생각하는 '집家'이라는 관념과 고지마 노부오의 '집'은 다르죠. 그리고 흔히들 비교 대상으로 삼는 게 나쓰메 소세키의 《명암》인데, 《명암》과 고지마 노부오의 《포옹가족》 사이의 거리는 연대로 따지자면 4, 50년쯤 돼요. 반세기도 안 지났죠. 하지만 두 작품의 차이는 엄청나요. 그런 게 아닐까요?

오구라 그러면 4, 50년 전에는 어머니라는 존재가…

우에노 있다고 믿었던 시대죠.

오구라 없었을지도 모르잖아요.

270

우에노 '어머니'의 실재 여부는 문제가 아니에요. 에토 준은 첫머리에서 야스오카 쇼타로의 《해변의 광경》을 인용하며 다음과 같이 말하죠.

'노래는 어머니의 장기 중 하나였다. 이 병원에 온 뒤로, 옛날의 다른 기억들은 모두 잃었지만 노래만은 긴 노랫말을 끝까지 부를 수 있었다. 신타로는 어려서부터 어머니의 노래 중에 그를 고민에 빠지게 한 노랫말 하나를 기억한다. '어려서 철없이 칭얼대면 흔들어 주던 손 잊었는가, 봄에는 처마 끝에 비, 가을에는 마당에 이슬, 어머니는 눈물 마를 새도 없이, 기도하는 줄 모르리.' 그 노래는 어머니의 주제가였다. 어떨 때는 하루에 몇 번씩 반복해서 그 노래를 불렀다. 아마 자신도 모르게 반쯤 습관적으로 불렀겠지. 그렇지만 듣는 입장에서는, 무의식적인 만큼 정서를 강요하는 어머니의 압박을 한층 더 노골적으로 느낄 수밖에 없었다. 그 강요 덕에 종종 그는 어린 마음에도 어머니에게 도대체 자신은 어떠한 존재인지, 어머니란 무엇이며 아들이란 무엇이냐고 묻고 싶은 충동을 느꼈다. … 이러한 문장을 어머니에 대해 아무 죄책감 없이 쓸 수 있는 감성이라는 것, 이 문장 속에 표현된 어머니像이라는 것이 실재했다.' (《성숙과 상실》) 이게 문제죠. 어머니에 대한 야스오카 쇼타로의 문장에서 에토는 이미 위화감을 느꼈고, 거기서 출발하고 있죠. 이 평론은 야스오카의 이미지 속에 있는 '어머니'를 자신이 공유하지 못하는 지점에서 출발하고 있는 거라고요.

도미오카 오구라 씨는 《성숙과 상실》을 읽고 어땠어요? 눈물은 안 흘렸죠? 걸리는 게 있었죠?

271

고지마 노부오

오구라 이걸 에토 준코(남자 이름인 '준'을 여자 이름으로 바꾼 것-옮긴이)가 썼다면 꽤 흥미로웠을 거라 생각했어요(웃음). 1967년에 이 정도 수준의 페미니스트가 있었구나, 하고.

우에노 그래요? 이 글이 페미니스트가 쓴 걸로 보였어요?

오구라 그렇게 읽으려고 마음 먹으면 읽을 수 있죠.

우에노 무슨 말인지 알죠. 아주 잘.

오구라 뭐, 머리로는 잘 아네. 실제로 어떻게 살았는지는 별개지만. 하지만 에토 준코가 아니라 '준'이니까요. 잠깐만, 이렇게까지 잘 알면서 왜 도미오카 씨와 대담[13]할 때는 내색조차 안 한 걸까요? 과일 씨앗을 깔끔하게 잘라내면 이렇게 되겠네, 하지만 너무 깨끗하게 자른 거 아닌가⋯ 그런 느낌이 들어요. 어딘가 수상쩍달까.

우에노 수상쩍다고요? 하지만 이 작품만 두고 보면 잘 쓴 평론이라 평가하는 거죠?

오구라 《포옹가족》 작품론으로서?

우에노 네.

오구라 아뇨. 《포옹가족》에는 작품론에 다 담기지 않는 뭔가가 있어요.

272

---

13   에토 준, 도미오카 다에코, '비평은 어떠해야 하는가' 에토 준 연속대담, 《문학의 현재》, 가와데쇼보신샤, 1989년. 첫 게재는 〈분게이〉 1988년 여름호.

우에노 있죠. 그건 분명해요. 나는 지금까지 에토를 통해서만 작품을 접했는데, 이번에 처음으로 읽었어요. 뭔가 에토의 틀에 담기지 않은 게 있다는 생각이 강하게 들었죠. 요컨대 에토의 논의 이상으로, 찝찝한 풍요로움이 이 작품에 존재한다는 사실을 잘 알았어요.

도미오카 절찬이네요. 소설가가 들을 수 있는 최고의 평가예요.

흘러넘치는
찝찝한 풍요로움

도미오카 《성숙과 상실》의 틀에 갇히지 않고, 그 밖으로 흘러넘치는 찝찝한 풍요로움이란 무엇일까요.

우에노 에토는 부부를 남녀관계로 환원했기 때문에 '집을 지키는 여자'에 대한 고지마 노부오의 집착을 간과했어요. 예를 들면 집에 대한 슌스케의 집착이라든가, 도키코가 죽은 뒤 주부를 찾으려는 노력[14] 같은 행동을.

---

14   고지마 노부오는 부인이 사망한 이듬해 재혼했다.

도미오카 주부를 찾으려고 동분서주하는 그 장면은 확실히 불쾌했어요.

오구라 도키코라는 인물이 어머니 역할을 방기한 데에서 갖가지 일들이 시작되죠. 처음에 슌스케가 결혼 상대로 도키코를 택한 건, 어머니이기를 포기한 여자, 새로운 여자라서였잖아요.

도미오카 마음 한구석에서는.

오구라 마흔다섯쯤 나이를 먹고 나서부터 그런 걸 요구한 거고, 처음에는 아니었어요.

도미오카 20대에는 그랬겠죠.

오구라 일본의 어머니와는 전혀 다른 타입이에요. 애송이라는 말을 아무렇지도 않게 할 수 있는 여자. 마조히스틱한 성향의 남편이 그런 아내에게 끌리는 건 이해가 가요. 이혼하기 전의 이노우에 히사시와 요시코의 관계처럼요. 요즘 이런 부부 많잖아요.

우에노 단카이 세대(일본에서 제2차 세계대전 이후 1947년부터 1949년 사이 베이비붐으로 태어난 세대-옮긴이)에 많죠.

오구라 하지만 마흔다섯쯤 나이를 먹으면 이렇게 되고 마는 거예요.

도미오카 아, 그렇구나. 그때까지는 '일본의 어머니'가 아닌 색다른 매력을 지닌 여자에게 끌리지만, 20년쯤 지나면 질리기 시작해 역시 '엄마'를 찾는 거군요.

오구라 여자는 여자대로 '일을 하라고? 난 그런 자본주의의 노예 같은 건 싫으니까 당신이 일하러 가면 되잖아'라고, 일하는 남편에게 '당신이 하는 일이 뭐 대단한 줄 알아?' 같은 소리를 하죠. 남편은 그런 말을 듣고 희열을 느끼고.

우에노 그러니까 마치다 시에 사는 '긴쓰마' 이야기라니까요.

오구라 그렇죠. 하지만 전업주부인 아내는 내부에서 조금씩 붕괴하고 있겠죠. 때문에 조지를 끌어들여야 했고, 가정부 미치요가 오면 블라우스를 두세 벌 챙겨주는 등 남편이 아닌 사람들과 정서적인 연결고리를 갖지 않고는 살아갈 수 없었던 거죠. 그런데 남편은 아주 냉담한 눈으로 미치요를 보고 있잖아요. 미치요와 수다를 떠는 아내를 싸늘하게 바라보죠. 하지만 쓸데없는 수다는 그만 떨고 빨리 밥이나 차리라는 말은 안 해요, 아니, 못 하는 남편이에요. 마음속 빈 공간이 점점 발효되어 가스가 차올라 이럴 수밖에 없었던 거죠, 이 부인은.

우에노 그래서 자궁암이나 유방암으로 죽는 건가요?

도미오카 침식해오는 조지와 섹스할 수밖에 없었죠.

우에노 '조지'라는 이름은 '정사情事'라는 한자어와 발음이 같은데, 일본인이든 미국인이든 정사 상대의 국적은 상관없죠, 부부 사이에서는요. 미국이라는 기호를 한없이 축소해도 이야기는 성립해요.

고지마 노부오

도미오카 하지만 젊은 일본 남자는 애송이처럼 보이겠죠. 스물 두세 살 먹은 남자는요.

우에노 그러면 신식 직업을 가진 남자로 하든, 뭐든 상관없어요. 근대성의 기호이기만 하면.

오구라 저도 그런 기호로 읽었어요.

도미오카 그러니까 풀장 딸린 집과 같은 가치인 거예요, 조지는.

오구라 맞아요.

우에노 요즘 같으면 테니스를 치러 다니는 생활이죠. 풀장까지는 아니더라도요.

오구라 그래서 테니스 코트나 풀장이라는 건, 현대 사회에서는 한발 앞선 주부의 허무감을 치유하는 용도지만, 그런 걸로 치유가 되겠냐고요.

우에노 가정이 아니라 물리적 공간으로, 집이 갖고 있는 최후의 진지로서의 강한 구속력이라고 할까, 강한 모습과 약한 모습이 그려져 있다는 점에서도 오늘날과 연결되는 점이 있죠. 요즘 부부는 집으로만 연결되어 있으니까요.

도미오카 오구라 씨는 몇 년생이죠?

오구라 1952년(쇼와 27년) 생이에요.

도미오카 1952년이라…

우에노 어떻게 읽었어요? 《포옹가족》은 재미있었나요?

오구라 재미있었어요.

도미오카 지금까지 셋이서 읽은 책 중 가장 재미있지 않았나요?

오구라 읽을 만했어요(웃음). 이 책은 끝까지 읽히더라고요.

도미오카 문체적 특성으로, 일부러 생략한 부분이나 힘을 뺀 부분이 눈에 띄어요.

오구라 못 쓴 것 같은데 잘 쓴 소설이에요.

도미오카 못 쓴 것처럼 잘 쓴 걸 연출한 거죠.

우에노 하지만 불쾌한 소설이기는 하죠.

도미오카 이게요?

우에노 네. 읽어서 유쾌하지는 않잖아요. 주인공의 불쾌함까지 포함해서. 작가가 그렇게 의도한 거라면, 독자가 불쾌한 느낌을 받도록 하는 데에 성공했다 할 수 있겠지만, 그런 의미에서도 불쾌해요. 못 읽겠다거나 하는 건 아니고.

도미오카 역시 불쾌한가요?

우에노 기분은 별로 좋지 않죠.

도미오카 이유가 뭔가요? 일본이 붕괴해가니까?

우에노 아뇨. 남편과 아내가 다 미성숙하다고 에토도 말하지만, 읽어보면 혼다 슈고가 말하는 안타까움[15]이 뭔지 느껴져

277

---

15   혼다 슈고, '문예시평 〈상〉,' 〈도쿄신문〉 1965년 6월 28일 석간.
      이 주인공이 건드리는 사람은 누구든 분열하고, 동요하며, 스스로를
      돌볼 수 없게 되어 모두 주인공을 향해 쓰러진다. 그가 모든 것의 화근
      이다.

요. 유아적이고 자기중심적이며 자신을 통제하지 못하죠. 현실에서 이런 사람들과는 솔직히 가까이하고 싶지 않아요.

도미오카 부부 둘 다?

우에노 부부 둘 다요.

도미오카 미치요라는 가정부도 현실에 있을 것 같은 사람이죠. 천박하고, 돈 받으면서 일하면서 불만투성이. 부엌에서 쓸데없는 수다나 떨며 일은 제대로 안 하는 사람. 말투만 공손해서는 선생님, 사모님, 하고. 이런 가정부들 있어요.

오구라 그건 고지마 노부오가 만들어낸 인물이죠. 도우미나 가정부, 하녀를 묘사하는 방식이 무척 전형적이에요.

우에노 미치요는 존재감 있는 인물이죠. 뭐가 불쾌하냐면, 등장하는 인물들이 전부 불쾌해요. 개인적으로 이 사람과 관계를 맺을 수 있는가, 그런 생각을 해보면 전부 피하고 싶은 사람들뿐이죠.

----- 또한 〈군조〉 1965년 8월호에 게재된 야마모토 겐키치, 후쿠나가 다케히코와의 '창작합평'에서도 아래와 같은 혼다의 발언을 찾을 수 있다.

'쇼노 준조의 가장이 가장다운 가장이라면, 이 인물은 가장답지 않은 가장의 대표가 아닐까.'

'주인공은 끝까지 혼란을 만들어내는 인물입니다.'

'처자식을 골칫덩이로 만드는 건 바로 주인공이다.'

'주인공은 재혼을 결심하자마자 동거인과 가정부에게까지 털어놓고 상의한다. 이래서 가정이 제대로 굴러가겠는가.'

도미오카 저는 그 정도는 아니었어요. 딱히 가까이 지내고 싶은 건 아니지만, 그냥 평범한 사람들이죠.

우에노 이런 사람이 있다는 건 알지만요.

도미오카 있죠. 이런 사람들이 99퍼센트고, 그렇지 않은 사람이 소수예요.

오구라 그런가요?

우에노 그렇다면 그렇지 않은 1퍼센트의 사람들을 어떻게든 찾아내고 싶네요.

도미오카 현실적으로는 이런 게 보통이죠. 안 그래요?

오구라 안 그럴 거예요. 이 인물들은 고지마 노부오의 눈을 통해 일부러 불쾌하게 묘사된 거고요.

도미오카 과장되거나 변형되었거나 디포르메(déformer, 변형, 과장, 축소, 왜곡을 가함-옮긴이)하기는 했지만, 평범하게 결혼해서 아이 둘쯤 있는 부부를 봐도 이 사람들과 별반 다를 게 없는 것 같은데요?

우에노 현실에서는 그렇겠죠. 하지만 자신의 나약함이나 혼란을 이렇게 주저 없이 드러내는 사람들과는 가까이 지내고 싶지 않아요. 개인적인 미적 감각의 문제지만.

도미오카 나도 굳이 이런 사람들과 가까이 지내고 싶지는 않아요. 하지만 우에노 씨처럼 죽어도 싫으냐고 하면… 세상에는 이런 사람들뿐이잖아요.

우에노 그럴지도 모르죠. 현실적으로 피하는 게 어려울지도 모르지만, 그 사람들과 함께 있으면 불쾌한 건 사실이잖아요. 다른 작가들과 어디가 다르냐면, 미시마 유키오 같은 작가의 소설은 알레고리 그 자체죠. 다니자키 준이치로도 그렇고요. 고지마의 이 작품은 절대 알레고리가 아니에요. 알레고리컬한 소설이었다면, 어떤 유형이 어떨 때 어떠한 행동을 취한다는 일종의 패턴을 읽어낼 수 있죠. 하지만 패턴을 읽어낼 수 없는 혼란이 그대로 드러나잖아요.

도미오카 가장 소설적이죠.

우에노 맞아요, 그렇죠. 예컨대 미치요가 '선생님, 사모님께 왜 말씀하셨나요? 선생님께서 가슴에 묻어두실 거라 생각하고 말씀드린 거예요'라고 따지는 장면이 있죠. 다니자키류의 알레고리컬한 소설 작법이라면, 주인공이 비밀을 가슴에 묻은 그 시점부터 부부 게임이 시작되겠죠.

도미오카 그렇죠. 몰래 일기를 훔쳐 읽거나.

우에노 아내는 '남편은 내가 조지와 관계를 가진 걸 알고 있을 거야, 하지만 내가 이 사실을 아는 걸 그 사람은 모르게 해야 해' 이렇게 대응하겠죠. 이런 지점에서 역동적인 전개가 시작될 텐데, 이 소설에는 그런 게 없어요. 그런 사실을 가슴에 묻어두는 사람과 그렇지 않은 사람을 두고 본다면, 저는 묻어두는 사람을 좋아해요. 취향의 문제죠.

도미오카 소위 말하는 '문학적'인 사람이죠. 가슴에 묻어두는 쪽이요. 옛날식으로 말하면 그렇지만, 고지마 노부오의 신선함은 가슴에 묻어두지 않는다는 점이죠.

우에노 그렇죠. 그건 그런데, 거기에 형용사를 붙여야 한다면 '유아적'이라고 표현하고 싶네요.

도미오카 그렇군요.

오구라 모든 인물들이 유아적이라는 게 곧 불쾌하다는 뜻인가요?

우에노 그렇다고 봐야죠.

오구라 그 상황이 현실보다 과장되어 있다는 뜻이에요?

우에노 아뇨, 그게 무척 현실적이고, 현실이 불쾌하다는 뜻이에요.

오구라 이해했어요. 사람들이 더욱 비현실적으로 살아줬으면 하는 거군요. 모두 미시마 유키오처럼 되는 게 차라리 나은가요?

우에노 차라리 낫죠. 그렇게 거짓말을 하는 쪽이 그나마 견딜 만해요.

281 **도미오카** 그러시겠죠.

우에노 뭔가요(웃음).

도미오카 우에노 씨는 그러시겠죠.

오구라 모든 사람들이 유아적인가요? 이 주인공은 유아적이지만, 다른 사람들은 아닌 것 같은데요.

우에노 도키코도 유아적이잖아요.

도미오카 평범한 아줌마들이 다 그렇죠. 아주 현실적이고 평범하게 그려낸 거예요.

우에노 도키코도 주변에 있을 것 같은 타입이죠. 슌스케에게 반격하는 방식이 그렇잖아요. '당신은 외국 문학 전문가니까 이럴 때는 냉정해야 해' 같은 대사요.

도미오카 '가장으로서 당당한 모습을 보여야지.'

우에노 '여긴 내 집이야. 내가 고생해서 지은 집이라고.' 이런 대사는 무척 실감나죠.

오구라 그런 불쾌함과는 달라요.

우에노 그럼 뭔데요?

오구라 만일 내가 도키코 입장이었다면, 미치요 입장이었다면, 딸의 입장이었다면… 나중에 선을 보잖아요, 그 맞선에 나간 상대였다면… 그 사람들 입장에서 생각해보면 내가 이런 식으로 그려져도 되는 것일까, 하고 불쾌해지죠. '이 역겨움은 뭐지?' 싶어요.

도미오카 뭐가 역겹죠?

오구라 전부요. 모든 인물을 불쾌하게 그려내고 있잖아요.

우에노 하지만 주인공 자신도 불쾌한 인물로 그려졌잖아요.

오구라 자기를 어떻게 그리든 그건 자유잖아요(웃음). 그리고 자기 자신은 불쾌하게 그려내지 않았어요.

도미오카 이 미와 어쩌고 하는 남자를?

오구라 네.

우에노 불쾌한 인간인데요?

도미오카 불쾌한 느낌은 알겠어요. 지금까지 읽었던 소설 주인공 중 이렇게 불쾌하게 그려진 인물은 거의 없지 않았나요?

우에노 이만큼 매력 없는 주인공도 드물다. 비평가에게 이런 말을 하게 할 정도의 힘[16]이 있죠.

오구라 그럼 시마오 도시오는요? 《죽음의 가시》의 그 주인공은요? 만만치 않게 불쾌한 인물이잖아요.

도미오카 아니, 그쪽은 그래도 자기를 미화해서 쓴 것 같은데요.

우에노 그쪽은 평론가들이 좋아하죠. 시마오 도시오가 불쾌하다는 건, 오구라 지카코의 감수성 때문에 그렇게 보이는 거지, 평론가들은 다들 그 속에 윤리와 구제가 있다고 생각할걸요.

도미오카 평론가들한테는 평이 좋을 것 같아요.

오구라 그쪽이 더 불쾌한데.

우에노 판단 기준이 보통과는 다른 거죠. 오구라 씨 말은, 여자들은 부당하게 불쾌하게 그려지고 있는데 슌스케는 자기를

16   예를 들면 가와카미 데쓰타로는 '그 외의 문학상 작품-문학시평(8)', 〈신초〉 1966년 1월호에서 이렇게 평했다.
       내가 이 소설을 이 이상 적극적으로 지지할 수 없는 건 이 남자가 너무나도 매력이 없기 때문이다.

고지마 노부오

정당화하고 있다는 건가요?

오구라 아뇨, 자신을 정당화한다고 생각 안 해요. 자기는 불쾌한 인간이라는 식으로 묘사하고 있죠. 그건 좋은데, 도키코라는 인물이 만일 암으로 죽지 않고 이 남편이 죽은 뒤에 다카하시 다카코처럼 소설을 썼다면 어떤 식으로 썼을까 궁금해서요. 역시 죽은 사람만 불쌍하죠. 너무 불쌍하게 죽었잖아요. 왜 이런 타이밍에 죽는 건가요, 누구 좋으라고.

넘쳐나는 성적 메타포와 부당하게 그려지는 여성

우에노 에토도 지적하는 바이지만[17] 드라마트루기(Drama-

---

17 '인공' 속에서 '행복'을 찾으며 심리적인 모성의 파괴를 완료시키려 한 그 순간에 현실의 육체가 붕괴하기 시작한다는 건 통절한 아이러니이다. 게다가 육체의 병이 불치병이라면 환자가 언젠가 저지른 죄악 때문이라고 해석되기 쉽다. 그리고 환자가 도키코처럼 '어머니'의 그림자일 경우, 슌스케는 이 저주받은 병에서 돌이킬 수 없는 '어머니'의 붕괴와 거부를 느꼈을 것이다.

'이 병은 왜 생긴 걸까. 왜 그 일이 일어난 걸까. 이 병 때문에 그 일이

284

turgy, 극작법, 작법술)상에서 도키코가 유방암으로 죽는 건, 침입한 미국과 간통한 일에 대한 페널티랄까, 일종의 인과응보로 주어지죠. 작가 아리시마 다케오가 소설 《어떤 여자》의 주인공 요코를 죽였을 때도 사인이 자궁 관련 질환이었잖아요. 요컨대 성적인 기관에 관련된 질환으로 여주인공을 퇴장시키는 거죠. 그 역시 성적인 자유를 갈구한 여성에 대한 일종의 페널티라 할 수 있죠. 그런 찝찝함은 느끼지 못하셨나요?

도미오카 그것도 그렇고 문장이 좀, 위로 올라가려고 하는데 사다리를 치워버리는 느낌이랄까.

우에노 그것도 그렇죠.

도미오카 그래서 짜증스러운 거 아닐까요. 조금 더 안정되고 앞뒤가 맞는 문장이었다면 그러지 않았겠죠.

우에노 하지만 유방암으로 죽는 부분만 너무 안정되고 앞뒤가 맞지 않아요? 작가가 혼란과 애매함을 명석하게 그리려 했던 거라면, 실제로 아내가 그렇게 죽었다 해도, 너무…

285 ----- 일어난 걸까. 그 일은 병과는 아무 상관도 없었던 것일까. 둘 다 나 때문일까.'
나는 작가가 소박한 인과응보의 상징을 믿는다고 생각하지 않는다. 하지만 《포옹가족》에서 그것은 마치 인공에 홀려 자기파괴의 길을 택한 '어머니'에게 내려진 형벌, 또는 그렇게 '어머니'에게 거부당한 '아이' 속에 침잠한 죄악감의 반영인 것처럼 그려져 있다.
(에토 준, 《성숙과 상실》)

→

고지마 노부오

도미오카 너무 앞뒤가 맞죠.

우에노 네. 그건 오히려 애매함에 대한 명석함을 배신하는 행위죠.

오구라 유방암이 아니라 다른 병으로 죽었더라도 별반 다를 건 없을 것 같은데요.

우에노 그럼 끝까지 살려뒀어야죠.

도미오카 소설이니까 현실에서 부인이 유방암으로 죽었다 해도 살릴 생각이 있었다면 살려둘 수 있었겠죠. 그러지 않았다는 건 역시 그 부분이⋯. 지나치게 사소설적이라고 비판하는 사람도 있었죠.

우에노 작가의 심리적인 리얼리티 속에서는 실제로 부인이 죽은 걸 인과응보로 여겼다는 거겠죠.

도미오카 아니, 인과응보라고 볼 수는 없죠.

우에노 극작법의 관점에서는 그렇잖아요.

오구라 유방암이니까 그렇게 읽힐 수 있겠지만, 다른 병이었더라도 역시 인과응보라는 식으로 읽히지 않을까요? 질병이란 무엇이든 메타포로 쓸 수 있으니까요. 지주막하출혈로 죽었다면 역시 벼락을 맞았다거나. 천식이었다면 세상에 숨이 막혀 죽었다든가. 맹장염으로 죽었다면 인생의 사소한 일들을 소홀히 해왔기 때문이라든가(웃음).

도미오카 그것도 그렇군요. 마음대로 죽지도 못하겠네. 질병에 대해서는 좀 생각해봐야겠어요.

오구라 질병을 메타포로 쓰는 건 극작법적으로는 삼류죠.

편집부 다른 부분에서도 필요 이상으로 여성성을 강조하는 부분이 있었죠. 예를 들면 '생리 양이 많다'는 부분이라든가.

도미오카 그건 좀 어색했어요. 도키코가 저 여자는 생리 양이 적다는 말을 비난처럼 쓴다는 게, 어처구니가 없더라고요. 본인이 건강하다는 사실을 자랑할 때는 생리 양이 많다고 했으면서.

우에노 맞아요. 성적인 메타포가 많죠. 예를 들면 치료를 위해 남성 호르몬을 투약하거나.

도미오카 입가에 수염이 진해지고.

우에노 태어나서 처음으로 성적인 쾌감을 느낀다거나.

도미오카 맞아요.

우에노 정말이지 단순한 심볼리즘이에요. 에토도 말했지만, 도키코 안에 숨겨진 여성성에 대한 자기혐오와 남성이 되고 싶다는 욕망의 심볼.[18]

287 **도미오카** 그렇죠.

우에노 여자는 남성화한 뒤에야 성적 쾌락을 느낄 수 있다는 거죠.

---

18   8의 인용문 전반 참조.

→

고지마 노부오

도미오카 고지마 노부오가 거기까지 생각했을까요.

우에노 생각 안 하고 무의식적으로 썼다는 게 작가의 무서운 점일지도 모르죠.

오구라 저는 생각해서 쓴 거라고 봐요.

도미오카 그럼 생리 양이 많다는 건 무슨 뜻이죠? 그걸 자랑하는 심리는?

우에노 아내와 여성 중에 과잉된 여성성이 생리 양으로 상징되어 있는 거죠. 기호론적인 비평가라면 이렇게 말할 거예요 (웃음).

도미오카 고지마 노부오도 무의식적으로 그렇게 쓴 것이로군요.

우에노 아마 그렇겠죠.

오구라 실제로 부인이 그런 말을 했겠죠?

우에노 했을지도 모르죠. 생리 양을 메타포로, 나는 이만큼 여성성이 넘친다는 메시지를 남편에게 전하기 위해서.

오구라 부부가 동갑이죠?

편집부 도키코가 두 살 연상이에요.

오구라 학생 시절 결혼했을 거야. 그랬나요?

288

도미오카 현실에서는요.[19]

---

19   고지마 노부오는 도쿄제국대학 영문과에 입학한 스물세 살에 첫 아내 기요와 결혼했다.

오구라 그러니까 학생 시절에, 게다가 아내가 두 살 연상이고, 아마도 연애결혼을 해서 20년을 같이 산 부부의 리얼리티가 절절하게 느껴지죠. 그 가혹함. 도키코 입장에 서면.

도미오카 이 부부만 그런 건 아니지만, 그 원인 중 하나가 여자가 아무것도 하지 않는다기보다는 여자를 사회적으로 자립하지 못하게 하는 시스템이라는 게 너무 가혹하다는 생각 안 들어요? 요컨대 전업주부라는 존재가.

오구라 이제야 그 얘기를 꺼내주시네요(웃음).

도미오카 그 고통이 폐부를 찌르죠. 고지마 노부오라는 작가와 작품 속의 미와 슌스케, 또는 에토 준을 비롯해 이 작품을 읽은 남성 비평가들은 그 고통을 얼마나 느꼈을지 모르겠지만.

오구라 하나도 못 느꼈겠죠.

도미오카 나는 역시 안타까워요. 여성이 '주부'로만 살아야 한다는 건.

우에노 적어도 고지마 노부오는 미와 슌스케의 입을 빌려서 남성의 편의주의적 에고이즘을 표현하는 데 성공했어요. 예를 들면 뜬금없이 담을 쌓자는 말을 꺼내잖아요. '나는 도키코를 가두고 싶다. 가둬두고 나와 가족만 생각하게 하고 싶다'라는 서술이 있죠. 그때까지 가장은 이런저런 미사여구를 동원해 정당화했던 일을, 전혀 수치스러워하지 않고 날것의 표현을 동원해 남자의 자기중심적인 욕망을 내보이고 있죠. 남자는

289

그 정도까지 궁지에 몰려 있는 거예요.

도미오카 그건 그래요. 하지만 남성 독자들이 그 절박함을 느꼈을까요? 아닐 것 같은데.

우에노 오구라 씨 주장은 남성의 비참함은 그런 식으로 묘사했지만, 여성인 도키코는 그보다 부당하게 그려져 있다는 뜻인가요?

오구라 불쾌한 여자로서요. 여성성을 과잉된 것으로 늘 드러내지 않으면 남편의 관심을 끌지 못하는, 서글픈 선택을 하고 마는 아내로 그려져 있죠.

도미오카 요컨대 자신의 자리를 확보하기 위해서는 늘 여자임을 어필해야 한다는 뜻이죠?

오구라 이 여자는 남편이 자신을 연애적인 의미로 사랑한다고 생각하진 않지만, 자신을 필요로 하고 있다고는 확신하고 있어요. 하지만 그런 확신은 불면 날아갈 정도의 것이고, 실제 권력관계는 분명하죠. 예컨대 남편이 미국에 갈 때 본인도 따라가고 싶었지만 따라가지 못했어요.[20] 늘 그렇죠. 대등한 게

290

20　'그 남자를 데려온 거, 내가 당신을 외국에 데려가지 않아서 그런 거야?'
　　'뭐라고? 당신이 날? 아, 그 얘기였어? …그래. 그럴지도 모르지. …당신 때문이야. 당신이 그러라고 한 것 같아. 당신이 그 남자를 집에 들이라고 한 거야. 맞아.'
　　'확실하게 하고 싶은데, 정말 당신을 안 데려가서 그런 거야? 당신 나

임처럼 보이지만, 정신을 차려보면 수세에 몰려 있죠. 남편이 가정 안에서 아내나 아이들과 거리를 두고 있는 한, 아내는 늘 명랑해요. 어느 집이나 그렇겠지만(웃음).

우에노 전후 핵가족의 어중간한 모습이겠죠. 한마디로 말해 대등한 관계인 척하지만, 아내는 남편에게 가장의 역할을 기대하고, 그걸 수행하도록 하고 있어요.

오구라 가장 역할? 구체적으로 어떤 역할이죠?

우에노 예를 들면 집을 짓는 역할이죠.

오구라 짓는다는 건 곧 돈을 벌어온다는 뜻인가요? 설계는 아내가 하고.

우에노 옛날 스타일의 여성이었다면 여성성의 기호를 모두 버리고 100퍼센트 주부로 살며 슌스케가 바람을 피워도 관대하게 용서하는 아내라는 포지션을 취할 수도 있었겠죠. 이러니

- - - - -

름대로 미국을 집에 들일 생각으로 그 놈팽이를 끌어들인 거라고.'
'그래, 맞아. 당신이 그렇게 생각하니까 그런 거지. 당신은 그 사람이 왔을 때 그렇게 생각했지? 그러니까 나는 생각한 대로 된 거라고.'
이 서술 직후 미국으로 출발할 때 배웅하러 온 도키코의 '눈에 맺힌 눈물이 반짝이고 있었다. 그녀의 눈물을 보면 반드시 웃어버린 슌스케였지만, 이때는 웃을 수 없었다'.
또한 출발 전에 아직 아이들을 어떻게 할 것인지 상의하지 않았다고 방으로 찾아온 도키코가 갑자기 울음을 터뜨리면서 '당신은 여자 마음을 요만큼도 몰라!'라고 외치며 슌스케의 무릎을 때리는 장면이 슌스케의 회상으로 서술된다.

고지마 노부오

저러니 해도 남편은 내가 없으면 안 된다는 '어머니'의 기호로
서의 삶을 살겠죠.

도미오카 하지만 이 시대에는 그런 선택지가 사라졌죠.

우에노 그러한 의미에서 집의 붕괴와 주부의 붕괴는 근본적으
로 같아요. 집이라는 것의 기반이 전후 핵가족 속에서 사라졌
다면, 주부라는 존재의 안정성 또한 사라질 테니 도키코는 강
제적으로 여성성을 부각시키는 수밖에 없었겠죠.

오구라 성형을 거듭하며 말이죠.

우에노 그 어중간한 언밸런스함이 잘 표현되어 있어요.

도미오카 노골적으로 드러냈죠. 보고 있으면 민망해질 정도로.

우에노 도키코를 통해 드러냈죠. 에토가 그걸 적확하게 지적했
고요.

용서와 화해의
어중간한 그로테스크함

도미오카 남성 호르몬을 맞고 수염이 거뭇해진 채 병상에서 죽
음의 섹스를 하는 장면은 어떻게 읽으셨나요? 갑자기 남편이

성적으로 봉사하고 아내는 흥분하는 모습을 보이잖아요.

우에노 질병을 포함해 그 부분은 너무 과하죠. 솔직히 불쾌했어요. 작가가 깔아둔 장치라고 해석하면 성을 통한 부부의 최종적인 화해와 용서의 상징이잖아요.

도미오카 그렇죠.

우에노 지금까지 쓸모없는 집을 짓기 위해 해온 모든 고생이 오로지 이 순간을 위해서였던 것 같았다는 서술이 있죠. '텔레비전도, 스테인리스 조리대도, 집도, 미처 만들지 못한 수영장도, 서양식 욕조도, 책상 앞에 잔뜩 웅크려 써 내려간 원고지도, 샐비어와 수련도, 모든 것이 바로 이 순간을 위해서 마련된 것처럼 느껴졌다.'

도미오카 기억나요.

우에노 이 소설도 그 부분에서 소설이란 장르가 늘 안이하게 도망치려 하는 최종적인 화해와 구제의 편린을 보여주고 있어요.

도미오카 그 장면은 지루했어요. 불쾌하다기보다는 지루했죠.

편집부 그 장면에서 화해와 용서의 분위기가 느껴지나요?

우에노 남성 독자들이 그 장면에서 구제를 읽도록 짜였죠. '이런 느낌일 줄은 전혀 몰랐어'라는 대사를 이 상황에서 왜 여자가 하죠? 리얼리티라곤 없었어요.

오구라 그 대사는 거짓말이에요.

고지마 노부오

도미오카 거짓말이에요. 누가 그런 소리를 한다고.

오구라 처음으로 아내가 남편에게 교태를 부린 거죠.

우에노 설령 이 대사가 거짓이나 교태라 해도, 아내가 남편을 용서한다는 해석은 성립하죠. 그렇게 말함으로써 죽기 직전, 결국 남편을 용서했다고요.

오구라 용서하지 않으면 달리 갈 데도 없으니까요. 완전한 약자니까.

우에노 이걸 용서라고 한다면, 애매함과 혼란을 한없이 명석하게 그려내려 한 이 소설 속에서 화해와 용서라는 안이한 도주로를 깔아놓은 셈이니, 흥미가 식어버리죠.

도미오카 게다가 남편과 아내 둘 다 섹스에 집착하고 있어요.

우에노 오구라 씨의 말대로 이건 전후 핵가족과 남녀공학 문화 과도기의 산물이에요. 한마디로 연애결혼이라는 환상 속에서 살아가던 남녀가 부부의 유대 속에서 섹스를 뭔가 특별한 것으로 여기게 되죠. 20대에는 그런 생각이 관계의 근거가 되어주었을지 모르지만, 20여 년 동안 여자는 주부, 남자는 가장이라고까지는 못해도 아내에게 들들 볶이며 돈을 벌어오는 권위 없는 남편 역할을 연기하고, 그들을 이어주는 유일한 존재는 집이죠. 그런 상황 속에서 살아가면서도, 남자와 여자이고자 할 때의 그로테스크함이라고 할까…. 제 주변의 또래 부부 중에도 이런 남녀가 수없이 많아요.

도미오카 맞아요. 엄청나죠. 우에노 씨와 같은 세대가 아니더라도.

우에노 우리 세대는 '뉴 패밀리'를 만들지 못한 세대예요. '연애결혼'을 했지만 결국 꾸린 건 전형적인 일본의 전통 가족이죠. 중년에 들어선 남자가 섹스를 다시 한번 어떠한 형태로든 되찾고 싶어지면 아내가 아닌 파트너를 찾죠. 하지만 아내 쪽은 '부부 사이의 에로스를 되찾을 방법은?' 하고 고민하고요. 소름 끼치지 않나요?

도미오카 그게 우에노 씨 세대의 모습인가요?

우에노 네. '연애결혼'을 한 성실한 아내들이죠. 고민이 많아요. 그 문제로 그룹 토론을 하기도 하고요.

도미오카 못 살아. 바보짓도 정도껏 해야지(웃음).

우에노 유아적이라는 말로밖에 표현할 수 없죠.

도미오카 왜 그걸 모르는 걸까요, 대부분 고학력자잖아요.

우에노 한쪽에는 로맨틱 러브 이데올로기의 환상, 다른 한쪽에는 현재의 가정을 무너뜨리고 싶지 않은 공리주의와 현실주의라는 이중구조. 두 가지가 동시에 달라붙어 있어요.

도미오카 가장 큰 암 덩어리죠.

오구라 죽음을 앞둔 도키코도 그런 심리였고요.

도미오카 주부에 집착하죠.

오구라 마지막에 '다행이다'라는 말이 진실인지 거짓인지 모르

→

고지마 노부오

지만, 본인이 진실하다 생각했으면 그런 거겠죠. '아, 이 여자는 이렇게까지 궁지에 몰려 남편에게 하고 싶은 말도 못 하게 됐구나' 하는 비참함이 느껴졌어요.

우에노 설령 그 거짓말로 최종적으로 남편을 용서한 거라면, 마지막 섹스조차 남편에게 거짓말을 해야 했던 아내의 비참함이 가슴에 남네요.

편집부 게다가 남편에게 처음으로 쾌감을 느꼈다고 했다는 건, 그때까지의 아내는 여자로서 완전하지 않았다는 의미가 아닐까요. 때문에 그녀와 관계한 조지는 아무 일도 없었다고 말하고, 실망하는 게 당연하다는 말까지 하죠.[21]

오구라 그 말을 아내에게 직접 하진 않았잖아요.

편집부 물론 직접 하지 않았지만, 어떻게 그런 생각을 할 수 있죠? 아까 오구라 씨가 말씀하신 것처럼 마지막에 교태까지 부렸는데.

---

21   '이런 느낌일 줄은 전혀 몰랐어.' 도키코는 삼류 잡지 어딘가에 적혀 있을 법한 대사를 흘렸다. 그렇다면 역시 조지와도 이런 경험을 하지 못한 것이리라. 아니면 'Nothing happened'라는 조지의 말은 이런 만족감이 없었다는 의미였던 걸까./ 이 쾌락은 무엇일까. 육체적인 것일까? 나는 이제야 정복하기 시작한 것이다. 그뿐만이 아니었다. 도키코가 여자로서 애무에 제대로 호응하지 않았던 것을 깨달았다. 내 잘못이 아니다. 잘못한 건 도키코, 당신이야./ '그 녀석'은 일본인의 몸을 경멸하고 있던 게 아닐까. 반응 없는 도키코의 몸에 실망하고, 괜히 손해만 봤다고 생각한 게 아닐까.

오구라 조지와 관계할 때는 좋았을지도 모른다는 건가요?

도미오카 머리만 바뀌어도 즐겁잖아요.

오구라 머리?

도미오카 그러니까 얼굴이 달라지면 관계할 때 기분도 좀 바뀌지 않느냐고요. 하지만 그걸로는 불충분하죠. 부인들은 대체 무엇으로 치유될 수 있죠?

오구라 영원히 불가능하죠. 그 상자 속에 있는 한.

도미오카 상자 밖으로 나가야 한다고요?

우에노 나가야 한다니요. 나갈 이유가 없는데. 치유 방법요? 작은 구멍을 내서 가스를 빼주면 되는 거 아니에요? 그게 바로 사추기思秋期, 즉 50대 이상인 아내들과 40대 이하의 아내들의 세대차죠. 사이토 시게오가 쓴 《아내들의 사추기》[22]를 읽었을 때, 역사적으로는 일과성의 현상일 거라고 생각했어요. 사추기 증후군을 느끼는 여성들이 앞으로 계속 늘어날 거란 생각은 안 들었죠. 왜냐하면, 그 책에서 사이토가 다룬 여성들은 여자인 동시에 5, 60대 일본인이기도 했으니까요. 그 세대 일본인 여성은 고지식할 정도로 성실하니까요. 재밌게 즐기며 가스를 빼주면 되는데 그런 노하우를 몰랐어요. 죄책감을 갖고 있었고요.

297

---

22   사이토 시게오, 《아내들의 사추기》, 교도통신사, 1982년.

도미오카 맞아요.

우에노 하지만 그 아래 세대는 즐기는 걸 나쁘다고 생각하지 않았고, 노하우도 알고 있었죠. 조금씩 가스를 빼는 데 탁월한 재주를 지녔고, 그렇게 지루함을 달랬어요.

오구라 그 지점이 우에노 씨와 저의 본질적인 차이죠. 즐기며 살라고 권하는 우에노 씨와 스스로 벌어먹고 살아야 한다는 나.

우에노 오구라 씨는 절대적 궁핍화론을 주장하잖아요. 고전적이죠, 마르크스처럼 주부는 언젠가 파멸할 거라고 믿고 있잖아요.

오구라 마음껏 즐기는 게 능사인가요? 도키코도 자유롭게 즐기며 살았어요. 춤도 배우고. 그런 즐거움이 진정한 즐거움인가요?

우에노 그건 모르죠. 이 소설에서 도키코는 암으로 죽었지만, 도키코가 여연활동[23]에 몰입해 남편이 홀로 집에 남겨지는 전개가 펼쳐져도 이상할 건 없잖아요. '다녀올게요, 하고 화사한 미소를 지으며 집을 나서는 도키코의 뒷모습을 슌스케는 망

---

23 시간과 물적 자원이 풍족한 포스트 육아기 기혼여성이 혈연, 지연, 사연社緣에서 탈피해 도시형 네트워크 활동에 열중하는 현상을 여연女緣 활동이라 이름 붙였다.
(우에노 지즈코+젠쓰 네트워크 연구회,《여연'이 세상을 바꾼다》, 니혼게이자이신문사, 1988년.)

연히 바라본다.' 이런 결말도 있을 법하죠.

오구라 암으로 죽지 않고 워커스 콜렉티브worker's collective[24]에 뛰어든다?

우에노 그렇죠.

오구라 그건 구제가 아니잖아요.

우에노 난 구제라고 한 적 없어요.

오구라 구제 같은 건 없다는 거죠?

우에노 그렇죠.

오구라 그럼 다를 게 없잖아요.

우에노 다르죠. 집을 나오는 건 카타스트로피(Catastrophe, 재앙)잖아요. 오구라 씨는 카타스트로피를 바라고요. 주부는 언젠가 반드시 파멸의 엔딩을 맞이할 거라 생각하죠. 집을 떠나는 것, 즉 최종적인 카타스트로피를 목표로 두고, 정신적으로 궁지에 처해 그쪽으로 가는 걸 기대하고 있어요. 그러니 가스 배출에도 한계가 있다는 얘기를 하는 거고요. 나는 한계가 없다, 아무리 기다려도 카타스트로피는 오지 않는다고 말하고 싶은 거예요.

오구라 내 주변 주부들은 다들 노이로제에 걸려 있는걸요.

---

24   소비자 생활협동조합의 조합원들이 조직한 소규모 생산자 협동조합. 케이터링이나 레스토랑 경영, 제빵 등을 한다.

우에노 그건 오구라 씨 주변에 그런 사람들이 모이는 거고요. 그게 아니면 오구라 씨가 몰아붙이는 거 아니에요?(웃음)

오구라 성실한 주부들은 내 주변에 모이고, 불량한 주부들이 우에노 씨에게 끌리는 거죠(웃음).

고독해질 수 없는
남녀

도미오카 우에노 씨에게 끌리든, 오구라 씨에게 끌리든, 주부들은 왜 혼자가 되려 하지 않는 걸까요? 그편이 안전해서? 혼자가 두려운 걸까요?

오구라 혼자가 되려 한다는 건 무슨 뜻이죠?

도미오카 개인이 되는 거죠. 결혼을 했더라도요. 혼자여도 정신적으로 힘들어할까요?

300

오구라 혼자가 되면 에로스의 문제고 뭐고, 일단 경제적인 문제가 앞서죠. 정신적으로 힘들어할 겨를이 없어져요.

도미오카 먹고사는 문제가 선결 과제가 된다?

오구라 하지만, 남편과 같은 구청에서 일하며 봉급도 같고 동갑에 맞벌이하며 경제력까지 가진 여자도 같은 문제에 봉착하고 말아요.

도미오카 아, 그렇군요. 역시 같은 집에 사는 게 문제야(웃음).

우에노 그럴지도요. 하지만 아까 도미오카 씨가 한 얘기가 답이에요. 왜 혼자가 되지 못하느냐, 혼자가 되는 게 두려우니까. 이 작품의 미와 슌스케도, 도키코도 요컨대 혼자이고 싶지 않은 거죠.

도미오카 부인이 죽자마자 바로 재혼 상대를 찾잖아요.

우에노 에토가 정확하게 표현하고 있어요. 이 정도의 소통 장애가 발생하는데도 결코 고독해질 수 없는 일본의 남녀.

도미오카 그렇죠.

우에노 완전한 몰이해 속에서도 고독해질 수 없어요. 몰이해가 반드시 고독을 의미하지 않는 게 일본답죠. 뭐라 할 말이 없네요.

오구라 하지만 설령 미국인 부부였다면, 부부라도 처음부터 고독하다는 식으로 말할 거라는 이야기가 있잖아요. 그런 전제는 사실인가요?

도미오카 저도 궁금해요.

우에노 이토 세이와 에토 준, 야스오카 쇼타로가 '문학의 가정

과 현실의 가정'[25]이라는 제목으로 좌담회를 열었는데, 상당
히 진심이 드러나서 흥미로웠어요. 좌담회에서 미국 가정에
대해 이야기하는 대목이 있는데, 실제와는 상관없이 그들의
눈에 비친 미국 가정의 인상을 알 수 있거든요. 세 사람 다, 끈
끈한 정 없이 남이라 해도 다를 바 없는 가정은 너무 별로라면
서 놀라울 정도로 그 의견에 공감을 표하더라고요.

도미오카 일본에서 부부란 남이 아니니까.

우에노 에토 준과 이토 세이와 야스오카 쇼타로, 이 세 사람의
의견이 일치한다는 점에서 무척 전형적인 좌담회죠. 1965년
당시 일본 남성 지식인의 가정관이 잘 드러나 있어요. 이 좌담
회 기록을 읽으며 기분이 한없이 우울해지더군요. 지금으로
부터 20여 년 전인데, 이토록 야만적인 사회였다니.

도미오카 불과 20년 전인데!

우에노 야만적이에요. 문명이라고는 찾아볼 수가 없죠. 셋 중
가장 연장자인 이토 세이가 참으로 고리타분한 소리를 해요.
'아내를 자기 안에 동화시키는 형태로, 자신이 가족의 대표자
로서 단독자라는 입장으로 쓰는 경우가 많지 않습니까. …우
리는 아내의 슬픔을 타인으로서 대하는 게 아니라 자신의 아

302

---

25   '대담' 이토 세이, 에토 준, 야스오카 쇼타로, '문학의 가정과 현실의 가
      정', 〈군조〉 1965년 10월호.

품으로 대하고 있는 게 아닐까요. 그러므로 아내는 결코 타인이 아니라, 자기 안에 동시에 존재합니다. …우리에게 아내는 서양의 '와이프'와는 다른 존재입니다.'

그 말에 에토가 이렇게 답하죠. '지금 이토 씨가 하신, 자기 안에 아내를 동화시켜 아껴준다는 말은, 거꾸로 말해 자기 자신만 아낀다는 뜻이겠죠.' 그러자 이토가 '바로 그겁니다. 그러한 감정의 정체를 정확히 모르겠고, 잘 표현하지도 못하겠군요'라고 대꾸하는데, 정체를 왜 모른다는 건지(웃음).

이토 세이는 이런 말도 해요. '우리는 마음에 드는 여자가 생기면', 누구 마음대로 '우리'인지 아무튼… '나는 이 인격을 항복해서 그녀에게 구애해도 되는가, 그것은 굴욕적인 행위가 아닌지 먼저 생각한다. …일단 연애부터 시작하는 게 아니라, 우리는 인격의 항복이라는 의식을 거치지 않고서는 연애할 수 없다.'

도미오카 그런 소리를 했죠.

우에노 '그렇지만 결혼을 하면 상대방의 실패는 모두 내 상처가 된다.' 정말이지 웃기지도 않죠. 이런 야만적인 여성관이라니. 여자를 자기와 다른 인격으로 여기지 않는 거예요. 가까운 과거에 이런 일이 있었다니 믿을 수가 없네요.

오구라 지금은 아닌가요?

도미오카 지금도 똑같죠.

고지마 노부오

오구라 맞아요.

도미오카 우에노 씨는 다행히도 야만적이지 않은 사람과 사귀고 있을지도 모르지만.

우에노 야만인은 알아서 피하거든요.

도미오카 기본적으로 달라진 건 없어요. 소설을 읽는 방법부터 시작해, 다른 것도 대부분 그렇잖아요. 그러니까 주부들은 모두 우에노 씨에게 몰려가는 거 아니에요? 그냥 혼자가 되면 되는데. 그런 아저씨들은 버리고.

오구라 잘도 그러겠어요.

우에노 일본 남자가 아내라는 타인을 평생 이해하지 못하면서도 고독해질 수 없고, 고독해지고 싶지 않아하는 것과 마찬가지로, 아내 역시 똑같아요.

도미오카 음, 대체 어떤 심리일까요. 농경민족이라서… 뭐 그런 간단한 이유는 아니잖아요.

우에노 가족이란 인간을 고독하게 하지 않는 시스템이죠. 정확히 말하면 고독하다는 느낌을 받지 않도록 하는 시스템.

오구라 '오구라 씨처럼 혼자 살아도…' 하는 소리를 하는 주부들이 있어요. 경제력 이야기가 아니에요. '다른 사람을 자기 삶의 방식에 공명하게 해서 함께 살아가야겠다는 마음이 들게 하는 사람은 몰라도, 그런 능력이 없는 우리는 애 아빠하고 같이 있을 수밖에요. 그런 주부 마음을 모르는 사람이 페미니즘을 말한다고요?'라면서. '나이 들었을 때 누가 돌봐주나요? 오구라 선생님이라면 돌봐줄 사람이 있겠죠, 가족이 아니더라도'라지 뭐예요.

도미오카 그건 모를 일이죠.

오구라 모르죠.

우에노 그 여성들에게 자신이 이 세상에서 철저하게 혼자가 아니라는 걸 담보해줄 존재란, 남편이 아니라 자식 아닌가요?

오구라 노후를 생각하면 자식이겠지만 일단은 남편이죠. 육체적인 문제도 있을 거고요.

도미오카 남편한테 성적인 걸 기대한다는 뜻이에요?

오구라 딱히 섹스하지 않더라도, 원룸 같은 데서 추운 날에 혼자 이불 뒤집어쓰고 자면 너무 쓸쓸하잖아요. 누가 옆에 있고 체온이 느껴지고 숨소리가 들리고 이 가는 소리가 들리는 게 좋은 거죠.

우에노 남편과 떨어져 사는 여성이라도, 남편이 자기 옆에서 새근새근 잠들어 있지 않아도 어딘가에 본인이 철저하게 혼자가 아님을 담보해주는 존재가 있는 셈이지요. 여자에겐 남편보다 자식 아닐까요?

오구라 자식의 존재가 더 강하죠. 하지만 40대 주부에게 이제 성적인 감정은 없지 않느냐고 물었더니 있대요. 일본인은 물리적인 것에 약하다나. 뇌사 판정을 받아도 몸이 따뜻하면 살아

고지마 노부오

305

있다고 생각하잖아요. 섹스하지 않는 남편이라도, 또는 섹스 같은 건 성가시다고 생각하면서도, 남편이라는 물리적 존재가 사라지는 건 견딜 수 없죠. 요컨대 육체란 곧 온기예요.

우에노 남편과 섹스하지 않아도 가족을 그만두지 않잖아요.

오구라 그렇죠.

우에노 가족이란, 자신이 철저하게 혼자라는 감각에 직면하지 않게 해주는 마지막 보안 도구일까요.

도미오카 그런 것 같아요. 보안 도구라기보다는 보안장치. 절대로 혼자가 아니라는 일종의 무대장치.

우에노 그 속에서 소름 돋는 증오와 갈등이 생길수록 관계가 얼마나 단단한지를 실감하죠.

도미오카 오히려.

오구라 그런 이야기를 들었어요. 조폭 남편에게 폭행당해 여성 상담소에 도움을 요청해 피신한 사람이 일주일쯤 지나면 남편한테 돌아간다는… 밤중에 몰래 말이죠.

우에노 아무것도 없는 것보다는 나으니까요. 아무리 끔찍하더라도 없는 것보단 낫죠.

오구라 모두 화분 속 식물이니까요. 화분이 없으면 안 되죠. 평범한 땅에는 뿌리를 내리지 못해요.

도미오카 너무 넓은 곳에 있으면 고독하니까요. 화분이 있으면 가는 거죠. 미덥지 못한 남자라 할지라도.

오구라 서양인과 일본인은 고독에 대한 내성, 즉 톨레랑스 tolérance에 있어 너무나 달라요. 일본 페미니즘이 '주부 페미니즘'에서 한발도 못 나아가는 것도 그래서예요.

도미오카 그건 그래요.

일본의
카미유 클로델

우에노 인간의 고독을 어떠한 형태로 표현해 전하는 게 문학의 역할이라면, 협박이 부족해요. 문학자의 독기가 부족해요.

도미오카 문학자가 고독을 두려워하는 시대잖아요.

우에노 그렇죠.

도미오카 툭하면 무리를 짓고.

우에노 맞아요.

도미오카 독신인 사람도 얼마 없죠. '가족 만만세'예요.

우에노 작가들도 평범한 소시민이니까요. 고지마 노부오는 어땠을까요? 《포옹가족》은 혼자가 되고 싶지 않은 남자의 몸부림이 좌절되는 과정을 희화화한 작품일까요, 아니면….

고지마 노부오

도미오카 아마 반쯤은 진지하지 않을까요?

우에노 혼자가 싫은 소시민적 욕망의 절절함에 보내는, 한없는 공감이 느껴지지 않나요?

도미오카 하지만 혼자이고 싶기도 하죠.

우에노 이만큼 희화화해서 그려낼 정도로 밀어내고 있다는 뜻이니까요.

도미오카 혼자라는 감각을 본인이 알지 못하면 희화화하긴 어렵죠.

우에노 그렇죠. 미와 슌스케가 이만큼 희화화되어 그려졌다는 건, 작가가 거리감을 갖고 있었다는 뜻이니까요.

도미오카 아내 쪽도요.

우에노 '이만큼 매력 없는 주인공도 드물다'[26]나, '이렇게 매력 없는 여자를 아내로 삼다니'[27]라고 이야기하는 평론가도 있어요.

---

26 예를 들면 가와카미 데쓰타로의 발언. 주16 참조.

27 야마모토: …나는 이 부인에게서 아무런 매력도 못 느끼겠더군요. 처음에는 부부 사이가 원만하다가 점점 삐걱거리는 과정을 그린 거라면, 부인의 매력을 조금 더 표현했어야 하는 게 아닌가 싶습니다만. 이건 그런 소설이 아닐 테니 그냥 읽었습니다.
후쿠나가: 이만큼 매력 없는 여자와 사는 걸 보면, 역시 부부란 참 대단하다는 생각은 드네요(웃음).
(주15의 '창작합평'에서 야마모토 겐키치, 후쿠나가 다케히코의 발언.)

도미오카 진심으로 하는 소리예요? 어이가 없네.

우에노 그러고도 문학평론가라는 건지.

도미오카 작가가 그런 식으로 보이도록 쓴 거잖아요.

우에노 평론가에게 그런 발언을 끌어낸 셈이니, 엄청난 재능이죠. 역시 대단한 작가예요.

도미오카 우에노 씨도 기분 나쁘다고 했잖아요. 다니자키 준이치로의 소설에 이런 날것의 불쾌함은 없었잖아요.

우에노 그런 관점에서 보면, 다니자키나 미시마는 지극히 알레고리컬한 소설을 쓰는 작가들이라 할 수 있죠.

도미오카 닮은 구석이 있어요.

우에노 둘 다 신이죠.

도미오카 아까 이야기한 '문학의 가정과 현실의 가정'이라는 좌담이 고작 20년 전이죠. 제가 도쿄에 상경한 지 30년이 됐어요. 30년 전은 어땠는지 상상이 가죠?

우에노 가죠. 이래 봬도 일단 지식인이라 불리는 사람들인데 말이에요.

오구라 그러게요. 도미오카 씨도 그런 고생을 했던 거예요?

도미오카 가끔 손에 진땀이 날 때가 있어요.

우에노 한이 많으시구나.

도미오카 '너의 유일한 미덕은 남에게 무슨 소리를 들어도 금방 잊어버리는 거란다'라고 어릴 적부터 어머니가 말씀하셨

고지마 노부오

죠. 그런데도 그랬어요.

우에노 생각지도 못한 부산물은, 이 좌담회에서 요시유키 준노스케 작가론이 나온 거죠. 1965년 단계에서, 에토는 요시유키 준노스케에게 시대에 뒤처졌다는 선고를 내려요. 멋지죠. 그 말에는 감동했어요. 이토 세이가 몇 번이고 '요시유키 준노스케의 작품에는 일본 남성의 이미지를 되살려낸 듯한 부분이 있다'며 요시유키를 칭찬해요. 요시유키의 작품은 '전형적인 패턴인데, 그 패턴에 일본 남자들은 한숨 돌릴 수가 있다'나 '선조 대대로 일본 남자가 개척해온 루트가 풍부하다. 그걸 전부 이용할 수 있는 전개를 펼치는 것만 해도 대단하다' 등등. 그에 대해 에토는 이렇게 펀치를 날려요. '하지만 왠지 '그리운 멜로디' 같은 감정이 느껴져요. 거기에 매력을 느끼는 거겠죠.' 한마디로 시대에 뒤쳐졌다는 소리죠.

도미오카 이토 세이는 당시 유행한 작가였지만 지성적인 작가이기도 했죠. 홋카이도 출신인데 《눈빛의 길》이라는 시집을 출판하고 시인으로 출발한 인물이고요.

오구라 하코다테 출신이죠.

도미오카 맞아요. 친구의 동생이었던 사가와 지카라는, 검은 양말을 신고 동그란 안경을 낀 여학생이 상경해 당시 도쿄상과대학(현 히토츠바시대학) 학생이던 이토 세이를 찾아와 영어와 시를 배우게 돼요. 두 사람은 연인이었어요. 시인으로서의 재능은 사가와 지카가 훨씬 뛰어났어요. 그러다 이토 세이가 돌연 다른 여자와 결혼을 해버리죠. 사가와 지카는 스물다섯에 죽었고요.

오구라 자살한 건가요?

도미오카 아니에요. 위암으로 죽었어요. 가엾게도.

우에노 아내와 연인을 저울질한 거였군요.

도미오카 그렇죠. 시를 읽어보면 확연히 보여요. 사가와 지카는 현대시, 이토 세이는 근대시. 이토 세이는 사가와 지카의 시에 대해 아무 평론도 남기지 않았어요.

오구라 그녀가 죽은 뒤에요?

도미오카 네. 나중에 사가와 지카의 시집을 편집하긴 했죠. 하지만 지금 사가와 지카를 아는 사람은 거의 없어요.

우에노 두 여자를 저울질한 뒤 한 여자를 택했다는 건, 자기를 능가할지도 모르는 여자를 피하고 그렇지 않은 여자를 택했다는 건가요?

도미오카 하지만 이토 세이는 결혼한 뒤에도 사가와 지카를 만났어요.

우에노 카미유 클로델이 떠오르네요.

도미오카 가엾죠, 정말 불쌍해요. 문학을 논하러 집을 찾아오는 거였으니 부인도 남편이 사가와 지카와 문학 이야기를 하는 동안에는 밖에 나가 있었대요.

고지마 노부오

오구라 안됐네요.

도미오카 둘 다 불쌍하죠. 제가 13년 전쯤에 사가와 지카에 대한 평론[28]을 썼어요.

오구라 하지만 불쌍하다는 말로 끝내도 될까요? 멋대로 저울에 올려진 사람 입장에서는.

도미오카 당시 시골 여학교 출신은 시를 쓴다는 것만으로도 고생이 이만저만이 아니었을 거예요. 여자가 여학교를 졸업한 후에 영어를 공부한다는 것만으로도 박해를 받죠. 거기에 새로운 형식의 시를 썼으니까요. 아무도 이해해주는 사람이 없었죠. 하지만 이토 세이만은 이해해줄 거라 생각했어요. 하지만 그는 여자가 자신보다 새로운 시도를 한다는 걸 이해하지 못했고요. 불쌍하잖아요. 그냥 모두 다 불쌍하다는 뜻이에요.

우에노 또 도미오카 씨의 '불쌍해' 타령이 시작됐군요. 그런 남자를 알아보지 못하고 순정을 바친 여자가 바보라고 생각할 수도 있지 않을까요?

도미오카 아니, 우에노 씨 같은 소리를 했다간 세상 사람들은 다들 바보가 되어버리게요? 나는 불쌍하다고 생각해요. 우에노 씨는 바보라고 생각하고. 이 차이를 보라고요.

312

---

28   도미오카 다에코, 〈시인의 탄생-사가와 지카〉, 《다양한 시》, 분슌분코, 1984년. 단행본 초판: 분게이슌주, 1979년 출간.

우에노 도미오카 씨는 측은지심을 아는 분이네요.

비평가의 역량은
20년 뒤 드러난다

우에노 하지만 이토 세이는 '다니자키 준이치로상 선평'[29]에서
는 고지마 노부오를 제대로 평가해요. '단적으로 말하자면, 남
성 작가들은 지금까지 아내란 존재에 대해 진지하게 생각하
지 않았다. 또는 생각하는 걸 두려워했다./ …가정에 뿌리를
내리고, 가정을 제 둥지로 삼으며, 여자라는 존재로서의 아내
의 모습은 이 작품에 의해 비로소 일본인의 마음에 정착했다
고 해도 좋으리라.'

도미오카 이 같은 이토 세이의 평가는 정확하다고 생각해요.

우에노 '이 작품이 발표되었기 때문에 일본 여성의 윤곽은 달
라질 것이다.' 훌륭한 평가예요.

도미오카 그런 평을 남긴 건 이토 세이밖에 없죠.

29   이토 세이, 제1회 다니자키 준이치로상 선평, 〈주오코론〉 1965년 11월호.

우에노 정말 훌륭한 평가예요. 걸출하죠. 작품이 나온 직후에 이 정도 수준의 논평을 할 수 있는 사람은 뛰어난 평론가죠. 나중에 다른 평론가가 '나는 그때 잘못된 평가를 했지만, 나중에 마음을 바꿨다'는 멍청한 소리를 했어요. 창피한 줄 알면 가만히나 있지(웃음).

도미오카 손수건이나 물고 분을 참을 것이지(웃음).

우에노 히라노 겐 얘기예요.[30] 바보같이. 그런 점이 히라노 겐의 선량한 면을 보여주지만. 그렇게까지 솔직하게 말할 것 없이 계속 무시했으면 됐을 텐데. 역시 식견의 문제일까요.

도미오카 그렇죠. 이토 세이는 《채털리 부인의 연인》을 번역하기도 했고, 당시 영국의 새로운 평론도 읽었을 테니 현실의 생활감은 차치하고라도 머리로는 알고 있었을 거예요.

우에노 이런 걸 보면 평론가의 역량을 알 수 있죠. 시간이 흐른 뒤 읽어보면요.

---

30   히라노 겐, '〈포옹가족〉의 새로움', 《고지마 노부오 전집5 월보》, 고단샤, 1971년.
         나중에 생각해보니, 나는 이 수작을 제대로 평가하지 못했다는 생각이 들었다. 한마디로 나는 이 작품을 남녀의 본질적 차이를 그려낸 것으로 보고 주로 희화화된 남성에 주목했지만, 그런 추상적인 관점이 아니라 현대 가정의 남녀를 그려낸 작품으로 더욱 구체적으로 논했어야 했다.
         히라노 겐은 〈분가쿠카이〉 1965년 12월호 〈1965년 문단총결산〉에서도 위와 비슷한 발언을 했다.

도미오카 맞아요. 20년쯤 지나면 절로 알게 되죠, 식견이 있었
는지, 없었는지.

우에노 동감이에요.

요시유키
치마오
타니자키
코지마
무라카미
미시마

준노스케
토시오
준이치로
노부오
하루카
유키오

무라카미 하루키
村上春樹

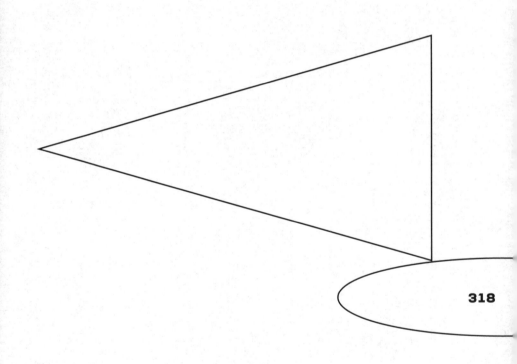

318

노르웨이의 숲

1949년 일본 교토에서 태어나 효고현 아시야에서 자랐다. 와세다대학교에서 연극을 전공했다. 1974년 봄부터 1981년까지 고쿠분지와 센다가야에서 재즈 카페를 운영했다. 1979년 《바람의 노래를 들어라》로 〈군조〉 신인상을 수상하며 데뷔했다. 젊은 독자들의 지지를 받은 이 데뷔작 이후로 주인공 '나'와 친구 '쥐'를 둘러싼 장편 연작의 완결작이라 할 수 있는, 1982년의 《양을 쫓는 모험》(노마문예신인상 수상)으로 평단의 주목을 받았다. 1985년, 《세상의 끝과 하드보일드 원더랜드》로 다니자키 준이치로상을 수상했다. 레이먼드 카버를 비롯한 현대 미국문학을 번역하는 한편 단편집을 출간해 널리 사랑받았으며, 1987년, '100퍼센트의 연애소설'이라는 타이틀을 내건 《노르웨이의 숲》이 300만 부가 넘게 팔린 베스트셀러가 되며 일약 사회현상이 되었다. 그 밖의 작품으로 《댄스 댄스 댄스》 《태엽 감는 새 연대기》(요미우리 문학상 수상), 《해변의 카프카》(세계환상문학상 수상, 〈뉴욕타임스〉 '올해의 책'), 《애프터 다크》, 《도쿄기담집》, 《1Q84》, 《기사단장 죽이기》, 《도시와 그 불확실한 벽》 등이 있다. 서구권에서 작품 대부분이 번역된 몇 안 되는 일본 작가이며, 2015년 〈타임〉이 '세계에서 가장 영향력 있는 인물 100인'으로 선정했다. 프란츠 카프카상, 예루살렘상, 안데르센 문학상 등을 수상했다.

무라카미 하루키

노르웨이의 숲

ノルウェイの森

도이칠란트 함부르크로 향하는 비행기에서 비틀스의 '노르웨이의 숲'을 들은 '나'는 심적 동요를 느낀다. 18년 전인 1969년, 열아홉 살 때 '나를 잊지 마'라는 말을 반복적으로 했던 한 여자를 떠올렸기 때문이다.

그녀(나오코)는 나(와타나베 도루)의 고등학교 시절 친구인 기즈키의 연인이었다. 그 시절 셋은 늘 함께 다녔고, 특히 소꿉친구였던 기즈키와 나오코 커플은 마치 한 몸처럼 서로의 존재를 공유했다. 하지만 어느 날 갑자기 기즈키가 자살하고 나는 나오코와 연락이 끊긴다. 하지만 대학 1학년 때 우연히 나오코와 다시 만난 나는 기즈키의 그림자를 느끼며 매주 데이트를 하게 된다. 그러던 어느 날, 나는 나오코와 관계를 가진다. 하지만 그날을 계기로 나오코는 행방을 감춘다.

나는 나오코의 본가에 장문의 편지를 보내고, 그녀에게 연락이 오기를 기다리는 동안 조금 독특하지만(애인이 따로 있으면서 나에게 성적인 이야기를 아무렇지도 않게 하는) 밝은 성격의

320

여성 미도리와 알게 된다. 때로는 같은 기숙사 선배인 나가사와를 따라 처음 만난 여자와 '원 나잇 스탠드'를 하기도 한다.

그즈음, 나오코는 마음의 병을 얻어 요양시설에 들어가 있었다. 나오코의 편지로 그 사실을 알게 된 나는 그녀를 만나러 간다. 나오코와 같은 방을 쓰는 레이코 씨라는 피아노 선생과 만나 그녀들의 이야기를 듣는다. 나오코는 오래전 목매달아 자살한 친언니를 목격한 적이 있었고, 나에게 자신의 병은 네가 생각하는 것보다 훨씬 깊다고 말한다. '그러니까 기다리지 마. 먼저 갈 수 있으면 먼저 가. 그냥 날 잊지 마. 가끔 만나러 와줘'라면서.

나는 나오코에게 기다리겠다고, 시설에서 나오면 같이 살자고 대답한다.

하지만 나의 생활에서는 점점 미도리의 존재가 커져간다. 하지만 나는 다시 요양시설을 찾아 나오코에게 기숙사를 나와 집을 구할 테니 같이 살자고 말한다. 하지만 나오코는 대답하지 않고, 대신 나오코의 병세가 악화되었다는 레이코 씨의 편지를 받는다.

한편, 미도리는 애인과 헤어지고 나에게 감정을 고백한다. 나는 이미 미도리와의 사이에 결정적인 뭔가가 존재한다는 사실을 자신에게 인정할 수밖에 없었다. 하지만 나오코에게 그 사실을 털어놓을 수는 없다. 나는 대신 레이코 씨에게 솔직한

무라카미 하루키

심정을 적은 편지를 보내고, 따스한 격려를 받지만 그 직후 병세가 악화된 나오코는 숲에서 목매달아 자살한다.

단지 시기의 차이일 뿐 언젠가는 일어날 일이라는 걸 알고는 있었지만 충격을 받은 나는 미도리를 찾아가지도 못한 채 홀로 지방을 떠돈다. 8년 만에 요양시설에서 나온 레이코 씨가 그런 나를 찾아온다. 나오코의 '밝은 장례식'을 치르고 나서 두 사람은 함께 밤을 보내고, 레이코 씨를 보낸 뒤 겨우 기운을 차린 나는 미도리에게 전화를 건다. 1987년작.

와타나베 군은
블랙홀

우에노 무라카미 하루키의 초기 단편은 지금까지 딱히 싫지 않았지만, 《노르웨이의 숲》은 정말 어처구니가 없을 만큼 지루하더군요. 시간 아까워, 내 돈 내놔, 하는 느낌. 동인지로 냈으면 30장 안에 끝날 이야기를 900장으로 늘리다니, 내 시간과 돈, 돌려줘!

오구라 그런 평가를 내리는 사람이 많겠죠. 저도 초기 단편집은 괜찮게 읽었어요.

우에노 처음 단편을 읽었을 때, 일본 소설치고는 대단히 선명하고 신선한 작품이라는 느낌이었죠. 처음에 반딧불이 이야기가 나오잖아요. 원래 〈반딧불이〉[1]라는 30매 분량의 단편이었어요.

도미오카 작가 후기에도 나오죠.

우에노 하지만 단편을 차곡차곡 쌓는다고 장편이 되는 건 아니

---

1   무라카미 하루키, 《반딧불이, 헛간을 태우다, 그 외 단편》, 신초샤, 1984년. 문고판은 1987년 출간. (한국에서는 《반딧불이》로 출간되었다-옮긴이)

니까요. 디테일에서는 단편의 장점을 잘 살렸지만, 끝까지 읽고 나면 대체 왜 이만큼의 시간을 들여 900페이지나 읽었을까 싶어요. 무라카미 하루키를 좋아하던 평론가 나카노 미도리도 《노르웨이의 숲》에 대해서는 이렇게 말해요. '《노르웨이의 숲》을 읽고 깜짝 놀랐다. 너무 재미가 없어서였다. 처음부터 끝까지 아무 감흥도 없었다. (중략)/ 나는 이 소설을 읽고 '존경하던 미식가가 실은 돈까스 덮밥을 제일 좋아했다는 사실을 알아버린 듯한 실망감'을 느꼈다'[2]라고 했는데, 하루키 팬이었던 사람들은 공통적으로 이렇게 생각한 거 아닐까요?

도미오카 오구라 씨는 어땠어요?

오구라 기분 나빴어요.

도미오카 속이 울렁거렸나요? 어째서?

오구라 요시유키 준노스케를 읽었을 때와 비슷한 느낌을 받았어요. 뭔가 끈적거리는 지렁이 같은 남자.

도미오카 특히 여성에게?

오구라 네. 여자에게 가혹하고 지독하게 자기중심적이죠. 하지만 주변 사람들은 다정하다, 상냥하다, 그런 말을 해주고. 이유를 모르겠어요. 이 주인공, 와타나베 도루의 어디가 다정하

324

---

2   나카노 미도리, 〈《노르웨이의 숲》과 《그래도 우리의 나날》〉, 〈쇼쿤〉 1988년 11월호.

다는 거죠? 얘를 병원에 입원시켜야 하는 거 아니에요(웃음)? 정신이 병든 건 얘라고요.

도미오카 이 친구는 평범한 의미로 친절, 그러니까 언뜻 보기에 친절해 보이는 거죠.

오구라 그렇죠, 언뜻 친절해 보이지만 전혀 친절하지 않아요.

편집부 하지만 일반적으로는 이야기를 잘 들어주는 다정한 남자로 평가되죠. 작가 무레 요코도 '다정하고, 조금 못 미더운 구석이 있지만 어떤 의미에서는 여자에게 이상적인 남자죠'[3] 라고 했고, 나카노 미도리도 비슷한 얘기를 했어요.[4]

도미오카 오구라 씨는 뭔가 시큼한 걸 삼킨 표정이네요. 뭐가 그렇게 마음에 안 들어요?

오구라 이런 문장이 마음에 안 들어요. '나는 낯선 여자와 자는 걸 그다지 좋아하지는 않았다.' 이걸 솔직하게 쓰면, '나는 낮

---

3 〈선데이마이니치〉 1988년 12월 11일호에서의 대담.
4 '나'는 여자들에게 최고의 사이코테라피스트(정신요법의)나 마찬가지이다. 이 소설을 읽은 모 30대 남성은 무엇보다 '주인공 '나'는 매사에 평범한 남자라고 말하지만, 그런 것치고는 여자들에게 인기가 많다'는 사실에 눈이 휘둥그레졌지만, '나'의 인기 비결은 여자들의 고백(=나는 이렇게 특이해, 나는 이렇게 병들었어…)를 무엇보다 끈기 있게 들어주는 뛰어난 재능 덕이다.
'나는, 난 말이야…'라는 이야기를 순순히 들어주는 '나'가 요즘 여성들의 마음을 사로잡지 못할 리가 있겠는가.
(출처는 주2와 같음.)

선 여자와 자는 게 아주 싫지는 않았다'잖아요(웃음). 똑바로 말하면 되잖아. 왜 이런 식으로 폼 잡으며 쓰죠?

도미오카 그런 문장이 한두 개가 아니죠.

오구라 더 싫은 건, 아침에 여자가 '거울을 향해 머리가 아프다, 화장이 안 먹었다 등 불평불만을 하면서 립스틱을 바르거나 속눈썹을 붙인다. 나는 그런 게 싫었다'. 이건 흔한 여성혐오 자잖아요(웃음). 대체 어디가 새로운 남자라는 거죠?

우에노 신선하다는 느낌이 드는 건, 지금까지 이토록 수동적인 남자 주인공이 없었기 때문이겠죠. 그런 면에서는 획기적이라 해도 좋아요. 와타나베는 허초점이랄까, 블랙홀 같은 존재인데, 그 블랙홀에 접촉하는 사람들의 반응으로 그의 윤곽을 어렴풋이 파악할 수 있죠. 내면은 새카만 암흑 같고, 그 안으로 모두 빨려 들어가는 거죠.

도미오카 와타나베가 블랙홀 같은 존재라고요?

우에노 네. 인간의 윤곽이나 주체성 같은 건 보통 능동성에서 나오잖아요. 와타나베에게서는 능동적인 액션을 전혀 찾아볼 수 없어요. 그에게 액션이란 모두 주변에서 발생하는 것이죠. 그러니까 와타나베라는 남자가 만일 실재한다면, 주변 사람들이 모두 오지랖이 넓어서 그에게 참견한다는 건 대단히 행운이라 할 수 있죠. 보통 이런 블랙홀 같은 남자에게는 아무도 적극적으로 손을 내밀지 않을 테니… 오타쿠가 되기 십상이죠.

326

오구라 현실에 있었다면 오타쿠가 되었을까요?

우에노 만일 아무도 손 내밀어주지 않았다면요. 다른 사람들이 주인공과 적극적으로 연결되려 한 덕에 이야기가 움직이지만, 그게 아니었다면.

도미오카 이 사람은 아무것도 안 해요. 학교에 가거나 아르바이트를 하거나 도서관에서 책을 읽을 뿐. 기숙사로 돌아와 빨래를 하거나.

오구라 아니, 그런 소극적인 특성조차 없지 않나요? 오히려 비뚤어진 능동성이 느껴지던데.

우에노 비뚤어진 능동성이 뭐죠?

오구라 한 반에 한 명쯤 꼭 있지 않아요? 전혀 눈에 띄지 않으면서 요령은 아주 좋은 애들요. 본인이 직접 외부와 연결되려 하지 않고 계속 한 자리에 가만있지만 자존심은 엄청나게 세서 스스로 뭘 하자고 말하는 법이 없고, 상대방이 뭘 하자고 말을 꺼내게 하는 기분 나쁜 사람.

도미오카 그런 느낌인가요?

오구라 네.

도미오카 하긴, 별로 좋은 사람은 아니죠.

오구라 오타쿠가 차라리 낫죠(웃음).

우에노 와타나베를 오타쿠라 부르는 건 오타쿠에게 미안한 일이죠(웃음).

327

도미오카 오타쿠들이 화를 낼까요?

오구라 오타쿠도 집단에서는 허초점 같은 존재이지만, 자기 중심점을 향해 구심적으로 움직이잖아요. 와타나베한테는 그조차 없어요. 허초점마저 존재하지 않죠. 예를 들면 이 사람은 매사에 '관심 없다'고 해요. 하지만 다음 장을 넘기면? 사실은 엄청나게 관심이 있다는 게 드러나요(웃음). 나가사와 선배에 대해서도 이렇게 말하죠. '나는 그의 인간성의 무척 기묘한 부분, 복잡한 부분에 관심이 갔지만, 성적이나 아우라나 남자다움에는 눈곱만큼도 관심이 없었다.'

도미오카 그렇게 말하면서…

오구라 세 페이지만 넘기면 나가사와를 따라 술을 마시러 갔더니, 여자들이 모두 나가사와의 이야기에 감동하거나 웃는 장면이 나오잖아요. '전부 나가사와의 마력이다. 나는 정말이지 엄청난 재능이라며 매번 감탄한다.' 아무 관심 없다고 하면서 인기 있는 남자의 인기에 무척 관심을 갖죠. 콤플렉스를 품고 인기 있는 남자를 모방하려고 하는 거 아니에요?

우에노 빨판상어처럼.

오구라 그렇죠.

도미오카 혹독한 평가네요.

우에노 이렇게 능동성이 결여된 남자는 요즘 세대란 느낌이 들죠.

오구라 요즘 젊은 세대 중에 이런 사람이 많지만, 와타나베보다는 괜찮은 인상이에요(웃음).

게다가 와타나베는 늘 남의 말을 인용해 자기를 칭찬해요. 아까 나온 나가사와의 말을 빌려서, "'이 기숙사에서 그나마 정상인 건 나하고 너밖에 없어. 나머지는 다 종잇조각 같은 녀석들이지'/'무슨 근거로 그런 소리를 하죠?' 나는 황당해하며 물었다." 거짓말이죠. 황당해하지도 않으면서. 본인도 그렇게 생각하고 있을 텐데요. 나가사와하고 본인만 특별하다고 여기면서 남이 그렇게 말하니 '황당하다'고 하는 후안무치함이 소름 끼쳐요.

도미오카 음, 그렇군요.

오구라 안 그런가요? 자기 칭찬을 과하게 하잖아요. 그것도 간접적으로.

도미오카 그렇게 느꼈어요.

우에노 자신에 대한 묘사를 모두 남의 입을 빌려 말하게 하죠. '당신은 이런 사람이죠' 하고.

329 **도미오카** 그런 서술이 많았어요.

우에노 남의 입에서 나온 말에 대해서 모두 긍정해요. 서술 내용에 대해 책임지지 않는 스탠스를 줄곧 취하면서.

여성의
리얼리티

도미오카 여자와의 관계에서도 그렇고요. 정신병원에 들어간 나오코가 와타나베한테 그러잖아요. 내가 여기 있으니까 다른 여자랑 섹스하지 말라고. 와타나베는 원래 나가사와랑 같이 원 나잇도 즐기고는 했지만, 그 말은 들은 뒤로는 안 하게 되었고요. 그랬더니 미도리가 자기 아버지가 죽었으니 집에 와달라고 하죠. 외로우니까 그냥 안고만 자자고. 와타나베는 힘들지도 모르지만 머리를 쓰다듬으며 착하지, 착하지 해달라고. 그 말을 듣고 그대로 해주잖아요. 그것도 본인이 나서서 '외로울 테니 위로해주겠다' 하는 게 아니라 상대가 해달라고 하니까 해주죠. 본인은 꾹 참으면서. 그러고 나서 그때는 힘들었지, 하고 물으니 힘들었다고 대답해요. 요즘에는 이런 상황이 일반적인가요?

330

우에노 애인이 따로 있는 남자가 성욕을 참는다는 건 전혀 평범하지 않은 것 같은데요. 현실적인 묘사는 아니죠. 하지만 여자는 무척 현실적이에요.

오구라 맞아요.

우에노 단순히 작가의 상상의 산물이 아니라는 걸 알 수 있는 장면들이 들어와요. 그가 전혀 이해하지 못하는 타자의 발언을 들은 게 아니라면, 이런 식으로는 쓸 수 없겠다 싶은 대사들이 있죠. 미도리는 아마 실재하는 사람 여러 명을 모델로 삼아 복합적으로 그려낸 인물일 거예요.

도미오카 그래요? 나는 별로 현실적이라 생각하지 않았는데.

우에노 정말요? 저는 무척 현실적이라 생각했어요. 아, 이 부분은 그런 애한테서 가져왔겠구나, 이 부분은 저런 애한테서 가져왔겠네, 하고.

도미오카 현실감이 없다기보다… 미도리가 매력적이라는 식으로 계속 말하잖아요. 하지만 난 딱히 별 매력을 못 느끼겠던데요.

오구라 그럼 어떤 인물이 현실적이라고 생각하셨나요?

도미오카 레이코 씨요. 그 사람이 제일 현실적이었어요.

우에노 현실적이라기보다는, 도미오카 씨하고 제일 비슷한 인물이라 그런 거 아니에요?(웃음)

도미오카 내가요? 웃자고 한 소리죠(웃음). 내가 이렇게 친절하다고요? 정신이 아픈 어린 여자와 같은 방을 써줄 정도로 박애주의자는 아니라고요.

우에노 레이코라는 인물이 이해가 안 간 건, 홋카이도로 가던 도중 와타나베를 찾아와 인생의 마지막 섹스라 생각하고 관

331

무라카미 하루키

계를 갖는다는 거예요. 고작 마흔 살인데 말이에요! 제가 지금 40대예요.

도미오카 이상하죠. 젊은 와타나베가 주름인 듯한 곳을 만졌다. 주름인 줄 알았지만 주름이 아니다, 이런 묘사가 많아요. 이상하잖아요.

우에노 이상하죠.

도미오카 이 사람은 아직 할 수 있구나. 그런 당연한 소리를 대체 왜 하죠?

우에노 마흔이면 성욕이 한창 왕성할 나이잖아요(웃음). 레이코를 제외하면, 미도리의 인물 묘사에 가장 공을 들인 느낌이에요. 이 소설에서 유일하게 살아 있다는 느낌이 드는 인물이에요.

도미오카 어느 부분에서?

우에노 예를 들면 자기가 딸기 케이크를 먹고 싶다고 해서 남자가 사 온다. 하지만 막상 사 오니 케이크를 집어던진다. '난 남자애가 이렇게 말해줬으면 좋겠어. 알았어, 미도리. 내가 잘못했어. 네가 딸기 케이크를 먹기 싫어졌다는 걸 미리 알았어야 했는데. 내가 당나귀 똥처럼 멍청하고 센스가 없었어. 사과하는 뜻으로 다른 걸 사줄게. 뭐가 좋아? 초콜릿 무스, 아니면 치즈 케이크?'

332

도미오카 여자들이 그런 소리를 하나요?

우에노 저는 할 것 같은데(웃음). 그리고 미도리는 부잣집 딸들이 많은 학교에 다니는 가난한 집안 출신이라는 설정이잖아요. 이런 구절이 있죠. "부자의 가장 큰 이점이 뭐라고 생각해?' /'모르겠는데'/ '돈이 없다는 말을 할 수 있다는 거야. 이를테면 내가 우리 반 친구들에게 뭘 하자고 하면, '난 지금 돈이 없어서 안 돼'라고 해. 반대 입장일 때 나는 절대로 그런 말 못 해. 내가 지금 돈이 없다고 하면, 그건 정말 돈이 없는 거야. 너무 비참하지. 예쁜 여자가 '나 오늘 얼굴 꼴이 말이 아니라 밖에 나가고 싶지 않아'라고 하는 것과 똑같아. 못생긴 애가 그런 소리를 한다고 생각해봐. 비웃음을 살 뿐이지.' 이런 대사는 무라카미 하루키의 빈곤한 상상력에서 나올 수 있는 말이 아니죠.

오구라 부인 얘기일까요?

우에노 그건 모르죠.

오구라 본인이 아는 사람들을 이어 붙여 만들었다고 했어요.[5]

우에노 개개의 에피소드는 본인이 겪은 일들, 즉 실제로 모델

333

---

5 무라카미 하루키 인터뷰 《노르웨이의 숲》의 비밀, 〈분게이슌주〉 1989년 4월호의 발언. 부인은 어떤 사람이라는 질문에 무라카미 하루키는 이렇게 대답한다. "미도리라는 인물도, 내가 아는 몇몇 사람들을 이어 붙인 부분이 있어요. …제가 아는 여자 중 몇 명을 부분적으로 차용했고, 그중에 아내도 어느 정도 들어 있고요."

이 있었을 거라는 느낌이 들 정도로 현실감이 넘쳐요. 아까 든 예도, 그때는 그냥 꼭 안아줬으면 좋겠다고 생각했을 뿐인데, 어쩌다 보니 섹스하게 됐다. 고등학생쯤 되는 여자애가 이런 이야기를 하는 걸 자주 듣잖아요. 그 또래 아이들이 남자애와 밀착하고 싶은 감정은 성욕이나 육욕과는 다르니까요.

도미오카 그럼 뭔데요? 접촉욕?

우에노 예를 들면 부모와의 문제라든지, 복잡한 문제가 많아서 외로워서 죽을 것 같다. 그러니까 성적으로 무해하고 위협이 되지 않는 남자가 그냥 꼭 안아줬으면 좋겠다… 하는 심리?

도미오카 그럼 아빠가 안아주는 거하고 똑같은 거네요? 다정한 아빠가.

오구라 요즘 남성 동성애자들이 인기 있는 게 그래서예요.

도미오카 아무 짓도 안 하니까.

우에노 자연스럽게 대하니까.

오구라 다정하기도 하고요. 여성적인 감정을 잘 헤아려주고.

우에노 자기가 완전히 받는 쪽, 그러니까 객체가 되어주죠. 당신의 요청에 응하겠습니다, 하고.

334

도미오카 그건 남자를 바보 취급하는 거 아닌가요? 여자도 그렇지만, 그냥 응석을 부리고 싶어서 남한테 안아달라고 하는 거예요? 외로우면 혼자 꾹 참으면 되잖아요(웃음).

우에노 잠깐만요. 참으면 된다니요. 지금까지 남자는 참지 않고 자기 편할 대로 여자를 이용했잖아요. 이제 여자도 참지 않고 자기 편할 때로 남자한테 안아달라고 해야죠.

도미오카 왜 못 참는데요? 어린애예요?

우에노 강하지 않으니까요. 인간의 약한 부분을 그리는 게 소설이잖아요. 강한 면을 그리면 이야기가 아니죠.

도미오카 소설 얘기는 잠깐 제쳐두고, 요즘 젊은 세대는 정말로 그런 사람이 많나요?

우에노 중년도 마찬가지예요. 30대가 되어도 그렇게 생각하죠. 누가 안아줬으면 좋겠다고.

도미오카 음. 왜 어린아이처럼 남이 안아주기를 바라는 걸까요? 그리고 그런 마음이 들더라도 여자끼리는 안 되는 이유는 뭘까요? 여자는 왜 수요가 없죠?

우에노 이성애 신화가 너무 뿌리 깊게 박혀 있기 때문이죠.

도미오카 남자가 좋은 거예요? 동성애자라도?

우에노 그렇죠. 하지만 남자의 약점을 이용한다는 건 분명하죠. 여자였다면 상대를 존중해야 하니까, 그런 식으로 남에게 제멋대로인 부탁을 하면 안 된다고 자제심이 발동할지도 모르지만, 남자의 이성애는 이용하는 거죠. 그러니까 딸기 케이크를 사 오라고 하고는 던져버리고, '난 이런 거 원하지 않아'라고 태연하게 말할 수 있죠. 남자에게라면.

도미오카 교태를 부리는 거죠. 그게 싫어요.

→

우에노 그건 이 소설이 싫다는 게 아니라, 요즘 여자들이 싫다는 소리나 마찬가지예요.

도미오카 요컨대 나오는 대로 막말을 하고 싶은 거잖아요. 막말을 해도 그걸 탓하지 않고 '그래, 그래, 내가 잘못했어, 전봇대가 높은 것도, 우편함이 빨간 것도 다 내 잘못이야' 이렇게 말해주길 바라는 거죠. 그러고는 '착하지, 착해, 지금 좀 신경이 좀 곤두서서 그래, 푹 자고 나면 괜찮아질 거야' 하고 머리를 쓰다듬으며 재워주기를 바라는 거예요?

오구라 그렇죠. 그런 남자가 있으면 얼마나 좋을까.

도미오카 남자는 여자에게 그런 걸 요구하지 않나요?

오구라 지금까지 계속 요구해왔잖아요.

도미오카 그건 아는데, 요즘 남자들은 어때요?

우에노 권력관계가 역전됐으니까요.

오구라 그런 건 바라지도 않죠.

우에노 바라도 안 들어주니 포기한 거예요.

도미오카 여자만 그런다?

우에노 남자를 이용하죠.

도미오카 그런 건 좀 별로네요.

오구라 왜 그렇게까지 싫어하죠? 미도리에게 동족 혐오를 느끼는 거 아니에요? 도미오카 씨도 남편분에게 그런 말 하잖아요.

도미오카 아하하하하.

우에노 우리끼리 싸워서 어쩌자는 거예요.

도미오카 아하하하하. 오구라 씨, 갑자기 무슨 소리예요. 내가 언제 그랬어요?

오구라 했어요, 여기서. 편두통이 심할 때 남편이 따뜻한 수건을 올려준다고. 밤을 새우며 수건을 계속 갈아주지만 그래도 여전히 마음에 안 든다고.

도미오카 그건 아플 때니까 어쩔 수 없죠. 평소에는 그런 소리 안 한다고요.

오구라 그러니까 요즘 여자애들은 모두 아픈 거예요.

도미오카 왜 아픈데요?

오구라 사회가 문제죠.

우에노 여자라는 병이에요. 나는 여자라는 병이니까 당신은 날 간병할 의무가 있다. 왜냐하면 남자니까.

오구라 맞아요. 같은 환자인 여자한테 간병해달라고 부탁하는 건 실례잖아요.

도미오카 그건 그렇죠. 그렇게 병세가 심한가요?

오구라 위독하죠.

우에노 이 점에서는 오구라 씨와 견해가 일치하네요. 도미오카 씨, 이제 와서 웬 내숭이죠?

도미오카 젊은 애들하고 만날 일이 별로 없으니 실정을 잘 모르죠.

337

우에노 소설의 설정은 1960년대잖아요. 하지만 소설에 묘사된 남녀관계나 풍속은 1980년대적이죠. 능동적인 여자나 수동적인 남자의 모습은 굉장히 1980년대적이에요. 그래서 잘 팔린 거겠죠. 1960년대적인 남녀관계는 나가사와 선배가 가장 잘 보여주고 있고요.

도미오카 그건 그래요.

우에노 나가사와와 와타나베는 마치 1960년대 사람과 1980년대 사람이 만난 듯한 느낌이에요.

작가론보다 독자론을 유발하는 무라카미 하루키

도미오카 이 소설을 읽고 생각한 건, 보통은 읽으면서 작가에 대해 생각하잖아요. 어떤 사고방식을 가진 사람일까, 하고. 하지만 이 소설의 경우 어떤 사람이 읽을지가 더 궁금해요. 작가론보다 독자론을 유발하는 소설이랄까요. 그 생각이 제일 먼저 들었어요. 그리고 또 하나는, 900페이지의 장편이 된 건, 각 등장인물들의 이야기, 생활, 삶을 전부 인물들의 대화로 보여주잖아요. 이를테면 레이코는 피아니스트가 되고 싶었지만 좌절하고, 남편과 자식이 있지만 피아노를 가르쳐준 소녀에게 유혹당해 '소문의 두 사람'[6]처럼 레즈비언이라는 소문이 퍼져서 다시 정신병원에 입원하죠. 일반적으로는 본인의 독백이나 작가가 제3자의 입장에서 서술하여 훨씬 정돈된 형태로 쓸 수 있겠지만, 그걸 모두 등장인물이 구어로 말하게 했어요. 철저하게 이 같은 스타일을 고수하고 있지요. 바로 이 스타일이 노골적으로 말하자면 '팔린', 그러니까 많은 독자의 공감을 얻은 가장 큰 이유라고 생각했어요. 요즘 독자들은 이런 식으로 직접화법으로 주절주절 말하지 않으면 받아들이지 않는다는 거죠. 간접화법으로 보여주는 건 못 견디는 거예요.

우에노 내용에 앞서 문체로 먹고 들어간다는 건가요?

도미오카 맞아요. 그 점에서 레이코의 말투와 미도리의 말투가 조금 다르잖아요. 그 차이를 잘 표현했고, 섹스 묘사도 거의 대화로 풀어가죠. 다들 섹스 묘사의 신선함을 들지만, 이 역시 구어체랄까, 일상적인 구어체로 서술되어 그렇게 보이는 게 아닐까 싶어요.

---

6   윌리엄 와일러 감독, 오드리 헵번, 셜리 맥클레인 주연의 영화. 리리안 헬먼의 희곡 〈아이들의 시간〉이 원작으로, 사립 기숙학교를 경영하는 두 여성이 느닷없이 '동성애' 의혹을 받으며 비극적인 결말을 맞이한다. 1961년. (한국에서는 〈아이들의 시간〉으로 개봉되었다-옮긴이)

시대마다 '현대적인 말투'라는 게 있잖아요. 같은 일본어를 써도 메이지 시대의 말투와 요즘 말투는 전혀 다르죠. 도쿄 안에서도 다 다르고, 지방은 말할 것도 없죠. 그런데 지금의 평균적이고도 추상적인 도쿄의 말을, 작가가 자기 문체로 왜곡하지 않고 의외로 자연스럽게 풀어내고 있어요. 그런 구어체로 서술이 이어지고요. 그래서 읽는다기보다 듣고 있는 느낌이 들어요. 근대 독자란 인쇄술의 보급으로 시각적인 면이 강하지만, 현대의 독자란 그 반동으로 청각 쪽으로 기울고 있죠. 청각 수준이 높아졌다고 할까요, 음악을 들어봐도 그렇고요. 요즘 젊은 세대는 활자를 읽는 것보다 듣는 능력이 더 뛰어나지 않아요?

우에노 역시 작가라 그런지 탁월한 분석이네요. 이런 문체는 텔레비전적이랄까, 만화적이죠?

오구라 만화의 말풍선 같은 느낌이죠.

우에노 전체적으로 시나리오처럼 쓰였어요. 작가 본인이 시나리오 작가를 지망한 적도 있다고 하고요.

도미오카 요컨대 전부 대사죠. 그것도 짧은 대사. 조루리(반주에 맞추어 이야기를 읊는 일본의 전통 음악극-옮긴이)처럼 전통적인 이야기는 대개 1인칭으로 서술되지요. 하지만 《노르웨이의 숲》은 그런 식으로 혼자 말하면서 듣는 이를 몰입하게 하는 대신 이 사람, 저 사람이 적당히 말하죠. 그리고 그걸 적

340

당히 듣는 식으로 서술하고요. 그런 스타일에 독자들이 빠져든 게 아닐까 하는 생각이 들었어요.

우에노 이 소설의 문체가 만일 3인칭 서술이었다면…

도미오카 읽기 힘들었겠죠.

우에노 계속 읽어나갈 수가 없죠.

도미오카 맞아요. 상당한 인내심이 필요할 거예요. 3인칭 서술은 작가의 문체가 드러나니까, 그 작가가 구축한 세계에 몰입해야 하잖아요. 하지만 이 소설의 언어는 훨씬 중립적이에요. 중성적이라 그다지 말맛이 느껴지지 않죠. 그러니까 '얼마나 좋아하는데?' '봄날의 곰만큼 좋아'라는 대화에서 나온, 언젠가 오구라 씨가 말했던 곰이라는 키워드와 '산이 무너지고 바다가 말라버릴 만큼 귀여워'라는 풋내 나는 비유도, 저로서는 읽고 있으면 부끄러워지지만, 그런 게 부끄럽지 않게 다른 말들에 섞여 위화감 없이 흡수되죠.

우에노 이를테면 '나'라는 1인칭을 전부 '와타나베 도루'라 바꾼다 해도 내용적으로는 아무 위화감도 없을 거예요. 한마디로 '나'의 발언과 다른 인물들의 발언을 같은 거리감으로 다루고 있어서, '나'와 나의 발언과의 거리감이, 미도리의 발언과의 거리보다 가깝지 않죠. 이를테면 '봄날의 곰만큼 좋아'라는 대사를 보고 부끄러워지는 건 표현자와 표현 사이에 거리가 없다고 느끼는 경우에 그렇겠죠. 전혀 부끄럽지 않은 건 말과 서술자 사이에 거리감이 있기 때문이고요. 자신이 텅 빈 매체가 되어 상대가 바라는 대로 행동해주겠다는 것. 서로 그런 게임을 하고 있으니 현실에서 이런 대화를 나눈다 해도 요즘은 별로 부끄럽다 생각하지 않겠죠?

도미오카 요즘은 그렇겠죠.

우에노 게다가 《노르웨이의 숲》은 여성 독자가 먼저 읽고 선물용으로 구입하는 식으로 팔리고 있다고 해요. 실제로 여자에게 추천받았다거나, 여자에게 선물받아 읽었다는 사람들의 이야기를 들었어요.

도미오카 남자가요?

우에노 네. 아마 '이 책을 매뉴얼 삼아 참고해라, 이런 식으로 행동해라' 하는 뜻으로 줬겠죠.

도미오카 그렇겠죠. 이 책에 나오는 패턴대로 행동하라고요. 선물의 형식을 빌려서. 매뉴얼이라… 현실에서 이런 대화를 나누나요? 대학에서?

우에노 대학만은 아니죠.

오구라 텔레비전 드라마도요. 스즈키 호나미와 오다 유지(드라마 〈도쿄 러브스토리〉의 두 주연배우─옮긴이)의 대화도 이런 식이에요. 얼마나 센스 있는 말을 하는지가 중요하죠.

도미오카 당사자들은 센스 있다 생각하겠지만, 내가 보기에는 영 멍청해 보여서 못 따라가겠네요.

우에노 주체가 표현에 책임을 져야 한다거나, 표현과 주체 사이에 거리가 없다고 느끼니까 부끄럽다거나 무책임하다는 생각이 드는 거죠. 거리가 있으면 뭐 어때요.

도미오카 그러니까 부끄럽지 않은 거겠죠.

'이런이런'
와타나베 군의 리얼리티

도미오카 그리고 또 하나, 와타나베는 19세나 20세쯤 되는 남자죠. 성욕이 들끓을 나이니까 어쩔 수 없을지도 모르지만, 섹스 묘사가 지나치게 많은 것 같아요. 특히 사정에 관련된 대사가. 그런 건 별로 신경 안 쓰였나요?

우에노 그랬나요? 저는 딱히…

도미오카 현실에서는 이상할 게 없다고 생각하지만, 좀 일부러 이런 대사를 넣은 것 같기도 해요. 그리고 또 하나 걸리는 건, 와타나베가 입버릇처럼 말하는 '이런이런やれやれ'(한국어판에서는 주로 '이런'으로 번역되었다: '이런, 또 독일이군.'-옮긴이).

우에노 '설마'와 '이런이런'.

343

무라카미 하루키

도미오카 스무 살 남자애가 '이런이런'이라니. 상대에게 '그런 건 안 돼'나 '뭐야, 폼 잡긴' 같은 말은 안 하고.

오구라 아줌마 보이예요. 아저씨 결과 대비되는.

도미오카 스무 살짜리가 '이런이런'이라는 말을 입에 달고 사는 건 뭘까요? 피로감인가요? 상대가 좀 감정적으로 고양되면 '이런이런'이라고 하잖아요. 비아냥거리는 걸까요?

우에노 '이런이런'이라는 말은 일상에서 그리 많이 쓰는 말은 아니잖아요. 일종의 하루키어語죠. '이런이런'이라는 말은, 그 상황에 대한 거리감을 나타내는 동시에, 그 상황을 스스로 바꿀 의욕이 전혀 없다는 것을 나타내죠. '이런이런' 하고 중얼거리며 상황을 있는 그대로 받아들이는 태도예요. 무라카미 하루키 세계 전체의 어마어마한 수동성을 상징하고 있어요. 자고로 연애란 관계인데, 이 작품은 도저히 관계를 그린 소설 같지 않아요. 오히려 소통장애 소설에 가까워요.

오구라 동감이에요.

우에노 관계가 성립되지 않는 것에 대한 이야기죠.

도미오카 나도 그렇게 생각해요.

344

우에노 그 키워드가 바로 '이런이런'이죠. 즉 상황을 그대로 받아들일 뿐, 그것을 바꿀 의욕이나 거기에 책임을 질 생각이 하나도 없다는 걸 나타내는 표현이에요.

도미오카 '어쩔 수 없지'에 가까울까요?

오구라 시대가 그런 남자들을 필요로 하는 건 분명해요.

도미오카 새파랗게 어린데 '어쩔 수 없지'라면 몰라도 '이런이런' 하고 한숨을 쉬다니. 기운을 내라는 게 아니라 탄식 섞인 '이런이런'이잖아요.

우에노 스무 살짜리니까 그런 말을 하는 거죠. 현실에서는 더 어릴 때부터 그럴 거예요, 한 10대 때부터.

도미오카 10대부터 그런다고요? 이런 데 의문이 드는 걸 보면 내가 아직도 너무 열정적인가?

오구라 '이런이런' 청년을 혐오하시는군요.

도미오카 혐오까지는 좀 과하고, 뭘까 하는 궁금증이 들어요.

우에노 '이런이런 청년'에 대한 혐오와 '제멋대로 소녀'에 대한 혐오, 둘 다 가지고 있으신 거네요.

도미오카 그렇게까지는 말 안 했는데.

오구라 나는 '이런이런 청년'이 사실 아줌마 보이였다면 상관없어요. 하지만 그게 아니죠. '이런이런'이라 말하며 입맛을 다시는 게 눈에 보이잖아요.

345 **도미오카** 그건 그래요.

오구라 지극히 수동적인 스탠스를 취하지만, 실은 제일 나쁜 사람이죠.

도미오카 맞아, 나빠요.

오구라 범죄자라 해도 좋을 정도로. 이런 남자하고 엮이지 않았더라면 주변 여자들도 멀쩡하게 잘 살았을 텐데, 이 남자 때문에….

도미오카 미도리는 왜 이 남자를 그렇게까지 좋아하는 걸까요? 아이돌 같은 미도리가 어째서 이런 나쁜 남자를 알아보지 못하는 거예요? 그렇게 매력적인 미도리가!

오구라 달리 선택지가 없잖아요. 미도리가 나가사와 같은 남자를 사랑하겠어요? 남자가 없잖아요. 소거법으로 줄이다 보면 이 남자만 남죠.

도미오카 남는다고요?

오구라 하나밖에 안 남지만, 이런 남자는 여자에게 구원자가 되어줄 수 없어요. 그런데 이 녀석은 자기가 구원자인 줄 알죠.

오구라 그런 점이 리얼리티가 떨어져요. 나오코는 왜 이 남자한테 편지를 쓰죠?

우에노 나오코라는 인물 자체에서 리얼리티를 찾아볼 수가 없어요.

오구라 없죠.

도미오카 아까 했던 이야기와 연결되는데, 읽으면서 느낀 게 하나 더 있어요. 사람이 너무 잘 죽어요. 소설 창작의 측면이랄까, 작가 입장에서 보면 너무나도 안이한 방법이에요. 나오코를 죽이는 건 너무 간단하잖아요. 나오코를 계속 살려뒀다면 와타나베는 어쩌지도 못하는 상태에 빠졌을 테죠. 나오코를 버리면 인간 말종이 되고 다른 여자와 가까이 지내면 불성실하다는 말을 들을 것 같은 그 괴로움. 그런 게 현실 아닌가요?

오구라 《죽음의 가시》와 반대죠.

도미오카 보통은 그렇죠. 죽으면 너무 간단히 끝나요.

오구라 시마오 도시오가 갖고 있던 무의식을 와타나베가 체현해서 주변 사람들을 죽여버리는 거죠.

도미오카 독자론적인 관점에서 말하자면, 이렇게 알기 쉬운 이야기를 만들어주면 독자도 잘 이해한다고 할 수 있겠죠.

우에노 드라마트루기로 보면, 나오코는 그에게 이야기의 서두에 있는 섬싱 로스트something lost, 즉 이미 상실한 무언가죠. 이야기 속에서 그녀는 상실된 존재고, 그 결여를 회복하지 못한다는 원죄의 이야기예요.

도미오카 원죄라면, 와타나베의?

우에노 네. 그러니까 그녀는 죽어야 했어요. 영원히 상실되기 위해. 처음부터 이 드라마트루기 속에서 죽어야 할 운명이었죠. 그렇다면, 나오코의 죽음과 와타나베가 미도리를 원하게 된 건 드라마트루기 속에서는 표리일체여야 할 텐데, 무언가를 상실하지만 거기에 책임지지 않는 주인공의 위치가 마지막까지 변경되지 않죠. 마지막 엔딩에서 전화 부스에 있는 와타나베에게 미도리가 싸늘한 목소리로 대답하죠. '그런데 지금 너 어디에 있어?'

무라카미 하루키

도미오카 그런 결말이라니, 작위적이에요.

우에노 전 그렇게 생각 안 해요. 미도리라는 인물이 더욱더 현실적으로 느껴졌어요.

도미오카 전화 부스에서 '여긴 어디지'라뇨. 보면 알잖아요, 시부야 세무서 앞 전화 부스라는 걸(웃음). '하지만 거기가 어디인지 나는 몰랐다'는 건 너무나 만들어낸 이야기 같았어요.

우에노 하지만 그 결말은 자신이 관계를 가지지 않으려 했던 존재에 대해 처음으로 책임을 느낀 남자가…

도미오카 불현듯 세상의 끝에 놓인 기분이 든 건가요.

우에노 아니죠. 난생처음으로 능동성이라는 것에 한발 내디디려 했을 때 상대에게 버림받은 것이죠. 한마디로 출구가 없는 느낌.

도미오카 그런 느낌을 쓰려고 한 거로군요. 그런 거라면 조금 더 잘 썼어야 하지 않나요? 너무 동화적이에요. 젊은 여자들은 속일 수 있어도 아줌마들은 못 속이죠. 역시 소설이라면 아줌마를 속일 수 있을 정도로 재미있어야 하는 거 아닌가요? 마지막 장면이 너무 작위적이라 '그래, 이렇게 쓰고 싶었구나' 하고 생각했어요.

348

섹스 장면이 많다, 죽는 사람도 많다

편집부 아까 나온 이야기 중 섹스 묘사가 많다는 것과 사람이 많이 죽는다는 건 일부러 노리고 쓴 게 아닐까 생각했어요. 데뷔작인 〈바람의 노래를 들어라〉 초반부에 '쥐'가 구상한 소설이 등장하거든요. 주인공이 '쥐의 소설에는 뛰어난 점이 두 가지 있다. 먼저 섹스 장면이 없다. 그리고 사람이 한 명도 죽지 않는다'라고 말하죠. 그 데뷔작 이후로 무라카미 하루키의 소설에서는 적어도 대놓고는 사람이 죽지 않고, 섹스 장면이 등장하지 않았어요.

도미오카 이 작품은 반대군요.

편집부 네. 사람이 쉽게 죽고 쓸데없이 섹스 장면이 많죠. 일부러 그렇게 쓴 게 아닐까요? 여기서 그런 식으로 쓴 이유가 뭘까요?

도미오카 그러면 그 부분을 빼고 생각해보면 되지 않을까요? 예컨대 이 작품에서 섹스 장면을 전부 **빼면** 어떻게 될까요? 저는 여러분처럼 스무 살 남녀의 생태를 잘 모르지만, 건강한 사람이라면 보통 그 나이에는 머릿속에 섹스 생각이 가득하

349

잖아요. '그 애가 좋지만, 다음에 안전하게 할 수 있는 날은 언제다.' 일상생활 속에서도 그런 생각을 상당히 하고요. 만일 연령대가 한참 차이 나는 작가가 그러한 감정을 묘사하는 경우, 대단히 위악적으로 표출되거나 부자연스럽게 확대하겠지만, 그걸 일상적인 감각으로 묘사하기 위해 일부러 분량을 늘려서 쓴 게 아닌가 싶어요.

우에노 잠깐만요. 섹스 장면에 대해 일반적으로 논하는 게 의미가 있나요? 섹스를 어떻게 그려냈는지가 문제죠. 예컨대 섹스 장면이 많기는 하지만, 동시대 작가를 놓고 볼 때 무라카미 류나 야마다 에이미가 그리는 섹스 장면과는 양적으로도, 질적으로도 전혀 달라요. 그들의 작품에서는 섹스가 핵심이에요. 하루키의 작품에서 섹스 장면이란 대화와 섹스가 얽힌 형태로 나타나죠. 게다가 모든 섹스 장면이 섹스가 성립하지 않는다는 것을 보여주고 있어. 삽입하는 신이 무척 적죠? 삽입이라는 형태의 성관계가 성공한 건 레이코의 경우가 거의 유일하지 않나요? 나오코와의 관계도 소통장애 끝에 단 한 번, 처음이자 마지막 섹스 같은 것이었고요. '나는 그녀를 안았지만 그게 옳았는지 아닌지 지금도 모르겠다'고 했죠. 그녀가 왜 안기려 했는지 주인공은 끝까지 몰라요. 계속 나오는 건 입으로 해줬다, 손으로 해줬다 같은 서술들. 일반적인 의미로서의 성관계가 성립하지 않는 섹스 장면밖에 없잖아요.

도미오카 성관계가 아닌 섹스 장면이라, 우리는 섹스 장면이 많다는 것처럼 느낄지도요.

우에노 일반적인 의미로 우리에게 익숙한 섹스 장면, 그러니까 남자와 여자가 잤다, 이 같은 섹스 장면은 이제 독자의 눈길을 끌지 못하는 거죠. 그렇지 않은 섹스 쪽이 뭔가 마음에 걸리니까 단순히 눈길을 끄는 게 아닐까요? 대부분의 섹스 장면이 둘이서 하고 있지면 그러면서도 아주 고독한 섹스, 마스터베이션에 가까운 섹스잖아요. 그걸 여자가 돕는 식이고요.

도미오카 하지만 그런 건 굳이 이 작가가 쓰지 않아도 지금까지 많지 않았나요?

우에노 많았죠. 하지만 〈마이니치신문〉의 익명 칼럼에 '무라카미 하루키의 섹스 묘사는 새롭다. 이 섹스 묘사는 풍속을 바꿀 것이다'라는 평가가 있었어요. '무언가가 조용히 일선을 넘은 종점에 도달했다'나 '물을 마치고 컵을 내려놓는 듯한 성 묘사'라는 평가[7]도 있고요. 그런데 뭐가 새롭다는 거죠?

351

[7] 〈무라카미 하루키의 섹스 묘사〉, 〈마이니치신문〉 1987년 10월 20일 석간, '변화구'란. 이하 전문:
"내 가슴이나 거기 만지고 싶어?" 미도리가 물었다. "그러고 싶기는 한데, 아직 안 그러는 게 좋을 것 같아. 한 번에 너무 많은 걸 하면 자극이 너무 강하니까"/ 미도리는 고개를 끄덕이고 이불 안에서 팬티를 벗어내 페니스 끝에 댔다. "여기에 사정해도 돼." "더러워질 텐데." "눈물 나니까 한심한 소리 마." 미도리는 울먹이는 목소리로 말했다. "더러워

도미오카 지금까지의 성 묘사는 어설픈 메타포가 대부분이었죠. 하지만 이 작가는 메타포가 아니에요.

우에노 여자의 직접화법이 생동감 있게 그려졌죠.

도미오카 맞아요. 여자의 말투나 어휘의 차원에서 표출되어 있어요. 지금까지의 섹스 장면에서도 마찬가지로 손으로 해줄까 어쩔까 하는 식의 내용은 많았어요. 하지만 그건 남자의 은어적 세계였죠.

우에노 아하, 그렇군요.

도미오카 여기에서도 나오코가 노골적으로 말하죠. '나는 그때 한 번밖에 안 젖었지만, 앞으로 그렇게 젖을 일은 없지 않을까'라고요. 그게 옛날 소설이었다면 대부분 남자가 쓰니까 애액이 과즙처럼 흘러넘쳤다는 둥, 그런 식으로 묘사됐겠죠. 이

지면 빨면 되잖아. 사양 말고 마음껏 사정해. 마음에 걸리면 새 속옷 사줘. 아니면 내 속옷은 마음에 안 들어서 못 하겠다는 거야?" / "그럴 리가." 나는 말했다. / "그럼 얼른 해. 괜찮으니까." / 내가 사정하자 그녀는 내 정액을 점검했다. "많이도 나왔네." 그녀는 감탄한 듯 말했다. 무라카미 하루키의 《노르웨이의 숲》의 한 장면이다. 이 섹스 묘사는 풍속을 바꿀 것이다. 이런 대화라면 요즘 여성 잡지 투고란에 흘러넘친다는 말만으로는 부족하다. 오에 겐자부로가 20세기 문학에 남겨진 마지막 미개척 영역으로 참신한 섹스 묘사를 일본어 소설에 도입한 지 벌써 4반세기가 지난 이 시점에서, 이 소설은 은근슬쩍 일선을 넘어 종점에 도달했다. 물을 마시고 컵을 내려놓는 듯한 섹스 묘사. 과하지도, 부족하지도 않은 섹스 묘사. 의미는 없다. 하지만 그 점이 새롭다. 넘을 수 있었던 건 왜일까? (북회귀선)

352

작품은 그렇지 않잖아요.

우에노 여기서 감탄했다는 게, 그런 직접화법을 다용한 묘사의 새로움에 감탄한 건지, 그려진 사실이나 등장하는 여성의 양상에 단순히 감탄한 건지 잘 모르겠네요.

도미오카 여자가 이런 말을 일상에서 아무렇지도 않게 한다는 사실을 어느 정도 알지 못하면 감탄하고 말죠.

우에노 이 칼럼을 쓴 사람이 그냥 아저씨라서 그런 거 아닐까요?

도미오카 애착이 느껴지지 않는 성 묘사란 사실 거의 없어요. 그러한 의미에서 이 작품은 희귀하죠. 남성의 은어를 연발하지 않으면 소설을 쓸 수 없다는 것도 하나의 애착이잖아요. 여자란 이런 생물이라는 고정관념에 바탕한 섹스 묘사. 이 작품에서는 그런 부분이 별로 없어요. 요즘 여자애들이 말하는 느낌 그 자체로 쓰고 있어요. 너무 노골적이라고 할까.

우에노 그 '노골적'인 것에 대한 시인 요시모토 다카아키의 반응이 제일 웃겼어요. 〈신 서책의 해체학〉에서 《노르웨이의 숲》을 비평[8]하는데, '미도리에게는 사랑이 불가능하다'고 논해요. 왜냐하면 미도리는 '어떤 남자에게도 성애에 대해 음영

353

---

8   요시모토 다카아키, 〈신 서책의 해체학12〉, 〈마리클레르〉 1987년 12
     월호.

의 느낌을 줄 수 없다. …재채기를 하자마자 '탐폰이 쑥 빠진 이야기'를 태연하게 하고, 자신을 떠올리며 마스터베이션을 해보라고 부탁한다. 또한 죽은 아버지의 불단 앞에서 벌거벗고 다리를 벌린 채 이게 당신 딸이야, 하고 시위를 한다. 이런 개방적인 성격 때문에 결국 연인을 잃는다.' 어디가 '사랑의 불가능'이죠? 요즘 흔히 볼 수 있는, 귀엽고 생기발랄한, 사랑스러운 여자아이인데.

오구라 여기서 말하는 연인이 누구죠?

편집부 미도리가 전에 사귀던 남자겠죠.

우에노 요시모토는 본인은 이런 여자를 이해할 수 없다, 나는 이런 여자가 싫다고 말하고 있을 뿐이에요. 하지만 '부끄러움이 없는' 미도리의 성애를, 미도리의 성격을 주인공인 '나'는 허용하기 때문에 미도리는 '나'에게 마음이 가는 거라고 분석하죠.

도미오카 그래요?

오구라 부끄러움을 모르는 여자라는 뜻인가요?

우에노 그렇죠. 이게 제일 우습더라고요. 요시모토 다카아키의 세대는 부끄러움이 없는 여자에게는 성욕이 안 생기나 봐요.

354

도미오카 뭐, 그 세대라면 그러는 것도 이해가 가요.

오구라 하지만 우에노 씨는 무라카미 하루키는 그런 의미로 쓴 게 아니라고 하고 싶죠?

우에노 네.

오구라 그럼 어떤 의미로 썼는데요? 새로운 형태의 섹스라고 생각해서 쓴 건가요?

우에노 아뇨. 분명 요시모토가 말하는 '부끄러움이 없는' 섹스 묘사는 찾아볼 수 있어요. 그에 대해 요시모토 다카아키는 문학평론이 아니라 자신의 취향을 말하고 있을 뿐이고요. 자기 취향이 아니라고.

오구라 요시모토 다카아키는 그렇다 치고, 무라카미 하루키는 어떤 생각으로 쓴 건가요? 읽으면서 불쾌했어요. 하지만 거꾸로 여자의 남자에 대한, 남자의 성욕에 대한 편견이 있어요. 삽입은 안 했지만 반드시 사정하잖아요. 사정시켜주는 게 남자에 대한 여자의 사랑인 거죠. 대체 뭐죠?

우에노 하지만 교환 조건에 '삽입하지 않고 안아줘'라는 자기중심적인 요구를 했잖아요. 내 요구를 들어주면 당신 요구도 들어줄게. 그러니까 50대 50이죠. 그렇다면 삽입시키고 자기 몸에 사정하는 것보다 손으로 해주는 게 차라리 편하지 않아요?

355 **도미오카** 나오코도 그러죠.[9]

---

9   "나오코." / "응?" / "해줘." / "좋아." 나오코는 생긋 웃었다. 그리고 내 바지 지퍼를 내리고 단단해진 페니스를 잡았다./ "따뜻해." 나오코가 말했다./ 나는 손을 움직이려는 나오코를 멈추고 그녀의 블라우스 단추를 풀고 등으로 손을 돌려 브래지어 후크를 풀었다. 그리고 부드러운

오구라 그러니까 와타나베는 그때 본인은 그녀에게 다른 남자처럼 억압적인 성욕의 형태를 갖고 있지 않다고 말하고 싶은 건가요. 손으로 해달라고 하고, 자신은 객체가 되었으니 남성적 성욕의 주체성에서 벗어나 있다는 걸 말하고 싶은 건가요?

우에노 하지만 지금까지의 남자가 자기 멋대로 상대의 의사를 무시하고 여자와 관계하는 죄를 지어왔다면, 적어도 와타나베는 상대의 의사를 무시하고 관계하지는 않는 선택을 하고 있어요. 때문에 여자가 능동적으로 움직이지 않는 이상, 관계가 성립하지 않는 거고요. 그건 그의 '선택'이에요.

오구라 생각해보면 아무 서비스도 하지 않고 사정하는 게 남자에게는 제일 좋겠네요(웃음). 바로 한번 싸게 해주잖아요.

도미오카 엄청난 표현이네요(웃음)!

오구라 그런 섹스의 어디가 새롭죠?

우에노 그 같은 소통 불가의 관계가 새롭지 않나요? 한쪽은 자기중심적으로 그냥 안아만 줬으면 좋겠고, 다른 한쪽은 자기중심적으로 사정하게 해줬으면 좋겠고, 그 자기중심적인 욕구를 각각 채우고 있는 디스커뮤니케이션. 관계를 갖지 않고 욕구만 채운다.

----- 핑크빛 가슴에 살며시 입술을 댔다. 나오코는 눈을 감고 천천히 손가락을 움직이기 시작했다./ "꽤 잘하네." 나는 말했다./ "착한 아이는 가만히 있는 거야." 나오코가 말했다.

오구라 와타나베는 삭막하달까, 살벌한 관계를 스스로 자각하고 있는 걸까요?

도미오카 그러니까 '이런이런'을 연발하는 게 아닐까요?

오구라 그렇죠? 섹스에는 이런 형태밖에 없다고 생각하는 거죠.

우에노 미도리는 어떤지 모르겠어요. 하지만 적어도 주인공은 그걸 자각하고 상대와 거리를 좁히지 않는 선택을 해요. 작가는 그걸 자각적으로 그리고 있고요. 그렇다면 본인 스스로는 거리를 좁히려 하지 않는 사람에게 타인이 먼저 적극적으로 다가와 관계를 맺으려 하는 행운이야말로 이 소설의 기적이라 할 수 있죠.

오구라 그러한 의미에서는 미도리라는 여자아이에게도 리얼리티가 느껴지지 않는 부분이 있어요. 한두 번 본 상대를 집으로 불러다 밥을 먹이다니.

도미오카 그리고 왜 이렇게 깊이 사랑하게 되었는지, 그 이유를 잘 모르겠어요.

우에노 그건 그래요. 그러니까 이렇게 주인공 위주로 이야기가 진행될까? 하는 의미에서는 리얼리티가 떨어지죠. 하지만 미도리의 인물상에서는 리얼리티를 느껴요. 이럴 때 이런 행동을 한다, 이런 식의 발언에 대해서는요.

357

거리를 좁히지 않는다는 원죄

도미오카 그럼 나오코에 대해서는 어떻게 생각해요? 기즈키가 자동차 사고로 죽죠.

오구라 자살이죠.

도미오카 자살이었나요? 자살이 유독 많이 나오네요. 언니도 자살했고, 본인도 목매달아 자살하죠. 이렇게 자살하는 게 좀 억지스럽지 않나요? 언니와 남자친구가 죽었다고 이렇게까지 정신적으로 피폐해진다고요?

오구라 필연성이 전혀 없는데 자기 혼자 병이라고 생각하는 게 병 아닌가요?

우에노 도식을 그려보면, 기즈키와 나오코는 소년기에 서로에게 자신의 자아를 의탁하다시피 하는, 소녀만화적 세계, 한마디로 분신적인 사랑分身愛을 나누고 있어요. 분신적인 사랑을 그린 소녀만화의 정석은 최종적인 통과의례의 과정에서 쌍둥이가 분리되어 홀로 살아가는 분리와 성장의 이야기인데, 나오코는 분신의 한쪽을 자신의 동의 없이 상실한 트라우마 때문에 분신의 고치에서 나오지 못하죠. 그렇다면 성충이 되는

358

걸 거부한…

오구라 애벌레.

우에노 그 속에서 자폐되어 죽어갈 수밖에 없어요. 때문에 그녀의 죽음은 와타나베 도루의 책임이 아니에요. 이처럼 《노르웨이의 숲》에서는 와타나베의 이른바 원죄의식, 관계를 맺을 수 없는 원죄의식에 대한 다양한 변명이 복선처럼 깔려 있어요. 하지만 〈반딧불이〉에는 그게 없죠. 〈반딧불이〉에는 기즈키에 해당하는 제3자가 등장하지 않아요. 아마도 〈반딧불이〉가 더욱 원형에 가까울 거라 생각하지만.

아까 요시모토 다카아키의 평을 조금 소개했는데, 요시모토의 분석 중 감탄한 부분이 〈반딧불이〉에 대한 분석이에요.[10] 데이트했던 여자가 어느 날 느닷없이 자기 이야기를 시작하고, 남자는 그걸 들어주다 막차 시간이 신경 쓰여서 중간에 이야기를 끊죠. 그랬더니 여자가 하염없이 울기 시작해요. 남자는 어쩔 줄 몰라하며 여자의 등을 쓸어준다는 서술이 나와요. '그날 밤, 나는 그녀와 잤다. 그게 올바른 선택이었는지 아니었는지 모르겠다. 하지만 그게 아니면 내가 어떻게 했어야 좋았을까?' 이 패턴이 원형이죠.

10   요시모토 다카아키, 〈이미지로서의 문학〉, 《하이 이미지론 1》, 후쿠타
        케쇼켄, 1989년.

도미오카 그 패턴이군요.

우에노 이걸 요시모토는 아주 훌륭하게 해석하고 있어요. 여자애가 뜬금없이 자기 이야기를 시작하는, 한마디로 우정을 연애로 전환하는, 거리를 좁히는 접촉에 대한 적극적인 관계를 맺으려 한 순간에 남자는 막차 시간을 신경 쓰는 형태로 벽을 친 거죠. 그에 절망한 그녀가 하염없이 우는 거고요. 그렇다면 그 절망 이후에 이루어진 섹스란 처음이자 마지막, 요컨대 마지막을 확인하는 의식에 지나지 않는 거죠. 그러니까 그 이후로는 잘 수 없는 거고요. 이것이 만일 무라카미 하루키의 원죄라면, 그것은 관계를 원하는 상대, 거리를 좁히려 한 상대에게 결코 자신의 거리를 좁히지 않는 선택을 해버린 것이죠. 그에 의해 무언가를 상실했다는 첫 결여의 의식. 하지만《노르웨이의 숲》에서는 기즈키라는, 이름만 등장하는 그림자 인물을 설정한 까닭에, 주인공을 처음부터 기즈키를 대신할 수 없는 대역이라는 역할이 할당된 남자로서 그려낼 수 있었던 거죠. 와타나베는 나오코에게 처음부터 결여의 대리가 될 수 없어요. 때문에 그는 줄곧 자신이 그러한 이차적인 존재라고 생각해왔고, 그것이 나오코와의 거리를 좁히지 못하는 이유가 되었죠. 이러한 변명이 복선으로 깔려 있어서, 결국 와타나베 도루가 그때 그랬던 건 어쩔 수 없었다, 하는 구실이 되어주죠.

도미오카 그럼 나오코의 자살에 와타나베는 딱히 관여되지 않은 거군요.

우에노 나오코의 자살에 그가 아무런 관여도 하지 못했다는 사실만 남아 있죠. 하지만 아마 그런 복선을 잔뜩 깔면서도 무라카미 하루키의 일종의 원죄의식 속에 타인과 거리를 좁히지 못하는 것의 죄가 그림자를 드리우고 있는 것 아닐까요.

도미오카 음…

오구라 마지막 부분을 읽어보면, 주인공은 역시 성장을 하죠. 처음과는 다르다고 본인도 말하고 있고요.[11]

우에노 제일 마지막 부분에서 난생처음으로 콜 포 섬싱call for something, 즉 무언가를 갈구하며 부르는 행위를 하죠, 전화 부스 안에서. 아까 도미오카 씨가 이 장면에 리얼리티가 없다고 하셨지만, 저는 있다고 생각해요. 왜냐하면 상대가 처음으로 자신을 원했다, 그때까지 미도리는 도루를 원했지만, 도루는

---

11   무라카미 하루키 인터뷰. 출처는 주5와 같음.
     《노르웨이의 숲》은 그러한 의미에서는 교양소설이라고 할까, 이를테면 《장 크리스토프》 같은 교양소설의 흐름 속에 위치한다 말할 수 있다고 생각합니다. 그 속에서 '나'라는 주인공이 조금씩이기는 하지만 성장을 하죠. 처음과 결말을 비교해보면 확실히 성장했어요, 주인공은. 거기서 교훈을 이끌어내려 한다면, 이끌어낼 수도 있을 겁니다. 교훈이 뭐가 나쁘죠? 그건 그런 소설이에요. 교양소설이라기보다는 성장소설이죠. 하지만 분명 사회화는 되어 있지 않죠. 도피적이라 할 수는 없지만, 사회화는 되어 있지 않아요. 자기 자신을 솔직하게 바라보려고 하는 것뿐이죠.

미도리를 원한 적이 한 번도 없잖아요. 오랜 관계 속에서 처음으로 상대가 자신을 원했을 때, 미도리가 뛸 듯이 기뻐할 줄 알았는데 아니었어요. 이런 경우에 가장 리얼리티가 없는 엔딩은 해피엔딩이죠. 미도리가 '기다려, 지금 어디야? 금방 갈게'라고 하는 것.

도미오카 우에노 씨라면 그렇게 쓸 건가요?

우에노 당연히 안 쓰죠. 그게 제일 거짓말 같은 엔딩인데.

도미오카 그렇죠.

우에노 그때 민감한 미도리는… 이 부분이 저는 사실적이라고 생각하는데요… 실은 그가 부르는 게 자신이 아니라는 걸 감지한 거죠. 때문에 아주 싸늘한 목소리로…

오구라 '너, 지금 어디야?'라고 하죠. 긴 침묵이 흐른 뒤에.

우에노 자신과 거리를 좁히려 하는 행위가 아니라는 걸 알아챈 거예요.

도미오카 그 바보 같은 아가씨가 알아챘을까요?(웃음)

우에노 미도리는 바보 같은 아가씨가 아니에요. 아주 총명한 아가씨로 그려져 있죠. 무라카미 하루키가 단순한 바보가 아닌 건, 자신이 거리를 좁히지 못한다는 걸 타인이 분명히 알고 있다는 점까지 그리기 때문 아닐까요. 타인이 똑똑히 인식하고 있는, 서로가 품은 일종의 밝은 절망감 같은 걸 대화 속에서 디스커뮤니케이션의 형태로 담담하게 그려내죠. 그러한 묘사가 절묘했던 건 초기 단편이었어요. 예를 들면 풀사이드에서 매력적인 여성과 만나요. 원색적인 대화를 하며 서로 어긋남이 발생해 아무 일도 일어나지 않아요. 그리고 헤어지죠. 대화 속의 미묘한 접촉의 방식과 미묘한 어긋남을 탁월하게 묘사했어요. 여기서 어긋나서 마지막까지 절대로 교차하지 않을 것 같은 이별을.

도미오카 그런 건 내가 제일 싫어하는 상황인데요(웃음). 생기게 하고 싶으면, 무슨 일이 생기게 하면 되잖아요. '안 할 거야'라고 분명히 말하면 되잖아요.

우에노 그게 불가능한 상황을 묘사하고 있으니까요.

도미오카 아무것도 일어나지 않는 게 멋지다고 생각하는 거예요. 하지만 그게 멋진가요?

우에노 멋지다고 생각하고 있는지는 모르겠어요. 분명히 쓴다는 행위는 일종의 자기 긍정을 위한 의식일 테죠. 나는 이런 사람이야, 라는 걸 어딘가에서 반복해서 변명하는 거죠.

도미오카 멋지다고 생각하지 않으면 쓰지 않아요. '이런 게 멋지지 않아요?'라고 독자에게 말하고 싶으니 쓰는 거죠.

무라카미 하루키

커뮤니케이션과
연애의 불가능성

도미오카 그러니까 아까 우에노 씨가 만화의 말풍선이라는 표현을 썼는데, 그것과는 좀 달라요. 역시 이 작가는 서술로 사람을 매료시켜요. 등장인물 대부분이 자기 신상 이야기를 하잖아요. 역시 신상 이야기는 사람을 매료시키니까요. 하지만 절대로 제3자의 시선으로, 이 사람은 이런 상태로 이런 상황에 처했다는 걸 설명하지는 않아요, 당사자의 입으로만 말하죠.

우에노 하지만 주인공 외의 인물은 신상 이야기를 하지만, 자신이 '당신은 어떤 사람이야?'라는 식의 질문을 받으면 대부분의 경우 '나? 별 대단한 사람은 아닌데. 아주 평범하지. 딱히 말할 거리도 없어' 하고 도망치잖아요.

도미오카 그렇죠. 연인에 대해 물어도 설명하는 게 복잡하니 설명하지 않겠다며 자기 이야기는 하지 않죠. 하지만 신상 이야기로 줄곧 스토리를 진행시킬 수 있다는 건 대단하죠. 지금 다들 그러잖아요. '있잖아, 좀 들어봐. 우리 엄마는, 가나자와의 교회에서 아빠랑 결혼했는데…'(웃음). 이런 패턴을 좋아하는 거죠.

우에노 요즘 여성들이 '임금님 귀는 당나귀 귀'처럼 한없이 수

364

동적 자세로 이야기를 들어주는 상대를 원한다는 건 분명해요. '들어줘, 들어줘, 딱히 네 반응은 필요 없어' 같은.

도미오카 딱히 사랑하거나, 연인이 되어달라는 게 아니라 좌우지간 이야기를 들어주는 사람을 좋아하는 거죠. 딱히 대단한 이야기도 아닌데 말이에요. 언제부터 이렇게 된 거죠? 모두가 '있잖아, 내 이야기 좀 들어줘!' 하는 시대가.

우에노 인간은 원래 그런 생물 아닌가요? 남자가 일방적으로 이야기하고, 여자는 일방적으로 맞장구를 쳐줬잖아요, 돈을 받으면서. 접대부 같은 직업이 그렇고요.

도미오카 그렇죠.

우에노 요즘 여성들은 그 반대가 된 거죠. 언제부터 그렇게 된 게 아니라, 원래 인간은 그랬어요.

도미오카 여자도 '있잖아, 내 얘기 좀 들어줘'였어요. 여자끼리는.

우에노 여자끼리는 그렇죠. 그걸 남자에게 하지 않으려 애썼던 거고요.

도미오카 '들어줘 들어줘 이야기'네요.

오구라 '들어줘 들어줘'란, 여자가 자기 이야기를 할 때 막차 시간을 신경 쓰지 않고 이대로 아침까지 들어줘야지, 하고 들어주는 게 사랑인가요? 사랑이 가능하다면, 타인의 신상 이야기를 자기 볼일도 잊어버리고 계속 들어주면 가능해지는 건가요?(웃음) 여자의 이야기를 잘 들어주는 게 인기의 비결이라는 걸 요즘 남자들도 잘 알아요. 하지만 잘 들어줬다고 사랑받는 건 아니죠. 그건 일종의 테크닉이니까요. 아침까지 계속 들어줘도 딱히 뭐가 시작된 건 아니니까요.

그러니까 제가 신기하다 느끼는 건 결말이에요. 이 부분을 좋게 해석하면, 우에노 씨가 아까 말씀하신 것처럼 무라카미 하루키는 자기 긍정을 위해 이 이야기를 쓸 수밖에 없었다는 게되죠. 그럼 무라카미 하루키는 지금까지의 와타나베의 존재 방식을 부정하고, 마지막에 조금은 괜찮은…

우에노 자기 긍정은 아니죠. 미도리에게 보기좋게 부인당했으니.

오구라 미도리한테는요. 하지만 저는 무라카미 하루키가 어떤 인생관을 갖고 있는지를 잘 모르겠어요.

우에노 아주 간단해요. 타인과 관계를 맺고 싶지 않다. 타인과 거리를 좁히고 싶지 않다. 나는 이런 사람이다. '이런이런.'

오구라 왜 그런 걸 읽어야 하죠? 처음과 끝이 달라진 게 아무것도 없는데.

우에노 그렇죠. 이런이런….

366

오구라 하지만 이 작가는 인터뷰에서 교양소설이라 생각하고 썼다고 밝혔어요.[12]

12   주11 참조.

우에노 빌둥스로만이군요.

오구라 어디가요?

우에노 일단 드라마트루기로서는 결여에서 성장으로 향하는 이야기 구조죠. 그는 여기서 난생처음으로 액션을 취한 거예요.

오구라 액션을 취했지만 절벽에서 떠밀려 떨어져 우물 속에 박혔죠.

우에노 그거예요.

오구라 그러니까 이번에는 나오코가 되는 건가요? 자신은 가해자였지만 이번에는 피해자가 되어 다시 한번 생각하는 건가요?

우에노 피해자인가요? 미도리에게 거절당한 것도, 미도리는 당신이 진정으로 원하는 건 내가 아니라는 걸 알아챘기 때문이 아닌가요?

오구라 와타나베도 나오코에게 '그녀가 원하는 것은 내 팔이 아니라 다른 누군가의 팔이다. 그녀가 원하는 것은 내 온기가 아니라 다른 누군가의 온기다'라고 생각하죠. 이번에는 자기가 같은 꼴을 당했고요.

우에노 그렇게 생각할 수도 있겠네요. 그렇다면 인간관계란, 자신에게는 늘 이런 식이다, '이런이런'이겠군요.

오구라 영원한 사랑의 불가능성을 이렇게, 모두가 느끼며 살아가는 것이다. '이런이런.'

367

우에노 그렇게 해석해도 될 것 같은데요.

오구라 그런 의미에서는 어두운 소설인가요? 어두워 보이지만 사실은 어딘가에 희망이 숨어 있는 소설은 아니었군요.

우에노 희망이 없다고 마지막 부분에 적혀 있잖아요.

오구라 '나는 어느 곳도 아닌 장소의 한가운데에서 계속해서 미도리를 불렀다.'

우에노 그렇죠. 미도리가 명민한 여성이라면 절대 와타나베를 받아들이지 않죠. 그런 예감이 들게 하는 서술이잖아요.

편집부 미도리하고는 결국 잘 안 된 걸까요?

우에노 그럼에도 와타나베를 받아들여줬다면, 미도리는 그냥 바보죠.

오구라 인간관계에는 늘 고슴도치의 딜레마[13]가 존재한다는 메시지만 줄 뿐인가요?

우에노 여기서 받아들이면 그냥 코미디죠. 그러니까 그렇게 마무리하지 않았으면 좋겠어요. 그런 결말을 내지는 않을 거라 생각해서 그나마 읽을 수 있었던 거고요.

오구라 그러면 우에노 씨도 이런 절망이 진실이라고 생각하는 건가요?

368

우에노 무라카미 하루키에게는요.

---

13   다가가면 상처받고 멀어지면 쓸쓸해지는 인간관계의 딜레마.

오구라 공감하는 거 아니에요?

도미오카 처음에는 시시하다고 했으면서. 괜히 읽었다고 하지 않았어요?

우에노 아뇨, 아니죠. 이런 구조의 이야기라고 드라마트루기를 해설했을 뿐이에요. 딱히 재미있다고 말한 기억은 없는데요. 그건 하루키의 세계고 리얼리티예요. '이런이런' 리얼리티죠 (웃음). 제 리얼리티가 아니라.

그런 의미에서는 복선을 잘 깔아뒀다고 생각해요. 도입부에서 비틀스의 〈노르웨이의 숲〉을 듣는 장면이 나오잖아요. 그 노래를 듣고 격렬하게 동요하죠. 그렇다는 건, 자신은 연애가 불가능한 삶을 살아올 수밖에 없었던 사람이라는 것에 대한 자괴감을 갖고 있던 게 아닐까요. 이 작품은 연애소설이라기보다 연애 '불가능' 소설이에요. 때문에 '이런이런'의 세계죠. 자신에게 연애란 이런 것일 뿐이었다. 예를 들면 비행기에서 하염없이 울었다는 사실에서 유추하자면, 미도리와 그 후에 함께할 수 있었을 것 같지는 않아요.

그러니까 어느 연애든 성공하지 못했던 건 자기 책임이죠. 하지만 최종적으로는 그럼 내가 어떻게 했어야 하는가, 하는 자기 정당화에 늘 빠져 있어요. 그리고 그 사실에 대해 '노르웨이의 숲'이라는 음악이 일종의 트리거가 되어 일으킨 격렬한 정서적 반응은 또 따로 있죠.

무라카미 하루키

오구라 우에노 씨는 첫 페이지를 읽었을 때 '아, 이건 역시 안 되겠구나' 하고 예상했다는 말인가요?

우에노 아뇨(웃음). 어설픈 소설이라 전개를 예측할 수 없죠. 정말 못 쓴 소설이라 단언할 수 있어요. 단편소설적 재미가 느껴지는 디테일을 곳곳에서 찾을 수 있었지만, 전체적으로 그걸 이런 식으로 900장으로 늘릴 만한 역량은 없었어요. 쓸데없이 길죠.

도미오카 길긴 길어요. '있잖아, 내 이야기 좀 들어줘'풍의 이야기를 구어체로 서술하면 이렇게 되는 거예요. 이걸 조금 더 잘 압축했다면 좋았겠지만 지금처럼 널리 읽히진 않았겠지요.

우에노 하루키의 작품 중에서는 초기 단편집에 수록된 주옥같은 단편 정도로는 남겠죠.

오구라 단편은 다 읽고 나서 어떠한 감정적 작용을 주죠. 읽은 사람은 그걸 받아들이고요. 그걸로 족하다고 생각해요. '반딧불이'처럼 희미하게 빛나다 사라지죠. 하지만 장편은… 이 작품은 장편이죠?

편집부 장편이죠(웃음).

오구라 장편이고 마지막까지 견디며 읽었는데, 반딧불이의 희미한 빛조차 느낄 수 없었다면, 솔직히 반칙 아닌가요?

편집부 한마디로 절망밖에 남지 않았다는 건가요?

오구라 절망으로 끝나는 장편은 아주 많죠. 하지만 거기에 이르기까지 인간의 위대함 같은 게 그려지잖아요. 이 작품에는 아무것도 없어요.

우에노 인간의 위대함을 그려내는 게 장편소설의 역할인가요?

오구라 저는 그렇게 생각하는 것 같아요. 설령 비극으로 끝날 지라도.

우에노 이렇게 오랫동안 독자의 시간을 가져갔으니, 적어도 그 정도는 보여줘야 한다?

오구라 솔직히 소설이 뭔지 잘 모르겠어요. 읽어도 살아갈 의 욕을 잃을 뿐이니까요.

도미오카 의욕을 잃는 건 아닌데, 허무해지죠.

오구라 사는 게?

도미오카 아뇨, 끝까지 읽은 게.

우에노 900페이지를 읽는 동안 또 하나의 감정, 기분이라는 걸 지속해서 경험했다면, 그게 작가의 퍼포먼스인지도 모르 겠네요.

도미오카 난 우에노 씨 말처럼 못 쓴 소설이라고는 생각 안 해 요. 나름대로 괜찮았어요.

우에노 도미오카 씨에게 칭찬을 듣다니, 이거 굉장하네요 (웃음).

371

반복되는 리듬,
짧은 문장

도미오카 나는 잘 쓴다, 못 쓴다, 하는 판단을 내리는 걸 싫어하지만, 못 쓴 건 아닌 것 같아요. 살아갈 의욕이라고 하니, 극작가 지카마쓰 몬자에몬의 '정을 담는다'는 말이 떠오르네요. 이 작품에는 정이 담겨 있지 않아요, 언어에. 현대라는 시대가 '정을 담는 말'을 사용하지 못하게 하는 걸지도 모른다는 생각은 드네요. 정을 담으면 아무도 읽어주지 않을 테니.

우에노 정이라면, 아까 제 스타일로 말하자면 말이나 표현에 대한 화자의 책임이나 거리의 가까움 같은 거죠? 예를 들면 화자의 진실 같은 거요. 그게 없지 않나요? 예를 들면 무라카미 하루키가 단편에서 그려온 세련된 대화의 응수도, 그러한 형태로 개개의 발언에 책임을 지거나 정을 담는 타입의 대화로서는 성립하고 있지 않으니까요.

도미오카 시나리오 같은 측면이 있죠.

우에노 맞아요. 전체적으로 시나리오 같은 느낌이 들어요.

도미오카 그러기 위해 오히려 의식적으로 정을 담지 않는 거죠. 그러면 시나리오는 성공해요. 정을 담는 건 연출가, 배우,

감독이니까요.

그래서 간단한 단어의 반복이죠. 정을 담는 걸 거부하는 데 가장 편리한 방법이니까요. 하지만 디테일은 무척 섬세해요. 여자가 어떤 옷을 입고 있었는지, 스파게티가 어땠고, 어떤 그릇이었고, 어떤 것을 먹었다거나… 그런 풍속적인 디테일은 무척 또렷하게 보여요. 하지만 예를 들면 녹차의 초록색도 그때마다 다르게 보였을 텐데, 그런 건 일절 쓰지 않죠. 문체라는 건, 타인에게는 초록색으로 보이더라도 그 사람에게는 초록색으로 보이지 않는, 그 보이지 않는 것에 얼마나 리얼리티가 느껴지는지가 표현된 것이죠. 상황에 따라 색 같은 건 전혀 보지 않고 마셨을지도 모르고요. 여기에서는 그런 걸 전혀 찾아볼 수 없어요. 그런 의미에서 전부 스테레오타입이죠. 그래서 나는 미도리라는 인물도, 말투는 무척 동시대적이고 이런 말투가 유행하고 있겠구나 하는 생각은 들지만, 사소한 묘사에서 확 몰입할 수가 없어요.

우에노 거꾸로 말하면, 그래서 담담하다는 인상이 들죠.

도미오카 그런 담담함이 오히려 이 사람의 전략이라고 생각해요. 그런 의미에서는 능숙하다고도 생각해요. 철저하게 스타일을 고수하니까.

우에노 그렇다면 편하게 읽을 수 있다는 점을 포함해, 담담하고 정이 담기지 않은 문체가 요즘 독자에게는 오히려 '먹히는'

걸지도 모르죠. 영혼이 사로잡힌 것 같다거나, 몰입되는 기분을 느끼지 않아도 된다는 부분이 있다는 거죠.

도미오카 그래요.

우에노 그러니까 문체와 작가가 거리를 두고 있는 것처럼, 독자도 작품과 거리를 둘 수 있는 것이로군요.

도미오카 '아, 그렇구나' 하는 느낌으로 읽는 거죠.

우에노 마지막에 '이런이런'이라는 기분만 양쪽에 공유되고요.

도미오카 그렇죠. 하지만 만일 의식적으로 이렇게 쓴 거라면, 정을 담지 않는 느낌을 900페이지에 걸쳐 계속하는 건, 작가로서 나름대로 긴장감을 가져야 할 테니까요.

우에노 데뷔작이라면 그랬을지 모르죠. 그런 의미에서 아마 상대와 거리를 좁히지 못하는 그의 스탠스는, 독자에 대해서도 그럴지도 몰라요. 독자가 몰입하지 못하게 하죠. 하지만 처음부터 어떤 기분은 공유되고요.

도미오카 요즘 젊은 사람들은 작가 본인의, 살아 있는 체액 같은 게 들어간 문장보다 이런, 기호에서 기호를 인수분해한 것 같은 문장을 좋아하지 않나요? 복잡한 인수분해는 좋아하지만, 그게 엄청난 발견으로 이어지는 수식을 작가가 제시하면 거기에는 따라가지 못하는 거고요. 복잡하게 보이는 수식의 조합 같은 게 이 문장을 만들고 있고, 거기에는 몰입할 수 있는 게 아닌가 하는 느낌도 들고요.

우에노 지속력이 있는 문장이나 끈적거리는 문장은 이제 체력적으로 힘든 게 아닌가요. 숨이 찬다고 할까.

도미오카 체력적으로도 그렇고, 감정의 리듬이 다른 것 같아요. '정원은 그런 많은 살들의 달콤하고 무겁게 썩어가는 냄새로 가득했다'라니, 평범한 일본인은 정원에 나가 살이 썩는 것 같은 냄새를 맡지 못한다고요.

'내게 봄의 어둠 속 벚꽃은 마치 피부를 찢고 튀어나온 짓무른 살처럼 보였다.' 이 사람은 벚꽃에서 살을 연상한 적이 없을 거예요. 그러니 이렇게 쓰는 거죠. 이런 문장을 정이 담기지 않았다고 하는 거예요.

우에노 하지만 리얼한 묘사가 싫은 사람은 상관없지 않을까요. 평론가인 가와모토 사부로도 한 이야기인데, 번역문학을 좋아하는 사람이란…

도미오카 번역체죠. '오후가 깊어가고' 오후가 깊어진다니, 이것도 번역체예요.

우에노 그런 걸 좋아하는 사람들은 거꾸로 말해 일본적인 걸 싫어하는 거예요. 리얼한 게 싫은 거죠. 거기서 눈을 돌리고 싶으니 번역문학에 눈길이 가는 거죠. 자신의 일상적인 생활의 다양한 디테일을 미국의 팝이나 하드보일드 같은 소도구로 채워가는 거예요.[14] 가와모토 사부로는 그 작위성을 충분히 자각하고, 작위적인 생활을 하는 데에서 자신의 리얼리티를 발견하고 있죠. 가와모토는 무라카미 하루키를 거의 분신처럼 느끼며 공감해요. 엄청난 러브콜이에요. 초기 무라카미 하루키의 신선한 문체는 문단의 이해를 넘어선 곳에 있었으니, 가와모토 사부로가 그만큼 강력하게 추천하지 않았다면 무라카미 하루키를 인정하는 사람은 그리 없었을지도 모른다는 생각이 들 정도로요. 가와모토는 자신이 작위적인 생활을 해왔다는 사실에 대한 내면의 수치심을 포함해, 그런 '페이크 리얼리티'를 택하는 동시대의 기분을 강하게 옹호했어요.

도미오카 페이크의 장점은 저도 인정해요. 이해가 가요. 하루키는 미국 소설을 꽤 많이 번역했죠. 미국 작가가 그런 식으로 신문기사처럼 짧은 문장을 쓰게 된 건, 미국에는 다양한 나라

---

14   나는 기묘한 일본인입니다. 일본 역사는 잘 모르면서, 미국 재즈 뮤지션이나 영화에 대해서는 아마 평범한 미국인보다 잘 알고 있죠. 일본 고전을 읽기보다는 외국 신작 소설을 더 친근한 체험으로 읽고는 하죠. '키스 자렛 콘서트 갔어?' '앤 머레이의 앨범 〈NEW KIND OF FEELING〉은 멋지지' '커트 보니것의 아들 마크 보니것이 소설을 썼다고?' 그런 대화를 즐기고 있으면 종종 내가 일본인이라는 걸 잊어버리죠. 부모 형제도 다 잊고, 그저 이국 문화의 표층만을 따라가다 결국 하루가 끝나고 말아요.

(가와모토 사부로, 〈두 개의 '청춘소설'-무라카미 하루키와 다테마쓰 와헤이〉, '문학시평, 동시대의 문학12', 〈가이에〉 1979년 6월호.)

의 사람들이 섞여 있기 때문에 일종의 공용어를 만들어야 하기에, 그런 짧은 문장으로 공용어를 만들었다는 설이 있죠. 그전에는 선주민이나, 가스펠처럼 흑인이 갖고 있던 구전문학이 있었고요. 구전문학은 입에서 입으로 전해지는 만큼 반복이 많아요. 쉬운 말이 반복되고 그 반복이 멜로디를 이끌어내 스테인드글라스 아래에서 파이프오르간 음악의 리듬을 듣는 듯, 황홀경에 빠지는 그런 리듬이 어딘가에 있을 거예요. 하지만 감각적으로 읽는 요소는 배제하고 가급적 이성적으로, 짧은 문장이 연속된 산문이 된 거죠. 이 사람은 미국에서 교양으로서 그걸 체득했어요.

하지만 반복되는 리듬은 일본에도 있어요. 최근에 지쿠마에서 출간된 '철학의 숲'의 《놀라운 마음》이라는 앤솔러지에 야마시타 기요시의 '이카호에 가서 온천을 즐기자'라는 문장이 수록되어 있었어요. 그것도 전부 반복이죠. '점심이 되면/ 점심을 얻어먹으러 갔다가 누마타 역으로 가서/ 저녁까지 쉬면서 역전 축제를 보고 있으니/ 떠들썩하고 재미있구나/ 저녁을 얻어먹고 나서/ 누마타 역 밖의 의자에 앉아서/ 이와모토 역까지 걸어갔다가/ 바로 아침을 얻어먹고/ 이와모토 역으로 가서/ 조금 쉬었다가 시마시마 역까지 걸어갔다/ 점심까지 쉬었다가 점심을 얻어먹고 나서/ 시마시마 역에 가서/ 잠시 쉬었다가 시부카와 역까지 걸어갔다' 화자는 걸식을 하며 걸어가고 있죠. 또 거기서 하룻밤 묵고 나서, '조금 있다가/ 아침을 얻어먹고 나서/ 시부카와 역으로 가서/ 점심까지 쉬었다가/ 점심을 얻어먹고 나서/ 시부카와 역으로 가서/ 저녁까지 쉬었다가/ 저녁을 얻어먹고 나서/ 시부카와 역으로 가서/ 이 역에서 하룻밤 자고/ 조금 있다가/ 아침을 얻어먹고 나서/ 시부카와 역으로 갔다' 이 구절이 계속 반복되는데, 읽다 보니 뭔가 신기한 기분이 들었어요. 나도 이카호 온천에 가야 할 것 같은 거예요(웃음). 인간의 호흡 리듬이라는 걸 이 사람은 본능적으로 캐치해서 글로 표현한 거죠. 걸어가는 호흡. 또 저녁을 얻어먹고 이카호 온천에 간다. 저녁을 얻어먹고 시부카와 역으로 돌아오면, 이제 다들 문을 닫았으니 거기서 하룻밤 묵었다가 다시 아침을 얻어먹으러 간다는 이 리듬. 셋쿄부시(説経節, 일본 중세에 생겨난 구연 예능-옮긴이)나 가스펠도 이런 식이죠. 근저에 리듬이 흐르고 있어요. 하지만 근대소설은 그런 리듬을 잘라버리려 해왔어요. 하지만 그렇게 잘라버리기만 해서는 안 된다는 의식이 제 안에는 있어요. 무라카미 하루키도 대화에서는 그런 자세를 의식적으로 취하고 있는 거예요.

378

그래서 전략적으로 "있잖아, 내 얘기 좀 들어줘", "있잖아, 내 얘기 좀 들어줘. 미도리는 말이지" 하는 문체를 쓰는 한편 다른 쪽에서는 짧은 문장을 반복해요. 제가 느끼기에는 이 두 가지의 병용이랄까, 균형이 거짓말 같아요. 차라리 지문을 최대한 줄이고, 이 "있잖아, 내 얘기 좀 들어줘"를 늘렸으면 오히려 참신했을 거예요. 하지만 그 한발을 못 내디뎠죠. 여전히 무의식적으로 단문短文이란 기호를 이용하는 부분이 있어요. 그런 분열적인 면이 아쉽죠. 아마 근대소설이 도달한 곳, 기호화된 단문으로 이루어진 글이 새롭게 보였나 본데, 제 생각에는 이런 짧은 대화가 아니라, 그야말로 와타나베가 느닷없이 말을 쏟아내서, 한 10페이지쯤 와타나베의 말투로 쓴다고 생각해보세요. 그러면 또 다른 뭔가가 나타나겠죠. 인간이 말을 엄청하고 싶을 때 책 페이지 수나 영상 구성을 일일이 생각하며 중간에 멈추지는 않을 거 아니에요.

사실 이런 건 100년 전쯤 미국에서 거투르드 스타인이 이미 시도했었죠. 거기서 대중적인 부분만 가져온 게 헤밍웨이고요. 스타인의 《세 여자》[15]라는 옴니버스 연작 중 〈멜란차〉는 거의 전부 대화체로 이루어져 있는데, 읽다 보면 숨이 막힐 정도로 생생한 리얼리티가 있어요. 흑인 소녀와 젊은 흑인 의사가 나누는 대화예요. 제가 20년 전쯤에 번역했고요.

379 '이런이런' 같은 냉소적인 태도로 얼버무리기보다는, 동시대의 일본어로 그런 스타일을 추구했다면 더욱 신선했을 텐데요.

---

15   거드루트 스타인, 도미오카 다에코 역, 《세 여자》, 주오분코. 단행본 초판은 지쿠마쇼보, 1969년 출간. (한국에는 《세 명의 삶》으로 출간되었다-옮긴이)

우에노 지금 도미오카 씨 이야기를 듣다 보니, 역시 작가는 다르게 읽는구나, 하고 감탄하게 되네요. 사실 그건, 없는 걸 내놓으라는 거나 마찬가지예요. 하루키에게는 불가능하다고요.

도미오카 미안하네요(웃음).

우에노 아쉽다는 말도 좀 아닌 것 같아요. 이도 저도 아닌 이 애매함이 그의 한계이며 장점이죠. 이 세련된 해석이라고 할까, 단문과 세련된 대화의 조합이 초기 단편부터 그의 작품에 일관되게 존재했으며, 이걸 만일…

도미오카 어느 쪽이든 좀 질척거리게 해달라는 건 무리한 부탁이군요.

우에노 예를 들면 독백(모놀로그)이라면, 독백 속에는 역동이 생길 수밖에 없어요. 이번에는 대화(다이얼로그)가 계속되면, 대화도 반드시 어딘가에서 역동을 만들어낼 수밖에 없죠. 하지만 어느 쪽이든 어딘가에서 끊길 수밖에 없는 게 그의 작법이죠. 짧은 해설의 단문으로 이루어진 지문과 독백과 다름없는 대화가 단속적으로 존재하고, 그게 역동이나 드라마트루기에 이르기 전에 전부 끊어지는 거죠. 게다가 사실 대화도 지문을 간접적으로 치환한 거나 마찬가지예요. 요컨대 상대의 말로 주인공을 말하게 하는 것에 지나지 않아요. 그리고 전체적으로 센스 있는 단문으로 이루어진 지문으로 아무 일도 일어나지 않는 것에 대해 양해를 구하고 있는 거죠. 그러니까 작가에게 이건 기나긴 '셀프 익스큐즈self excuse'예요.

도미오카 그건 작가의 능력이 부족해서라고 보세요? 아니면 현대의 특성일까요?

오구라 현대라고 못 할 건 없죠.

우에노 예를 들면 야마다 에이미 같은 작가는 전혀 달라요. 끈적끈적한 문장을 쓰죠. 자기 표현이 있는 작가예요. 그 표현에 독자를 말려들게 하죠. 무라카미 하루키는 독자를 말려들게 하지 않고요.

도미오카 맞아요. 그래서 말려들지 않는 문체를 의식하고 있는 건지… 아마 의식하고 있겠죠. 의식하고 있는 거라면, 계산은 틀리지 않았다고 봐야죠.

우에노 그래서 야마다 에이미는 잘 팔려도 30만 부고, 무라카미 하루키는 300만 부인 거죠. 이 자릿수의 차이는 하루키가 '동시대'적이라는 사실을 증명하고 있죠.

무라카미 하루키

관계 맺지 못하는 시대,
관계 맺지 못하는 연애소설

편집부 오구라 씨는 처음에 이 남자 주인공이 여자에게 가혹하다고 하셨죠. 그건 문체에 나타난, 거리를 두는 방식에 대한 평가인가요?

오구라 비평가와 소설가는 역시 다르죠? 가와모토 사부로는 일본적인 정 같은 걸 질색해서 굳이 미국 소설을 일본에 소개했죠. 그건 그거대로 좋다고 생각해요. 이게 싫고 차라리 저쪽이 낫다는 감각이죠. 하지만 소설가라는 건 'better'가 아니라 'best'를 내놓아야 하잖아요. 인수분해해서 이렇게 풀겠다고 설명하는 게 아니라, 뭔가를 발명하듯. 그런 에너지를 갖고 있지 않으면 안 되는 거 아닌가요? 어찌 보면 의무이기도 하고요. 그런 소설관 자체가 이제 낡아버린 걸까요?

도미오카 오구라 씨는 패배주의를 싫어하니까요.

382

오구라 우에노 씨는 좋아하죠.

우에노 왜 갑자기 화살이 저한테 날아오죠? 무라카미 하루키를 논하는 중 아니었나요?

요시모토 다카아키는 오독을 할 때도 독창적인 능력을 발휘하는 인물인데, '서책 해독'을 아예 '서책 오독'이라고 읽고 싶을 정도이지만, 아무튼 이 책에는 무척 감탄했어요. 오독이 만들어내는 독창성이 있죠. 예를 들면 요시모토는 《노르웨이의 숲》에 대해 관계를 원하는 여자와 그것을 거부하는 남자의 이야기라고 말해요. 나오코와의 관계도 그렇고, 미도리와의 관계도 그렇다고 하는데,[16] 여자가 그때 정말 관계를 원했을까요? 단순히 요시모토 다카아키가 '여자는 관계를 원하는 존재'라고 믿고 있는 게 아닐까, 하는 생각이 들어요. 하지만 오구라 씨는, 여자는 지금도 정을 원하고 있다는 말을 쉽게 해버리네요.

오구라 정을 원하고 있죠. 그게 관계를 통해 얻을 수 있는 건지는 모르겠지만.

도미오카 모르죠. 그건 그래요.

우에노 뭐, 그래요. 하지만 문화가 이렇다, 저렇다 하고 강제적으로 인풋하지 않는 한, 인간이란 내버려두면 관계를 맺지 않는다는 사고방식도 있죠. 그저 역사적으로 여성에게 관계를 원하게 하는 장치가 더욱 강하게 인풋된 것뿐, 그냥 내버려두면 관계 맺지 않는 사람들이 성차와 상관없이 개별적으로 존재하는 세계관을 무라카미 하루키는 가지고 있는지도 몰라

---

16   출처는 주8과 같음. 단, 이 발언은 주10에도 포함되어 있다.

요. 그런 세계를 그가 그렸다면, 그건 그거대로 좋지 않나요?

오구라 너무 복잡하게 읽은 거 아니에요(웃음)?

우에노 만일 연애소설이라는 게 관계에 대한 소설이라면, 이건 결국 관계가 끝까지 성립하지 않은 소설이잖아요. 그렇다면 이 소설에 여성들이 반응했다는 건, 이 소설이 여성들에게 아무 위협도 되지 못했기 때문 아닐까요?

도미오카 그렇죠.

우에노 소녀소설이죠.

편집부 하지만 절대로 관계를 맺어주지 않는다는 건 일종의 위협 아닌가요?

우에노 관계를 원하는 사람에게는 위협이겠죠. 하지만 예를 들어 미도리가 원하는 것을 여성들이 '연애'라고 생각한다면, 그 여성들은 자신을 위협하는 종류의 관계는 원하지 않는다고 해야 하지 않나요?

오구라 이런 소설을 써서 무라카미 하루키 본인은 구제받았을까요?

우에노 왜 구제받아야 하죠? 소설을 쓰는 게 구제받으려는 건가요?

오구라 저는 구제받아야 한다고 생각해요.

도미오카 어딘가에서 자기 구제를 원하고 있는 것 같긴 하죠.

오구라 그런 걸 왜 원하죠(웃음). 역시 이 작가는 성공을 원할 뿐이에요. 그게 투명하게 보여요.

도미오카 듣고 보니 그럴지도 모르겠어요.

오구라 간사이 남자 같으니(웃음).

우에노 이건 자기 구제는 아니지만, 훌륭한 자기 정당화 소설이죠. 그리고 900페이지나 읽어준 독자는 참 부끄러운 줄도 모르는 거고요.

오구라 이런 걸 사는 여성들이 수백만 명 있다니. 정말 여자는 바보예요.

우에노 더 말하셔도 돼요.

오구라 선물받았다고 읽는 남자는 더 바보고요.

요시유카
치마오
다니자카
코지마
무라카미
마시마

준노스케
토시오
준이치로
노부오
하루카
유키오

미시마 유키오
三島由紀夫

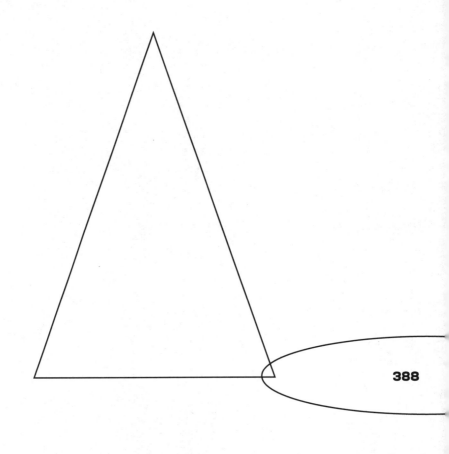

교코의 집
가면의 고백
금색

1925년, 도쿄 요쓰야에서 태어났다. 본명은 히라오카 기미타케. 친가와 외가 모두 고위공무원이나 귀족 집안이다. 조부는 후쿠시마현 지사와 장관까지 지낼 정도로 고위 관료였고, 아버지는 농림성(오늘날의 농림수산성) 최고위직까지 올라간 고위 관료였다. 미시마는 할머니의 극진한 사랑을 받으며 자랐다. 가쿠슈인 중등과 재학 중《꽃이 한창인 숲》을 발표, 일찍이 재능을 인정받았다. 스물한 살 때 가와바타 야스나리의 추천으로 문단에 데뷔한다. 이듬해 도쿄대학교 법학과를 졸업하고 대장성(오늘날의 재무성)에 들어가 공무원 생활과 작가 생활을 병행하지만 곧 퇴직한다. 1949년,《가면의 고백》으로 문단의 평가를 확립한다. 그 후,《너무 긴 봄》,《미덕의 비틀거림》,《향연이 끝난 후》등 유행어로도 알려진 화제작을 차례차례 발표한다. 한편으로《금각사》,《파도소리》,《우국》등으로 문단에서도 높은 평가를 얻었고,《사드 후작부인》,《근대노악집》등의 희곡으로 해외에서도 호평받아 노벨상 수상도 여러 차례 점쳐졌다. 만년에는 보디빌딩, 검도 등 육체 단련에 더욱더 몰입해, 자위대에 체험 입대하기도 했다. 1968년 '다테노카이'(1968년 미시마 유키오가 결성한 민간조직. '방패회'라는 의미로, 일본이 좌익 세력에 침략당할 경우에 대비한 극우 조직-옮긴이)를 결성한다. 1970년 11월 25일, 유작《풍요의 바다》의 최종 원고를 넘긴 뒤 자위대 이치가야 주둔지에서 총감 마시타 가네토시를

미시마 유키오

인질로 잡고, 자위대가 궐기할 것을 주장하며 연설했다. 오후 0시 15분, 다테노카이 회원 모리타 마사카쓰의 가이샤쿠(할복 하는 사람의 고통을 줄이기 위해 할복할 때 뒤에서 참수해주는 행위- 옮긴이)로 총감실에서 할복자살한다. 마지막까지 저널리즘을 떠들썩하게 만든 인생이었다.

교코의 집

鏡子の家

1954년부터 1956년까지 무질서가 막바지에 들어선 전후를 배경으로, 서른을 앞둔 아름다운 여인 교코의 집에 모이는 네 젊은이의 변화하는 운명을 그린 작품. 부잣집 아가씨인 교코는 애견인인 남편을 내쫓고 여덟 살짜리 딸과 함께 시나노마치의 서양식 저택에 살며, 그곳에 젊은이들이 자유롭게 드나들게 둔다. 그녀가 사랑하는 건 무질서와 부도덕, 그리고 타인의 정념의 한가운데에서 홀로 휩쓸리지 않고 요염하게 미소 짓는 방관자로 존재하는 것이다. 교코의 집을 찾는 주된 손님은 생각 같은 건 하지 않겠다고 결심한 권투선수 슌키치, 자신의 미모와 보디빌딩으로 단련한 육체에만 관심이 있는 무명배우 오사무, 현실적인 일들은 자신과 상관없다고 여기는 재능 있는 화가 나쓰오, 그리고 '세상은 멸망을 향해 가고 있다'는 확신 때문에 평범한 사람들을 모방하여 실은 눈곱만큼도 관심이 없는 '타인의 희망', 즉 출세나 성공적인 결혼을 쟁취하는 것을 더없는 기쁨으로 여기는 유능한 샐러리맨 세이이치로 등

391

미시마 유키오

이다.

그들의 인생은 교코의 집에서 만날 때 말고는 거의 접점 없이 제각각 흘러간다. 챔피언 벨트를 거머쥔 날 밤, 슌키치는 술집에서 싸움에 휘말려 주먹을 쓰지 못하게 되고 끝내 우익이 된다. 오사무는 어머니의 빚보증으로 인해 추한 여성 고리대금업자의 소유물이 되어 그녀와 동반 자살한다. 세이이치로는 부사장의 딸과 결혼해 뉴욕으로 부임하지만 아내가 외도하고, 그 직후 장인의 사장 취임이 확실시된다. 나쓰오는 어떤 초현상을 체험한 뒤 신비주의에 경도되어 붓을 꺾지만 어느 날 머리맡에 놓여 있던 수선화 한 송이를 통해 현실로 돌아와 멕시코로 유학을 떠난다. 한편 경제적으로 어려워진 교코는 돌아온 남편을 맞이하고, 헤어진 남편이 일곱 마리의 대형견과 함께 교코의 집에 눌러앉는 장면으로 소설은 끝난다. 1959년 작품.

가면의 고백

仮面の告白

작가 자신의 개인사와 일부러 일치하도록 쓰인, 남색가의 성욕 생활. 착 달라붙는 작업복을 입은 분뇨 수거 청년을 향한 동경, 턱걸이를 하는 반 친구의 겨드랑이털을 보았을 때 느낀, 숨을 삼키는 감정, 그리고 세바스티아누스의 순교(미시마는 훗날 이 그림을 스스로 흉내 낸 사진을 찍었다)에 대한 집착 등이 이야기된다. 청년기에 접어든 주인공은 여성에 대한 사랑을 흉내 내고 친구의 여동생 소노코에게 매력을 느끼기도 하지만 결국 육체적 감정이 솟아나지 않아 결혼이라는 목표에서 도망치게 된다. 그 후 창부를 상대할 때도 자신이 성적으로 불능이라는 사실을 알게 된 주인공은 이미 유부녀가 된 소노코에게 "이상한 질문인 줄 알지만, 당신은 이미 그 사실은 아시겠지요?"라는 질문을 받고 순간적으로 얼버무리며 필사적으로 스스로의 인격을 유지하려고 애쓴다. 1949년 작품.

미시마 유키오

금색

禁色

세 번의 결혼과 십수 번의 연애를 통해 끊임없이 여자에게 배신당한 노작가 히노키 슌스케는 완벽한 미모를 가졌으면서도 결코 여자를 사랑하지 않는 미청년 남색가 '미나미 유이치'를 알게 되고, 자신을 배신한 여자들에게 복수를 꾀한다. 슌스케는 정혼자 야스코와의 결혼을 두려워하는 유이치를 달래 경제적인 원조까지 해가며 결혼시키고, 그 대가로 가부라기 전 백작부인과 호타카 교코를 유혹해달라고 부탁하고는 계획을 꾸민다. 한편 유이치는 전철에서 우연히 들은 대화를 실마리 삼아 남색가의 세계에 발을 들이고, 그 세계의 스타가 된다. 한 게이 파티에 참석한 유이치는 그곳에서 가부라기 전 백작과 마주치고 서로 경악하지만, 가부라기의 교묘한 수법에 말려들어 그날 관계를 맺는다. 그런 사실을 모르는 가부라기 부인은 유이치를 남편의 비서로 삼고, 자신을 안으려 하지 않는 유이치에 대한 마음을 더욱더 키워간다. 하지만 남편과 유이치의 정사를 목격하고는 실종된다. 그 후, 유이치는 그녀가 보

394

낸, 부부의 생활은 부인의 매춘 행위로 지속될 수 있었다는 사실을 고백한 장문의 편지를 받는다. 편지를 읽은 유이치는 감동한다. 한편, 술에 취한 교코를 호텔로 데려가고, 도중에 유이치와 슌스케가 교대하여 관계를 맺은 뒤 그녀가 그것을 알게 하는 방식으로 슌스케의 복수는 마무리된다. 하지만 아이를 낳은 야스코의 존재는 유이치에게, 유이치의 존재는 슌스케에게 서서히 영향을 미친다. 그러던 중, 유이치가 남색가라는 사실을 밀고하는 편지가 그의 어머니와 아내에게 날아들고, 유이치는 가부라기 부인의 도움을 받아 위기를 모면한다. 이 사건이 있은 뒤 야스코, 유이치, 가부라기 부인, 슌스케는 저마다 새로운 균형을 얻고, 마지막으로 '히노키 슌스케에 의한 〈히노키 슌스케론〉이 삽입되며, 유이치를 사랑하게 된 슌스케가 그에게 전 재산을 상속하겠다는 유언을 남기고 자살하는 장면으로 이야기는 막을 내린다.

제1부가 1951년 〈군조〉에 연재되었고, 같은 해 단행본이 출간되었다. 제2부는 대략 열 달의 휴식기를 거쳐 〈비요〉라는 제목으로 1952년부터 다음 해까지 〈분가쿠카이〉에 연재되었으며 1953년 단행본으로 출간되었다. 제1부가 단행본으로 출간될 때 연재 시에는 자살했던 가부라기 부인을 되살리는 것으로 수정했지만, 〈군조〉 연재 종료 시 '제1부 완完'이라고 되어

있던 것으로 보아 처음부터 제2부를 포함하여 구상되었다고
추측된다.

주제로서의 권태,
지루한 독자

도미오카 미시마 유키오 선생은 정말 답답해 죽겠어. 평론을 여러 편 읽어봐도 답답해. 똑같은 소리만 하더라고, 그 시대 사람들 모두. 그렇지 않아요?

오구라 나도 좀처럼 읽기 힘들었어요. 구석구석까지 제대로 읽으니까 너무 시간이 걸리더라고요.

우에노 나는 반대였어요. 술술 잘 읽히던데요. 왜냐하면 거의 우화잖아요. 그렇게 정중하게 디테일을 읽어낼 필요가 없으니까요. 시마오 도시오였다면 디테일에서 뭐라 말할 수 없는 기분 나쁨이나 재미를 느낄 수 있지만, 미시마에게는 거의 그런 게 없어서 엄청 빠르게 읽었어요.

도미오카 읽는 속도 자체는 빨랐어요. 디테일에 눈길을 빼앗길 일이 없으니까요. 그 당시의 신문기사나 사회의 움직임까지 디테일을 꼼꼼하게 적어놓긴 했지만.

오구라 저는 디테일을 꼼꼼하게 읽고 이런 생각이 들더라고요. 의상이나 장신구에 대한 미시마의 취향은 와타나베 준이치처럼 여자에게 배운 지식이 아니다, 독학으로 익힌 미의식이다.

하지만 스토리 자체는 답답했어요.

도미오카 맞아요. 나도 답답한 기분으로 읽었어요. 답답하다는 건 뭐랄까… 처치곤란이라는 의미에 가까울 거예요.

우에노 답답한 이유를 말하면서 시작해볼까요?

오구라 요시유키 준노스케 같은 불쾌감은 없었어요. 불쾌해서 못 읽겠는 게 아니라 TV 드라마 〈예능사회〉[1]에서처럼 잔꾀를 부리는데, 드라마라면 패러디로 받아들이고 웃을 수 있지만, 문장으로는 너무 지루해서…

도미오카 그래서 계속 읽으려는 노력도 하고 싶지 않았다?

오구라 텔레비전이라면 몰입하지 않아도 볼 수 있지만, 소설은 몰입하지 않으면 페이지를 넘길 수 없잖아요. '훅'이 없어서 무척 힘겨웠어요. 왜 우에노 씨가 이걸 읽자고 한 걸까 생각하며 읽었어요. 교코와 우에노 씨가 비슷하기는 하죠(웃음).

우에노 '절대로 자신을 팔지 않는 창부'라는 점에서? (웃음)

도미오카 《지즈코의 집》(웃음)!

오구라 여자를 싫어하는 사람이 여자를 그리거나, 여자로서 살아가면 교코가 되는 거잖아요.

도미오카 우에노 씨가 교코예요?

398

---

1   이른바 '업계 드라마'로, 신인 여배우(미나미노 요코 분)를 민완 매니저(도키토 사부로 분)가 거물로 성장시킨다는 내용. 히라이와 유미에 원작. 1990년 후반 TBS에서 방영되었다.

오구라 닮지 않았어요?

도미오카 음, 난 잘 모르겠던데.

우에노 그렇게까지 말씀하시다니, 과분한 칭찬이네요.

도미오카 하지만 여러 평론을 읽어봐도 별로 평이 안 좋은 것 같던데요.

오구라 실패작이라는 평도 있고요.

우에노 하지만 미시마 유키오 본인은 《교코의 집》에 제일 애착을 가졌다고 하더군요. 그리고 그의 분신이라 할 수 있는 네 명의 모습에, 미시마가 그 후로 전개한 이미지의 원형이 모두 담겨 있잖아요. 이를테면 그의 육체관. 저는 《교코의 집》을 예전에 읽었는데, 그때 기억에 남은 장면이 기요미라는 여자가 미청년 오사무를 면도칼로 상처 입히는 에피소드였어요. 피부 안쪽으로 파고들려 하는, 이토록 뜨거운 관심이 처음으로 자신에게 육체의 존재를 실감하게 했다는 서술이 있어요.[2] 인간이 육체에 속박된 존재라는 사실, 피부에서 한 발짝도 나아

2 오사무가 원했던 건 그를 향한 오싹거릴 정도의 격한 관심이었다. 그를 애무하는 것만으로는 부족하여, 그를 부식시키려는 듯한 관심이었다. 지금까지 모든 것은 그의 살갗 위를 지나칠 뿐이었지만, 자신의 존재를 확인하기 위해 그 일순의 고통보다 더 확실한 것은 없었다. 그가 진정으로 필요로 했던 건 고통이었다. 자신의 옆구리에 흐르는 피를 보았을 때, 오사무는 한 번도 온전히 제 것으로 삼은 적이 없었던 존재의 확신에 눈뜬 것이다.

→

미시마 유키오

갈 수 없다는 사실은 훗날 미시마가 보디빌딩을 한 사실과도 연결되죠.

도미오카 난 이 책에 두 손 두 발 들었어요. 미시마 유키오가 이렇게까지 지루할 줄은 몰랐어요.

오구라 이 책은 권태를 그리고 있잖아요. 삶이란 지루하다는.

도미오카 권태가 테마라 해도 독자를 지루하게 만들면 안 되죠.

오구라 하지만 읽다 보니 작가가 엔터테인먼트를 하고 있구나, 하는 생각이 들었어요. 서비스 정신이 뛰어나다고나 할까요. 요시유키 준노스케에게는 결여된 점이죠.

도미오카 미시마가 좋아요? 여성혐오를 넘어선 호감?

오구라 아뇨, 요즘 아카시야 산마(일본의 국민 예능인-옮긴이)처럼 서비스가 죄다 빗나가고 있잖아요. 한번 신경 쓰이기 시작하면 계속 눈엣가시처럼 느껴지니까… 너무 투명해서 보는 사람이 부끄러워요. 그의 여성혐오는 요시유키 준노스케와는 또 다른 종류죠.

도미오카 나는 못 견디겠더라고요, 이렇게 뻔한 이야기를 쓰는 것을.

400

오구라 뻔한 이야기라뇨?

도미오카 분량은 이렇게 긴데 읽는 즐거움이 느껴지나요? 새로운 발견도 없고. 언어가 조금도 재미를 주지 않아요. 전부 죽은 말들이니까.

오구라 이 사람은 젊었을 적부터 죽어 있어요. 죽었는데 소설가로서 살아 있으니 계속 살아 있을 수 있었던 것뿐이죠. 대장성에서 계속 관료로 일했으면 죽었을 거예요.

도미오카 하지만 이 사람은 차라리 소설가가 되지 않은 편이 나았을 거예요.

오구라 세상을 위해?

도미오카 아뇨, 저를 위해(웃음).

우에노 《교코의 집》의 평론 중 가장 정상적이랄까, 감탄한 평이 무라마쓰 다케시村松剛[3]와 쓰카모토 구니오塚本邦雄[4]의 글이었어요. 둘 다 《교코의 집》을 높게 평가하고 있어요.《교코의 집》을 사랑한다고 해도 좋을 정도로.

쓰카모토 구니오는 이렇게 쓰고 있어요 '나에게 미시마 유키오란 작가는 이 소설 말고는 없다고 생각될 정도로, 미시마적인 발상과 기법으로 만들어진 공예품이었다.'

평소의 쓰카모토 다케시의 글을 생각하면 무척이나 감정이입한 문장이죠. 이 사람은 자신의 감정을 애매하게 표현하는 경우가 많은데, 이 문장은 놀라우리만치 솔직하잖아요. '쓸모없고 무익한 유희라는 걸 알면서 하품만 하는 이 시절에 그렇게

401

---

3   무라마쓰 다케시, 〈미시마 유키오론〉, 〈분가쿠카이〉 1960년 1월호.
4   쓰가모토 구니오, 《《교코의 집》 고찰〉, 〈국문학, 해석과 교재 연구〉
        1976년 12월호.

울분을 푸는 것 말고는 할 수 있는 일이 없었던 그 심중을 헤아려보면, 나는 전율할 수밖에 없다' 같은 구절을 봐도 그렇고요. 평소의 애매모호한 문장과 달리, 무척 솔직하고 심정적인 공감을 곳곳에서 내비치고 있어요.

도미오카 좋아하는 사람은 좋아하겠죠. 하지만 나는 이런 레토릭(rhetoric, 수사학)은 좀 자중하라고 말하고 싶네요, 지루하니까. 시를 쓸 때 이런 거짓을 배제하는 공부부터 해서 그런가. 여기 있는 건 마모된 비유, 죽은 은유뿐이니까.

우에노 매너리즘과 클리셰죠. '태양은 눈꺼풀 뒤에서 찬란하게 떠올랐다'같은 문장.[5] 진부하기 짝이 없어요.

도미오카 그러니까 지루한 거죠.

우에노 하지만 미학이란 원래 그런 거잖아요. 매너리즘과 진부함이 곧 미학이잖아요.

도미오카 그건 아니죠.

우에노 미시마는 매너리즘을 실현할 수 있을 정도의 교양을 갖추고 있었어요. 그러니까 모든 문장이 언젠가 어딘가에서 읽어본 문장이죠. 그 축적이 아닐까요?

402

도미오카 그 교양이 얼마나 무의미한지는 알겠네요.

---

5   미시마 유키오의 유작이 된 4부작 장편《풍요의 바다》제2권,《달리는 말》의 라스트신인 할복 장면의 문장. '검을 배에 들이댄 순간, 태양은 눈꺼풀 뒤에서 찬란하게 떠올랐다.'

우에노 이 작품에서 리얼리티가 전혀 느껴지지 않는다는 것이 창작자인 도미오카 씨의 실감이라면, 그것도 이해가 가요. 하지만 그건 문학이란 리얼리티를 전해야 한다는 신념에서 나온 말이고, '리얼리티를 전하는 것은 나의 목적이 아니었다'고 미시마 유키오가 말해버리면 그만이잖아요?

오구라 그건 그래요. 교양을 전시하며 시간을 죽일 수 있다면 그걸로 충분했겠죠.

도미오카 두 분이 그렇게 말씀하시면 저로선 '아, 네' 하고 대답할 수밖에 없네요(웃음). 아닌 게 아니라 미시마에게는 리얼리티를 전하려는 생각은 없었을 거예요.

우에노 미시마의 소설은 이 당시 이미 시대착오적인 소설이었어요. 의고전(擬古典, 고전을 모방함)풍이죠.

도미오카 맞아요.

미시마 유키오가 동시대에 보낸 것

우에노 그런데 작품 자체와 메타 메시지, 즉 문자로 적힌 자면

字面으로부터 읽을 수 있는 메시지와 그 배후에 있는 기분 중 독자는 어느 쪽을 읽어냈을까요? 자면에 현혹되기도 하겠지만, 독자는 자면 이상으로 배후에 있는 기분을 읽어내는 직관력을 가지고 있었을 거예요.

도미오카 그게 역시 대중 독자의 대단한 점이죠.

우에노 그렇다면 저는 이 당시 미시마가 시대에 보낸 기분이라는 것이 존재했다고 봐요. 저는 사회학자 사쿠타 게이이치 作田啓一의 아사다 아키라 독해에 감탄했는데, 아사다 아키라의 《구조와 힘》은 구입한 독자들은 거의 이해하지 못했어요. 하지만 그 이상으로 무언가 전해졌는가 하면, 그 배후에 있는, 좌우지간 지금 여기서 도망치고 싶다는 아사다의 기분이었죠. 그게 언어적인 표현을 넘어서 전해졌다는 사실이 그가 동시대 사람들의 압도적인 지지를 받은 이유죠.

도미오카 록 페스티벌과 비슷하네요.

우에노 맞아요. 미시마 유키오에게도 그런 동시대의 기분이 있었을 거예요. 이를테면 시대의 폐쇄적인 분위기라든지, 더는 죽을 수 없는 시대의 절망감 같은 것. 이를테면 미시마가 마쓰무라 다케시나 쓰카모토 구니오에게 환기하는 정서를 이만큼 목격하면, 그것이 비록 그 시대의 일부 혜택받은 계층 자제들에 한정된 이야기라 할지라도 미시마 유키오가 체현한 건 그 시대에 공유되던 기분이었다는 사실을 잘 알 수 있죠.

404

도미오카 연출가 다케지 데쓰지武智鉄二의 《미시마 유키오, 죽음과 그 가부키관》[6]이라는 글은 재미있었어요. 그는 미시마의 격문檄文이 조루리의 문체에서 온 것이라고 말해요. 도쿠가와 시대의 조루리란, 충의를 강조하지 않으면 전부 검열에 걸리니까요. 그래서 《주신구라》를 비롯해 당시 생겨난 조루리에는 필요 이상으로 충의를 다한다는 내용이, 지금 읽으면 이게 뭐지 싶은 문체로 반복해서 쓰여 있어요. 하지만 그걸 마지막 부분에서 부정하고 사라져요. 깊이 읽어보면 그토록 강조하는 충의란 모두 거짓이라는 걸 알 수 있죠. 조루리 전문가인 다케지 데쓰지는 이처럼 깊이 읽는 것을 분라쿠(일본의 전통 인형극-옮긴이)에서는 혼요미本読み라고 부른다고 말해요. 일반적으로 연극에서 대본 리딩을 혼요미라 부르는데, 그건 본래의 의미가 아니고 조루리의 행간을 읽는 게 혼요미의 본래 의미라는 거예요. 그 훈련을 해온 다케지 데쓰지의 시선으로 보면, 미시마 유키오의 격문이 조루리와 비슷하다고 했어요.

우에노 무엇이 숨겨져 있는데요?

도미오카 다양한 것이 있지만, 결론적으로는 미국 불신이에요. 미시마 유키오는 일본 문화 운운하지만, 그가 갖춘 교양은 대부분 유럽의 것이에요. 그런데 갑자기 일본 운운하는 거예요.

405

6   다케지 데쓰지, 《미시마 유키오, 죽음과 그 가부키관》, 나미쇼보, 1971년.

겉으로 드러내진 않지만, 그건 역시 반미로 읽을 수 있죠. 그 계기 중 하나가 《근대노악집》(미시마 유키오의 희곡집-옮긴이)이 브로드웨이에서 상연되어 미시마가 미국에 갔을 때의 일이에요. 극단에서 갑자기 작품에 수정을 가하고 예산 문제로 숙소를 저렴한 호텔로 바꿔서 엄청 기다리게 한 모양이에요. 상당히 원한이 쌓였대요. 그 일이 계기가 아니겠냐는 게 다케지 데쓰지의 설이에요. 좀 통속적인 해석이긴 하죠. 미시마 유키오는 그 일에 관해서는 한마디도 안 썼어요. 꼴사나우니까.

우에노 미시마가 뉴욕에서 반년 살았다는 건 그때인가요?

도미오카 맞아요. 엄청나게 우울해했대요.

우에노 1960년대였잖아요. 1970년대에 들어서기까지 미국과 일본의 압도적인 권력 차이를 고려하면, 당시 미국에 건너간 일본인은 비굴해질 수밖에 없죠. 미국인이 보기에는 극동의 패전국에서 온 작은 남자, 뭐 그 정도일 테니까요.

도미오카 그렇죠. 우리도 자존심이 있잖아요. 하지만 상대가 보기에는 머나먼 동쪽에서 온 남자, 호구나 다름없으니 몇 번이나 수정하게 해서 돈을 뜯어내는 거죠. 다케다 데쓰지는 미시마 유키오 역시 그런 일을 겪었던 게 아니냐고 추측하고, 미시마의 격문에서 반미적인 의식을 읽어내는 거죠.

오구라 미국이라면 풍부한 육체성과 물질문명 아닌가요?

도미오카 맞아요. 제가 중학생인가 고등학생 때의 일인데, 아직도 기억해요. 〈주간 아사히〉에 실린, 미시마 유키오가 제너럴 일렉트릭 대형 냉장고 앞에 앉아서 맥주인가를 마시는 화보가 있었어요. 당시 일반적인 가정에는 전기냉장고 같은 건 없었거든요. 요즘 사람들은 모르겠지만, 얼음 가게에서 배달하는 얼음을 보관하는 냉장고만 있었죠. 그런 시대에 미국 전기냉장고 앞에 앉아서 그런 화보라니. 글쟁이나 예술가라기보다, 요컨대 스타로서 강렬한 인상을 안겨준 사람이었어요. 그런 사람이 미국에 가서 연극 브로커에게 희롱당했다면 충격을 받을 만도 하죠.

우에노 사생활을 포함해 자신의 '스타성'을 상품화하는 작가의 선구자적 존재였죠.

도미오카 그럴 거예요.

우에노 마침 전후 저널리즘이 문화인을 연예인처럼 소비하는 시대가 시작되었을 즈음이죠. 누드 사진을 잡지 화보에 싣거나. 다나카 야스오처럼요.

도미오카 그랬죠.

우에노 데이트든 사생활이든 작품이든, 모든 걸 퍼포먼스로 만들어버리는…. 만일 미시마가 20년만 늦게 태어나 1980년대 일본에서 자신의 이 같은 생활상을 모두 담은 '라이브 퍼포먼스'를 상품화했다면 《가면의 고백》에 나온 것 같은 호모섹슈얼도 상품화됐을 텐데요.

도미오카 맞아요. 《가면의 고백》 제일 처음에 나온 것처럼, 달라붙는 작업복을 입은 분뇨 수거인 청년을 동경했던, 그 감정을 철저하게 따라가면 뛰어난 동성애 소설을 썼을 거예요.

《가면의 고백》이 동성애 소설이 아닌 까닭

오구라 《가면의 고백》의 서평 중 노구치 다케히코野口武彦와 아라 마사히토荒正人의 평은 정말 이상했어요. 노구치 다케히코는 소설 내용이 작가 자신의 진짜 체험인지 아닌지는 상관없다고 말하죠.[7] 한편 아라 마사히토는, 그는 자신이 비정상적으로 도착된 인간이라고 생각할지도 모르지만, 세상물정 모르

---

7   나 개인에 관해서 말하자면, 나는 이 장편소설의 '고백'이 사실인지 아닌지, 단적으로 말해 작가 미시마 유키오 씨에게 성도착 경향 내지는 기호가 있는지, 그러한 사실에는 그다지 관심이 없다.
주인공 '나'는 여자를 사랑할 수 없는 청년이다. 이 청년은 작가 자신일지도 모르고, 그렇지 않을지도 모른다. 다시 말하지만, 그 사실은 중요한 문제가 아니다. (노구치 다케히코, 〈가면의 쌍면신-미시마 유키오 씨의 묵시록적 세계〉, 〈분가쿠카이〉 1968년 4월호.)

는 도련님으로 자라나 평범한 소년이라면 모두 갖고 있는 것을 조금 순화시킨 형태로 갖고 있기 때문일 뿐, 이 사람은 동성애자가 아니라고 말하는[8] 걸 보고 왠지 웃음이 나더라고요 (웃음). 평론가인 진자이 기요시도 이걸 '남성적'이라 생각하지 않아도 되지 않냐고 했고요.[9]

도미오카 그 진자이 기요시의 평론을 훗날 모두가 인용하고 있죠.

---

8   아라 마사히토, 《가면의 고백》 평, 〈도서신문〉 1949년 7월 23일. '이상심리가 아니다'라는 제목이 달려 있다.

막연히 이 소설은 모리 오가이의 《비타 섹슈얼리스》의 전후판이라고 생각하며 읽었습니다만, 좋은 의미로든 나쁜 의미로든 젊음이라는 계절을 강렬하게 느끼게 해줍니다. 도착 심리 같은 건 다들 저마다 갖고 있으니, 이상심리 같은 게 아니라 오히려 생리적인 현상이겠지만, 온실에서 자란 탓인지 비바람에 시달리지 않고, 스무 살 넘어서까지 보존되었다는 것뿐이 아닐까요. 또한, 이 작가는 평범한 심리를 이상심리라고 착각하는 것 같습니다만…

9   드디어 특기인 남색론이 나왔는데, 문외한인 나 같은 사람은 더욱더 이해하지 못하게 된다. 그래서 내 나름대로 해석하고 만족하도록 하겠다. 이 고백하는 자(그는 미시마 유키오 자신이라고 가정해도 좋다)는 애당초 부정자이며 살육자였다. 나르시시즘은 나르시시즘이라도, 부정에 저주받은 나르시시즘이다. 말하자면 자기도취를 거절당한 나르시시즘인 것이다. 음수(마이너스)의 나르시시즘이라 해도 좋다. 절대주의의 나르시시즘이 일본식 사소설이라면, 이것은 상대주의의 나르시시즘이다. 남색적이라는 서술어를 쓰지 않아도, 근대적이라는 일반어로 충분할 거라고 나는 생각한다.

(진자이 기요시, 〈나르시시즘의 운명〉, 〈분가쿠카이〉 1952년 3월호.)

오구라 그리하여 《가면의 고백》은 결국 동성애 소설이 아닌 것으로 되어버렸어요. 평론가의 자기방어, 즉 호모포비아로 인해. 그들은 땅속 도랑을 통해 동성애 세계에도 빠삭하죠. 그 위에 철판을 덮어버리지만.

우에노 그렇다면 어느 부분을 극찬하는 거죠?

도미오카 이토록 자기분석을 철저히 했다는 것에요. 지금까지의 고백과 달리 그 점은 구축력이 있어 보여요.

우에노 하지만 이 부르주아성과 현학성은 사소설이 주류인 일본 문단에서는 어딘지 재수 없는, 견딜 수 없는 작품으로 받아들여지지 않을까요?

도미오카 그렇죠. 물론 프롤레타리아 작가들이 보면 질색하겠지만.

우에노 안 좋은 쪽으로 충격을 주었다면 무시당하거나 일축될 만도 한데, 어째서 그는 극찬을 받으며 화려하게 데뷔한 걸까요.

도미오카 당시의 문단 분위기를 모르니 단언할 수 없지만, 역시 신기했던 게 아닐까요?

우에노 하지만 이를테면, 이시하라 신타로라면 건강한 헤테로섹슈얼, 건전한 젊은이의 반항이잖아요. 남근으로 장지를 찢는다든가.[10]

410

10   이시하라 신타로 《태양의 계절》(1955년). 분가쿠카이신인상 수상. 제

도미오카 그쪽이 더 거센 비판을 받지 않았던가요?

우에노 그쪽이 훨씬 건전한데! 게다가 충격적이라 해도 시나리오대로 흘러가는 충격이라 이시하라 신타로는 순조롭게 작가 생활을 시작했죠. 《가면의 고백》의 충격은 다른 차원의 충격이었어요. 터부를 표현했단 점에서는 같다고 할 수 있을지 모르지만, 어째서 이 작품이 좋은 쪽으로 평가된 걸까요.

도미오카 미시마는 작가를 비즈니스로 확실히 의식한 사람이니, 그걸로 성공을 거둔 게 아닐까요?

우에노 《가면의 고백》을 읽었을 때의 인상은 형언할 수 없는 부끄러움이었어요. 다시 말해 자기 이야기가 아니라고 연막을 치거나, 현학의 그늘에 숨고 과도한 심미학적 논의를 덧씌웠지만, 그 배후에 너무나 무방비한 솔직함이 드러나 있어서 보는 사람이 부끄러울 정도였어요. 세세한 내용은 기억나지 않아도 그 부끄러운 감정만은 계속해서 남아 있었고요. 이러한 현상이 픽션으로서의 완성도가 높다는 걸 담보하는 건 아니라고 생각해요.

411 **도미오카** 완성도는 높지 않죠.

우에노 저도 그렇게 봐요. 그렇다면 왜 소설로서 이토록 높게

34회 아쿠타가와상 수상. 문단에서는 좋은 평을 받지 못했지만, 이듬해 영화화되어 크게 히트했고, '태양족'이라는 유행어를 낳았다.

→

미시마 유키오

평가되는지 이해할 수 없어요.

오구라 모두 어떻게 평가해야 할지 몰라서 그런 거 아닐까요?

우에노 그런 경우에는 보통 무시하잖아요.

오구라 그러니까 철판 아래로 흐르는 도랑의 물소리를 듣고 황급히 귀마개를 썼겠죠. '아무것도 안 들린다, 아무것도 못 본 걸로 치자.' 하지만 뭔가 마음에 걸렸겠죠. 그 같은 요소에 더해 미시마의 출신 성분에 압도된 부분도 있었을 테고요.

우에노 엔터테이너 작가의 데뷔작이라 해도, 엘리트 관료 집안 아들이니 출신으로서는 빠지지 않죠. '금수저'의 시작이랄까.

도미오카 하지만 당시 소설을 보면, 시이나 린조의 작품만 보아도 2층의 어두운 골방에는 콜록콜록 기침하는 할머니가 있고(웃음), 그 아래층에서 가게를 보는 인물들만 즐비했잖아요. 그런 가운데 전혀 다른 이 작품은 역시 눈에 띄었겠죠.

우에노 간단히 말하면, 빈곤한 생활을 하던 글쟁이들이 소설에 묘사된 부르주아적 생활에 일단 현혹된 부분이 있겠죠.

도미오카 당시의 일본 사회는 여전히 빈곤했으니까요.

우에노 스노비즘(snobbism, 과시하거나 돋보이려고 껍데기만 빌려오는 성향 혹은 허영-옮긴이)도요.

편집부 그 부분에 관해서는 평론가들도 꽤 반발했어요. 《가면의 고백》이 출간되기 직전 〈도서신문〉에 다미야 도라히코와 나란히 논해졌을 때, 다미야 도라히코는 장래성 있는 작가로,

미시마는 재기 넘치긴 하나 어디까지 갈 수 있을지 의문인 작가로 평가받았잖아요.[11] 하지만 그 직후 《가면의 고백》이 나오고는 평가가 확 달라졌고요. 나카무라 미쓰오도 마이너스 150점이라는 평가를 수정했죠.[12] 즉, 그때까지만 해도 미시마

---

11   그런데, 고작해야 분위기 정도의 부르주아 생활 묘사를 엿보고, 〈분가쿠카이〉 언저리의 인사들이 미시마야말로 장차 다니자키 준이치로로가 될 거라며 떠들고 있다나. 이건 조금 과한 게 아닌가 싶다. 미시마의, 젊은 나이에 어울리지 않는 대범함과 재능은 그 나이에 가무와 음곡을 말하고, 정계의 의혹을 즉시 소설화하는 태도를 보아도 분명하다. 하지만 다미야가 작품마다 티끌 한 톨 없는 확고한 세계를 구축하는 것에 비해, 재기발랄한 미시마의 장래에 얼마만큼의 단단함을 기대할 수 있을까. (〈도서신문〉 1848년 7월 9일호, '스코어 볼드'란.)

12   처음에 미시마 유키오에 대해 혹독한 평가를 내린 나카무라 미쓰오는 미시마를 적극적으로 재평가하게 된 계기를 묻는 에토 준의 질문을 받고 다음과 같이 대답했다:

          나카무라: 역시 《가면의 고백》일까요. 그걸 읽고 감탄한 게 미시마를 재평가하게 된 이유이고, 그에게 가까이 가는 계기가 되었습니다. (〈대담 미시마 유키오의 문학〉, 〈신초〉 1971년 1월 임시증간호)

      참고로 마이너스 150점이라는 평가는 1946년에 내린 것이다. (나카무라 미쓰오, 우스이 요시미 대담, 〈현대 작가론5 미시마 유키오〉, 〈분가쿠카이〉 1952년 11월호).

          우스이: 〈덴보展望〉가 막 나왔을 때였죠. 미시마라는 이름조차 몰랐습니다. 전쟁에서 돌아와 〈덴보〉를 막 펼쳤는데, 미시마의 소설이 여덟 편이나 실려 있는 겁니다. 〈중세〉, 〈담배〉, 〈꽃 이야기〉, 〈서커스〉, 〈그림 유리〉, 또 뭐였더라, 좌우지간 〈중세〉가 제일 길었는데, 모두 여덟 편이었습니다. 읽어봤는데 안 맞았어요. 마음에 들지는 않았는데, 좌우지간 어떠한 의미에서 천재는 천재다, 라고 하니까, 나카무라 미쓰

유키오는 재기는 있지만 어차피 오래가지 못할 거라는, 말하자면 다나카 야스오 같은 평가를 받았어요.

오구라 다나카 야스오와 무척 비슷하죠.

우에노 정말로요.

오구라 재기만으로 연명한다는 비판을 받는 작가는 의외로, 하나같이 오래가더군요.

- - - - -

오가 말도 안 된다, 마이너스 150점이라고 호통을 쳤죠.(웃음)

나카무라: 내가 그런 소리를 했던가(웃음).

우스이: 마이너스 150점이라는 건 어떻게 나온 건지 모르겠지만, 좌우지간 초장에 의욕이 꺾였지.

이 대담에서는 다음과 같은 발언도 나왔다.

나카무라: 미시마 군을 처음 만난 건 《가면의 고백》을 발표하고 얼마 지나지 않아 〈덴보〉에서 좌담회를 했을 때였는데, 그때 미시마 군이 그 소설에서 우리와 함께해주었다는 식으로 말한 적이 있어. 비로소 인간이 되었다는 거지. 그때까지는 재기뿐이었고.

축제가 끝난 뒤를
살아가는 세대

도미오카 〈신초〉에 실린 시마다 마사히코와 아사다 아키라의 대담[13]이 재미있었어요. 젊은 세대는 당시의 분위기나 미시마 유키오의 스타성이 어떻게 비판받았는지, 동시에 어떻게 동경의 대상이 되었는지를 잘 모르니까요. 그러니까 이런 게 아닐까, 저런 게 아닐까, 하고 논리적으로 따져보게 되는데, 그게 오히려 재미있게 느껴졌어요.

그럼에도 요즘 시대는 미시마적이죠, 정도의 차이는 있겠지만.

우에노 그런가요. 저는 오히려 미시마는 인기가 없을 것 같은데요. 이제 이런 논리 게임은 촌스럽잖아요. 미시마의 희곡은 앞으로도 읽힐 거라는 사람도 있지만, 저는 그렇지 않을 거라 생각했어요. 왜냐하면 논리 게임이니까요. 그러나 미시마 자신은, 같은 이유로 자신의 연극이 남을 거라는 확신을 갖고 있었죠. 마지막 궁극의 한 줄이 정해지지 않으면 쓰지 못한다고

415

---

13   아사다 아키라, 시마다 마사히코 대담, 〈구조를 모조한다〉, 〈신초〉
      1988년 1월호.

도 했고요. 비극이란 결말의 카타스트로피를 향해 모든 것이 필연성을 가지고 나아가는 구조예요. 요컨대 '이런 전제에서 출발하면 논리적으로 이 지점에 도달할 수밖에 없다'는 식으로 몰아넣는 거죠. 하지만 그런 논리적인 관념극은 요즘 아무도 믿지 않아요. 촌스럽죠, 이제.

도미오카 촌스러울 뿐만 아니라 재미도 없고 감동도 없어요.

우에노 미시마의 로마네스크Romanesque가 발자크적이랄까… 19세기적인 느낌을 주는 건, 수법이 새롭지 않기 때문이라고 여러 비평가들이 말하고 있어요. 미시마의 소설은 우화죠. 이런 전제를 세우고 이런 세팅을 하면 이런 운동이 일어나 이런 결말에 도달하겠지, 같은.[14]

14 　미요시 유키오, 노구치 다케히코, 마쓰모토 도루, 쓰게 데루히코, 〈공통토의: 미시마 유키오의 작품을 읽는다〉, 〈국문학 해석과 교재 연구〉 1981년 7월호에서의 노구치 다케히코의 발언:
　　《교코의 집》의 수법이란, 전혀 전위적이지 않죠. (…) 한마디로, 원래 발자크적 소질이 없는데도 발자크 흉내를 내서 실패한 겁니다.
　또, 《교코의 집》이 아니라 《금색》에 대한 평이지만 아래와 같은 발언도 있었다.

416

　　이런 분위기로 이 장편은 쓰여져 있다. 이른바 현실의 바깥, 상식적으로는 불가능한 것을 주제로 하고 있다면 당연하겠지. 현실성은 오히려 거치적거리기 때문에, 작가는 의도적으로 그것을 무너뜨리고 그곳에 미시마가 생각하는 당위Sollen를 드러내, 그 자체의 논리를 전개하고, 그를 좇아 소설을 써간다. 소설이라 말했지만, 이야기라고 해야 할지도 모른다. 무엇을 목표로 삼지 않고, 묘사라 할 만한 것도 없다. 누에

도미오카 소설이라고 생각하니 짜증이 나고요.

우에노 그러니까 우화이지요. 무라마쓰 다케시식으로는 '레시 récit'이고요.[15]

도미오카 다나카 야스오의 소설도 우화로 봐야 할까요?

우에노 다나카 야스오에게는 기분과 생리가 있죠.

오구라 착 감기는 게 있죠.

우에노 그렇죠.《교코의 집》의 평에도 이런 말이 나오는데, 분명 디테일을 표현할 때 도식적인 방식을 쓰긴 해요. 캐릭터의

고치처럼 쉬지 않고 당위 논리의 실을 토해내며, 말을 자아가는 작품인 것이다. 그리스에서 도취란 '오성의 추리에 의한 상상'(아폴론의 잔)에 기반한다고 하는데, 추리를 인도의 실로 삼은 상상력에 의한 것이다. 우리 나라에서 일반적으로 생각하는 소설과는 완전히 이질적이다. (마쓰모토 도루,《미시마 유키오론, 추락을 거부한 이카로스》, 아사히 출판사, 1973년)

미시마 유키오의 작품이 인물의 유형화를 목표로 하고 있으며 우화적이라는 점은 이 밖에도 무라마쓰 다케시(주3)의 논문, 하나다 기요테루〈마법의 거울〉(〈군조〉 1959년 12월호), 일메라 히비야 키르쉬네라이트, 아이자와 게이이치 역,〈상징의 아라베스크〉(〈유리이카〉 1986년 5월호) 등 다양한 논자에 의해 지적되고 있다.

417

15 사르트르는 로망을 기대attente의 예술이라고 정의했다. 이것을 적용한다면, 미시마의 스타일은 로망이라고 할 수 없다. 오히려 이야기 récit의 스타일이다. (…)《교코의 집》은 전반은 몰라도, 후반은 명확히 실패했다. 그리고 그 실패는 레시의 문체로 로망을 쓰려고 한 것이 초래하지 않았을까. 나는 그렇게 생각한다.
(무라마쓰 다케시, 출처는 주3과 같음.)

성격을 물건이나 행동거지로 표현하고 있다는 도식성만 놓고 보면, 다나카 야스오의 인물에서도 '스튜어디스는 이럴 것이 다'라는 식의 스테레오타입을 발견할 수 있어요. 하지만 감각 이나 기분이 디테일에 배어나요. 그 점이 다나카 야스오가 그 리는 디테일의 재미죠.

하지만 미시마의 경우 개념 주변을 빙글빙글 도는 탓에 결국 리얼리티가 조금도 전해지지 않아요. 아무리 설명을 들어도 캐릭터나 상황을 파악할 수 없어요. 끝까지 시각화되지 않죠.

도미오카 그렇죠. 시각화되지 않기는 해요. 어떤 옷을 입었는지, 교코가 어땠는지 하는 묘사를 봐도 개념뿐이죠. '~같은 것'이 에요.

하지만 개념만으로 살아가는 사람의 세상은 잘 알 수 있죠. 요 즘 그런 사람 많잖아요. 나는 그런 사람들의 감각을 지금까지 전혀 이해하지 못했는데, 미시마 유키오를 읽으니 알 것 같더 라고요.

우에노 그건 그래요. 그런 점이 시마다 마사히코나 아사다 아 키라의 공감을 불러일으킨 거겠죠.

418

도미오카 맞아요. 하지만 미시마의 소설은 꼭 영화 시놉시스를 읽는 것 같다니까요.

우에노 분명 그래요. 무라마쓰 다케시도 말했지만, 미시마 유 키오는 심리를 쓰는 데 서툴다는 평을 듣지만, 그는 캐릭터를 세팅할 뿐 심리소설을 표방하는 게 아니죠. '그는 …경구를 이용해 등장인물의 심리, 성격을 미리 규정하고, 설명하며, 재단한다'라고 했죠.[16] 일단 캐릭터를 세팅하면 나머지는 캐릭터와 캐릭터가 당구공이 부딪치듯 알아서 운동을 시작해요. 그 충돌의 궤적만을 그린 것이 미시마의 소설이라고요.

도미오카 전체가 시놉시스죠.

우에노 '완벽한 미모의 남자'나, '온갖 남자를 유혹하지만 절대로 자주지 않는 창부'처럼.

도미오카 영화라면 그 시놉시스에 영화감독의 문체, 즉 미장센에 의한 음영이 붙겠죠. 거기서 리얼리티가 느껴질 테고요. 하지만 미시마는 계속 시놉시스만 나오니 지루해요. 스토리가 세세해질수록 더더욱 지루해지고요.

우에노 맞아요. 그래서 1천 페이지짜리 소설을 세 시간 만에 읽을 수 있죠.

도미오카 시놉시스적 문장이라는 건 효율적이죠. 두 시간이나 세 시간짜리 영화를 영화제작자나 투자자가 이해할 수 있도록 최소한의 디테일을 갖추어 간결하게 설명하는 게 시놉시스이니까. 요즘 소설의 문체가 그래요. 허구가 아니라 설명. 시놉시스라면 세 시간짜리 영화를 십오 분에 읽도록 써야 하

419

---

16   무라마쓰 다케시, 출처는 주3과 같음.

미시마 유키오

는데, 이 《교코의 집》은 세 시간을 그대로 시놉시스로 쓴 셈이
죠. 그걸 읽어야 하니 견딜 수가 없고요.

오구라 그렇군요!

우에노 그러고 보니 저도 《노르웨이의 숲》을 읽었을 때, '이봐,
30페이지로 쓸 수 있는 얘기를 900페이지로 늘리지 마' 하고
생각했었죠.(웃음) 시놉시스라 해도, 무라카미 하루키적 시놉
시스와 미시마 유키오적 시놉시스가 같다고 생각하나요? 저
는 아니라고 봐요. 1인칭 소설과 3인칭 소설의 결정적인 차이
이기도 하지만, 미시마의 경우는 발자크적인 의미의 로망이
랄까, 고전적이죠. 발자크도 지금 읽으면 무척 지루하고요.

도미오카 그러겠죠.

우에노 풍속소설로서의 가치는 인정하지만, 왜 그런 작가를 소
설의 대가라고 칭송하는지 모르겠어요. 발자크적인 의미의
로망이라고 말하는 근거는, 캐릭터를 창작한 사람이 소설 외
부의, 신神적 위치에서 등장인물을 조종하고 있기 때문이에
요. 그러니까 3인칭 소설인 거고요. 하지만 무라카미 하루키
로 오면 1인칭 소설밖에 쓸 수 없게 되죠. 《노르웨이의 숲》에

420

등장하는 나오코며 미도리는 결국 전부 주인공이 반영된 존
재이고 타자가 아니에요. 작가가 그 안에서 특권적인 외부성
을 가지고 있지 않으니까, 그의 세계는 로망이 아니게 되죠.
로망을 쓰지 못하게 된 거예요.

도미오카 로망이 아니면 뭐죠? 그가 쓰는 건.

우에노 실패한 사소설 아닐까요. 최소한 사소설에는 리얼리즘이라는 게 있을지 모르지만, 그것도 사라졌어요. 본인은 로망의 부활을 목표로 삼고 있지만요. 이를테면 존 어빙이 등장했을 때 무라카미 하루키가 그에게 무척 끌린 건 소설이 복권되었다 생각했기 때문이라고 밝혔지만, 정작 본인은 그러지 못하고 있죠.

도미오카 요즘 세상에 소박하게 소설 같은 건 못 쓰죠.

우에노 하지만 미시마의 시대에는 가능했어요. 미시마의 소설은 발자크적이잖아요.

도미오카 음.

우에노 의고전풍 로망을 시대착오적인 작품으로서 만들어냈다는 건, 당시로서는 이색적이지 않았을까요.

도미오카 뭐, 그렇겠죠.

우에노 의고전풍이라고 하면, 미문美文이란 건 모두 클리셰에 불과하죠.

도미오카 그건 그래요, 클리셰예요.

우에노 이를테면 시인 다와라 마치는 요즘 단가短歌 신인 세계에서는 경멸된다고들 하죠. 교양이 없다는 이유로요. 요즘 신인들은 의고전풍의 무척 세련된 시를 짓거든요. 교양은 있지만 내용이 없죠.

도미오카 그런 거라면 다와라 마치가 낫지 않나요?

우에노 저도 그렇게 생각해요. 그러니까 현실에서는 자존심이 강하고 다와라 마치를 바보 취급하는 의고전풍 시를 짓는 사람들은 안 팔리고 다와라 마치가 잘 팔리는 것이고요. 시장의 평가가 말해주고 있죠.

시대의 분위기는 아사다와 시마다의 대담에서처럼, 그들 안에 미시마에 대한 일종의 공감이 있어요. 요컨대 아사다와 시마다는 세대 감정으로써, 아사다 아키라의 말을 빌리자면 포스트 페스툼post festum, 즉 '축제가 끝난 뒤'를 살아가는 세대의 기분을 공유하고 있어요. 태어났을 때 이미 축제가 끝나 있는 세대. 《교코의 집》의 세이이치로에 대한 묘사에서, 1980년대 일본과 유일하게 다른 점은 세이이치로의 감정 속에 있는 종말 감각이에요. 이 종말 감각조차 사라진 게 1980년대고요. 세이이치로의 감정 속 종말 감각은 저에게 섬뜩하리만치 그리운 감정이에요. 이를테면 혁명대망(혁명을 기다리는 마음)과 어딘가에서 통하는데, 종말이 올 테니 현실의 지루함을 견딜 수 있다는 기분이죠. 그 종말 감각조차 사라진 뒤 지루함만 남은 것이 시마다와 아사다의 세대이고요.

422

결혼이
미시마 유키오를 죽였나

도미오카 이번에 읽은 다양한 문헌과 평론 중 미시마 유키오 본인이 쓴 〈여성혐오의 변〉[17]이라는 게 있었죠. 그 글이 모든 걸 말해주고 있다는 생각 안 들었어요? 소설도 그 글로 설명되지 않나요? 〈여성혐오의 변〉에서 그는 '여자는 열등하고 남

---

17 미시마 유키오, 〈여성혐오의 변〉, 〈신초〉 1954년 8월호.
'misogyny 또는 woman-hater라는 건 상당히 함의가 있는, 명예로운 칭호다'라는 말로 시작해, 나는 여성혐오라기보다는, 고루한 사고방식으로 '여자와 아이는 동등한 존재가 아니다'라고 생각하는 것에 지나지 않는다. 여성은 열등하며, 나는 멍청하지 않은 여자(물론 교활한 멍청이를 포함한다)와 거의 만나본 적이 없다.' '여성은 추상적인 정신과는 인연이 없다. 음악과 건축에 여성이 손을 대면 제대로 된 결과물이 나오지 않고, 투명한 추상적 구조를 늘 끈적끈적한 감수성으로 더럽히고 만다. 구성력의 결여, 감수성의 과잉, 쇄말주의, 무의미한 구체성, 저차원적인 현실주의, 이러한 요소들은 모두 여성적 결함이며, 예술에서 여성적 양식은 '나쁜' 양식이다. 그 밖에도, 추상적 능력이라는 일면, 절도와 억제를 아는 능력이기도 하기에, 여성에게는 이것이 결여되어 있으니 (…) 실제로 예술의 추락은 모두 여성의 사회적 진출에서 비롯된 것이다. (…) 도덕의 추락 또한, 여성 측에서 일어나고 있다…' 등의 단락이 이어진 뒤에, '여자가 자신의 본질을 확실히 자각했을 때, 아마 그녀는 여자가 아닌 다른 어떤 존재일 것이다'라는 말로 끝맺는다.

자는 우월하다고 생각한다'고 분명히 말하고 있죠. 그걸 읽은 뒤 〈작가와 결혼〉[18]이라는 글을 읽었더니, '이제는 진심으로 아이를 원한다'고 해서 뿜었잖아요. 그 이상함이 머릿속에 남아 있어서 뭘 읽어도 받아들일 수 없더라고요.

오구라 결혼하지 않았으면 읽을 수 있었을까요?

도미오카 결혼하지 않았으면 딱히 우스꽝스러울 건 없었겠죠. 하지만 이 사람은 여자가 싫다면서 여자하고 결혼했어요.

우에노 기혼 남성 중 클로짓 게이가 얼마나 많은데요.

도미오카 많죠. 하지만 미시마는 결혼한 이유에 대해 '아이를 원해서'라고 했어요. 아이를 갖기 위해서는 결혼해야만 하는 거죠.

오구라 생활, 생활이라고 말하고 있죠.

도미오카 그리고 '서른셋, 아직 청년의 냄새가 나는 시기에 결혼하고 싶다'고도 했죠. 마흔에도 독신인 남자만큼 비참한 건 없다나. 그러니까 청년이라는 냄새가 사라지기 전에 결혼하고 싶다.[19] 그러고는 서른세 살에 결혼했죠.

18   미시마 유키오, 〈작가와 결혼〉, 〈부인공론〉 1958년 7월호.
      결혼식(같은 해 6월 1일) 직후에 발표된 글이다. 그 밖에도, 1955년의
      희망대담 〈미시마 유키오 씨의 여성관, 결혼관〉(〈신조엔新女苑〉 1955
      년 11월호)과 〈이상의 여성〉(〈부인아사히〉 1985년 7월호)에서도 미
      시마 유키오는 '아이를 원한다'고 말하고 있다.
19   주18의 〈작가와 결혼〉. 원문은 다음과 같다.

우에노 미시마는 《교코의 집》에서 세이이치로라는 남자에게 자기를 투영하는데, 그는 건강이라는 병, 이 병을 앓지 않으면 안 된다고 생각하잖아요. 이 병에라도 걸리지 않으면 진짜 건강한 것이다. 진짜 건강한 멍청이는 되고 싶지 않다. 건강이라는 병에 걸리기 위한 최대 조건은 '평범한 사람을 연기하는' 것이니 결혼을 해야만 했던 거죠. 미시마의 규칙에 따르면.

도미오카 하지만 결혼을 견디지 못했잖아요.

우에노 결혼 정도야 별거 아니죠.

도미오카 하지만 그는 죽었잖아요.

우에노 결혼의 압박 때문이 아니에요. 미시마는 결혼 같은 것엔 아무 생각도 없었을 거예요. 부인에 대해서도 그렇고.

도미오카 아이에 대해서도?

425

----- 전부터 나는 결혼에 대해 하나의 독특한 생각을 갖고 있었다. 바로 자신이 젊다고 인식하는 동안 결혼해야 한다는 것이다. 나는 이미 서른셋이고, 앞으로 2, 3년이 지나면 젊다는 의식은 완벽히 사라질 것이라 생각하니, 그것이 두려웠다. 세상에는 마흔, 쉰 살의 남자를 좋아하는 여자도 있다. 하지만 나는 그런 여자와 결혼하고 싶지 않다. 때문에 청년일 때 결혼해야 한다고 생각했다.(지금도 청년이라고는 장담할 수 없지만…) 또한 내가 두려워했던 건, 마흔이나 쉰까지 결혼하지 않고 독신인 사람은 얼마든지 있지만, 남자가 마흔 가까이까지 독신으로 살면, 신기하게도 데카당한 느낌이 든다는 것이었다. 마흔 먹은 독신자는 멋쟁이는 멋쟁이대로, 차림새에 신경 쓰지 않는 사람은 그 나름대로, 어딘지 데카당한 느낌이 든다. 나는 그렇게 되고 싶지 않다고 생각했다.

미시마 유키오

우에노 그렇게 책임감을 느끼지는 않았을 거예요.

도미오카 아, 그래요. 나는 미시마가 죽은 건 정치적인 동기 때문이 아니라 결혼이 싫었기 때문이라고 생각했어요.

우에노 네?

오구라 새로운 주장이네요.

우에노 아무도 말하지 않았던(웃음).

도미오카 아무도 안 했죠.

우에노 결혼의 모순을 견디지 못하고!

도미오카 모순이 아니라, 요컨대 우습게 봤던 거예요. 결혼쯤 아무것도 아니라고. 다양한 레토릭을 동원해서. 하지만 막상 해보니 그렇지 않았던 거고요.

우에노 하지만 설사 은폐했다 하더라도, 반드시 스캔들 저널리즘에서 새어 나왔을 결혼생활의 갈등이 그에게서는 조금도 느껴지지 않아요.

도미오카 그야 그런 소리를 안 했으니까. 남자들은 절대로 말 안 하지만, 역시 결혼은 그렇게 우습게 볼 게 아니죠. 미시마는 우습게 보고 달려들었고요.

426

우에노 미시마가 죽은 이유 중, 그가 할복했을 때 목을 쳐준 모리타 마사카쓰와의 정사설[20]이 있기는 하죠. 하지만 결혼의

---

20   이를테면 미시마의 죽음에 관해 세토우치 하루미(당시 출가하여 세토

압박에 졌다는 건 무슨 뜻이죠?

도미오카 압박이라기보다, 미시마는 결혼이나 여자 같은 건 어떻게든 해결할 수 있다고 우습게 보고 있었어요. 하지만 우습게 보고 달려든다고 해결될 문제가 아니었던 거죠. 그에게는 상당한 난관이었을 거예요.

우에노 《교코의 집》을 집필한 시기는 결혼 전후였죠. 《금색》은 그보다 전이었죠?[21] 결혼 전에 《금색》과 《교코의 집》을 쓴 남자가 현실에 패배했다고요? 미시마의 경우 실제 생활이 작품을 뒤쫓았다, 그랬더니 기대가 무너졌다, 뭐 그런 뜻인가요?

도미오카 미시마는 그런 건 쓰지 않았어요. 당연히 안 쓰겠죠, 이 정도의 스타일리스트니까. 하지만 우습게 봤던 결혼이 그의 발목을 잡은 거예요.

오구라 어쩌면 그럴지도 모르겠네요. 현실에 복수당했단 거죠?

----- 우치 자쿠초가 됨)는 이런 코멘트를 남겼다.

고토쿠 슈스이도 멍청한 남자는 아니었으니, 자기 계획이 성공하기 힘들다는 것쯤은 알고 있었겠죠. 하지만 간노 스가에게 끌려간 거예요. 미시마 씨도 처음에는 게임으로 생각했겠지만, 모리타가 그를 물러설 수 없는 곳까지 몰아붙였겠죠./ 에로스에 의해서요. 에로스라는 건 무서워요./ 그러니까 어떤 의미에서는 미시마 씨가 그토록 질색했던 다자이 오사무와 마찬가지예요. 정사情死라는 점에서 아주 비슷하죠. (〈제2의 성이 본 미시마 유키오〉, 〈주간분슌〉 1971년 1월 4일호.)

21 《교코의 집》은 1959년 9월 발행. 《금색》 제1부는 1951년, 제2부는 1953년에 완결. 결혼은 1958년 6월.

도미오카 점점 그런 생각이 들지 않나요?(웃음)

우에노 안 들어요. 설득력이 없잖아요.

도미오카 '나는 직관적으로 말할 뿐, 디테일은 떨어져요.' 이런 소리를 하려니 산문 작가의 정신은 어디론가 사라지고, 갑자기 시인이 되어 이거다, 하고 외치고 싶어지는군요(웃음).

우에노 결혼 따위가 여자를 죽이지 못하는 것과 마찬가지로 남자도 죽일 수 없어요.

도미오카 나는 결혼이 이 사람을 죽였다고 생각해요.

오구라 결혼 따위가 여자를 죽이지 못한다고 한다면, 우에노 씨는 여자 미시마 유키오죠(웃음). 결혼은 여자를 죽일 수 있어요.

도미오카 여자도 죽일 수 있고, 남자도 죽일 수 있죠. 하지만 지금까지 남자가 결혼 때문에 죽었다는 건 아무도 쓰고 싶지 않았기 때문에… 물론 사소설가는 그와 비슷한 것들을 쓰려고 했지만, 역시 결혼이 그를 죽인 거예요.

우에노 그럼 설득해보세요. 증거가 없잖아요.

도미오카 우에노 씨처럼 효율적으로 말하지 못하니까 시간이 걸릴 거예요. 쓸데없는 소리를 늘어놓을 테니 그중에서 알아서 들으세요(웃음).

우에노 인내심을 가지고 들어보죠.

도미오카 어렵네요. 뭐라고 해야 할까. 결혼이 미시마를 죽였다는 이야기를, 전에 어떤 남자에게 한 적이 있어요. 그랬더니 그 남자가 말하길, 미시마 유키오는 평범한 사람의 열 배, 백 배는 노력해서 부인을 진정 소중히 여겼을 거라는 거예요. 미시마는 분명 좋은 남편이었겠죠. 남편의 일에는 간섭하지 말아달라, 그리고 갈등은 절대로 사양한다는 얘기를 〈작가와 결혼〉이나 결혼 전후의 인터뷰 등에서 끈질기게 쓰고 이야기했으니.[22] 하지만 애초에 인간이 같이 살다 보면, 부모 자식이든

---

22 나는 무척 이성적인 결혼을 하고 싶다. 모든 점을 꼼꼼히 따져보고, 이거라면 괜찮겠다 싶은 결혼을 하고 싶다. (…) 이건 공상에 불과할지도 모르지만, 절대로 내 일을 방해하지 않는 것, 그것도 멋대로 외출하거나 놀러 가느라 냉담하게 남편을 방치하는 게 아니라, 내버려두면서도 애정은 분명히 주고받는, 그러한 이성적인 사랑을 할 수 있는 사람이 이상적이다. (희망대담 〈미시마 유키오 씨의 여성관, 결혼관〉, 〈신조엔〉 1955년 11월호에서의 대답)
나는 파란이나 트러블 같은 게 세상에서 제일 싫다. (…) 나는 문학을 아는 척하는 여자를 아내로 맞이하고 싶지 않다고 평소부터 생각해왔다. 내 작품도 읽어보지 않은 사람이면 좋겠다. 하지만 읽게 되는 건 어쩔 수 없고, 읽지 말라고 자물쇠를 채워놔도 서점에서 사서 읽어버리면 어쩔 도리가 없다. 하지만 비평만은 절대 하지 않았으면 한다. 마지막 보루로, 읽어도 좋지만, 좋다 나쁘다 평하지 말라고 지금부터 일러두려고 한다. / 이를테면 밖에서 내 작품에 악평을 듣더라도 대답하지 않으면 그만이지만, 집에서 악평을 들으면 곤란하다. 우리 아버지도 내가 신문에 소설을 연재할 때 '시시하다, 재미없다'고 하셨지만 어떻게 대응해야 할지 무척 난처했다. 그런데 아내가 그런 말을 하면 어떻겠는가. / 세상에는 가정의 크고작은 문제 따위는 신경 쓰지 않는 사람도 있는 것 같지만, 나는 문제는 완전히 피해서 살고 싶다. (…) 내가

미시마 유키오

남이든, 갈등 없는 공동생활 같은 건 존재할 수 없어요. 하지만 그는 갈등 같은 건 존재하지 않으며 부인이 자기 일에 전혀 관여하지 않는 생활을 원했어요. 하지만 아이는 낳아달라, 그걸 위해 남편의 의무를 다하겠다… 그런 생활이 몇 년이고 계속될 수 있을까요?

오구라 결혼생활은 몇 년이나 했나요?

편집부 서른셋에 결혼해 마흔다섯에 죽었으니, 12년이네요.

우에노 귀족적인 결혼이란, 애정의 교류 같은 건 애초부터 기대하지 않는 거 아닌가요?

도미오카 우리 서민들이 그렇게 생각하는 거고, 실제로는 어떨지.

우에노 《교코의 집》의 세이이치로의 정략결혼에 예언되어 있죠.

도미오카 그건 상당히 작가 자신의 양해가 섞여 있죠.

우에노 상대 여성의 반응에서 어떠한 리얼리티가 느껴져요. 이를테면 맞선 상대인 부사장의 딸은 세이이치로의 태도를, 자

편안하다 느끼는 건, 감정의 트러블이 없을 때만이다. (미시마 유키오, 〈작가와 결혼〉, 〈부인공론〉 1958년 7월호, 결혼 직후 발표된 것)
그 밖에도 이시하라 신타로와의 대담 〈작가의 여성관과 결혼관〉(〈젊은 여성〉 1958년 4월호)에서의 발언까지. '나는 결혼하면 평온한 가정을 꾸리기를 바라. 인간관계의 트러블 같은 건 질색이야. 싸움이 싫거든. 트러블메이커와는 결혼하고 싶지 않아' 등등 결혼에 대한 미시마의 이 같은 발언은 셀 수 없이 많다.

신을 발판으로 삼아 출세하는, 즉 여자를 인간으로 안 보는 야심가의 태도로 착각하죠. 그리고 그 사실에 호감을 품는 오해를 해버려요.

즉, 그녀는 '선을 봤을 때부터 세이이치로의 외모는 나쁘지 않다고 생각한 건 괜찮지만, 동시에 그 사람의 모조품 같은 구석이 좋다고 생각했다. 구라타 겐조의 딸에 걸맞게, 사랑받는 것보다 이용당하는 것에 큰 스릴을 느낀다. 세이이치로가 조금도 '순수한 애정' 같은 것을 내보이지 않는다는 점이 후지코는 마음에 들었다. 첫 오해였다. 그녀는 세이이치로를 야심가라 착각했다.' 이 여성의 심리는…

도미오카 이해가 가죠.

우에노 그렇죠. 권문세가의 딸로서 자신을 사랑해서 결혼하는 게 아니라는 점이 마음에 들었다는 게.

도미오카 이야기를 끊어서 미안하지만, 형이상적이랄까… 이론적으로는 이해가 가요. 하지만 결혼한 후 '아이가 필요해서' 열등한 생물이라고 생각했던 것에 우월한 개체인 자신의 일부를 바친다니. 그건 불쾌하죠.

우에노 이를테면 《금색》에서는 마지막에 주인공이 필사적으로 자신을 굽히고 아내의 정서적 반응을 끌어내려 할 때, 남편에게 철저하게 배신당한 가련한 아내, 야스코가 '…이미 야스코는 태연자약하게 생활에 자리를 잡고 게이코를 키우며 늙어 죽을 때까지 유이치의 집을 떠나지 않을 각오를 굳히고 있었던 것이다. 절망에서 태어난 이러한 정숙함에는 어떠한 불륜에도 미치지 못할 힘이 있었다'. 엄청난 리얼리티가 깃든 문장이라고 생각했어요. 머릿속에 그런 아주머니들이 떠오르더라고요.

도미오카 그런가요? 하지만 그런 건 레토릭이고, 이 사람은 정말 이런 생각을 해서 쓴 건 아닐 거예요.

우에노 그럴까요?

도미오카 그 수법에 모두 당했죠. 언뜻 봤을 때, '아아, 그런가' 하는 아포리즘²³에 모두 빠져버린 거예요.

우에노 하지만 이 문장에서는 리얼리티가 느껴져요. 이런 여자, 현실에 존재하잖아요.

도미오카 그건, 현대니까 그런 식으로 생각하게 된 거예요. '여성혐오'와 '아이가 갖고 싶다'는 서로 논리모순이죠. 그 현실적인 불쾌감을 견딜 수 있을까요?

우에노 그런 대저택에 산다면, 아내와 거리를 둔 생활은 얼마든지 가능하지 않을까요?

432

---

23   경구. 금언. 짧은 말. 누구나 설득될 만한 말을 단호하게 표현한 것. 미시마의 소설은 아포리즘의 보고라 평해진다.

시대의 호모포비아가 선택한
논리적인 죽음

우에노 만일 미시마가 요즘 시대를 선취했다고 한다면, 그가 풍요로운 사회에서 태어난 아이들의 선구자적 존재였기 때문이겠죠. 그러한 의미에서는 서민 대중이 귀족화했다는 현실이 존재하고요.

도미오카 물질적인 귀족화죠.

우에노 그렇죠. 얼마 전에 신랑 학교라는 곳에서 강연을 했어요. 평론가 히구치 게이코가 교장, 저널리스트 사이토 시게오가 교무주임을 맡은 학교예요. 히구치 게이코 교장이 학생을 대상으로 한 연설에서 해외 부임이 정해진 남자가 선을 보며 여성에게 프러포즈한 이야기를 했어요, '나는 당신에게 아무 기대도 하지 않습니다. 그저 나하고 같이 해외로 가서 살아주기만 하면 그걸로 족합니다. 그러고 나서 좋아하는 일을 하면 되고요'라고 했다나요. 히구치는 이 말을 난감한 사례로 들었어요. '당연히 이 여성은 거절했습니다'라면서. 듣고는 경악했죠! 내가 가르치는 학생들한테 말한다면, 이렇게 좋은 조건이 어디 있냐고 할 텐데요.

도미오카 아무 기대도 없다.

우에노 아무 기대도 없다는 것만큼 여자에게 모욕적인 말은 없다는 게 히구치의 논리예요. 하지만 요즘 젊은 여성들은 다르죠. 예를 들어 제자 중에 선원과 결혼하고 싶다는 여학생이 있어요. 왜냐고 물었더니, '거의 집에 없으니까'라는 거예요.

도미오카 그렇다는 건… 역시 형식적으로는 남편이 있어야 한다는 건가요?

우에노 그렇죠. 결혼이라는 형식과 돈은 필요한 거예요. 아이도 원하고.

도미오카 그럼 미시마 유키오와 같은 거 아니에요?

우에노 맞아요. 그러니까 그 미시마의 욕구와 대응하는 형태의 욕구를 가진 여자가 있으면 딱 매칭이 되겠죠.

도미오카 미시마 유키오가 지금 살아 있다면요.

우에노 작품 속에서 그가 그린 세이이치로의 아내 후지코나 유이치의 아내 야스코도 그처럼 여유 있는 가정에서 자란 여성이고, 애정으로 자기와 결혼하는 게 아닌 남자에게 호감을 느낀다는 식으로 묘사되어 있어요.

434

도미오카 그랬죠, 요즘 스타일이에요. 당시에는 신기하다 여겼겠죠.

우에노 신기할 건 없죠. 귀족 계급의 결혼은 원래 그런 거잖아요.

오구라 하지만 그런 동기로 요즘 여자들이 요즘 남자하고 결혼해서 실제로 결혼생활을 해보면 역시 현실의 쓴맛을 보게 될 거예요.

도미오카 그렇죠?

우에노 나는 여자는 그보다 더 강인하다고 생각해요.

도미오카 그런 생활도 버틸 수 있다?

우에노 네. 이를테면 세이이치로의 부인인 후지코는 남편 출장 중에 뉴욕에서 불륜을 저지르잖아요. 참 순진하다 싶은 게, 남편이 돌아온 그날 고백하죠. 요즘 부인들은 고백 안 해요. 털어놓기는커녕 또 할 걸요.

오구라 왜 고백한 걸까요?

우에노 이 시절에는 정조관념이 여전히 여자를 짓누르고 있었던 거 아닐까요?

도미오카 그리고 그 이야기를 쓰는 미시마 유키오가 옛날 사람이고요.

우에노 미시마 유키오의 애인이었다는 남자의 고백[24]을 읽어보면, 결혼 전후로 엄청나게 고뇌했다고 하더라고요.

435 **도미오카** 그런 고백을 전면적으로 믿을 수는 없지만, 그렇게 적혀 있기는 했죠.

---

24 시가 아쓰시, 〈미시마 유키오와의 비정상적인 성〉, 〈주간요미우리〉 1971년 1월 8, 15일 합본호.

우에노 미시마가 결혼에 대해 고민했다면… 아이를 갖기 위해 결혼하고 싶지만 결혼하면 동성애를 버려야 한다는 양자택일을, 자기 자신에 대한 미학적이랄까, 일종의 윤리적인 물음으로 품고 있었기 때문이 아닐까요. 하지만 결혼하면 포즈로라도 남자를 버리지 않으면 안 된다는 윤리적인 문제를 생각하지 않고 몰래 동성애를 즐기는 기혼 유자녀 남성이 현실에는 얼마든지 있잖아요.

도미오카 미시마는 왜 그렇게 하지 못했을까요?

우에노 너무 논리적이었으니까요. 논리적이지 않은 사람은 태연하게 규칙을 어기지요. 아무래도 미시마는 논리적으로 따져보니 이래야만 한다는 양자택일의 규칙을 스스로 부여했던 것 같아요. 하지만 논리적으로 자신을 추궁하지 못하는 사람들은 양쪽 다 아무렇지 않게, 나름대로 잘해나가고 있지 않나요. 때문에 미시마의 죽음은 논리적인 죽음인 거예요.

오구라 결혼해서 현실의 쓴맛을 봤기 때문에 마지막으로 확실히 매듭짓기 위해 더더욱 논리적인 죽음을 택하지 않으면 안 됐던 거겠죠.

436

도미오카 구체적으로 본 건 아니지만, 결혼이 미시마를 죽였다는 생각이 강하게 들어요.

우에노 그런가요. 그 정도는 다들 아무렇지도 않게 견디며 사는 것 같은데.

도미오카 다들 그렇게 살죠. 하지만 적어도 이 사람은 글을 쓰려고 했잖아요. 소설을. 그러니 힘들죠. 미시마 유키오의 경우는 '여성혐오'와 '결혼'의 중간을 쓰고 싶다고 생각하는 게 자연스럽죠. 하지만 그걸 표현하지 못했어요, 자신의 괴로움을.

우에노 그래서 《금색》을 끝으로 동성애 소설은 두 번 다시 쓰지 않았죠. 결혼 후에는 쓰지 못했어요.

도미오카 못 쓸 법도 하죠. 결혼하고 나서는 '헤테로물'만 썼으니. 그게 클로짓 게이를 연기하는 것보다 훨씬 괴로웠겠죠. 만일 그가 호모섹슈얼이라면 나는 왜 동성애자인가, 하는 문제에 가장 천착하고 싶지 않았을까요? 제일 쓰고 싶은 걸 못 쓰는 작가였던 셈이죠.

우에노 하지만 《우국》은 헤테로의 탈을 쓴 동성애물 아닌가요? 상대는 여자로 그려졌지만, 그 멘털리티는 한없이 남성 동성애자에 가까워요. 위장 게이 같은 거죠.

도미오카 맞아요. 그런 식으로 커버하긴 했지만, 진정한 호모섹슈얼의 사랑이나 육체라는 것이 존재한다면, 그것을 평생 소설 속에서 그리지 않았잖아요.

우에노 그렇다면 결혼이 그를 죽였다기보다는…

도미오카 결혼이라는 건 심볼이에요, 당연한 얘기지만.

우에노 그렇다면 스스로를 속인 남자의 자멸인가요.

도미오카 자멸로 보이는 게 싫었겠죠. 결혼 따위 때문에 죽은

437

것처럼 보이면, 역시 이 사람의 미학은 사라져버리니까. 그걸
위한 연출이었겠죠. 결혼 따위에 살해당하는 건 너무나 창피
한 일이라, 결혼하는 것보다 훨씬 부끄러웠겠죠, 미시마에게
는. 그래서 그렇게 보이지 않기 위해 다른 엄청난 일들을 해야
만 했던 거예요.

우에노 당시 동성애자에 대한 터부가 얼마나 강했는지는 느껴
져요. 목숨 걸고 불륜을 했던 것과 마찬가지로, 그 시절은 동
성애에도 목숨을 걸어야 했죠. 히루마 히사오의《YES YES
YES》²⁵ 같은 동성애를 다룬 소설이 문학상을 받는 걸 보면 격
세지감을 느껴요.

도미오카 맞아요. 만일 미시마 유키오가 지금 살아 있고 서른
세 살이라면 결혼하지 않아도 되지 않았을까요.

우에노 그랬을지도 모르죠. 미시마는 결혼하지 않았다면 안 죽
었을까요?

도미오카 그렇게 죽지는 않았겠죠. 늙어가는 게 싫었다면, 어
떠한 형태로 빨리 죽었을지도 모르지만, 적어도 그렇게 세상
을 떠들썩하게 만들며 목이 댕강, 하고 죽지는 않았을 거예요.

우에노 그렇다면 결혼이 그를 죽였다기보다는, 호모포비아 사

438

---

25   히루마 히사오, 《YES YES YES》, 가와데쇼보신샤, 1990년. 제36회 분
      게이상 수상작.

회의 희생자네요. 살아 있었다면 일본의 푸코가 되었을지도
몰라요.

도미오카 지금 시대라면 문학적으로 더욱 성숙해졌을지도 모
르겠네요. 하지만 결혼이 심볼이라고 한 건, 그 말 뒤에 버티
고 있는 것 전체가 문제라는 뜻이에요.

우에노 한마디로 결혼을 강제하는 사회 전체의 '이성애 장치'
랄까, 호모포비아가 미시마를 죽였다는 건가요.

도미오카 미시마의 출신과도 관련이 있죠.

우에노 결혼이 정언명령과도 같은 집안. 한마디로 대를 끊지
않아야 하는 가장으로서의 책무. 그렇다면 사회의 강제적 이
성애가 미시마를 자멸로 몰아갔다고 해야겠네요.

도미오카 그렇게 거창한…

우에노 그런 얘기잖아요.

도미오카 그런가요. 하지만 이렇게 생각할 수도 있겠죠. 한마
디로, 작가로서 남색에 한없이 관심을 가지게 되어 현실과 허
구의 경계에서 벗어나 유희에 빠졌다고. 그러면 미시마 유키
오가 진정한 의미에서 호모섹슈얼이었는지 아닌지는 모를 일
이죠.

오구라 이성애 사회가 그를 죽였다고 했는데, 그렇게 말한다면
사회의 호모포비아가 아니라 자기 자신의 호모포비아겠죠.

우에노 미시마 자신의 호모포비아?

---→

미시마 유키오

오구라 그게 없었다면 결혼하지 않았겠죠. 사람이 제도의 압력만으로 결혼하나요? 제도에 동의하니까 하는 거죠.

우에노 그의 애인이라 말하는 남자가 쓴 글[26]은 무척 현실감이 느껴졌어요. '미시마 씨는 출신이 좋은 만큼 결혼하는 길밖에 없었다. 나처럼 평범한 남자는 결혼하지 않아도 살아갈 수 있었다'라고 썼죠. 이 사람은 현재 승려가 된 모양이에요. 간사이의 모 사찰에 의탁했다고 적혀 있어요.

도미오카 그러니까 미시마 유키오가 어디서 굴러먹었는지 모를 말뼈다귀 같은 놈이었다면 결혼하지 않아도 상관없었겠죠. 상당히 고민했을 거예요. 예전의 고위급 관료의 위세는 대단했잖아요. 발전도상국일수록 관료가 우대받는 법이니.

우에노 아까 이야기한 수기에 이런 구절도 있죠. '우리 게이들에게 결혼 이야기는 금기인 동시에 피할 수 없는 서글픈 고뇌의 관문이기도 했다.'

도미오카 참 이런 문장을 좋아하는군요(웃음).

우에노 현실적이잖아요. '특히 그가 '결혼'을 결심하기 전의, 이루 말할 수 없는 통절한 고뇌를 아는 건, 아마 저밖에 없지 않을까 생각합니다./ 그는 결혼과 함께 많은 것을 버렸습니다. 인간다운 진심도.' '그 자신이 직접 뽑았다는 젊은 엘리트 청

440

---

26   주24.

년들을 모아, 그러한 형태로 그들을 한결같이 사랑하려 했던 미시마 씨의 진심이 은근히 느껴져서, 눈물이 나올 정도로 안쓰러웠습니다.'

도미오카 안쓰럽기는 하죠.

우에노 리얼리티가 엄청나요.

도미오카 그러니까 요즘 세상이었다면, 만일 호모섹슈얼이었다 해도 그토록 고뇌하지 않았을 거예요. 오스기와 피코(1970년대 중반에 데뷔한 쌍둥이 평론가로, 동성애자임을 공언했다-옮긴이)가 텔레비전 퀴즈 프로그램에 나와서 '동성애자니까' 하고 말하는 시대잖아요.

우에노 미시마의 애인이라는 사람도 그래요. 1971년 오늘, "우리도 일치단결해서 국회에 게이 의원들을 보내 소도미아 당이라는 걸 만들었다면'/ 이런 농담을 하며 해맑게 웃는 젊은 남성의 옆얼굴을 보고 있으면, 아아, 세상이 이렇게나 바뀌었구나, 하고 아련한 눈빛을 보내게 됩니다.'

도미오카 도고 겐[27]의 말이죠.

441

---

27   1971년 일본에서 처음으로 '게이 해방'을 기치로 내걸고 참의원 선거에 출마해 화제를 불러일으켰다. 그 뒤로도 참의원 선거, 도지사 선거에 여러 차례 출마했지만 당선되지는 못했다.

여성혐오의 본질,
도움이 되는 자신이 싫다

편집부 미시마 유키오가 정말 호모섹슈얼이었는지 아닌지는 모를 일이지만, 그는 여성혐오자였지만 여자에게 욕정하기도 했어요. 그 부분에서 어떠한 길항이 있지 않았을까요? 이를테면 《가면의 고백》에 여자와 자보려고 했지만 불가능했다는 장면이 나오잖아요. 이는 사실 어떤 남자의 고백이 아닌, 미시마 본인의 이상을 보여주는 부분이 아니었을지요.

우에노 섹슈얼리티는 본능이라기보다는 사회적인 조건으로 정해지니까, 진정한 동성애자인지 가짜 동성애자인지, 그런 물음 자체는 완전한 넌센스예요. 허용되는 사회적 조건과 우연히 맞아떨어져서 자기 발견을 할 때까지 자신이 진짜 동성애자인지 아닌지 모르는 사람도 있잖아요? 미시마는 어중간한 동성애자로서 살아갈 수밖에 없는 시대에 태어났어요. 그래서 남자를 사랑하면서도, 여자에게 성욕을 느끼는 자신을…

442

도미오카 그런 스스로가 싫었겠죠.

우에노 왜 이렇게 더러운 것에 끌리고 마는 것인가. 그것이 여성혐오가 되었고요.

도미오카 맞아요. 게다가 그 여자에게 아이를 낳아달라고 해야 하는 불쾌감!

우에노 그렇죠. 그것은 인류사의 여성혐오 속에 연연히 이어져 내려오고 있어요. 사실은 남자를 사랑하는데, 왜 이런 더러운 생물과 얽혀야 하는 걸까. 사회적인 명령뿐 아니라 자신의 육체가 이미 이성애적 욕망을 내면화하고 있기에, 불쾌하지만 실제로는 여자에게 동하는 거죠.

오구라 동했을까요?

도미오카 자식을 낳았잖아요.

오구라 엄청난 노력을 요했겠죠. 하지만 그게 이성애적 욕망일까요.

우에노 사랑이 없어도 욕정은 생길 수 있으니까요.

오구라 이성애를 하는 자기 자신에 대한 욕망일지도. 하지만 결혼생활을 유지하는 데는 스스로 상상했던 것 이상의 에너지가 들었겠죠.

도미오카 그럴 거예요. 결혼생활이란 이런 거다, 하고 규정하고 있으니까요.

오구라 하지만 헤테로로 가장한 여성혐오자 문학자는 엄청나게 많을 것 같은데요.

우에노 안드레아 드워킨(미국의 페미니스트. 포르노가 성폭력의 원인이라고 주장해 논쟁을 불러일으켰다-옮긴이)은 《인터코스》[28]에서 톨스토이의 예를 들어요. 톨스토이도 사실은 동성애자였는데, 불행히도 이성을 통해 욕망이 충족되는 경험을 하고 결혼하여 아이를 가지기도 했어요. 하지만 사실 그는 남자를 사랑했고, 여자를 불결한 존재라고 혐오했죠. 이런 불결한 존재와 함께 살아야 하는 불운한 자기 처지를 여자를 증오하는 형태로 드러냈다는 거죠.

오구라 모든 남자가 그렇죠. 무의식적으로는.

우에노 오구라 지카코에 의하면, 모든 남자는 클로짓 게이라는 거죠.

오구라 모든 남자는 여성혐오자이지만, 그것이 육체화되기까지 현재화된 사람을 동성애자라 부르는 거예요. 남자와 자고 싶다는 욕망을 알아차린 남자와 남자와 자고 싶은 욕망을 알아차리지 못하는 둔감한 남자가 있죠. 둔감한 남자를 노멀이라 부르는 것뿐이고요.

도미오카 그렇군요.

우에노 미시마 유키오의 〈여성혐오의 변〉을 읽어보면, 여성혐오자의 논리에서 정말 한 치도 벗어나지 않고 정석대로…

444

도미오카 적어놨죠.

28   안드레아 드워킨, 데라사와 미즈호 옮김, 《인터코스-성적 행위의 정치학》, 세이도샤, 1989년.

우에노 너무 투명해서 어처구니가 없어요.

도미오카 맞아요. 그래서 이 정도로 단호하게 썼다면 네, 알겠습니다, 하고 대답하고 싶어지죠. 일그러지지도 않았고 다른 양상도 발견할 수 없으니까요.

우에노 그야말로 철벽의 순환논법이죠. 이를테면 현명한 여자란 없다, 하고 말해놓고 마지막에 '모든 면에서 여자는 여자를 모른다. …여자가 자신의 본질을 똑똑히 자각했을 때, 아마 그녀는 여자가 아닌 무언가 다른 존재일 것이다'라고 말하죠. 절대로 무너지지 않는 철벽의 순환논리 구조예요. 이런 시대에 만일 여자로 태어나 미시마의 로직에 걸려들면 여자도 좋은 꼴은 못 볼 거예요. 도망칠 길이 없달까, 출구가 없는 느낌이겠죠.

도미오카 정말 그래요.

우에노 그러니까 이건 이중구속이에요. 자기가 이해하지 못한다고 여자를 바보 취급하고, 이해하는 순간 여자가 아니게 되죠.

도미오카 지금도 이 규칙은 건재해요. 미시마 유키오가 너무 노골적으로 써놔서 지금 읽으면 우스꽝스럽지만.

우에노 정말 100퍼센트 여성혐오자의 논리를 그대로 따르고 있어서 오히려 우스워 보이는 것 같아요.

도미오카 맞아요. 하지만 이 시대에는 모두 이렇게 노골적으로 쓰지 못했던 거잖아요. 요즘에도 이런 논리의 변주는 꽤 많지만요.

445

➡

미시마 유키오

미시마 유키오의
할복자살

우에노 〈제2의 성이 본 미시마 유키오〉[29]라는 글에도 얼마나 황당한 게 많았다고요. 미시마가 세상을 떠난 직후 여성 문화인의 코멘트가 실렸는데, 구라하시 유미코의 말에 정말 놀랐어요. 미시마의 생전에 '남자가 되고 싶다. 남자가 되면 미시마 씨에게 부탁해 다테노카이에 들어갈 거다'라는 말을 해서 미시마를 기쁘게 한 적이 있다나요.

도미오카 코멘트니까 절반은 농담이라 본다 해도 완전히 거짓말은 아니겠죠.

우에노 '미시마 씨의 죽음을 결코 찬양할 수는 없지만, 저는 절대 할 수 없는 일이라 비평은 할 수 없어요. 남자가 된다 한들 그런 일을 할 수 있지는 않겠지만, 이번 사건으로 자신이 여자라는 사실이 너무 분했어요'라고 했어요.

446

사소설적 리얼리즘에서 맞지도 않는 의견을 말하는 사람도

---

29   〈특집 '미시마 사건'의 새로운 시점 2, 제2의 성이 본 미시마 유키오〉, 〈주간분슌〉 1971년 1월 4일호.

있고요. 이를테면 '이렇게 될 거면 결혼은 왜 하셨을까요, 안타깝네요. 사모님과 자녀분들이 피해를 봤으니까요.'

도미오카 이상한 말이었다고 기억해요.

우에노 수필가 도가에리 지즈코의 말이죠. 요즈음의 속류 페미니스트들이 하는 소리와 똑같네요.

오구라 배우 오키 마사야가 죽었을 때 친한 동료였던 사카구치 료코가 했던 코멘트 같아요. 우에노 씨라면 뭐라고 할 거예요?

우에노 '만화 같네요'라고 하지 않을까.

도미오카 솔직한 고백이네요. 나는 분명 대답하지 못했을 거예요.

오구라 지금도 그렇지 않나요?

도미오카 못 하죠. 그리고 또 하나는 미시마가 죽은 게 1970년이잖아요. 낮에 남편이 들어오더니 그 사건을 뉴스에서 들었다고 하는 거예요. 나는 의자에 앉아서 차를 마시고 있었는데, 무릎이 덜덜 떨려서 차를 못 마실 지경이었어요.

447   **우에노** 그렇게 충격적이었나요?

도미오카 남의 죽음에 무릎이 그렇게 떨리더군요. 한동안 이렇게 누르고 있었는데도 계속 덜덜, 덜덜… 그런 일은 처음이었어요.

우에노 왜 그토록 충격을 받은 걸까요?

미시마 유키오

도미오카 불쾌감이라고밖에 할 수 없군요.

우에노 무엇에 대해서요?

도미오카 음, 그건 말로 표현할 수가 없어요. 잘 모르겠어요. 계속 생각해봤는데.

우에노 미시마 유키오라는 사람에게 그 정도로 신경을 썼던 건가요?

도미오카 아뇨, 신경 안 썼어요.

우에노 신경도 안 쓰던 사람인데, 어째서?

오구라 같은 작가라서?

도미오카 아뇨, 아뇨. 그런 건 전혀 상관없어요.

우에노 아니, 도미오카 씨 정도 되는 분이 어떻게 미시마 유키오를 연이 없던 중생이라고 한마디로 딱 잘라 말하지 못하는 거죠?

도미오카 아뇨, 미시마 유키오라는 사람은 나와는 전혀 상관없다고 생각했어요. 그런데, 남한테 말하는 건 처음이라 부끄럽지만 다리가… 후들거려서 일어날 수가 없었어요. 역시 불쾌해요, 한마디로 말하자면. 정말로 불쾌했어요.

448

우에노 어떤 부분이 그렇게 거슬린 거죠?

도미오카 뭐라고 해야 하려나요, 그때가 전쟁이 끝난 지 25년이 지났을 때였죠. 그 세월 동안 무엇을 위해 살아왔나 싶었어요. 시행착오를 거치면서도 우리는 좌우지간 살아왔죠, 그걸 전부 물거품으로 만드는 게 아닌가. 그런 생각이 들었어요.

오구라 미시마는 (전후를) 비극적으로 살아왔다고 생각했을지도 모르지만, 다른 사람들, 미시마가 멋대로 희극적으로 살아왔다고 생각했던 사람들 입장에서는 '당신 비극이 뭐?'라는 생각밖에 안 든다는 건가요.

도미오카 '그게 뭐 어쨌다고?' 그렇게 말하고 싶은 거죠.

오구라 서민의 뻔뻔스러움이라고 할까, 그런 것이 말이죠.

도미오카 분명 그렇죠. 그때 제 반응은 문학자로서의 불쾌감이 아니라 서민의 불쾌감이었을 거예요. 미시마는 전후 민주주의를 무척 적대시했잖아요. 하지만 서민인 우리는 민주주의로 바뀌었기 때문에 먹고살게 된 거고요.

우에노 그전에 귀족들은 더 잘 먹고 잘 살았죠. 민주주의 때문에 먹고살기 힘들어진 거니까.

도미오카 그래요, 반대였죠. 하지만 민주주의 덕에 우리는 먹고살 수 있게 되었고 여자도 대학에 갈 수 있게 됐죠. 한마디로 패전은 혁명이었던 거예요. 네거티브한 형태이기는 했지만, 결과적으로 혁명이었죠. 그는 그걸 전부 부정하기 위해 할복했어요.

우에노 하지만 전후 민주주의를 부정하는 그의 메시지가 실제로 힘을 가지고 있었을까요?

도미오카 그때는 그렇게 생각했어요.

우에노 저는 아니었어요. 그게 힘을 발휘했나요? 아니잖아요, 지금을 봐도.

오구라 그건 좀 안이한 인식 아닌가요? 이미 발휘하기 시작하고 있잖아요.

우에노 텔레비전으로 본 자위관들의 썩은 표정을 보면 미시마의 메시지가 전달되지 못한 건 분명하죠.

도미오카 그건… 세상 사람들이 전부 지식인만 있는 건 아니니까 그렇게 깊은 의미를 읽어내지 않고, 외국 사람들도 일본 작가가 할복자살했구나 정도의 인식밖에 없으니까요. 지식인들은 이런저런 생각을 하겠죠, 물론 외국의 지식인도. 거기서 무엇을 읽어내려 하고, 분석하고, 일본 문화를 생각하고, 정치적 상황까지 고려하겠죠. 하지만 일반적으로 가장 먼저 충격을 주는 건, 일본의 작가가 배를 가르고 목이 잘렸다는 사실이에요. 대부분의 일본인에게도 마찬가지이고요. 어째서 이렇게 불쾌한 방법으로 죽어서 이토록 사람들에게 충격을 주는가. 조용히 죽는다면 어떤 식으로 죽어도 상관없다. 그런데 왜 이렇게 의도적으로, 그로테스크하게 파문을 일으키며 다른 의미로 받아들여질 수 있는 방법을 택해 죽었나, 그런 느낌이 들었기 때문일 거예요.

450

우에노 솔직히 말해서, 미시마를 신경 쓰고 있던 지식인들에게 미친 충격은 별개로 보더라도, 이를테면 미시마의 작품도 읽지 않고 텔레비전에서 그의 사건을 보거나 뉴스를 듣기만 한 사람들에게, 당시의 청년 자위관들의 반응은 만화로밖에 여겨지지 않는 사태였잖아요.

도미오카 그야 그렇죠. 객관적으로는요. 하지만 아마 당시에는 만화라고 생각하지는 않았을 거예요.

우에노 쿠데타 가능성은 눈곱만큼도 없었잖아요.

도미오카 그건 그런데요.

우에노 쿠데타 가능성이 조금도 없다는 것을 미시마는 100퍼센트 알고 있었을 거예요.

그때, 텔레비전 화면에 비친 얼굴 중 소년 병사가 하나 있었어요. 마루키 청년을 연상시키는, 덩치는 큰데 머리는 빈 듯한, 여드름투성이에 그냥 건전해 보이는 자위대 청년들이 어색한 표정으로 멍하니 보고 있더라고요. 따뜻한 가을날이었죠.

도미오카 그만두라고 했었죠. 들리지도 않는다면서.

우에노 자위관들은 뭔가 긴장감 없는 태도로 미시마의 연설을 듣고 있었죠. 그 상황 자체가 만화적이었어요. 하지만 미시마도 그건 알고 있었을 거예요. 흔히들 미시마가 자위대의 현 위치를 잘못 파악했다는 둥, 만일 진심이었다면 이치가야보다 더 효과적인 장소를 택했을 것이라는 둥 뒤늦게 이러쿵저러쿵하는데 전부 헛발질이죠. 만일 진심이었다고 전제하면 그렇겠지만, 미시마는 쿠데타가 실제로 일어날 거라고는 생각

451

하지 않았을 거예요.

꼴사납다는 생각은 들었어요. 내 두 눈에 각인된 건, 이치가야 자위관들의 그 태평스러운 멍청한 낯짝이었어요. 정말 꼴사납다는 말로밖에 표현할 수 없네요.

오구라 민주주의란 멍청한 낯짝에 공감을 가지는 거죠.

우에노 그 멍청한 낯짝이 당시 이미 승리를 거두고 있었어요.

도미오카 하지만 그걸 꼴사납다고 생각했다는 건, 우에노 씨는 역시 귀족주의네요, 무의식적으로는.

오구라 우에노 씨는 귀족주의 페미니스트예요. 그러니까 아까 여드름투성이 멍청한 마루키 청년이라는 메타포가 툭 튀어나오는 거잖아요.

도미오카 그런데 마루키가 뭐예요?

우에노 기동대요.

오구라 아, 그런 뜻이었어요? 난 또 무슨 나무(나무를 뜻하는 일본어 역시 '키'이다-옮긴이)인 줄 알았네(웃음).

우에노 미안해요. 이건 우리 세대 은어예요. 데모할 때 양옆에 떡하니 버티고 선 기동대 대원들의 표정이 내 원체험에 뿌리 깊이 박혀 있거든요. 신체 건강하고 유도나 검도 유단자에 체격도 좋은… 데모하는 허약한 학생들보다 훨씬 싱그럽고 젊으며 강인한 청년. 마르크스가 어쩌고저쩌고하는 허약한 육체의 학생들보다 훨씬 건전해 보이는 사람들 말이에요.

452

오구라 학생운동을 하던 학생은 모두 정신주의자예요. 귀족이죠, 역시.

우에노 그러한 대비가 강렬하게 남았어요. 내가 이치가야의 자위관들의 얼굴에서 본 건, 데모대 옆에서 본 그 기동대 청년들의 앳된 얼굴이에요.

오구라 거꾸로 말하면, 학생운동을 규제했던 기동대가 미시마가 연설하고 있을 때는 민주주의 쪽에 서 있던 셈이네요.

우에노 맞아요, 그거죠.

오구라 그 역설.

우에노 역설도 뭣도 아니죠. 오구라 씨 말대로 그 당시 학생들은 귀족주의자고, 서민 대중은 사실 기동대 쪽이었으니.

도미오카 그건 그래요. 당연한 소리잖아요. 나 같은 바보도 그정도는 알아요.

우에노 그러니까 역설도 뭣도 아니라고요. 그렇기 때문에 도쿄대학교의 전공투와 미시마가 그런 논쟁을 벌인 거죠.[30] 미시마도 공통점이 있다고 인식해서 나선 거고요.

453 **오구라** 그러니까 우에노 씨는 미시마 안에서는 이미 끝난 일이라고 생각하는 거죠?

---

30 미시마 유키오, 도쿄대 전공투 회의 고마바 공투 번제위원회, 《토론 미시마 유키오 vs 도쿄대 전공투 미美와 공동체와 도쿄대 투쟁》, 신초샤, 1970년.

도미오카 그게 미학이라고 생각하는 거예요?

우에노 미시마에게는요. 미학이란 곧 멸망의 미학이니까요. 그의 결기가 만화라면, 만화가 아니었던 건 오로지 하나, 그의 자살이었죠. 죽음만큼은 사실이니까요. 죽고 싶다는 그의 바람만큼은 만화가 아니었어요.

도미오카 맞아요. 생각했던 거죠. 어떻게 죽어야 뉴스에 나올까, 하고. 작품은 사라져도… 어떻게 죽었는지는 남죠.

우에노 아하하하하.

몸과 정신의 상극, 안티 리얼리티

오구라 이야기를 조금 바꿔보죠. 섹슈얼리티의 문제랄까, 미시마 유키오가 호모섹슈얼에 경도되어 있었다는 것과 훗날 우익 사상으로 들어가는 것의 필연성이랄까, 그런 건 이해가 가시나요? 저는 이해가 갔어요. 우에노 씨는 아시겠죠?

우에노 네.

오구라 이건 페미니즘에 있어서도 문제잖아요.

우에노 남색과 파시즘은 떼려야 뗄 수 없는 관계라는 거요?

오구라 파시즘이 아니라 국수주의라 하는 게 좋겠죠.

우에노 국수주의라기보다는, 역시 파시즘이라고 하는 게 좋을 것 같은데요. 일본만의 문제가 아니니까요. 바로 떠오르는 건 루키노 비스콘티 감독의 영화 〈지옥에 떨어진 용감한 자들〉이에요. 거기서의 헬무트 베르거가 생각나요.

오구라 천황제라는 게 없어도 성립한다고요.

우에노 네. 천황이라는 기호가 다른 것으로 치환되어도 상관없다고 봐요.

오구라 예전에 두 분이 호모섹슈얼은 파시즘이라고 했잖아요. 같은 신체끼리 집합을 이루니까 동질적인 것의 집단이니 파시즘이라고. 제 말은 그것과는 전혀 달라요.

도미오카 그럼 먼저 말씀하세요.

오구라 역시 그의 테제는 정신과 몸의 상극이에요. 먼저 그 부분에 관해서는 말할 수 있지 않나요?

도미오카 네.

455

오구라 아니, 기타무라 도코쿠(일본의 작가. 근대 일본 낭만주의 운동의 선구자로, 스물다섯의 나이에 공원에서 목매달아 자살했다-옮긴이)적인 상극과는 전혀 달라요. 미시마의 몸은 그의 정신을 배반하고 있어요. 어릴 적부터 계속해서 배반하죠. 그는 둘로 분열되어온 것인데, 현실은 몸 쪽에 전부 붙어버리는 거죠. 정신이란 고독한, 그의 표현으로는 비극적인 것이에요. 자신의 관능을 거부하는 것. 그러니까 그는 거부당한 자의 감각을 가지고 있는 거예요. 우익이라는 건 정신주의자고요.

우익이 왜 정신주의로 가냐면, 그들은 유물론을 싫어하거든요. 유물론은 공산주의와 결합하죠. 하부구조가 모든 것을 규정한다고 하니까요. 여기서 유물론의 물질이란 몸을 가리키는 것이기도 하죠. 그러니까 거기서 이탈하지 않으면 안 된다. 이것이 남성성의 본질이기도 해요. 육체적인 것은 어머니의 몸으로부터 생성된, 여성적인 것이죠. 그게 현실적인 것이에요. 그러니까 호모섹슈얼은 그 같은 남성성에 과도하게 몰입하는 사람이라 할 수 있죠. 그 정신주의가 우익과 연결되죠. 육체나 현실을 초월한 정신의 우위로.

우에노 그들이 지키는 건 정신의 순결이죠. 그러니 엄청난 정신주의라는 건 알겠어요. 그렇다면 그때, 그들이 몸을 긍정하는 방식은 두 가지밖에 없어요. 하나는 루키노 비스콘티 영화 속에서 가장 전형적인 방식으로 표현되었듯 요컨대 동성애와 근친상간이죠. 어머니란 여성혐오자에게는 세상에서 유일하게 경멸할 수 없는 여성이죠. 어머니를 경멸하는 순간 자신의 출신을 더럽히는 꼴이니까.

오구라 그건 정신주의에서 동성애 쪽으로의 방향을 말하는 거죠? 내가 말하는 건 동성애에서 정신주의 쪽으로의 방향이에요. 호모섹슈얼이란 자기 몸에 대해, 뭔가 잘못된 형태로 태어난 것 같은 감각을 갖게 되잖아요. 의식에 대해 잘못된 몸으로 태어났다는. 성도착性倒錯이라는 말이 있죠. 그건 성애의 대상이 누구인가, 자신의 의식에 대해 그 대상을 받아들이는 몸과 자기 몸이 불일치하는, 자의식과 몸의 도착을 말하는 거예요. 그렇다고 성애의 대상을 바꿀 수 없으니 몸을 바꿀 수밖에요. 그래서 계속 몸을 증오하죠. 그리고 주변에 있는 일반적인 남녀, 즉 몸이 먼저 존재하고 몸에서 욕구가 태어난다고, 그다음에 의식이 생겨나는 거라고 생각하는 멍청한 녀석들에 대한 증오가 어마어마하죠. 이 세상이 픽션이라는 건 전부 알고 있잖아요, 어릴 때부터. 하지만 자신은 세상에서 고립되어 받아들여지지 않아요. 물론 그들 안에 호모포비아에서 비롯된 자기차별이 있었기 때문이라고 생각하지만, 좌우지간 받아들여지지 않죠. 미시마는 그것을 '비극적인 것'이라고 불러요. 《가면의 고백》에서 이렇게 썼죠. '나의 관능이 그것을 원했지만 내가 거부당한 어느 장소에서, 나와 상관없이 이루어지는 생활이나 사건, 그 사람들, 이것들이 나의 '비극적인 것'의 정의이며, 거기서 내가 영원토록 거부당하고 있다는 비애가, 늘 그들과 그들의 생활로 옮겨 가고, 꿈이 되어서, 가까스로 나는 나 자신의 비애를 통해 거기에 관여하려는 것 같았다.' 말인즉슨, 그에게 세상 모든 것은 곧 비극이라는 거죠. 삶 자

457

체가 비애라고요. 어디에도 받아들여지지 못하니까. 주변에 있는 건, 몸만으로 살아 있는 남자와 여자, 자신의 정신과 몸을 분리해 생각하지 못하는 인간, 그런 사람들뿐이니까요. 그에 대해 증오심을 가지고 있었기에 현실을 싫어했던 거죠. 때문에 리얼리티가 느껴지는 글을 쓰고 싶지 않았던 거고요.

도미오카 당연하죠.

오구라 그래서 자기 노력으로, 자신의 리얼한 세계를 만드는 데 전념했어요.

도미오카 그게 이런 소설이고요?

오구라 물론 그렇죠. 이 소설을 읽고 무엇에 충격을 받았느냐면, 이 '비극적인 것'이에요. 이 사람은 평생, 태어나서 죽을 때까지 슬펐을 거라는 사실만큼은 알 수 있었어요. 아주 잘. 아마 아사다 아키라도 그걸 이해했을 거예요. 그러니까 좋아하는 거겠죠.

도미오카 내가 좀 흥미롭다고 생각한 게 바로 그 부분이에요.

오구라 소설가인 하시모토 오사무도 비슷한 얘기를 했죠. 하지만 그는 '난 이런 세상 싫어' 하는 식으로 말해요. 내가 마음에 안 드는 건 전부 잘못됐다, 그렇게 말해버리면 돼요. 녀석들은 아무 생각도 없으니까. 생각하는 건 나밖에 없으니까. 우리밖에 없으니까.

458

우에노 표현 방식은 하시모토 오사무 쪽이 단순하죠.

오구라 단순하지만, 그쪽이 훨씬 마음에 와닿아요. 싫은 건 싫다고 말하면 되잖아요. 하지만 미시마는 싫다고 말하지 않고, '비극적인 것'이라는 식으로 말하죠.

우에노 미시마에게는 '잘못된 건 나'라는 의식이 있으니까요.

오구라 그렇게 생각하고 있죠. 평생, 죽을 때까지 그랬을 거예요. 그렇게 생각했으니 결혼했겠죠. 미시마 유키오는 섹슈얼리티가 발단이 되어 필연적으로 아웃사이더가 되었죠. 이 사람의 문학은 죄다 아웃사이더의 문학이에요. 내가 요시유키 준노스케를 왜 싫어하냐면, 인사이더의 문학이기 때문이에요.

우에노 '노멀'이니까요, 요시유키는.

오구라 그러니까 조금도 배제되지 않았잖아요, 요시유키는. 미시마는 역시 배제된 지점에서부터 글을 쓰고 있어요. 하지만 도쿄대 법학부에 가고 대장성 관료가 되어 슬프다, 슬프다 한들 세상 사람들이 믿어줄까요. 아무리 슬프다고 해봤자.

도미오카 나도 그 정도는 알아요. 하지만 당신과 달리 싫어요. 왜 싫으냐면, 그런 식으로 죽었으니까.

오구라 내가 싫어하는 건, 이 사람이 역시 패배주의적이기 때문이에요.

우에노 하지만 이 사람에게는 굉장한 자기현시自己顯示 욕구와 나르시시즘이 있어요.

오구라 그건 진정한 강함은 아니잖아요.

$\longrightarrow$

미시마 유키오

우에노 죽는 방식만 해도, 저널리스틱한 화제성을 포함한, 통속적인 불순함이 느껴지잖아요.

오구라 패배주의적이에요.

도미오카 소네자키 숲에서 동반자살하면 될 것을.

우에노 동반자살은 시시하잖아요. 잘 쳐줘도 다자이 오사무니까. 키치함의 정도가 달라요.

도미오카 하지만 미시마가 택한 죽음의 방식은 키치함의 극을 달리잖아요. 우리를 끌어들였죠. 하지만 끌어들이지 않으면 의미가 없는 걸지도요. 반혁명이라고 한다면…

슬프고도
짧은 만남

도미오카 오늘은 2대 1이네요. 나 혼자 싫다고 하고.

460

우에노 미시마 유키오의 소설이 싫은 건가요, 작가 자체가 싫은 건가요?

도미오카 싫어요, 소설도 사람도.

오구라 그런 남자는 싫어요. 좋아한다고 해도, 모두가 같은 이유로 좋아하는 건지 아닌지는 모르잖아요. 나하고 우에노 씨는 전혀 다를걸요?

도미오카 오구라 씨는 《가면의 고백》에 안타까움을 느낀다고.

오구라 이 작가는 서비스 정신이 엄청난 사람이에요. 나는 서비스 정신이 없는 사람은 싫거든요. 요리도 안 하고 재료를 늘어놓기만 하는 요시유키 같은 사람은…. 미시마는 엄청나게 공을 들여요, 열심인 게 보이죠.

도미오카 싫기는 하지만 가엾다는 생각은 들어요. 예전에 어떤 사람 집에서 우연히 설 명절을 보낸 적이 있어요. 그 사람은 평소 군가를 무척 좋아했는데, '여기는 조국에서 몇백 리'로 시작되는 〈전우〉 같은 노래를 몇 곡씩 줄줄 외워서 부르는 사람이었죠. 다 같이 떠들썩하게 합창으로요. 그런 자리에 미시마가 찾아왔어요. 벤츠였던가, 아무튼 운전기사가 딸린 차를 타고 도쿄에서. 어두컴컴한 게이힌 국도인지를 지나서 느닷없이 밤에 찾아온 거예요. 와보니 다들 진탕 취해서는 '여기는 조국에서 몇백 리' 같은 노래를 부르고 앉아 있죠. 평범한 사람이라면 좀 질리기는 하더라도 같이 마시면서 어울리는 시늉이라도 하잖아요? 그런데 미시마는 남색 정장을 빼입고는 정좌하고 있었어요. 〈쓰루가메〉인가 하는 요쿄쿠(일본 전통 무대예술인 노가쿠를 각색해 부르는 노래-옮긴이)를 부른 뒤에 돌아갔어요(웃음).

오구라 끝내주는데요?

우에노 엄청난 서비스 정신이네요. 〈쓰루가메〉를 부르다니.

도미오카 〈쓰루가메〉였는지 〈다카스나〉였는지는 잊어버렸지만, 좌우지간 고상한 요쿄쿠였어요.

오구라 만일 그가 지금 살아 있다면 엄청난 예능인이 됐을 거예요. 비범한 구석이 있잖아요.

도미오카 그래서 다들 어떻게 대처해야 하는지 당황했죠. 설명절에 경사스러운 노래를 부른 뒤에 "그럼 실례하겠습니다" 하고 일어났으니까요. 다시 어두운 자동차에 올라타, 어둠 속에서 혼자 도쿄까지 돌아갔죠. 나는 그때 가엾은 사람이라고 생각했어요.

오구라 그 자신은 그것을 '비극적'이라는 말로 표현했잖아요.

우에노 그러니까 아무도 나쁘게 말하지 않잖아요. 예의 바른 좋은 사람이었다고.

도미오카 하지만 무엇을 위해 아무도 함께 부르지 않는 노래로 사람들을 당황시키고 멋지게 돌아가버린 걸까요.

오구라 그게 멋지게 보였어요?

462

도미오카 그것밖에 못 하니까요.

우에노 다른 방법을 모르는 거죠.

도미오카 스타니까 풀 죽은 모습을 보일 수 없는 건가요?

오구라 하지만 남의 집에 갈 때, 분명 이런 노래를 부르고 있을 테니 전날에 가사라도 외워두자, 하고 생각하는 게 훨씬 이상하지 않나요?

도미오카 그건 이상하죠.

우에노 도련님도 아니고.

오구라 그래서 좋은 거예요.

도미오카 아, 그래요. 그때 오구라 씨가 있었으면 안아줬을지도 모르겠네요. 난 이런 게 좋다, 가엾은 사람, 하고.

오구라 따라갈지도 모르죠. 사생팬이 될 거예요(웃음).

도미오카 대단하네요. 그 차를 같이 타고?

오구라 그 벤츠 안에서 어떤 표정으로 앉아 있는지 보고 싶잖아요. 당신 특이하네, 하고는.

도미오카 말상대가 되어주겠다고요?

오구라 재미있을 것 같네요.

도미오카 "무례하잖아, 자네 누군가?" 하는 대답을 들으면 어쩔 거예요?

오구라 싸우면 싸우는 대로 재미있을 것 같은데요? "집에 가고 싶지도 않으면서 왜 가는 건데, 이 멍청아!" 하고…

도미오카 오구라 씨는 그런 사람이었죠. 굉장하네, 굉장하다고 할까, 역시 부러워. 나는 완전 옛날 사람이라.

미시마 유키오의
르상티망

도미오카 어제 나카무라 우타에몬의 가부키를 봤는데요, 뭔가 말하기 힘든 불쾌함이 남았어요. 그런 불쾌함은 미시마의 소설에서는 느껴지지 않죠.

전에 어디다 쓴 기억인데, 우노 고지의 《아이의 내력》이라는 작품, 정말 불쾌해요. 전체적으로 아무 논리도 없거든요. 하지만 인간 개개인의 리얼리티는 느껴지죠. 하지만 남자가 제멋대로랄까, 적당주의라는 게 아니라, 인간이 살아가는 마魔 같은 것이 휙 나와서 읽는 쾌락만은 느낄 수 있다고 할까요. 하지만 미시마의 소설은 문장은 물론이거니와, 그 마魔라는 게 전혀 느껴지지 않아요. 《금색》도 사실은 마의 세계에서 살아가자는 내용이잖아요. 그런데도 아무런 마가 느껴지지 않잖아요. 그건 대체 어째서일까요. 미시마 유키오가 그런 것의 시초가 아닐까 하는 생각이 들어요. 그래서 최근에 리바이벌이라든지, 좋아한다고 말하는 사람이 많아졌지만, 그런 걸 어떻게 생각하는지, 하나부터 찬찬히 말해줬으면 좋겠거든요. 비일상의 공간에서 인간은 무슨 짓을 저지를지 모른다. 《금색》

464

에 그런 게 있었나요?

우에노 솔직히 말하면 저는 《교코의 집》보다 《금색》이 재미있었어요. 이쪽을 더 이해할 수 있었어요.

도미오카 이유를 말해줘요.

우에노 주인공 히노키 슌스케의 나이가 60대로 설정되어 있잖아요. 미시마는 30대에 이 작품을 썼고요. 아주 젊었을 때 자기보다 갑절은 나이가 많은 남자의 이야기를 쓴 거예요.

오구라 완결은 1953년에 났어요.

우에노 그럼 딱 두 배네요. 《금색》의 진짜 주인공은 유이치가 아니라 히노키라고 생각해요. 조종당하는 쪽인 유이치는 완벽한 미청년이죠. 그림으로 그릴 수 없을 정도의 미청년이라 오히려 시각적 이미지가 전혀 떠오르지 않죠. 그 정도로 비현실적 존재예요. 당시의 미시마는 그런 유이치보다 히노키라는 남자에게 자신이 예감하는, 노쇠의 괴로움과 자신이 다하지 못한 것들에 대한 원한과 악의를 투사했을 거고요. 히노키라는 남자의 약삭빠른 심리에, 미시마가 안고 있던 르상티망이 표현되고 있죠. 그런 관점으로 읽으니 재미있었어요. 게다가 젊은 작가가 자기보다 갑절은 나이가 많은 남자에게 자신을 투영해 썼다는 건, 자신의 노후를 예측했다는 뜻이잖아요. 자신을 쇠해가는 쪽에 둔다. 그 점이 재미있죠.

뜬금없지만, 〈분게이〉 신인상에 히루마 히사오의 동성애 소설이 입상했잖아요. 재미있게 읽었어요. 섹스 신이 솔직하고 순정적인 느낌이라 아주 좋았죠. 시대상이 느껴지더군요. 10년 전이었다면 《YES YES YES》는 수상하지 못했을 거예요. 만일 미시마가 살아 있다면, 발을 동동 구르며 분통을 터뜨리지 않을까요.

도미오카 《금색》은 몇 년에 쓴 거죠?

편집부 1951년에서 1953년요. 1951년에 제1부가 완결됐고, 1953년에 제2부가. 벌써 30년도 더 된, 아니, 거의 40년 전이네요.

도미오카 그렇구나. 무리도 아니네요. 40년 동안⋯

우에노 지금이었다면 이런 거창한 장치나 변명을 늘어놓을 필요도 없었을 텐데요.

도미오카 그렇죠. 그러니까 이 장식적인 문체도, 이 정도로 꾸미지 않으면 역시 쓸 수 없었던 거예요. 격렬한 저항에 부딪쳐서. 구체적인 섹스 장면은 하나도 없잖아요. 저는 그 점이 무척 불만이었어요.

우에노 아하하하. 《가면의 고백》도 그렇고, 《금색》도 그렇고, 미시마가 남색에 경도된 건 분명하지만, 미시마는 그것을 자신의 섹슈얼리티로 끝까지 인지하지 못했던 동성애자가 아닐까 생각해요. 실제로 성적인 체험은 한 번도 못 하지 않았을까요? 동성애자의 섹스 신이 터부라서 쓰지 않았다기보다는, 경험이 없으니 못 쓴 거다. 지향성으로 말하자면 남자를 사랑하

466

는 게이가 아니라, 남자에게 사랑받고 싶은 게이잖아요. 하지만 결국 남자에게 사랑받고 싶은 욕구를 어떻게도 달성하지 못했던 게 아닐까요.

도미오카 으음.

우에노 《YES YES YES》에서 흥미로웠던 건, 섹스 신이 무척 리얼하다는 거예요. 남창 생활의 다양한 성적 체험 속에서 딱 두 번, 울고 싶은 마음으로 자신이 몸부림쳤던 섹스를 회상하고 있죠. 둘 다 엄청난 마조히즘으로 가득한 경험이에요. 극한까지 몰아붙여지고, 고통받고, 수동적인 상태로 범해지는, 그 속에서 저도 모르게 나르시스[31]가 서 있었다, 무심코 나는 눈물을 흘렸다⋯. 그런 장면을 그리죠.

몸에 대한 미시마의 집착이나 애착 같은 걸 생각하면, 남자가 몸을 발견하는 방법이란 마조히즘을 통해서만 가능하지 않은가 하는 생각이 들어요. '사랑받는 자'가 되는 방식으로만 자신의 몸을 받아들일 수 있는 거죠. 그러려면 사랑해줄 남자의 존재가 필수불가결해요. 히루마의 소설에서는 주인공이 남창이었기 때문에 그것이 가능했지만, 미시마에게는 없었죠.

467

도미오카 몸을 팔지 않았으니까.

우에노 맞아요. 몸을 팔지 않았으니까. 몸을 판다는 건, 그런 의

---

31   여기서는 남성기男性器를 말한다.

미시마 유키오

미에서 남자에게 우연한 행복이죠. 상대방이 몸을 발견해주니까. 자신을 그저 살덩어리로 환원해주죠. 남창에게는 자신을 객체로 만들어줄 주체가 등장하는 거예요, 몸을 판 덕에. 미시마도 사실은 그렇게 사랑해줄 남자를 원했던 거겠죠.

도미오카 미시마의 경우는 지성이 걸림돌이었던 걸까요?

우에노 그게 자존심이겠죠. 여자는 쉽게 자존심을 버릴 수 있지만, 미시마는 남자라서 자존심을 버릴 수 없었겠죠.《금색》에는 히노키라는 남자가 처음부터 나이 든 남자로 등장해요. 동성애자에게 나이 드는 일만큼 무서운 건 없을 거예요. 나이 들어감에 대한 게이의 공포는 여자의 공포보다 훨씬 엄청나죠. '사랑받는 자'라는 걸 단념해야 하니까요. 히노키라는 주인공은 사랑받고 싶은데, 사랑받고 싶은 욕망이 처음부터 좌절된 존재로 등장하잖아요. 그는 자신이 당하고 싶은 일을, 유이치를 사랑하는 형태로 역전해서 투영하는 수밖에 없어요.

도미오카 오구라 씨는 어떻게 생각해요?

오구라 저는 지금 조개처럼 입을 꾹 닫고 있는 상태예요. 귀는 덤보처럼 커졌지만.

그러니까… 미시마 유키오는 현실에서 단 한 번도 사랑받는 쪽을 경험하지 못했단 말인가요?

우에노 그래요. 다테노카이에서도 미시마는 패트론(patron, 후원자)적 위치였고요.

도미오카 그러니 당연히 그런 입장이 될 수 없죠.

우에노 사랑받는, 여자가 되는, 객체화되는 입장에 설 수 없다.

오구라 왜죠? 그런 지향을 가진 상대와 만나면, 척하면 척이라고, 아, 이쪽은 '찰'이고 저쪽은 '떡'이구나, 하는 생각이 안 드나?(웃음) 상대를 본 순간 찰떡궁합이라는 걸 알 수 있을 텐데.

도미오카 이 사람의 내력이랄까. 할머니 손에 자랐고 여자애처럼 키워졌다는 일화를 보아도 역시 여자가 되고 싶은 욕망이 강했겠죠.

우에노 남자에게 사랑받고 싶다는 욕망은 반드시 여자가 되고 싶다는 욕망과 일치하지는 않아요. 남자에게 사랑받으려면 여자가 될 수밖에 없다는 이항대립의 논리를 미시마는 무척 싫어했잖아요. 그는 게이바에서 여성스러운 말투를 쓰는 여장남자들을 경멸했어요. 한마디로, 남자에게 사랑받는 존재가 되기 위해 여자 흉내를 내는 수밖에 없다는 사고방식을 질색했고요. 여자로 타락하지 않으면 남자에게 사랑받는 존재가 될 수 없다는, 그 논리를 증오했죠.

469

오구라 단순히 여자 말투나 여장으로 '여자'가 되는 방식을 경멸했던 건 아니고요? 엘리트 게이는 여장은 하지 않더라도, '여자'를 연기하지 않는 건 아니죠. 애초에 벗으면 여장이고 남장이고 상관없잖아요.

우에노 그건 그런데, 그래서 여자가 되고 싶었다는 건 아닐 거예요.

도미오카 남자인 채로 남자에게 사랑받고 싶다. 그, 남자인 채로 사랑해줄 남자가 없었던 건가요?

도미오카 네. 그것이 사랑받고 싶은 게이의 불행이 아니었을까요?

오구라 게이의 불행에는 한 종류밖에 없죠. 인기 없는 외모로 태어났다는 것. 그뿐이에요. 게이의 세계와 폭주족의 세계는 '여성' 차별이 심한 곳이니까.

우에노 요컨대 남자를 사랑하고 싶은 게 아니라, 남자에게 사랑받는 자신을 사랑하고 싶은 거죠. 그런 식으로밖에 자기 몸을 발견하지 못하니까요. 그러니까 그가 갖고 있는 셀프 이미지(self-image, 자아상)는 성 세바스티아누스처럼 고통받는 자신의 신체를 자기 눈으로 보는 마조히즘이에요. 하지만 고통을 주는 타자는 없죠.

도미오카 사랑받는 남자로서 항상 아름답고 싶다는 건 사실이겠지만, 아름다운 남자가 사랑받는다는 보장은 없죠.

우에노 맞아요. 히루마 히사오의 소설을 읽고 이해했어요. 자신이 완전히 객체가 되는 경험, 사정없이 휘둘리고 맞고 달라붙어 떨어지지 않고 뒤집히고 육체로서 희롱당하는, 자기 육체의 주체성이 완전히 범해지는 경험 속에서 '무심코 나는 쾌락에 찬 신음을 터뜨리고 있었다'는…

470

도미오카 그런 대사가 있었나요?

우에노 네. 그럴 작정이 아니었는데, '나의 나르시스는 어느샌가 빛을 발하고 있었다'는 묘사가 나와요. 히루마의 묘사는 무척 현실감이 넘쳤는데.

도미오카 미시마 유키오 소설의 경우, 그런 묘사가 너무나도 추상적이죠. 그런 일에 관해 묘사할 때는 갑자기 스테레오타입이 되어버려요. 그래서 동성애자 같지 않은 거예요. 어떻게 생각해요? 호기심으로 한때 그 세계에 급격히 접근했던 것뿐이라면? 하지만 한편으로는 결혼생활, 야스코라는 사람과 결혼한다는 그 거짓말 같은 이야기를 현실로 상상하면, 두 가지 상황이 겹쳐지며 흥미롭지요.

오구라 흥미로워요.

우에노 거짓말 같다거나 스테레오타입이라는 데에는 동의하지만, 스물여덟의 남자가 자기 욕구 충족을 단념한 예순여섯의 남자를 주인공으로 설정해, 어떤 의미로 고자가 된 게이의 시점에서 소설을 쓰는 설정이라니. 저는 그때의 미시마가 품은 원념 같은 걸 느꼈어요. 《금색》은 그가 처음부터 욕구를 충족하는 게 불가능하다는 체념에서 태어났다고 생각해요. 처음부터 노인의 이야기로 그려냈다는 점이 흥미롭지요. 사랑받고 싶은 늙은 게이는 최악의 존재죠. 늙은 여자보다 훨씬 나빠요.

471

오구라 우타에몬은 어때요?

도미오카 미시마 유키오는 배우 우타에몬의 팬이었어요.

오구라 뭐랄까, 그냥 이 사람은 개인적으로 마가 없었어요. 그 뿐이죠. 마가 없으니까 인기가 없는 거예요.

도미오카 수컷으로서의 아우라가 없었다, 그래서 여러 가지로 공을 들인 거다. 육체적으로도.

오구라 문장도요.

도미오카 소설가니까 그런 걸 썼으면 됐을 텐데. 남자에게 사랑받고 싶었는데 여자와 결혼해야 했던 원통함을 집요하게 파헤쳐서 썼으면 우리도 감동했을 텐데 말이에요. 하지만《금색》에서는 거기까지 가지 않았기 때문에 전혀 호소력을 갖지 못하죠.

우에노 그런 건 쓰지 말자며 절제한 거겠죠. 결혼에 이르기까지의 경위를 보고 생각한 건데, 결혼을 우습게 보고 있잖아요. 현실 인식이 안이하다고 해야 하나.

도미오카 그렇죠.

오구라 우에노 씨, 아까까지 했던 얘기랑 다르잖아요.

472

우에노 우습게 본 채로, 자기는 해낼 수 있다고 보여주고 싶었던 거죠.

도미오카 그렇게 생각했겠죠.

우에노 그렇다고 해서 그 안의 갈등을 소설로 쓰면, 자신이 호되게 당하고 있다는 사실을 인정해야만 하잖아요.

도미오카 하지만 예술가란 결국, 그 마 속에서 허우적거리다 죽는 거 아닌가요?

우에노 그의 자존심이 용납하지 않았죠. 도금된 예술가니까.

도미오카 도금칠한 자존심을 자존심이라 할 수 있나요? 그건 단순한, 어머, 천박한 말을 내뱉을 뻔했네! 하마터면 튀어나올 뻔했어요. 왜 입을 닫았냐면 이 테마는 너무나…(웃음).

우에노 너무 노골적이에요. 순화해서 불능이었다고만 해주세요(웃음).

도미오카 만일 미시마 유키오가 호모섹슈얼이었다 해도, 정말 궁극적인 체험은 못 했을지도 모르겠네요.

우에노 삽입하는 쪽에서는 사정이 정점이니까 '갔다', '가지 않았다'는 건 알지만, 삽입당하는 쪽에서는 삽입 그 자체가 쾌감이 되려면 성적인 판타지나 심리적 매개가 없다면 오르가슴에 이를 수 없죠. 한마디로 받아들이는 쪽에서 쾌감을 느끼려면 지성과 상상력을 필요로 한다는 이야기예요.

473 **도미오카** 그런 의미에서 남자가 받아들이는 쪽의 기능을 발휘하려면 상당한 환상이 필요하겠네요.

우에노 그러니까 돈으로 샀을 뿐인 남자에게 삽입당해도 사랑받는 것이라 할 수 없죠.

오구라 게이들이 들으면 비웃을지도 몰라요.

도미오카 하긴 게이의 육체적 체험을 우리는 모르니까요.

오구라 나는 〈아돈〉이나 〈삼손〉[32] 같은 건 즐겨 읽었어요.

도미오카 지금 여기서는 오구라 씨가 가장 지식인이네요.

오구라 게이는 취향의 폭이 아주 좁아요. 이런 사람이 아니면 안 된다는 취향이 확고한데, 그 조건이 내면적이라기보다는 외면적이에요. 뚱뚱해야 한다, 체모가 많아야 한다, 대머리여야 한다, 나이는 몇 살쯤이 좋다⋯. 그런 조건을 충족하는 사람이 있으면 그 자리에서 바로 눈이 맞아서 어딘가에서 일을 치르죠.

도미오카 여러 번 만나보고 그런 건 없어요?

오구라 물론 그런 게 계기가 되기도 하겠지만, 대부분은 단시간 승부죠.

우에노 그때 누가 어느 포지션을 할 건지는 어떻게 정하는 거예요?

오구라 딱 보면 알아요.

우에노 보자마자 안다고요? 서로 바꾸기도 하는 거예요?

오구라 원나잇의 경우는 바꾸지 않을 거예요.

474

우에노 그렇죠? 그러니까 아까 말했잖아요. 내가 해줬으니 이

---

32   모두 남성 동성애 전문 잡지. 화보 외에도 파트너를 찾는 메시지 코너 등이 있다.

번엔 돌려받겠다, 이런 게 그리 쉬운 일이 아니라고요.

오구라 그러니까 침대에 들어갈 때까지 파악한다니까요. 아, 이 사람은 삽입당하는 쪽(바텀)이다, 라는 걸 아는 사람이 아주 많다는 거예요. 푸코는 전혀 궁하지 않았을 거예요. 삽입당하는 쪽이었을 것 같지만.

우에노 당하는 쪽이었다고요?

오구라 네. 아니, 뭐, 음, 잘 모르겠네요.

우에노 호모든 헤테로든 상관없이 성애에는 근본적으로 비대칭성이 있다는 생각이 들어요.

오구라 있겠죠.

도미오카 지배, 피지배라는 게 없으면 흥분도 없거니와 쾌락도 없고 오르가슴도 없다는 뜻인가요? 늘 삽입하는 습관성 같은 것이 처음에는 지배가 아니었을지도 몰라요. 하지만 어느샌가 그것에 지배적인 속성이 달라붙게 되었죠. 그렇게 되면 그걸 역전하고 싶다는 욕망이 생겨나지 않나요? 아니에요?

우에노 역전하면 남성적 자기애의 극치가 되죠. 한마디로 삽입하는 자신은 영원히 자기 자신을 인지하지 못하는 능동적인 주체예요. 삽입하는 자기를 인지하는 건 수동적인 신체뿐이고요. 그러니까 수동적인 신체가 되어봄으로써 삽입하는 자기상이 거꾸로 음화陰画처럼 떠오르게 되죠. 그러면 남성의 숭고한 모습이 떠오르는 거고요.

475

도미오카 그걸 보고 싶은 거군요.

우에노 그걸 보고 싶은 거죠. 반전된 자기애.

오구라 남자를 향한 여자의 사랑도 그런 거죠. 삽입당하는 자신이 아니라, 삽입하는 남자를 좋아한다는 입장인 거죠.

도미오카 나는 학문적인 건 모르겠지만, 대체 언제부터 남자는 삽입하는 게 숭고하다는 식으로 생각하게 됐을까요?

우에노 그걸 파고들면 나르시시즘의 기원부터 따져봐야겠죠. 고대 그리스 시대부터 이미 그랬잖아요.

스모 선수와 미소년으로 양분된 취향

편집부 《금색》에 대해서 조금 더 듣고 싶은데요, 야스코에 대해서는 어떻게 생각하셨나요?

도미오카 임신을 한 게 재미있네요. 어떻게 됐죠? 아이를 낳았나요?

편집부 낳았어요. 라마즈 분만법으로요. 출산을 함께 지켜봤죠.

오구라 참고가 되는 내용이 많아요. 애처가라는 건 사실 클로짓 게이라든지.[33] 여자는 아내로 충분하다. 그 이상은 지긋지긋하다.

도미오카 아, 그렇구나. 그래서 잘해주는 거구나.

오구라 아내를 대하는 태도에서도 형식미를 추구하니까 사회적으로는 대단히 신사적으로 보일 테죠.

우에노 효율적인 사고방식이네요. 여자는 아내로 충분하니까 애처가라니.

도미오카 우리 남편도 어쩌면(웃음).

우에노 게이일지도 모른다고요?

도미오카 모를 일이죠(웃음).

흥미로운 건, '저는 비밀에 지쳤습니다'라는 문장이에요. 추궁당한 끝에 유이치가 내뱉는 대사죠. 미시마 유키오도 '베리 타이어드very tired'하게 보여요.

우에노 비밀에 지쳐서 결혼한 건지, 결혼했기 때문에 비밀에 지친 건지.

33 남자를 사랑하는 사람들도 대다수는 결혼해서 아버지가 된다는 수없이 많은 실제 사례를 유이치는 몰랐다. 그중 많은 이들이 본의 아니게 자신의 특이한 본능으로 결혼생활의 복지에 공헌하고 있다는 사실을 말이다. 그들은 아내라는 한 여자, 고맙지만 거치적거리는 진수성찬을 구토가 올라올 만큼 배 터지게 먹은 결과, 다른 여자에게 손대는 일은 절대로 없다고 해도 좋다. 세상의 애처가라 불리는 남자들 중에는 이 종족들이 적잖이 있다.

미시마 유키오

도미오카 양쪽 다겠죠. 그리고 요즘 시대와 달리 《금색》에는 호모섹슈얼이 소설의 소재로서 사람들의 이목을 끌 거라는, 일종의 장삿속도 어딘가에 있지 않았을까요?

우에노 《가면의 고백》도 그렇지만, 그의 자기의식 속에 자신이 노멀한 존재가 아니라는 사실에 대한, 어마어마한 선민의식이 존재해요.

도미오카 천민의식?

우에노 선민의식요. 어브노멀(abnormal, 비정상적인)한 부분도 포함해서, 자신은 평범한 사람이 아니라는 선민의식이 있죠. 한편으로는 일상성을 동경하는 마음도 있어요. 그건 딱히 자연스럽게 행동하고 싶다거나, 일상으로 돌아가고 싶다는 게 아니라, 도금칠한 정상성을 완벽하게 연기하고 싶다는 마음이겠죠. 아까 도미오카 씨는 마가 없다는 식으로 말했지만, 사실 이 사람은 그냥 평범한 보통 사람인데, 우연히 자존심과 엘리트 의식이 극단적으로 강했기 때문에, 자신을 보통 사람이라 생각하지 못했던 것뿐인지도 몰라요. 보통 사람이 보통을 연기한다는 역설을 짊어져버린 게 아닐까요. 때문에 사실은 그런 역설적인 메커니즘이 사라지면 평범한 엘리트로 끝났을 사람일지도.

도미오카 맞아요. 하지만 이 사람은 자기에게 마가 있다고 생각했던 게 아닐까요. 그래서 대장성을 버리고, 자기 힘을 문장

속에 점점 드러내면 언젠가 동경해온 마성魔性 같은 것이 나올 지도 모른다고 생각했어요. 그건 오산이었을지도 몰라요. 본 바탕이 평범한 사람이니 노력한다고 마성이 나올 리 없죠. 세 상에서 벗어나도, 결혼을 해도, 비밀을 가져봐도 마찬가지이 고요. 이 사람 소설을 읽고 감동했나요?

오구라 감동하지는 않았어요. 똑똑해진 기분은 들지만(웃음). 아까 애처가 이야기나 라마즈 분만법도 그렇지만, 게이의 눈 을 통해 본 세상이라는 걸 읽어보면, 아, 그렇구나, 하는 생각 이 드는 게 많잖아요. 이를테면 '그는 여자를 원할 때는 우회 로를 택하는 은근한 수법을 쓰지만, 남자를 찾는 경우에는 늘 다른 형태를 취했다'는 서술이 나오죠. 푸코도 그랬잖아요. 남자와 여자는 처음에 만나서 유혹한 뒤 감정이 동해 관계를 맺지만, 동성애자의 경우는 관계를 맺은 뒤에 택시를 타고 떠 날 때 감정이 찾아온다고.[34] 동성애자라면 전 단계에서 그런

---

34   미셸 푸코 지음, 마스다 가즈오 옮김, 《동성애자와 생존의 미학》, 제3 장 연인이 택시를 타고 떠날 때…, 데쓰가쿠쇼보, 1987년.
      이성애 체험은 적어도 중세부터 늘 두 가지 차원에서 존재했습니다. 한쪽에서는 남자가 여자를 유혹하는 동경적(=궁정풍)의 연애, 그리고 다른 한편에서는 성행위 자체. 그런데 서양 세계의 이성애 문학에서 주류를 차지한 건, 늘 동경적 연애였습니다. 즉, 성행위에 선행하는 것 을. 지적이며 문화적으로 세련된 작업, 서양의 미적 정수는 모두 동경 적 연애를 향해 갔습니다. 이 사실은 그 자체로 성행위의, 문학적, 문화 적, 그리고 미적 평가의 상대적인 빈곤을 설명해줍니다. 반대로 현대

미시마 유키오

수순을 밟고 있을 여유가 없잖아요. 빨리빨리 해치워야지.

도미오카 요컨대 남자끼리의 경우에는 차근차근 스텝을 챙길 여유가 없다는 뜻인가요?

우에노 그건 사회적인 금기 때문인가요?

오구라 그렇죠. 평범한 연애가 시작된 순간의 두근거림을 즐길 시간적 여유가 없어요. 빨리빨리, 아주 즉물적이랄까, 눈과 눈으로 신호를 주고받고 함께 사라져서 바로 일을 치르죠. 끝나면 이름도 밝히지 않고 헤어지는 거예요.

의 동성애 체험은 동경적 연애와는 어떠한 식으로든 연결되어 있지 않습니다. 하지만 고대 그리스에서는 그렇지 않았습니다. 그리스인에게 남성들 간의 동경적 연애는 남자와 여자의 연애보다 중요했습니다. 소크라테스와 알키비아데스를 생각해보십시오. 하지만 기독교적 서양 문화가 동성애를 추방한 탓에, 동성애는 성행위에 집중되었습니다. 동성애자들은 그러한 미적 정수를 문화적으로 표현하는 것이 금지되어 있었던 까닭에, 동경적 연애의 시스템을 꼼꼼하게 만들어낼 수 없었습니다. 길거리에서 찰나의 시선 교환, 4분의 1초 단위로 이루어지는 결의, 동성애 관계가 소비되는 속도, 이것들은 어떤 금지의 성과입니다. 따라서 동성애 문화나 문학이 발달했을 때, 그것들이 동성애 관계의 가장 격렬한 측면에 집중하는 건 당연한 귀결이었습니다. (…) 동성애자는 오히려 다음과 같이 말하겠지요. 연애에서 최고의 순간은 연인이 택시를 타고 떠날 때다, 라고. (…) 미소를, 육체의 온기를, 음색을 떠올리는 건 성행위가 끝나고 청년이 떠난 뒤부터입니다. 동성애 관계에서 중요한 역할을 담당하는 건 행위의 선취보다 그 추억입니다. 때문에 (콕토, 주네, 버로스 등) 우리 문화의 가장 위대한 동성애 작가들은 성행위를 그토록 훌륭하게 묘사하는 것입니다.

나는 처음에 그 즉물성이라는 게, 어쩌면 남성의, 여성과는 다른 성차가 존재하는 부분인가 생각했는데, 아니었어요. 요컨대 동성애자의 경우는 사랑과 성이라는 것이 지진이 일어났을 때 대피할 수 있도록 준비해두는 건빵 같은 건가, 하는 생각이 들어요.

도미오카 비상식량.

오구라 그거죠, 그러니까 남자와 여자는 비상사태가 아니기에 아주 번거로운 일을 해서, 건빵이 아니라 쌀을 씻고 안쳐서 밥을 지어 먹을 뿐, 사실 궁극적으로는 같은 게 아닐까.

도미오카 그런가. 결국 비상사태가 발생하면 헤테로도 이렇게 된다는 건가요?

오구라 그렇죠. 군더더기를 싹 발라낸 뼈 같은 거랄까, 살이 없는 연애의 골격.

도미오카 전부 발라내고 나면 그렇게 즉물적이 된다니, 그거야말로 내가 바라는 거네요.

오구라 분명 이게 진짜일 거예요. 우리 모두, 남자든 여자든 비상사태에 처했을 때는 그냥 첫눈에 곧바로 알아보겠죠. 궁하면 통한다는 말처럼요. 자기 취향 같은 것도 단번에 깨닫겠죠. 결국 내면은 상관없어요. 살이 쪘다거나 체모가 많다거나 하는 외적인 조건으로 정해지죠. 사랑이네 연애네 하는 것도 따지고 보면 그게 전부 아닐까요.

481

도미오카 난 내 취향이 왜 '공포의 원 패턴'인지 생각하고 있었어요. 지금 처음으로 풀렸네요.

오구라 예술가에게 약하신가요(웃음).

도미오카 그건 아니고요. 아직 그렇게까지 즉물적이진 못하죠. 하지만 장차 남자, 여자 모두 뒤섞여 즉물적으로 변할 거예요.

오구라 비상사태가 되면 그렇게 되겠죠.

우에노 뭐가 비상사태인데요?

도미오카 아하하하. 우에노 씨, 의외로 머리가 나쁘네요.

오구라 결혼 제도와 같은 사회적, 제도적 보증과 시간적 보증이 사라지고, 관계라는 것에 대한 보험이 없어진 상태.

우에노 그런 남녀는 늘어나고 있는데요.

오구라 비상사태라는 건 성애와 경제가 분리되었을 때 이야기죠.

도미오카 그럴지도 모르죠.

오구라 그러니까 지금, 여성의 경제력이 상대적으로 높아지고 결혼을 보험으로 여기지 않아도 되는 쪽으로 사회가 변화하자 여성들은 미소년을 선호하게 된 거예요. 사실은 다들 옛날부터 미소년을 좋아했죠. 그게 드러난 거고요. 그리고 스모 선수를 쫓아다니는 여대생도 많아요. 요컨대 스모 선수와 미소년으로 성애의 대상이 양극화하는 거죠(웃음).

우에노 명쾌하네요.

482

오구라 아직은 경제력을 갖추지 못하도록 여성을 억압하고 있으니까, 스모 선수나 미소년이 아니라, 추남이지만 돈은 많은 남자를…

도미오카 맞아요, 그렇죠.

오구라 그런 사람을 만나는 것뿐이죠.

우에노 그런 거라면 육체에 마음 같은 쓸모없는 게 딸려 오지 않는 게 더 좋은 거 아니에요? 남자를 침대로 끌어들일 때 육체만으로 관계하고 싶은데 왜 마음이 어쩌고 하고 질척거리지, 하는 생각이 들지 않겠어요?

도미오카 아무래도 싫어하는 사람하고 하는 것보다는 기분이…

오구라 동성애자의 경우도 마음이 통하면 더할 나위 없죠. 《금색》에서도 '남자끼리의 사랑이란 어째서 이토록 덧없을까. 그건 관계 후에 단순히 깨끗한 우애로 끝나는 그 상태가 남색의 본질이기 때문이 아닐까'라고 하잖아요.

도미오카 그렇군요.

우에노 상호성이라는 건 성애의 본질이에요.

483 **오구라** 그러니까 호모, 헤테로 상관없이.

우에노 그래요, 이성애도 마찬가지죠.

편집부 하지만 남성의 경우는 양쪽 다 오르가슴 곡선의 커브가 일치하니, 사정을 하고 나면 둘 다 '네, 끝났습니다' 하면 되겠지만, 헤테로의 경우는 그 부분에 어긋남이 존재해서 곧바로 깨끗한 우애가 될 수는 없는 게 아닐까요.

우에노 아니, 무슨 중국 신혼부부 교과서 같은 소리를 하세요 (웃음).

도미오카 끝나면 아, 개운하다, 이런 거 아니에요, 몸과 마음 모두. 여자도.

오구라 조금 여운이 남는다 해도, 여운은 언젠가 끝나니까요. 두 시간, 세 시간씩 남는 건 아니죠.

편집부 그거야 그렇지만… 예컨대, 여성잡지 앙케이트는 물론이고, 요즘에는 남성잡지에서도 '관계시 매너 특집' 같은 것을 꽤 싣는 추세인데, 그런 특집에 반드시 나오는 여성들의 의견이 '끝난 뒤에 바로 나가지 마라', '담배를 피우지 마라' 하는 거거든요.

도미오카 그 사람들도 비상사태가 닥치면 그런 건 신경 쓰지 않게 될 거예요.

우에노 전희와 후희를 해야 한다는 얘기겠죠? 그것도 남자 쪽에서 보자면 다음 관계를 위한 담보 같은 거잖아요.

오구라 남녀의 오르가슴 곡선이라는 건…

484

우에노 엉터리 같아요.

도미오카 엉터리죠.

오구라 요컨대 침대에서 주도권을 누가 쥐느냐, 남자가 운전석에 앉고 여자가 조수석에 앉은 모양새잖아요. 어느새 목적지에 도착해 남자가 브레이크를 밟고 차를 세운 뒤 시동까지 끄고 문을 탁 닫고 나가버렸는데, 여자는 조수석에 앉은 채 직접 운전하지 않고 액셀이나 브레이크를 밟은 적도 없으니 여전히 차에 타 있는 기분이 드는 것뿐이죠.

우에노 아하하하.

도미오카 탁월한 비유네요.

오구라 그건 객체가, 한마디로 일이 언제 시작되어 언제 끝나는지 책임지지 않는 인간이 사태에 어중간하게 관여한 결과인 거죠.

우에노 하지만 그것도 상당한 쾌락을 안겨주죠.

도미오카 얕은 쾌락이죠. 그렇게 얕은 쾌락으로 만족하니까 여자는 언제까지고 안 되는 거예요(웃음).

편집부 깊은 쾌락을 느낄 거예요. 그런 걸 역설해도 어쩔 도리가 없지만, 그 언저리가 《금색》과 무척 관련이 있는 것 같다는 생각이 듭니다. 성행위에서의 능동과 수동의 문제도 있지만, 무엇보다 최근에 섹스와 연애가 어떠한 관계를 맺고 있는지, 그 관계성이 점점 알 수 없게 되어가고 있어요. 요즘 섹스를 하지 않는 커플이 늘어났다고 하는데, 《금색》에서 성을 무기질적인 것으로 자신과 분리하여, 성적 인간이 되지 않겠다는 자세가 그 시초인 것 같기도 해요. 《금색》에서는 섹스와 정서가 서로 분리되어 있잖아요? 유이치는 남자에게도 여자에게도 심리적인 애착이라는 걸 전혀 갖고 있지 않죠. 물론 사랑 없는 성은 존재할 수 있지만, 연애의 연장선상에는 성이 있는 법이니까요. 대부분의 사람에게는 그 두 가지가 한 세트로 진리처럼 받아들여지고 있고요. 페미니스트 사이에서도, 역시 사랑이 있는 성이야말로 훌륭하다는 인식이 있습니다. 오구라 씨조차 《섹스신화해체신서》[35]의 성교육 항목 마지막에서 '성교육은 연애 교육이기도 하다'라는 말로 끝맺고 있잖아요.

오구라 하지만 연애는 개인의 대립과 갈등의 장이라고도 썼어요. 존경과 조화, 그런 말은 안 썼다고요.

편집부 네, 저도 2년 전쯤이었다면 '아, 성교육이 연애 교육이라니, 역시 오구라 씨는 멋진 말을 하는구나!' 했을 거예요. 하지만 지금은 역시 성교육과 연애 교육은 다르지 않을까 생각해요. 요컨대 성과 연애는, 당연히 어느 지점에서 겹쳐지는 게 아니라, 완전히 개별적으로 존재하는 것이 되어가고 있지 않은가.

우에노 성과 사랑은 애초부터 별개라는 건가요?

편집부 애초에 별개였죠. 그리고 그 사실이 지금 처음으로 밝혀지고 있는 게 아닐까, 그런 점들이 드러나기 시작했다는 느낌이에요.

486

---

35   오구라 지카코, 《섹스신화해체신서》, 가쿠요쇼보, 1988년.

오구라 하지만 저는 청교도적 의식을 가지고 말하는 게 아니라, 반대로 성이 있는 곳에 사랑이 있게 하라고 말하는 것뿐이죠. 거기에밖에 없다. 그것이 궁극의 사랑이다. 당신이 성이라고 생각하는 곳에 있는 게 사랑이에요. 사랑이라고 생각하는 곳에는 아무것도 없다(웃음).

도미오카 대단해, 그게 사랑이다(웃음).

오구라 다들 사랑에 대해 착각하고 있어요. 이놈이다 싶으면 상대의 육체도, 정신도, 순간적으로 수탈하는 것. 그것이 사랑이죠. 먹느냐 먹히느냐가 사랑이에요.

도미오카 지금은 그걸 빼고 모든 걸 장치로 만들어버렸죠. 그것만 없어요, 요즘 시대에는.

오구라 그러니까 이 사람, 가부라기 부인이었던가요, 그리고 교코라는 여자도…. 다 너무 어이없지 않나요. 남자의 승리라고요. 애초에 승부라고도 할 수 없죠. 그래서 사랑이 아니에요. 그래서 성도 없는 거고요.

우에노 하지만 우애는 존재하죠, 이 남녀에게는.

487 **도미오카** 우애가 존재한다고 생각해요?

우에노 예를 들면 유이치가 도움을 요청하는 편지를 보내자 무시하지 않고 답을 하잖아요.[36] 아직 신칸센도 없던 시절에 교

---

36   유이치가 동성애자라고 밀고하는 익명의 편지가 그의 아내와 어머니

미시마 유키오

토에서 도쿄라고요. 엄청난 여정이었을 텐데요. 게다가 성적으로 관계한 적도 없는 여자가 우애의 마음으로 도와주러 오다니.

도미오카 우애일까요? 사교가 아니라?

오구라 우애일지도 모르죠. 우애라면, 남자와 여자 사이에 오래도록 성적인 관계가 없으면 비로소 우애가 성립하고, 남자와 남자 사이에는 순간의 성이 있고, 거기에 우애가 성립하는 거죠. 보통은 반대잖아요.

우에노 그건 아까 비상사태설에 따르면 여자나 남자나 마찬가지일 거예요. 육체적으로 갈구한 뒤에, 희미한 우애가 남는다는 관계는 딱히 남자와 남자 사이에만 성립할 수 있는 게 아니죠.

오구라 비상사태가 아닐 때에는 말이죠. 자신은 비상사태라 생각하고 살아가는 우에노 씨는 별개지만(웃음). 그런 텐션 높은 인생을 사는 사람은 그런 우애를 가질 수 있겠지만, 평범한, 주변에서 흔히 볼 수 있는 여성들은 다르죠.

우에노 과연 그럴까요? 그 사람들은 상시常時와 비상시非常時를

488

----- 앞으로 날아오고, 궁지에 몰린 유이치는 가부라기 부인에게 전보를 보낸다. 그러자 그녀는 곧바로 상경하여 자신과 유이치가 계속 관계를 맺어왔으며, 유이치의 아이를 임신 중절한 여성이 둘이나 있다는 거짓말을 해서 그를 위기에서 구해준다.

모두 살아가고 있을 텐데요.

성에서 인격이나 구도를 찾으려 했던 기묘한 시대

우에노 도미오카 씨는 〈파도치는 땅〉[37]의 마지막에, 적어도 교합만이라도 커뮤니케이션이 성립하지 않을까, 하는 희망을 투영한 거죠. 육체의 언어라든지.

도미오카 음….

우에노 〈추구魑狗〉[38]는 어떤가요? 상대에게 언어적인 속성을 전부 벗겨내고 대상을 교합만으로 환원했을 때, 최후의 커뮤니케이션이 존재할 수 있을까, 하는 의문이 남아요.

도미오카 덧없는 희망을 가진 때도 있었지만, 지금은 그런 생각은 거의 안 해요. 절망적인 이야기일지도 모르지만, 우리는 성교를 통해 커뮤니케이션한다거나, 둘이 함께하는 행위에서

---

37   도미오카 다에코, 《파도치는 땅, 추구》, 고단샤문예문고, 1988년.
38   주37과 동일.

깊은 쾌락을 얻는다거나 하는 환상을 가지고 있지만, 실상 그런 건 존재하지 않는다고 생각해요. 섹스에 의해 인간은 무척 고양되고 행복감이 차오른다, 그러므로 성은 무척 풍요로운 것이다… 그런 인식을 근대 들어 문학을 비롯한 여러 매체가 지나치게 주입시킨 거 아닌가 싶어요. 사실은 그런 걸 싹 걷어내지 않으면 보이지 않을 것 같은데요. 문학의 공죄功罪는 많지만, 요새는 죄 쪽이 더 무거운 게 아닌가 싶고요.

우에노 성적인 행위가 모험이나 구도로 이어진다는 생각 자체가 엄청나게 근대적인 착각이잖아요. 로망(소설)은 근대의 산물이니까요. 근대소설은 푸코의 도식에 딱 맞아떨어지죠. 인간의 역사를 놓고 보면, 인간이 자기 초월을 추구하는 방식에는 다양한 방법이 있는 것 같아요. 그게 갑작스럽게 성의 영역에 집중된 게 근대잖아요. 연애소설도 같은 일을 해왔죠. 연애소설의 메커니즘이 통하지 않게 되자, 이번에는 사랑을 제거한 성에 마지막 초월의 계기가 있는 게 아닌가 하는 시도가 등장하죠. 게다가 그것이 마치 영웅적인 행위인 양 극찬받고요. 이를테면 헨리 밀러나 노먼 메일러는 성의 모험자, 구도자로 영웅 대접을 받죠. 그것의 일본적 축소판이 요시유키 준노스케이고요.

490

도미오카 맞아요. 나는 인간이 성행위에 의해, 또는 성행위 자체에서 무언가를 추구하는 게 이상하다는 생각이 들기 시작했는데, 이런 생각을 하는 건 이상한가요?

오구라 섹스 자체는 지루하죠.

우에노 겨우 그런 시기가 도래한 것 같아요. 요컨대 고작 섹스에 인격이나 구도 같은 걸 투영하지 않는 시대가, 드디어!

도미오카 너무 환상을 가졌던 것 같아요.

우에노 성에 인격이나 구도를 투영했던 시대, 그 기묘한 시대가 드디어 막을 내리고 있는 거죠. 우리 의견이 일치했네요.

491

○   문학이라는 연못에
            페미니즘 비평이라는 돌을 던지다

*   우에노 지즈코

이 기획의 성패는 거의 캐스팅 단계에서 정해졌다. 도미
오카 다에코, 오구라 지카코, 우에노 지즈코라는 불평불만 많
은 여자 셋이 모여 '남류문학'을 논한다고 하면, 반발이나 호
기심을 포함해 독자의 주목을 끌 것이다. 처음에 도미오카 씨
가 이 기획에 대해 말했을 때, 나는 그 야망에 내 귀를 의심했
지만, 독자와 마찬가지로 그 자리에서 무슨 일이 일어날지 호
기심을 주체할 수 없어서 이 무모한 시도에 동참하기로 했다.

페미니즘 비평이 내용적으로 충실한 실천이었으면 하는
493   바람을 나는 오래도록 갖고 있었다. 일본에서도 미즈타 노리
코를 비롯해 고마샤쿠 기미, 구로사와 아리코, 사에구사 가즈
코 등 뛰어난 연구가 나오기 시작했지만, 질과 양 모두 발전의
여지가 크다고 생각했다. 페미니즘 비평에는 두 가지 과제가
있다. 하나는 부당하게 잊힌 여성 작가의 작업을 발굴하여 재

평가하는 일. 다른 하나는 부당하게 고평가를 받는 남성 작가의 작업을 다시 읽고 재검토하는 일. 전자에 관해서는 여성 연구자에 의한 여성 작가론이 나와 있지만, 후자는 최근 사에구사 가즈코의 과감한 작업●을 제외하고는 대부분 연구가 필요한 상태였다.

잊힌 여성작가의 작품을 여성이 재발견하는 작업은 여성의 '게토' 속에서 일어난 일로 무시될지도 모른다. 하지만 이미 평가가 확립된 저명한 남성 작가의 (남자들의) 평가에 도전하는 일은 많은 남자들의 분노와 반발을 살 것이리라. 게다가 무시되지 않을 정도의 설득력을 갖춘 논의가 이루어지려면 엄청난 노력이 필요할 것이다. 때문에 도전할 가치가 있다고도 할 수 있다…. 누군가 해야 하는 일이라고 생각했지만, 설마 내가 맡게 될 줄은 상상도 못 했다.

우리는 알기 쉬운 남성 중심적 2류, 3류 문학을 소재 삼아 '허수아비 때리기'를 하고 싶지 않았다. 평론을 할 거라면 평론할 가치가 있는 역량 있는 작가, 이미 높은 평가를 받아 남자들이 그 가치를 의심할 엄두도 못 내는 작가만 논하고 싶었다. 작업은 무척 힘들었다. 작가를 선정하고, 작품을 고르고, 그에 관련된 문예 평론을 거의 대부분 읽어야 했다. 달마다 배

494

● 사에구사 가즈코, 《연애소설의 함정》, 세이도샤, 1991년.

달된 엄청난 양의 자료들은 담당 편집자인 후지모토 유카리 씨가 국회 도서관을 드나들며 모으고 복사한 땀과 눈물의 결정체이다. 세 여자가 입에서 나오는 대로 일도양단하는 것처럼 보이는 가벼운 분위기 뒤에는 이 같은 주도면밀한 준비 과정이 있었다. 세 여자와 편집자의 이 기묘한 '독서회'는 이렇게 난항을 겪으면서도 1년 가까이 계속됐다.

'남류문학'이 얼마나 기분 나쁜 것인지 번갈아 떠드는 세여자의 대화를 듣고 공감하지 못하거나, 불쾌한 기분을 느끼는 남성 독자가 있을지도 모르겠다. 하지만 그것은 '여류문학'을 멋대로 재단해온 남자에 대한 여자의 불쾌함과 일맥상통하는 것이다. '또 하나의 성'에게 자신이 어떻게 보이는지를 알아두는 것도 나쁠 건 없다. 그리고 그것을 '무지, 몰이해'라 부르기 전에, 어째서 그렇게 보이는지를 자문해보아도 좋을 것이다.

우리 중 가장 위험을 무릅쓴 이는 작가인 도미오카 씨이다. 오구라 씨와 나는 어차피 문학 전공도 아닌 문외한의 헛소리라 폄하할 수도 있겠지만, 도미오카 씨는 그럴 수 없기 때문이다. 페미니즘 비평은 이데올로기이지 문학 비평이 아니라는 식의 말들은 질리도록 들었다. '도미오카도 페미니즘의 영향을 받아 못쓰게 되었다'는 말을 내뱉고 싶은 '남류평론가'들의 얼굴이 속속 떠오른다. 그런 말을 함으로써 자신이 무엇을

495

고백하고 있는지 슬슬 알아챌 때도 되었다. 물론 발언은 세 명이 각자 다르기에 독자는 공통점보다 차이를 더 많이 발견할 것이다. 그러한 공통점과 차이점에 대해 독자들이 어떻게 판단할지도 궁금하다.

　이 시도는 문학이라는 연못에 던진 페미니즘 비평이라는 돌이다. 그 파문 속에서 더 많은 다양성과 의미 있는 시도가 생겨난다면 우리의 의도는 달성된 것이다.

○ 하나에의
길

* 오구라 지카코

"미시마 유키오에 대해 어떻게 생각해?"

도미오카 다에코 씨의 전화를 받았을 때 내 비극이 시작됐다.

"생각이고 뭐고, 거의 읽어본 적 없는데요."

"그럼 읽어보는 게 어때?"

"네…?"

좋고 싫고 할 것도 없었다. 하지만 도미오카 씨와 우에노 지즈코 씨와의 '독서회'를 위해 지쿠마쇼보 출판사의 좁은 회의실에 처음 들어선 순간, 나는 내가 윔블던의 볼 보이가 될 수밖에 없다는 사실을 알아챘다.

편집부가 매달 보내주는 자료는 작품 그 자체를 제외하고라도, 사과 상자 하나는 거뜬히 채우고도 남았다. 물론 나는 성실하게 읽었다. 하지만 그렇다고 해서 인상 비평의 영역을 뛰어넘어 제대로 된 문학 평론을 하루아침에 할 수 있게 된 건 아니었다.

우에노 씨는 편집부가 보내준 자료 말고도 독자적인 자료까지 들고 왔고, 거기에는 수십 장의 메모가 수두룩하게 붙어 있었다. 게다가 이야기를 시작하면 최단거리로 정곡을 찌르면서도 사정없이 속사포처럼 이야기하는 바람에 나는 좀처럼 끼어들 타이밍을 찾지 못했다.

도미오카 씨는 도미오카 씨대로 작가적 입장에서 문체에 대해 알아듣기 쉽게 설명해주었지만, 나는 감탄할 뿐 아무 말도 할 수 없었다. 정신을 차리고 보니 두 사람의 얼굴을 번갈아 바라보며 떨어지는 공을 주우러 가는 역할밖에 할 수 없었다.

몇 회째인가의 '독서회'가 끝났을 때, 불안해진 나는 지쿠마쇼보 엘리베이터 앞에서 도미오카 씨에게 물었다.

"저 이대로 괜찮을까요?"

"괜찮아요. 우리는 가시마시무스메(쇼지 우타에, 데루에, 하나에로 이루어진 일본의 여성 트리오로 만담과 음악 활동을 했다-옮긴이)니까 셋이어야 해요."

그때였다, 나에게 활로가 열린 것은.

"나에게는 하나에의 길이 있어!"

우타에 언니와 데루에 언니가 주거니받거니 하는 동안, 하나에는 도시락을 먹고 있다. 우타에 언니가

"오구라 씨, 그렇게 생각하죠?"라고 화제를 던지면,

나는 곧바로,

"그야 그렇죠."

하고 대답하고 다시 도시락을 먹는다.

데루에 언니가

"오구라 씨도 더 발언해요"라고 재촉하면,

"정말 짜증나는 놈이에요."

하고 대답한다.

'독서회'가 끝난 뒤 전화번호부 두께의 녹취록을 받았을 때, 나 자신의 미숙함에 아연실색했다. 우타에 언니도, 데루에 언니도 똑똑한 얘기를 멀쩡하게 하고 있잖아. 그에 비해 하나에는….

편집부의 후지모토 유카리 씨에게는 내 발언이 너무 적다며 보충 설명을 해달라고 혼이 났다. 이 책의 출판이 예정보다 훨씬 늦어진 건 모두 하나에의 책임입니다.

다시 한번 '독서회'를 연다면, 하나에는 더 성실하게 임하겠죠.

499

○ '여성'이 부재했던 시대를 지나 비평의 안드로지너스로

* 도미오카 다에코

시를 쓰기 시작한 게 스무 살 때, 소설을 쓰기 시작한 게 서른이 넘어서이니 창작자로서 '문학'과 관여한 지도 30년 이상 지났다. 그 '문학'에 대해 10여 년 전부터 불신, 불만, 경멸, 야유의 목소리가 들리기 시작하면서 그 이유를 생각하지 않을 수 없었다. 물론 그것은 일개 개인이 혼자 생각한다고 답이 나올 정도로 만만한 문제는 아니었다.

'소설'의 시대는 끝났다고들 말하지만, '소설'이라 불리는 건 여전히 양산되고 있다. 창작자로서, '문학'에 관여한 자로서 당연히 '소설이란 무엇인가' '문학이란 무엇인가'를 지금 시대 속에서 생각해야 하지만, 그것이 '문학' 안에서만 생각하는 것으로는 끝나지 않는 시대임을 지난 몇 년 사이 실감했다. '문학'이라는 술어만으로는 도저히 그 '쇠퇴'를 분석하고 설명할 수 없다. 하물며 '문단'적인 은어와 부호로는 더더욱.

지난 1, 2년을 돌아보아도 전문가조차 예상하지 못했던 베를린 장벽의 붕괴를 시작으로, 거대한 공산주의가 소멸하고 있다. 꿈틀거리며 변화하는 역사적 시간에 '문학'만 외따로 존재할 수는 없다. 신화나 종교로부터 분리되어 '문학'이라는 핵가족이 된 것은 그렇게 오래된 일이 아니지만, 그 '문학'의 정체를 인접한 민속학이나 인류학, 심리학과 사회학이 폭로하기 시작했다.

　　그럼에도 말하고 싶은 건, 지금도 무사태평하게 관성적으로 돌아가는 '문학' 시스템이다. '문학'의 생산과 유통 시스템이라 하는 게 정확할지도 모른다. 그 시스템이 필요로 하는 '권위'가 '이것이 뛰어난 문학이다'라고 보증서를 준 작품이 '문학'의 외부에 추천되어 선전된다. 사람들은 그것을 믿고 '우수'라는 도장이 찍힌 작품을 구입한다. 시시하고 지루하다고 생각하면서도 그건 뭘 모르는 자기 잘못이라고 여기며 다음 도장이 찍힌 작품을 구입한다. 하지만 그런 일이 몇 번 반복되다 보면 지킬 의리가 없는 이들은 '문학'을 외면하기 시작한다.

　　외면하는 사람들은 좋고 싫고를 떠나 가치관이 유동하는 역사 속에서 살아가고 있다. 하지만 시스템 내부의 '권위'는 외부의 유동, 변화에 노출되는 것을 거부한다. 그러니까 '권위'의 추락을 회피하기 위해 더욱더 '권위'를 보강한다. 그 보강은 '문학' 그 자체에 대한 구도(!)에 의지하는 것도, '문학'

그 자체가 가진 정치성의 확인에 의지하는 것도 아니며, 모두 시스템의 유지를 위한 경제와 정치에 의지하는 수밖에 없다. 그러면 우수 도장을 찍는 기준은 더욱더 자폐적인 선택에 의지하게 되고, 아무리 관객이 줄어들어도 시스템 내부에서는 그것이 보이지 않게 된다.

한 사람의 독자로서 나 역시 이 '우수 도장'에 깊은 의문을 느끼게 되었고, 그 이유를 생각해왔다. 나는 '문학'에 갚아야 할 빚이 있기에 모른 척 외면할 수 없었다.

떠오른 이유 중 하나는, 외부는 유동하고 변화하고 있는데 '문학' 내부에서의 가치 판단과 비평이 '여성'이 부재한 채로 이루어져왔다는 것이다. 인간 세상에 유구히 이어지는 '팔루스(남근) 왕국'과 '여성혐오'를 가장 잘 비추는 거울이 바로 문학이라 말할 수도 있겠지만, 그렇다면 더욱더 '문학'이야말로 외부의 파도에 흔들리지 않는 게 이상하다.

나는 '문학'이란 인간 특유의 재미를 풍부하게 맛보게 해주는 것이라는 생각을 가지고 있다. 그러한 '문학'에 대한 불신이나 경멸이 생겨나는 데에는 다양한 이유들이 얽히고설켜 있겠지만, 그것을 생각하기 위해 지금 할 수 있는 일은 '명작'이나 '문학작품'을 읽고 그것들이 '여성'이 부재한 비평의 축적에 의해 만들어진 가치인지 아닌지를 알아보는 것이었다. 하지만 그 작업은 개인의 힘으로 가능한 일은 아니었다. '문학'의 전문가가 아니라 '문학'을 휘젓는 공동 연구의 형태가 좋겠다 싶었다. 누가 해주면 좋겠다고 이기적인 바람을 가져왔지만, 그럴 기미가 보이지 않아서 좌우지간 '독서회'에서 시작된 기록이 이 책이 되었다. 우에노 지즈코 씨, 오구라 지카코 씨에게 함께하자고 청한 건 나였다. 두 분의 학문과 지식, 나와는 다른 세대적 감각의 도움을 받고자 한 것이다. 자료 수집 및 기록과 편집은 지쿠마쇼보 출판사의 후지모토 유카리 씨가 맡아주셨다.

503

○   축제가 끝나고

*   우에노 지즈코

오랜만에 원고를 다시 읽으며 생각했다. '이 '가시마시무 스메'의 대담은 지금 읽어도 여전히 재미있구나!' 책이 출판되 고 내용에 대한 찬반양론이 쏟아졌지만, 다른 사람들에게 추 천할 때 한 가지는 큰소리칠 수 있었다.

"재미만큼은 보장합니다!"

스스로 말하기는 좀 뭣하지만, 이것은 일종의 '이야기 예 술'이라 할 수 있을 것이다.

책이 출판된 후 온갖 서평이 나왔다. 예상했던 대로 누가 무엇을 이야기하느냐에 따라 그 사람의 식견이 시험대에 올랐 다. 일종의 '리트머스시험지' 역할을 한 것이다. 공감과 악평, 때로는 침묵. '통쾌했다'는 의견이 있는가 하면 '불쾌하다'는 이야기도 들려왔고, 활자 매체에서 끝내 침묵을 지킨 이도 있 었다. '중립'을 허용하지 않는 이 책은 애초의 의도대로 페미니

504

즘 비평이 문단이라는 잔잔한 연못에 던진 '돌'로 작용했다.

이후 페미니즘 비평이 본격적으로 확산되었다는 점 역시 이 돌이 만든 또 하나의 파문이라 하겠다. 몇 년 사이 페미니즘 비평과 관련된 책들이 잇따라 출간되었다. 선구자의 역할은 끝났다. 이것은 '그때 그 순간'에만 가능했던 세 여자의 일회성 퍼포먼스였다고 생각한다. 아, 한 명 더. 탁월한 편집자의 존재도 빼놓을 수 없다.

축제는 두 번 열리지 않는다.

* 오구라 지카코

지난 6년 동안 이 책에 등장한 작가들의 삶에 일어난 '사건'은 적지 않다. 요시유키 준노스케가 사망한 후, 여러 애인들이 그와의 관계를 공개하며 그의 작품 세계와 연결시킨 일, 무라카미 하루키가 '도쿄 지하철 사린가스 사건' 피해자들을 취재한 르포르타주 《언더그라운드》를 출간한 일, 미시마 유키오의 출생과 부인의 사인死因에 대한 보도가 나온 일, 다니자키 준이치로가 전쟁 중 성전聖戰을 찬양했다는 내용의 기사가 발견된 일….

나 역시 대담 중에는 몰랐지만, 지금은 깨닫게 된 사실도 있다. 이 책은 페미니즘 비평이 아직 드물던 시기에 판을 뒤엎어 1대 100의 격차를 역전시키려는 시도라고 나는 생각했었다. 그러나 대담이 진행될수록 작업은 점점 힘겨워졌다. 그 이유는 남성 작가들의 작품에 여성이 부재하다는 문제와 더불

506

어, 그들의 작품을 비평하는 것 자체에 '여성 부재' '남성 작품' '비평'이라는 삼중의 젠더적 부담이 걸려 있기 때문이었다. 그래서 이 작업이 부당하게 평가절하된 여성 작가들의 훌륭한 작품을 다루는 것이라면 얼마나 보람차고 즐거울까, 하고 생각하기도 했다.

그러나 지금은 다르다. 설령 그런 작업이었다 할지라도 모래를 씹는 듯한 기분은 점점 더 커졌을 것이다. 왜냐하면 문제는 젠더에 있지 않았기 때문이다. 게다가 권위가 정한 비평의 규칙이 내게도 내재되어 있었다. "기반은 뒤엎는 게 아니다"라는 내면의 목소리가 자꾸만 들려왔다.

이제 페미니즘 비평은 새로운 것이 아니다. 연구자들에게는 '낯선 것'에서 '뒤처지지 않기 위한 것'이 되었고, 곧 '기성의 것'이 되었으며, 어느덧 '그 한계가 여기에 있다'고 이야기하는 것이 되었다. 하지만 페미니즘 비평이 이미 짜인 판 위에서 99.998과 99.999의 차이를 메우는 작업으로 돌아간다면 결코 목표에 도달할 수 없을 것이다.

507 그러나 출구는 있다. 그 출구의 힌트는 이 책의 '권위의 규칙'에 물들지 않은 부분에 숨어 있다고 나는 생각한다.

○ 시대라는 일꾼

* 도미오카 다에코

　　셋이서 처음으로 요시유키 준노스케의 소설 몇 편을 읽고 이야기 나눈 것이 1989년 11월 무렵이었던 것으로 기억한다. 어느덧 그로부터 8년이 지났다. 소설을 읽고 그것에 대해 시시콜콜한 이야기를 나누는 것이 '비평'이 아니라고 보는 사람도 있을 것이다. 그렇다고 글을 쓴다고 해서 '비평'이 되는 것은 아니다. 이 책을 '세 사람의 수다'로 간과해버릴지, 혹은 '세 사람의 토론'으로 즐길지는 독자 여러분에게 달려 있다. 하지만 이 작업을 생각해내고 실행해버린 주모자(?)인 나로서는 이것이 꼭 '여성의 일'이라기보다는 누군가 하지 않으면 안 되는 '시대의 일'이었다는 느낌이 든다. 어떤 시대든 반드시 일꾼이 존재하는 법. 그러나 가장 큰 일꾼은 바로 시대 그 자체이다.

　　메이지 시대(1868-1912)와 다이쇼 시대(1912-1926)의

남성 소설가들은 아마도 이 책에 등장하는 유의 이야기를 여성에게서 들어본 적이 없었을 것이다. '남성 문화'와 '여성 문화'의 격차가 좁혀진 것은 지극히 최근의 일이다. 한 문화권의 언어는 다른 문화권에서는 통하지 않았다. 그러나 우에노 씨와 오구라 씨는 두 문화권을 넘나들 수 있는 바이링구얼, 아니 에스페란토주의자(중립적인 국제 공용어 사용자-옮긴이)이다. 내가 두 사람에게 도움을 청한 것도 그런 까닭이었다. 만약 이 책에 가치가 있다면 바로 그 점에서 비롯되었을 것이고, 그 결과 우리의 이야기가 '문학'에 대한 비평이 될 수 있었다고 생각한다.

509

남류문학론

1쇄 찍은날 2024년 12월 5일
1쇄 펴낸날 2024년 12월 24일

글	우에노 지즈코
	오구라 지카코
	도미오카 다에코
옮김	최고은
디렉터	이승희
디자인	즐거운생활

펴낸곳 버터북스
출판등록 제2020-000039호

이메일 butterbooks@naver.com
인스타그램 @butter__books
페이스북 butterNbooks

ISBN 979-11-91803-37-2 03300
책값은 뒤표지에 있습니다.

© Chizuko Ueno, Chikako Ogura, Kishio Suga

이 책은 저작권법에 의해 보호를 받는 저작물이므로 무단 전재와 복제를 금합니다. 이 책 내용의 전부 또는 일부를 사용하려면 반드시 저작권자와 버터북스의 동의를 받아야 합니다.

버터북스는 '내 친구의 서재'의 임프린트입니다.

잘못된 책은 구입하신 서점에서 바꾸어드립니다.

男流文学論

옮긴이 최고은

현재 도쿄대학교 대학원 총합문화연구과에서 일본문학을 연구하며 전문
번역가로 활동하고 있다. 옮긴 책으로 히가시노 게이고의 《당신이 누군
가를 죽였다》《블랙 쇼맨과 이름 없는 마을의 살인》, 요네자와 호노부의
《추상오단장》, 온다 리쿠의 《도미노》, 무라타 사야카의 《지구별 인간》
《소멸세계》, 요코야마 히데오의 《빛의 현관》《64》 등이 있다.

비채의 책들

오늘의 역사 역사의 오늘
에두아르도 갈레아노 | 남진희 옮김

지금까지의 세계사는 절반의 역사였다!

'가장 보편적이며 지속 가능한 인류의 캘린더'로 만나는
누구나 알지만 아무도 몰랐던 인류의 역사!

사랑, 편지
아밀

사랑이란 참 위험하네요.
그러면 우리, 사랑을 하지 말아야 할까요?

동백 설화, 김사월, 뉴진스, 진은영, 세라 워터스, 박찬욱…
문학과 영화, 음악, 미술작품에서 찾아낸
서른두 가지 사랑 풍경, 서른두 편의 사랑, 편지.

뉴올리언스에 가기로 했다
이인규, 홍윤이

국내최초, 국내유일 본격 뉴올리언스 여행서!

어디에나 재즈가 흐르고, 덥고 맛있고 친절하며, 유령마저 흥이 넘치는 곳
조금은 느슨하게 대체로 가볍게, 우리 뉴올리언스 갈까?

언어의 요가
아카네 아키코 | 한귀숙 옮김 | 김서진 감수

요가의 말은 신성하고 강력합니다.

붓디, 칫타, 아트만, 아난다, 아힘사, 싯디, 사트바…
자유롭고 평화롭게 살아가기 위한 요가의 언어 84가지!